EL ESPEJO DE LA HISTORIA

Problemas argentinos y perspectivas hispanoamericanas

COLECCION HISTORIA Y CULTURA
DIRIGIDA POR LUIS ALBERTO ROMERO

TULIO HALPERIN DONGHI

El espejo de la historia

la historia

Problemas argentinos y perspectivas
hispanoamericanas

EDITORIAL SUDAMERICANA

BUENOS AIRES

Diseño de tapa: Mario Blanco
Ilustración de tapa: fragmento de
"Estudio para una pintura mural",
de Wassily Kandinsky
(Grandes Obras de la Pintura Universal,
Editorial Planeta)

PRIMERA EDICION
Octubre de 1987

SEGUNDA EDICION
Julio de 1998

IMPRESO EN LA ARGENTINA

Queda hecho el depósito que
previene la ley 11.723. © *1987,*
Editorial Sudamericana, S. A.,
Humberto I 531, Buenos Aires.

ISBN 950-07-1396-9

En memoria de Angel Rama
y Marta Traba.

PRESENTACION

Un uso ya consagrado exige que volúmenes como el presente, que reúnen trabajos no destinados en su origen a ser presentados juntos, y escalonados en su producción a lo largo de una etapa no necesariamente breve (en este caso, la que va de 1976 a 1986), sean introducidos por una presentación destinada a aducir, y probar a satisfacción del autor, la unidad profunda de algo que sólo un lector superficial podría confundir con una miscelánea.

Si quisiera emprender aquí esa tarea podría alegar, en primer lugar, con demasiada verdad, que estos trabajos contemplan desde perspectivas cuya variedad no querrá negarse un objeto de contornos quizá excesivamente firmes; creo que no sería difícil probar (si el esfuerzo valiese la pena) que en todos ellos está presente por igual un cierto perfil de la Argentina proyectado sobre el de una Hispanoamérica de rasgos no menos acusados.

Más bien que intentar esa probanza quisiera reivindicar también para estos trabajos una unidad más dinámica y abierta hacia el futuro, que les viene de que son tan indeliberada como inevitablemente parte de la reflexión colectiva sobre Hispanoamérica durante una etapa que, anunciada como decisiva para su destino, iba a revelarse finalmente como sólo una más (aunque particularmente trágica) en el camino sinuoso por el que nos toca avanzar sin saber adónde nos lleva.

Lo son no sólo porque fueron escritos a lo largo de esa etapa, y en diálogo ideal con otros igualmente marcados por el clima del momento, sino porque casi todos ellos fueron en su origen[1] aportes a exploraciones colectivas en torno a ciertas preguntas acerca del presente y el pasado, formuladas cada una de ellas en un momento preciso de esa etapa hispanoamericana, cuyas modalidades invitaban con especial urgencia a plantearlas y se reflejaban inevitablemente en esas preguntas mismas.

En ese diálogo que se enlaza atravesando las fronteras entre la historia y las disciplinas sociales más jóvenes, el papel del historiador no podría ser más preciso: le toca recordar a todos (y en primer lugar a él mismo) que la referencia al pasado es algo más que un recurso externo para entender el presente, que éste no existe desgajado de la historia que en él encuentra un desenlace siempre provisional; en suma, que la historia en curso es parte de una historia más larga en el marco de la cual es finalmente posible encontrarle sentido.

En la medida misma en que crecía el desconcierto en el campo de las ciencias sociales —que, al comenzar hacia 1960 su vertiginoso ascenso en el horizonte cultural hispanoamericano, habían prometido alcanzar mediante un ataque frontal al presente y sus problemas un rimero de seguras soluciones para éstos—, esa función, que había comenzado por conceder al historiador un lugar sólo marginal en el diálogo (se esperaba de él tan sólo que atrajese la atención de sus interlocutores sobre algunos hechos elementales que por eso mismo éstos corrían riesgo de pasar por alto, y se esperaba también que lo hiciera con la discreta modestia exigible de quien no puede reivindicar ninguna respetabilidad epistemológica para su disciplina), parece empujarlo a ocupar otro más central; hoy el historiador tendría derecho a temer que se espere demasiado de él: nada menos que la solución de un acertijo que se presenta cada vez más indescifrable.

¿Es necesario agregar que estos escritos ambicionan ofrecer mucho menos que eso? Pensar el presente junto con el pasado, que es el gesto instintivo del historiador, no ofrece la solución a los problemas del presente; a lo sumo los engloba en una problemática más compleja y (así por lo menos quisiera esperarse) por eso mismo menos infiel a la realidad. Puesto que no se pretende invocar aquí ningún estatuto privilegiado para el modo con que el historiador se aproxima a su objeto, aun menos se intentará fundar esa pretensión postulando una relación unilateral entre pasado y presente, en que las claves para entender a éste se suponen escondidas en aquél. Por lo menos, en la experiencia de este historiador la relación entre ambos es mucho menos unilateral; cuando se los piensa juntos, el presente ilumina al pasado tanto como éste a aquél.

Puesto que buena parte de lo que cada uno, sea historiador o no, cree saber acerca de ese presente proviene de la experiencia de vivirlo, deberá el lector perdonar que aluda aquí a ella, no por cierto para detenerme en la evocación de esos largos años de desilusiones y horror creciente, cuya huella está demasiado patente en estos escritos para que sea necesario insistir sobre el punto. Pero, si sólo contemplar ese horror a distancia era suficiente revelación de ese "destino sudamericano" que Borges había profetizado en un verso inolvidable, la necesidad de afrontarlo temáticamente se imponía también a partir de estímulos menos atroces. Desde hace veinte años me ha tocado ver y pensar tanto a Hispanoamérica como a la Argentina más desde fuera que desde dentro; y es precisamente cuando se la contempla desde fuera cuando Hispanoamérica se presenta más convincentemente como un legítimo sujeto histórico. Como es bien sabido, pensar a la Argentina junto con Hispanoamérica hace tiempo qué dejó de ser el gesto instintivo del argentino, y estos trabajos reflejan entonces los avances en el aprendizaje de una perspectiva que hoy me parece inescapablemente justa, pero a la que dudo que hubiese llegado espontáneamente si la circunstancia antes evocada no me hubiera empujado a ello.

La adopción de una perspectiva hispanoamericana es de inmediato premiada con un descubrimiento enriquecedor: a saber, que el poco espontáneo encuentro con ella es en rigor un reencuentro; esa perspectiva, espontáneamente surgida en las nuevas naciones que se esforzaban por tomar forma en el territorio que habían recibido en herencia del derrumbe imperial, resurge de nuevo en ellas cada vez que en una vuelta inesperada de su camino vuelven a revelarse tanto la vigencia perdurable de una herencia que todas comparten, cuanto el peso de su igualmente compartida marginalidad en el orden mundial al que les tocó incorporarse como consecuencia de ese derrumbe.

De este modo el historiador que debía aportar la lección del pasado a disciplinas cercanas aprendía una parte esencial de esa lección en el acto mismo de impartirla: al proyectar sobre una perspectiva temporal más larga las preguntas hoy decisivas, descubría que ellas continuaban las de ayer, que José Carlos Mariátegui o Raúl Prebisch estuvieron lejos de ser las figuras adánicas que ellos mismos, entre desesperados y arrogantes, parecían suponer, y que, por el contrario, en su avance por huellas ya transitadas a lo largo de un siglo largo, su papel fue el de descubrir perfiles nuevos en un paisaje que estaba lejos de ser desconocido.

En esa larga exploración, gracias a la cual Hispanoamérica siempre ignoró menos acerca de sí misma de lo que supusieron y suponen quienes la han tomado a su cargo, la contribución argentina está marcada desde el comienzo por la conciencia de una afinidad que era a la vez la de una diferencia. Con un optimismo apoyado primero tan sólo en la convicción inquebrantable de que el futuro vendría a justificarlo, y luego confirmado por una vertiginosa expansión de medio siglo, quienes hablaban desde la Argentina y en su nombre se afirmaban en la seguridad de que, si ella compartía con Hispanoamérica los problemas, se apartaba del resto del subcontinente en que era dueña también de las soluciones.

Es sabido que esa fe no ha logrado sobrevivir a desmentidos aun más convincentes que las confirmaciones que la habían robustecido en una venturosa etapa ya irrevocablemente clausurada. No sólo nuestra reciente caída en la barbarie nos ha obligado a redescubrir nuestro "destino sudamericano"; ese mismo descubrimiento se impone también —como recordaba recientemente Tomás Eloy Martínez en el curso de una página elocuente— con sólo mirar las fachadas de Buenos Aires, hoy sin "demasiadas diferencias con las miserables fachadas de Barranquilla o San José de Costa Rica".[2] Es éste sin duda un descubrimiento saludable, que invita sin embargo a deducir de él conclusiones que lo son menos; a saber, que ese largo esfuerzo argentino por diferenciarse dentro de Hispanoamérica, alimentado por la fe en un destino excepcional, cuya presencia como promesa creyó descubrirse desde los orígenes mismos de la experiencia histórica argentina, es algo aun peor que un fracaso sostenido por una ilusión: es él mismo una ilusión retrospectiva que oculta la vigencia ininterrumpida de una barbarie hasta tal punto dominante que se la descubre también encarnada en quienes decían (y quizá sinceramente creían) combatirla.

Se entiende muy bien por qué esta desolada lectura del pasado se impone a muchos con la fuerza de la evidencia, en un país cuya memoria está aún oprimida por la de una época de convulsiones y crueldades sin paralelo en la breve historia nacional. Pero la noción de que fue en esa época, cuyos horrores sorprendieron tanto a sus perpetradores como a espectadores y víctimas, cuando se hicieron patentes ciertos rasgos ilevantables de la realidad argentina que habían regido su curso histórico desde el origen de los tiempos (aunque una misericordiosa ceguera había impedido a todos hasta entonces advertirlo, como lo probaba la sorpresa misma con que los veían ahora desplegarse a la luz del día), aunque ofrece expresión coherente al espanto frente a un país donde de pronto pasaban cosas que todos habían creído imposibles, es demasiado insanablemente autocontradictoria para proporcionar el criterio que permita integrar en la trayectoria histórica argentina el episodio horrendo que durante demasiados años pareció ofrecerle su punto de llegada.

No es esa la visión que se despliega en los presentes trabajos, a los que estoy seguro nadie acusará sin embargo de estar inspirados por un ciego optimismo, y por eso mismo el esfuerzo por ver a la Argentina en un contexto definido por su "destino sudamericano" conduce aquí a revelaciones distintas de las ofrecidas por el "íntimo cuchillo" evocado en el *Poema conjetural*. Aquí ese descubrimiento no es el de la vanidad de toda la historia argentina, ni concluye en una invitación a reconocerla, y aceptar que somos parte de un Tercer Mundo definido todavía por los mismos rasgos negativos de cuando nos negábamos a admitir cualquier afinidad con él. Por el contrario, sigue apoyándose en la noción de que la historia argentina es la de un esfuerzo por liberarse de ese "destino sudamericano" para construir gracias a su superación un perfil nacional, si bien advierte mejor que en el pasado que con ello nuestra historia nacional se diferencia menos de lo que gustábamos hasta ayer de imaginar de la de otras naciones hispanoamericanas, desde México hasta Chile y el Uruguay, que se creyeron también providencialmente guiados a realizar un destino de excepción en el marco hispanoamericano.

Y todavía que ni el incumplimiento de la exorbitante promesa que fue sospechosa revelación de una lectura sistemáticamente tendenciosa de la historia nacional, ni el descubrimiento –inescapable luego de los recientes horrores– de que la Argentina no había sido de antemano eximida por un destino providencial de las sangrientas celadas afrontadas antes que por ella por tantas otras naciones en alguna encrucijada de su historia, bastan para concluir que la empresa que es tema central de la nuestra haya carecido de sentido desde su origen, o haya venido a perderlo irremisiblemente en algún recodo del camino. Si ha sido cruelmente desmentida la seguridad de que la línea de avance inaugurada en nuestros humildes orígenes estaba destinada a seguir un inexorable rumbo ascendente hasta llevarnos a alturas insospechadas, ello no autoriza a dudar de la autenticidad o la intensidad de las exigencias a las que esa promesa ilusoria venía a su modo a confortar, ni del arraigo de esas exigencias en la experiencia histórica de la cual (y en reacción contra la cual) habían brotado. Y si contra lo que creía el optimismo de ayer la historia no tiene un desenlace preestablecido, pero, contra lo que imagina el pesimismo de hoy, no oculta bajo cambiantes apariencias una horrenda realidad siempre igual a sí misma, y ofrece en cambio un camino siempre abierto y nunca seguro en su rumbo, la tenacidad con que esas exigencias se rehúsan a morir basta para revalidarlas, aun en medio de la ruina de tanto de lo construido bajo su acicate.

NOTAS

[1] En lista cronológica, el origen de los trabajos aquí reunidos es el siguiente:

• "¿Para qué la inmigración? Ideología y política inmigratoria en la Argentina (1810-1914)" desarrolla una ponencia presentada en la reunión de historiadores europeos de Latinoamérica celebrada en Colonia y Bonn en 1976, y publicada en el *Jahrbuch für Geschichte von Staat, Wirtschaft und Gesellschaft Lateinamerikas*, Köln, 13, 1976, bajo el título "¿Para qué la inmigración? Ideología y política inmigratoria y aceleración del proceso modernizador: el caso argentino (1810-1914)".

• "Nueva narrativa y ciencias sociales hispanoamericanas en la década del sesenta" reproduce un texto presentado a un simposio organizado por Angel Rama en el Wilson Center de Washington, en 1979, y publicado en *Más allá del boom. Literatura y mercado* (México, Ediciones de Marcha, 1981).

• "1880: Un nuevo clima de ideas" fue escrito para el volumen colectivo *La Argentina del Ochenta al Centenario*, compilado por Gustavo Ferrari y Ezequiel Gallo, y editado en Buenos Aires (Sudamericana, 1980), donde fue incluido bajo el título "Un nuevo clima de ideas"; aquí su texto se reproduce sin variantes.

• "Intelectuales, sociedad y vida pública en Hispanoamérica a través de la literatura autobiográfica" reproduce el texto de la clase inaugural de un curso sobre el tema, dictado en la Universidad Autónoma de México en 1981, y publicado en *Revista Mexicana de Sociología*, año XLIX, núm. 1, enero-marzo de 1982.

• "Liberalismo argentino y liberalismo mexicano: dos destinos divergentes" ofrece una versión considerablemente modificada de una ponencia presentada a la sexta conferencia de historiadores de México y los Estados Unidos (Chicago, 1981) bajo el título "Un término de comparación: liberalismo y nacionalismo en el Río de la Plata".

• "Canción de otoño en primavera: previsiones sobre la crisis de la agricultura cerealera argentina (1894-1930)" publicado en *Desarrollo Económico* (Buenos Aires), 24, 95, 1984, reproduce con mínimas modificaciones una ponencia presentada al simposio sobre la economía argentina en el siglo XX celebrado también en 1981, en el St. Anthony's College de Oxford, cuya versión inglesa se incluye en *The political economy of Argentina, 1880-1946* (Guido Di Tella y D.C.M. Platt, editores), Macmillan, Londres, 1986.

• "En el trasfondo de la novela de dictadores: la dictadura hispanoamericana como problema histórico" reproduce con modificaciones una ponencia presentada bajo el título "La dictadura hispanoamericana como problema histórico" en el simposio sobre la novela de dictadores reunido en 1982 en la Universidad de Maryland (College Park), como homenaje a Augusto Roa Bastos, que en ese momento la visitaba, y publicada en *Augusto Roa Bastos y la producción cultural americana* (Saúl Sosnowski, compilador), Ediciones de la Flor – Folios Ediciones, Buenos Aires, 1986.

• "La imagen argentina de Bolívar, de Funes a Mitre" reproduce, con variantes sólo mínimas, un trabajo destinado a ser incluido en el volumen preparado por la Universidad Central de Venezuela en ocasión del segundo centenario bolivariano.

• "Francisco Bulnes: un itinerario entre el progresismo y el conservadorismo" reproduce una ponencia preparada para el Congreso del Bicentenario del Libertador sobre el Pensamiento Político Latinoamericano (Caracas, junio-julio de 1983).

• "España e Hispanoamérica: miradas a través del Atlántico (1825-1975) expande el texto de una ponencia destinada a ser presentada en la reunión sobre relaciones entre España e Hispanoamérica en el último siglo, organizada por Nicolás Sánchez Albornoz y celebrada en 1986 en Oviedo, bajo los auspicios de la Fundación Claudio Sánchez Albornoz y el Instituto de Cooperación Iberoamericana, de Madrid.

• "Estilos nacionales de institucionalización de la cultura e impacto de la represión: Argentina y Chile", fue presentado en un coloquio organizado por la Universidad de Maryland, coordinado por Saúl Sosnowski en diciembre de 1984. Fue inicialmente publicado en Saúl Sosnowski (comp.), *Represión y reconstrucción de una cultura: el caso argentino.* Buenos Aires, EUDEBA, 1988.

• "El presente transforma el pasado: el impacto del reciente terror en la imagen de la historia argentina" apareció en el volumen colectivo *Ficción y política. La narrativa argentina durante el proceso militar*, editado en 1987 por Alianza Editorial y el Institute for the Study of Ideologies & Literature, de la Universidad de Minnesota.

---

[2] Tomás Eloy Martínez, "Una civilización de la barbarie", en *Vuelta Sudamericana*, I, 3, Buenos Aires, octubre de 1986, pág. 9.

En el trasfondo de la novela de dictadores:
la dictadura hispanoamericana
como problema histórico

La aparición casi simultánea de textos narrativos centrados en dictadores y dictaduras, tratados ambos desde perspectivas tan variadas como la decididamente mítica de García Márquez, la histórico-cultural de Carpentier o la que se esfuerza, con Vargas Llosa, por alcanzar una imagen global de la sociedad, es sin duda un hecho expresivo de un momento muy peculiar en la vida hispanoamericana. Es bueno recordar, sin embargo, que el interés por incorporar ese tema enorme a nuestra narrativa no nace sólo con él; desde la *Amalia* de Mármol hasta *El Señor Presidente* de Asturias (y sin olvidar el demasiado frecuentemente olvidado *Tirano Banderas*, que sólo formalmente se justifica excluir de la serie), los ejemplos se suceden a lo largo del tiempo; de este modo, la literatura refleja una perplejidad que no le es exclusiva. El origen de ésta no tiene nada de misterioso: ella surge del conflicto no resuelto entre una vocación liberal-constitucionalista en torno a la cual se dio hasta ayer un consenso muy vasto, y un curso histórico que se obstina en decepcionarla.

Que ese consenso ha sido muy amplio no tiene duda, y entre las voces del coro que lo celebra no fueron las menos vehementes las de los beneficiarios más directos de esa constante decepción. En el siglo XIX no era difícil entender que gobernantes a quienes sus enemigos llamaban no sin motivo tiranos quisiesen ser los más entusiastas defensores de ese ideal, que por ejemplo Juan Manuel de Rosas, en un Buenos Aires que su capricho ha hecho pintar todo de un color, impetrase de su legislatura que no le impusiese una reelección en el mando que supondría no sólo consumar el sacrificio de su salud, ya avanzado hasta un punto que ha "oprimido los afectos y quebrantado *su* corazón", sino el de sus convicciones, que le enseñan que "la inamovilidad de la persona en el mando supremo no es un principio"[1]: el liberalismo constitucional seguía, al cabo, siendo la única ideología legitimante de la que disponían Estados que debían su existencia misma a la ruptura con el antiguo orden defendido en Europa por el legitimismo.

Hoy, como es sabido, la situación es distinta: el liberalismo constitucional, o —para usar la fórmula ahora preferida— la democracia representativa, está lejos de ofrecer el único modelo político disponible. Tanto el ejemplo del fascismo entre las dos guerras mundiales como el de las democracias populares —y de las experiencias políticas que han ganado brillo fugaz en el Tercer Mundo— a partir del fin de la segunda atrajeron la atención de nuestros dirigentes de

más clara vocación dictatorial: a fines de la década del treinta tanto
el mariscal Benavides en el Perú como el presidente Vargas en el Brasil se inspiraron en la crítica fascista del electoralismo democrático,
para justificar su ruptura con el constitucionalismo heredado de un
pasado que, por otra parte, lo había respetado bastante mal en los
hechos; años más tarde el general Perón iba a combinar más de un
motivo mussoliniano con ecos de la revolución cultural china; todos
ellos, sin embargo, alternaban estos escarceos ideológicos con invoca-
ciones a lo que coincidían en llamar la "normalidad" política, que
seguía siendo la que se atenía a las pautas fijadas por el liberalismo
constitucional (sólo recientemente el movimiento político que se reconoce en la memoria de Perón, en una "solemne advertencia" al gobierno militar argentino, le hacía saber que el precio de la paz era la
aplicación leal de la Constitución; desde luego de la Constitución de
1853, sólo muy limitadamente reformada en 1949 por el régimen peronista, y aceptada sin esas reformas por ese segundo peronismo que
en 1973 se había proclamado más hondamente revolucionario que
nunca).

Dicho de otra manera: en Hispanoamérica la dictadura personal
ha venido siendo a la vez la forma de gobierno más frecuentemente
practicada y la más radicalmente desprovista de toda legitimidad.
Puesto que así están las cosas, no es sorprendente que la exploración
de las raíces históricas de la dictadura hispanoamericana haya sido
tan a menudo emprendida sobre la clave de un conflicto entre el vicio y la virtud, como la búsqueda de las raíces para tendencias que
parecen imposibles de desarraigar del pecaminoso sujeto.

La aparente imposibilidad de superar ese conflicto incita a escapar de él recusando los términos mismos del dilema en que éste encierra a la experiencia histórica hispanoamericana. Bastará para ello
denunciar la vanidad intrínseca de toda tentativa de encuadrar esa experiencia en un marco ideológico y normativo con el cual parece incompatible, para concluir que si Hispanoamérica no puede ser lo que
querría ser, debe aprender a querer ser lo que puede ser. En su forma
más simple (y, que yo sepa, unánimemente rechazada pese a esa ten-
tadora simplicidad) esa solución concluiría que, puesto que Hispanoamérica tiene que vivir con dictaduras, debe aprender a gustar de
ellas. Más frecuentemente que esa solución tan poco atractiva, suele
escucharse otra que sugiere que sería posible encerrar a la experiencia
política de la Hispanoamérica independiente en un marco institucional más decoroso (y menos duro para los gobernados), si se buscase
emplear para ello los materiales acumulados en la experiencia que
plasmó la sociedad latinoamericana. La acción de la España imperial
dejó un legado que sería vano repudiar en un intento igualmente vano de edificar sobre esa *tabula rasa* una nueva sociedad; la futilidad

de esa tentativa, intuitivamente evidente para cualquier observador dotado de sentido común, es confirmada por el fracaso de los intentos de llevarla adelante bajo el signo del liberalismo constitucionalista.

En un libro[2] destinado a despertar amplio eco de consenso y controversia, Claudio Véliz ha vuelto a proponer la adopción de esa perspectiva. La tradición colonial no puede, a su juicio, ser tenida por puramente negativa; debe ser comprendida y aquilatada porque sólo a partir de ella puede construirse una alternativa viable al primitivismo y crueldad en el ejercicio del poder que llegaron a dominar en países antes orgullosos de poseer una cultura política rica y refinada. Para ello el México de hoy ofrece a su juicio un modelo válido: en él se reconoce de inmediato la vigencia de un estilo de vida pública que integra los legados de la Nueva España con los de un sistema institucional heredado del liberalismo ochocentista, bajo la égida de un movimiento de masas que responde, en cambio, a las exigencias de nuestro siglo.

Pero la invocación del modelo mexicano, lejos de fortalecer el argumento de Véliz, viene a subrayar uno de sus aspectos problemáticos. Porque si México ha logrado escapar hasta hoy del ciclo de crisis político-sociales seguidas de recaídas en la barbarie, que ha afligido a más de uno de sus vecinos del Sur, no es porque se haya esforzado en poner la herencia colonial en la base del orden actual. Sin duda cualquier espectador del México de hoy coincide con Véliz en reconocer en él a cada paso la huella poderosa de la Nueva España; pero, a la vez, según recordaba recientemente Octavio Paz[3], la memoria de esa Nueva España es para la actual conciencia mexicana una memoria reprimida, y el orden que hoy domina en México la ignora minuciosamente para exaltar, en cambio, una continuidad mítica con el pasado prehispánico.

Esa situación paradójica no tiene por cierto nada de excepcional: desde que Tocqueville observó que la Revolución, creyendo abolir el Antiguo Régimen, significó el triunfo final de las tendencias que por siglos éste había buscado impulsar, se han venido acumulando los ejemplos de movimientos políticos que definen programáticamente su relación con el pasado del modo menos lúcido, sin que esa ceguera al parecer invencible reste nada a la eficacia práctica de su acción.

El ejemplo mexicano sugiere también que el problema no ha de encontrarse necesariamente donde Véliz lo busca. El mismo observador que habrá reconocido la presencia de la Nueva España en la textura de la vida colectiva del México de hoy no necesitará sino recorrer el centro de la capital mexicana para reconocer también, pese a las ciegas destrucciones de la primera centuria independiente, la huella monumental de esa verdadera capital imperial que deslumbró a Humboldt, y que no tuvo en verdad par en Hispanoamérica. La presencia de la Nueva España en el México de hoy puede quizá deberse, más que a ningún esfuerzo por valorizar su legado, a que allí la impronta del Antiguo Régimen fue lo bastante vigorosa para sobrevivir a un siglo de tormentas y proporcionar, cada vez que retorna la calma, los esquemas básicos sobre los cuales reorganiza su vida un México que ingratamente repudia esa tradición de la que vive.

Dicho de otro modo, la superioridad de México se debe menos a la imaginaria lucidez con que habría sabido utilizar el legado hispánico para construir un orden adecuado a las necesidades del presente, que a la riqueza allá excepcional de ese legado mismo. Este aspecto del problema, que no interesa demasiado a Véliz, interesó en cambio a menudo a quienes, a partir de la crisis de independencia, buscaron apreciar hasta qué punto lo que había sobrevivido del antiguo orden podía contribuir a la consolidación del nuevo. Ellos advertían muy bien que —al margen del juicio que les mereciesen las aspiraciones del poder español y el sistema de valoraciones en ellas implícito— la significación póstuma de la experiencia acumulada en el marco de la colonia dependía en buena medida de la eficacia con que esas aspiraciones hubiesen sido realizadas, y ésta, siempre aproximativa, era por añadidura extremadamente variable según épocas y regiones. Así, desde muy pronto, a la denuncia de una España guiada en su acción imperial por aspiraciones puntualmente opuestas al sentido mismo en que avanzaba la historia moderna, vino paradójicamente a sumarse otra que le reprochaba no haberlas sabido encarnar en la realidad colonial.

Si no puede decirse que Véliz ignore del todo este aspecto del problema, el título mismo que ha dado a su obra anticipa su decisión de relegarlo resueltamente a un segundo plano. La herencia colonial se resume para él en un centralismo del cual proporciona, si no una definición explícita, sí una descripción lo bastante rica para reconocer en él una suerte de variante hispánica, más lastrada que otras de residuos arcaicos, del absolutismo de la temprana modernidad.

Ahora bien, el absolutismo fue, más que un régimen de contornos definidos en que toda autoridad emanaba de la de un soberano-legislador, una meta hacia la cual orientaban su esfuerzo de reorganización monarquías cuya estructura originaria estaba muy alejada de ese ideal, y cuya marcha hacia él, siempre contrastada, estaba destinada a no completarse nunca (¿es necesario recordar de nuevo que en Francia sólo la Revolución llevó a término la centralización del Estado, y que en Prusia y Austria otros procesos paralelos iban a ser coronados sólo luego de 1848?).

El absolutismo del Estado absoluto se presenta entonces como uno de los términos de una polaridad; el otro está dado por esa concepción más tradicional de la potestad regia que Max Weber descri-

bió, después de otros, bajo el término de patrimonialismo, en la cual
el poder público es visto como parte del patrimonio del soberano, y
—aunque eminente sobre todos— coexiste con poderes también públi-
cos, incorporados a otros patrimonios de linajes o corporaciones. La
gradual mediatización (y en el límite eliminación) de esas potestades
rivales no elimina todos los obstáculos en el avance del absolutismo;
ésta se acompaña de un perverso resurgimiento de las concepciones
patrimonialistas aun entre los agentes de ese avance de la corona hacia la supremacía. El ejemplo quizá más clamoroso es el de la clase
togada en Francia, cuyo ascenso comienza bajo el signo del servicio a
la corona y culmina cuando, transformada en nobleza de toga, ofrece
a la resistencia nobiliaria a ese avance a la vez el apoyo institucional
de los Parlamentos y el soporte ideológico de la obra de Montesquieu.

Véliz nos recuerda —con razón— que en Castilla el primer linaje
de obstáculos pesó menos que en Francia, y que en las Indias el monopolio del poder público por el soberano conoció sólo excepciones
limitadísimas y de alcances insignificantes; menos le interesa en cambio explorar cuál fue la gravitación del segundo. De nuevo no ignora
que ésta fue enorme (nadie que haya hecho estudios secundarios en
Hispanoamérica hubiera podido evitar ser abundantemente ilustrado
sobre el punto), y si prefiere no subrayarlo es sin duda porque no
cree que sea ése el elemento del legado colonial más útil para fundar
un orden político a la vez estable y tolerable en la desventurada Hispanoamérica de fines del siglo xx. Es una decisión razonable, si la
exploración del pasado está orientada a recoger de él los elementos
que el arte combinatorio de un estudioso de ciencias sociales de nuestros días se propone articular en un programa de convivencia luego
de los derrumbes que ha vivido Hispanoamérica (y con particular dureza su Chile) en décadas recientes. No en cambio si de lo que se trata
es de apreciar qué significó ese legado cuando era algo más que un repertorio de motivos ideológicos a la espera de ser devueltos a la vida;
cuando, en 1825 o 1850, ofrecía aún el cauce en que las vidas de tantos hispanoamericanos habían aprendido a ser vividas.

En esa interminable y desconsolada posguerra quienes adopta-
ron posiciones cercanas en espíritu a las que hoy propone Véliz descubrieron que el orden colonial (al cual, pese a que seguían detestán-
dolo, se resignaban a recurrir en su desesperación para buscar en él un
ancla de salvación en medio de la tormenta que no cesaba) era demasiado endeble para cumplir esa tarea enorme; sospechaban que lo había sido ya antes de recibir el golpe de gracia del movimiento emancipador. Esa iba a ser, en efecto, la conclusión del último —y más desesperado— Bolívar. Para salvar su proyecto republicano, éste se ha
avenido a incluir en él un creciente componente aristocrático (y aun,
pese a su inagotable horror por la monarquía, mitigados ecos de la so-

lución monárquica); espera así ganar la adhesión de esa elite de origen colonial cuya gravitación decisiva al frente de las nuevas repúblicas busca promover. El desengaño es cruel: ese grupo le vuelve la espalda, para seguir a quienes se mantienen más apegados a la prédica liberal-democrática de la Revolución, y es esa alianza monstruosa de aristócratas y demagogos la que termina de convencer a Bolívar de que Hispanoamérica es radicalmente irredimible. En todo caso, esa experiencia muestra más allá de toda duda que no era entonces redimible a partir de las soluciones que ayer atrajeron a Bolívar, tan cercanas a las que hoy vuelven a ser propuestas por Véliz.

¿Ello es así porque todo eco ideológico del antiguo orden ha muerto para una clase patricia de pronto atraída por las más descabelladas aventuras de ideas? Quizá más bien porque lo que esa clase recuerda con nostalgia del antiguo orden es la presencia de un poder político más dispuesto a transacciones, en último término más manipulable, que el de los Libertadores, y porque encuentra en el liberalismo democrático una expresión ideológica adecuada a los nuevos tiempos de esa nostalgia pasatista. En suma, porque recuerda un Antiguo Régimen bastante distinto del que Véliz nos muestra fundado bajo el signo del centralismo y consolidado por tres siglos de triunfos cada vez más aplastantes de ese ideal fundacional, y más parecido en cambio al que los historiadores tratan hoy laboriosamente de reconstruir.

Esos historiadores han ido desde luego más allá de evocar el "obedezco pero no cumplo" acerca del cual todos hemos oído algo en la escuela secundaria, más allá, en otras palabras, de reconocer la extrema dificultad de organizar un sistema imperial centralizado, desde Madrid a Potosí y Filipinas, con los recursos técnicos y económicos de la España del Siglo de Oro. Hace ya más de diez años que —en páginas destinadas a alcanzar larga influencia— J. L. Phelan[4] señalaba cómo, sin renunciar explícitamente a esa aspiración centralizadora, la corona castellana maduró un arte de gobierno capaz de utilizar en su provecho su propia debilidad, para tallarse una posición eminente en la pirámide de poder sin necesidad de custodiarla mediante una burocracia numerosa (y por lo tanto costosa), ni de defenderla mediante un aparato militar igualmente oneroso (hasta fines del siglo XVIII, salvo en sus puertos fortificados, las Indias no tuvieron, propiamente hablando, ejército, y —contra lo que se creía hasta ayer— no parece que su tardía introducción haya aportado cambios fundamentales en este aspecto).

Este aparato poco costoso sólo era capaz de asegurar un poder aproximativo. Las tentativas de controlar desde el centro a servidores remotos, que —si se acepta el objetivo ostensible de imponer el centralismo— parecen otros tantos capítulos de una historia de fracasos reiterados y rutinarios, tienen sin embargo una función central en el mantenimiento del sistema imperial. La corona se resigna a que sus servidores establezcan alianzas y complicidades con las distintas *cliques* en que se divide la elite local, y reproduzcan en el marco de una estructura administrativa nominalmente sometida a los impulsos de la cúspide metropolitana los clivajes internos de esa elite; la vigilancia constantemente ejercida desde lo alto no aspira sino a asegurar la perpetuación del equilibrio existente mediante un siempre recomenzado acto de arbitraje entre esos fragmentos rivales de un poder nominalmente unificado en la obediencia unánime al soberano.

Esos modestos objetivos seguirán siendo perfectamente adecuados mientras el objetivo de la corona y la metrópoli se reduzca a la captación del excedente minero de las Indias. Desde mediados del siglo xviii, la España borbónica desarrolla ambiciones más vastas, y las reformas que se agolpan hacia 1780 las reflejan muy bien. Ahora no se trata tan sólo de establecer una verdadera administración imperial, sino de transformar la base misma de la economía y la sociedad en las colonias para hacer posibles lazos económicos más complejos entre éstas y la metrópoli. Mientras el segundo propósito fracasa en verdad antes de ser intentado, el primero alcanza sólo éxito limitadísimo: el resultado más tangible de las reformas administrativas es la suba del gravamen fiscal, que sólo se logra al precio de asegurar a las *cliques* locales que la reforma había aspirado a marginar una parte satisfactoria del acrecido botín.

Esa experiencia de tres siglos ha de dejar una huella vigorosa en la Hispanoamérica independiente. En su legado anotemos en primer lugar la distancia extrema —y por todos advertida— entre el esquema organizativo del Estado español en Indias (y más aun los ideales que lo legitiman) y el modo en que efectivamente ese Estado funciona. Se advierte en este aspecto una continuidad —que Véliz no registra— entre el centralismo monárquico y el constitucionalismo liberal: si regímenes como los de Porfirio Díaz, Justo Rufino Barrios o Cipriano Castro podían definirse como liberales, sin provocar universal escándalo, era en parte porque sus resignados súbditos habían tenido ya ocasión de descubrir a través de una larga experiencia histórica la distancia que va de lo vivo a lo pintado.

Hay otro aporte sin duda aun más importante: es la inveterada tendencia de la elite, que de hecho detenta fragmentos importantes del poder público, a tratar con el Estado como con el polo externo. Establece con él una relación insalvablemente ambivalente; ésta ha tenido amplia oportunidad de consolidarse en el marco de un orden colonial que sobrevivió gracias al recíproco parasitismo de un Estado que —antes que encarar la creación de un verdadero aparato administrativo controlado y pagado desde la cumbre— prefiere poner a su servicio el influjo de quienes dominan la sociedad colonial, y de esos servidores nominalmente gratuitos, que de sus servicios derivan no sólo una legitimación de su influjo, sino nuevas posibilidades de extraer de él ventajas que acrecientan a la vez su poder y sus lucros. Esa relación no impide que esos servidores de la monarquía sigan siendo, en el lenguaje de Hobbes, gusanos en el vientre del Leviatán, pero lo son de modo muy peculiar: llenos de apetitos e iniciativas, participan enérgicamente del botín colonial, seguros de que el gigante de cuya sustancia se nutren no podría sobrevivir sin ellos y debe tolerarles por lo tanto exorbitantes márgenes de libertad (y arbitrariedad) que el esquema institucional se niega a reconocer como legítimos.

Esa situación tiene aspectos que llevan a evocar algunos del orden feudal, aunque —como verazmente señala Véliz y sin duda quienes usan el término tampoco ignoran— el feudalismo en sentido jurídico fue siempre desconocido en Hispanoamérica. Esta no conoció banalidades ni obligaciones serviles nacidas de un vínculo señorial; conoció en cambio el repartimiento de trabajo y de efectos; conoció el uso del asiento del cobro de impuestos para la creación de monopolios mercantiles en favor de los asentistas, que ganaban así acceso a un fragmento del poder público para emplearlo con este fin eminentemente privado. Pero la dimensión económico-social del fenómeno interesa aquí menos que la política (o, si se quiere, prepolítica), aunque se da muy unida con ella, ya que la captura de fragmentos de la potestad pública en manos privadas realiza sus objetivos en la esfera económica antes que en la política (que, estrictamente hablando, no existe como tal en la etapa colonial).

La independencia significa para Hispanoamérica el agostamiento de uno de los polos de esa relación doblemente parasitaria (que en el Brasil sobrevive aun en el poder moderador del soberano del país independiente). La corona de España es insuficientemente reemplazada por los nuevos Estados, que dependen más que aquélla de sus apoyos locales, y por lo tanto deben redefinir su relación con éstos sobre pautas distintas. Pero esos apoyos locales han sido también modificados por las vicisitudes que llevaron a la independencia: luego de quince años de dirimir conflictos políticos en el campo de batalla, el control de instituciones administrativas y magistraturas es menos importante que el control de la fuerza, para asegurar la pertenencia al círculo estrecho de quienes tienen peso real en el gobierno de los nuevos países.

He aquí un terreno fértil para el florecimiento de soluciones políticas que se ajustan tan mal a los modelos juzgados aceptables bajo el nuevo orden como a los favorecidos bajo el antiguo. El autoritarismo que se afirma en una sociedad que sigue marcada por una extrema desigualdad en la distribución de recursos y prestigio, y donde la del poder sigue más de cerca la de aquellos que bajo el Antiguo Régimen, se revela de modo aun más desembozado porque reemplaza a menudo el laberíntico estilo burocrático de ese Antiguo Régimen con el ejercicio inocultablemente arbitrario de una autoridad casi militar.

En ese orden afligentemente tosco, al que ni aun el derroche de brutalidad es capaz de dotar de tolerable estabilidad, es posible reconocer aun algunos de los rasgos básicos del colonial. He aquí a Facundo Quiroga, según su enemigo Sarmiento figura sin ejemplo previo en los anales hispanoamericanos; su poco afectuoso biógrafo le reprocha pujar todos los años por la provisión de ganado para el abasto de la ciudad de La Rioja; en una provincia que tiene en su puño, una comprensible prudencia disuade a todos de pujar contra él, y gracias a ello el negocio del abasto le resulta particularmente lucrativo. Este supuesto crimen sin ejemplo ni antecedente no es sino una nueva manifestación de ese uso privado de un fragmento del poder público que había sido parte esencial del arte de vivir —y de sobrevivir— de las elites coloniales. La diferencia es sin embargo obvia: esas elites se habían instalado parasitariamente en rincones remotos de un aparato imperial que abarcaba tres continentes; en La Rioja el parásito tiene más sustancia real que el organismo político del que supuestamente se nutre: las lanzas llaneras son la única base real del poder público, y Facundo cambia a su capricho a los gobernadores a cuya autoridad permanece teóricamente subordinado.

En la pluma de Sarmiento, ese Facundo ofrece la primera figura para el dictador hispanoamericano; lo que la hace inaceptable a los ojos de su evocador no es su identificación con un Estado que ha expandido excesivamente su autoridad y la impone con rigor exorbitante; es por el contrario la dimisión del Estado la que hace posible el surgimiento del caudillo riojano, y no es entonces sorprendente que, cuando a la evocación sigue la crítica y la propuesta de alternativas, los motivos liberales pasen a segundo plano frente a los de un institucionalismo que subraya complacidamente sus aspectos autoritarios.

Al tomar ese camino, Sarmiento no hace sino extraer las conclusiones que le parecen obvias de la atormentada historia del cuarto de siglo que sigue al fin de las luchas de Independencia: el orden que se ve surgir aquí y allá de las convulsiones de la emancipación encuentra su expresión más acabada (aunque menos excepcional de lo que suponen los emigrados argentinos, cuyo único término de comparación es un Río de la Plata hundido en la guerra de todos contra todos) en el Chile de Portales, y el milagro que admiran en él se resume en el encuadramiento constitucional de un autoritarismo que se quiere despersonalizado, pero no oculta su vocación represiva de toda disidencia, y que se apoya —según la inolvidable expresión de Portales— en "el peso de la noche", en la aquiescencia de las masas, mantenidas en la pasividad y la ignorancia por el antiguo orden.

No se trata por eso de un orden ideológica o políticamente vuelto hacia el pasado; del mismo modo que las experiencias paralelas de Nueva Granada y Venezuela, la del Chile conservador no concibe siquiera como posible otro encuadramiento institucional que no sea el republicano constitucional, y toma por objetivo aclimatar mejor a Chile en el nuevo orden económico al que lo ha incorporado más plenamente la independencia, advirtiendo muy bien que ello significa sustancialmente tomar a su cargo las mismas tareas en las que el liberalismo había fracasado; para sus fundadores, el Estado portaliano aparece como una solución de emergencia impuesta por la fragilidad del orden social al cerrarse la crisis de independencia. Pero la estabilidad que el régimen conservador asegura hace posible una lenta convalecencia, al término de la cual habrá llegado por fin el momento de encarar esas transformaciones necesarias, que el liberalismo sólo se equivocó en proponer porque era demasiado pronto para ello.

Esta primera imagen de la dictadura no la define entonces a partir de las alternativas —entre reacción e innovación, entre libertad y autoridad— que dominaron los conflictos políticos de su tiempo. No podría hacerlo porque la contrapone a una solución política que a su modo recoge todos los elementos de esas alternativas, relevantes a la realidad hispanoamericana, y halla modo de integrarlos en una fórmula que asegura orden para el presente, y progreso y creciente libertad para el futuro. Frente a ella, la dictadura se presenta como puro capricho arbitrario, y como tal se contrapone a la vez a la cristalización institucional del Estado y a la subordinación de las decisiones políticas de los gobernantes a objetivos de largo plazo que se definen a partir de necesidades colectivas.

¿Hasta qué punto el Estado portaliano se ajusta a la imagen que de él proponen sus admiradores argentinos? En particular, ¿ese Estado autoritario es también un Estado fuerte? Así lo parece a quienes lo contemplan a distancia. Pero leamos el sombrío testimonio del argentino Juan Bautista Alberdi acerca de su breve experiencia como secretario de la Intendencia de Concepción en la década de 1840[5]; la estructura burocrática raquítica e indigente que él describe, y con cuyo auxilio se espera que administre un tercio del territorio nacional, es una intocada supervivencia de aquella tan insuficiente introducida por las reformas borbónicas. Como el del Antiguo Régimen, el Estado portaliano es mucho menos poderoso en el terreno de lo que anticipa su esquema organizativo.

Ese Estado, que no es lo bastante fuerte para comenzar siquiera a realizar su ambición de eliminar los condicionamientos económicos, sociales o culturales que perpetúan esa debilidad misma, debe acomodarse en los hechos a la gravitación decisiva de fuerzas rivales y de poderes que no emanan de él mismo, mientras les niega toda presencia legítima en su esquema político. Y —de nuevo como bajo el Antiguo Régimen— sólo puede sobrevivir en la cima mediante un perpetuo acto de arbitraje entre esas fuerzas y esos poderes. El centralismo que resurge en el nuevo marco de la república constitucional reencuentra así los límites del cultivado por la monarquía española.

Así y todo, si el Estado portaliano, ese Estado fuerte que es tan poco fuerte, ese Estado constitucional que se resigna de antemano a realizar muy mal el ideal liberal-constitucional, reúne todos los sufragios de la opinión esclarecida, es porque él aparece preferible a las alternativas ofrecidas por ese mundo hobbesiano que encuentra su ejemplo más extremo en el vecino Río de la Plata, o por el eterno desbarajuste de México y los países andinos. A mediados de siglo las modestas conquistas del Estado portaliano comienzan por fin a aparecer demasiado modestas. Es la hora del triunfo para eso que se llamó a sí mismo liberalismo, y en cierta medida mereció en efecto ese nombre; la hora, por otra parte, en que se multiplican las declaraciones, acuciosamente recogidas por Véliz, que proclaman, en lenguaje deliberadamente brutal, la total irrelevancia del legado hispánico y la urgencia de construir una nueva sociedad en contra y no a partir de él.

Sin duda esas declaraciones reflejan a menudo el esnobismo cultural que Véliz denuncia, e igualmente a menudo se acompañan de una sorprendente ignorancia del legado que repudian. Pero sería peligroso tratar de entender al liberalismo que resurge a mediados del ochocientos sólo a partir de esos rasgos negativos. Desde México al Río de la Plata, la urgencia nueva con que se presentan las exigencias liberales refleja la toma de conciencia de la aceleración del proceso expansivo de un capitalismo industrial que se dispone a reordenar la economía de todo el planeta en torno a sí. Ante esa inmensa fuerza a la vez expansiva y destructiva, las parsimoniosas soluciones del Estado portaliano se están haciendo radicalmente insuficientes: no basta ya, en efecto, utilizar lo que sobrevive del legado del antiguo orden para consolidar otro capaz de encarar paulatina y gradualmente la incorporación de las nuevas naciones hispanoamericanas en el nuevo orden económico mundial; éste avanza demasiado rápidamente para ello, y desde México al Plata hay muchos que creen que la supervivencia misma de las naciones hispanoamericanas exige que lleven adelante la transición necesaria para integrarse en él del modo más rápido y completo.

Ello requiere nada menos que crear una sociedad nueva desde sus raíces, en torno a una vasta clase de agricultores independientes, lo bastante instruida y próspera para ponerse a la vanguardia del proceso de integración del mercado nacional y de plena incorporación al mundial. Esa transformación en verdad revolucionaria, indispensable para asegurar el futuro de las naciones hispanoamericanas, tiene además mucho para hacerla atractiva a los liberales que la proponen. Surgidos de la elite posrevolucionaria, sus aspiraciones son incompatibles tanto con el orden como con el desorden posrevolucionario. El hastío frente a los conflictos sin sentido que atormentaron a las secciones hispanoamericanas hasta entonces incapaces de elaborar un orden político razonablemente estable y pacífico puede haberles llevado a aceptar la voluntaria limitación de horizontes que en el Estado portaliano había sido el precio de la paz, pero en la república de Portales eran en el mejor de los casos figuras marginales, que hallaban abierto un campo de acción estrictamente limitado. Es comprensible que hayan adoptado con entusiasmo la noción de que otras alternativas políticas se habían hecho, más que posibles, ineludibles: así vemos a Sarmiento, tras de servir por una década con férrea lealtad la causa conservadora en Chile, despedirse de su tierra de refugio con un nada nostálgico balance póstumo del orden chileno.

Para hombres que han permanecido fieles a una avasalladora vocación política en medio de las más duras adversidades, la noción de que el futuro les promete el papel de protagonistas en un orden político tan profundamente renovado como la sociedad de la que es expresión tiene un atractivo nada misterioso. Ese nuevo orden también encontrará su modelo político en el constitucionalismo liberal, pero es ésta —a la vez que la menos controversial— la menos esencial de las dimensiones del credo del liberalismo renaciente: en la *renovatio ab imis* de una sociedad y una cultura que ese liberalismo propone, los aspectos político-institucionales están lejos de ocupar el lugar central.

Las cosas, es sabido, no siguieron en ninguna parte ese camino: esa próspera e innovadora democracia rural no iba a brotar ni en México, ni en Nueva Granada, ni en el Río de la Plata. El desengaño inevitable iba a producir una mutación profunda en el liberalismo hispanoamericano; pero ya antes de ello hubo quien propuso un camino alternativo al que en México Mariano Otero había trazado ya desde 1842, en la Nueva Granada había inspirado al ala radical del liberalismo y en la Argentina siguió siendo esperanza intermitente de Sarmiento. Ya en 1852, en efecto, Juan Bautista Alberdi planteaba para su Argentina el problema de la renovación necesaria desde una perspectiva diferente. Antes de preguntarse qué dirección sería deseable que ella tomase, quiso averiguar qué grupos y fuerzas estaban disponibles para impulsarla, y qué objetivos podía razonablemente esperarse que esos grupos aceptasen como suyos, habida cuenta de la posición que ocupaban en la sociedad no renovada.

Para Alberdi el problema no era crear una base social para un orden liberal, sino reemplazar el frágil y necesariamente estático equilibrio de fuerzas que subtendía la solución portaliana por otro marcado en cambio por un dinamismo nuevo, en que esas fuerzas se unirían en un solo impulso hacia adelante. Para él, por otra parte, ese problema estaba ya recibiendo un principio de solución en la Argentina de mediados del siglo. Muchos de los cambios que la emancipación aportó al equilibrio interno de la elite (marginación de sus sectores más ilustrados, vinculados a la debilitada estructura administrativa y eclesiástica, en favor de otros sin duda más toscos, pero que acumulan el poder económico, el influjo sobre vastas masas humanas y los recursos militares) que suelen deplorarse como signos de una renacida barbarie, significan a la vez el reemplazo gradual de las *cliques* que en la colonia rivalizaban entre sí desde sus fortalezas institucionales por una auténtica clase propietaria, que sólo necesita ahora ser esclarecida sobre sus propios intereses para unificarse tras de un proyecto de expansión económica acelerada, cuya tarea será imponer a la nación a través del Estado.

El correlato político de esa unificación de una clase propietaria decidida a aprovechar plenamente las oportunidades creadas por la expansión vertiginosa de la economía atlántica no será la dictadura personal y arbitraria de un caudillo, sino una suerte de dictadura colectiva de esa clase misma, que encuentra su vehículo en una república fuertemente presidencialista.

El marco institucional, que es de nuevo el proporcionado por el constitucionalismo republicano, tiene en Alberdi un lugar más importante y a la vez una función totalmente distinta que en el proyecto liberal; Alberdi cree (como creyó el último Bolívar) que la única república posible es en Hispanoamérica la que recubre con su decoroso ropaje una realidad que es la de la monarquía, pero para él ese ropaje no es un puro *trompe l'œil*; ese aparato institucional, cuya promesa de libertad política es necesariamente mentirosa, tiene sin embargo una función que no podría ser más seria: eliminar la arbitrariedad administrativa, obstáculo a cualquier progreso económico.

Alberdi viene a proponer así proféticamente la solución que treinta años después volverá a preconizarse en México con el nombre más franco de tiranía honrada. Desde esta perspectiva, la dictadura deja de ser la herencia de un pasado que es preciso borrar cuanto antes, para transformarse en el instrumento por excelencia para superar ese pasado. Al legitimarla como expediente temporario (en argumento que continúa el que había justificado los rasgos autoritarios de la república portaliana), esa perspectiva la justifica tan sólo como etapa fundacional de un orden que al alcanzar su madurez ya no será dictatorial; Alberdi cree en 1852 que llegará alguna vez el día en que el éxito de la república posible haga por fin posible una república verdadera; los ideólogos del porfirismo proclaman en 1892 que la ley es la única heredera posible para Díaz.

A través de esa esperanza en la que halla su justificación, el autoritarismo progresista conserva un elemento de afinidad con el liberalismo del que comenzó por ser una herejía; sin duda las transformaciones que se esperan de la dictadura progresista no son las mismas que el liberalismo de mediados de siglo esperaba suscitar mediante una vasta movilización de voluntades colectivas, pero ambos proyectos aspiran a promover a través de ellas un clima menos inhóspito para los refinados usos políticos del liberalismo constitucional.

¿Ese desenlace es una vez más una ilusión inalcanzable? A comienzos del siglo xx hay observadores que quieren creer que no; en *Les Démocraties Latines d'Amérique*[6], Francisco García Calderón, aunque no deja de subrayar el peso que todavía conserva el legado de primitivismo político que viene del pasado, y la conveniencia de no desafiarlo de modo demasiado imprudente, no deja duda de los avances ya realizados pese a él. Sin duda, ya cuando escribía García Calderón, ese optimismo (sin duda bastante cauteloso) estaba lejos de ser universal, y bien pronto la evocada pérdida del monopolio de legitimidad retenido en el primer siglo de vida independiente por el modelo liberal-constitucional hará sentir sus efectos. En 1919 *Cesarismo democrático*[7], de Laureano Vallenilla Lanz, ofrece una versión más pura y dura del autoritarismo progresista; aquí la experiencia de un siglo en que Venezuela halló difícil emerger del hobbesiano *bellum omnium contra omnes* es contemplada desde una perspectiva renovada por el fin de ese monopolio. La apología de la dictadura no hace ya de la provisionalidad su mejor justificación, y el autor explora las raíces del orden dictatorial en ciertos rasgos básicos del hombre venezolano (y a ratos parece que del hombre en general) con una insistencia que sugiere que a su juicio el "gendarme necesario" no lo es tan sólo para una etapa transicional en la breve historia de las naciones hispanoamericanas.

Se ha indicado ya, sin embargo, que la pérdida del monopolio de legitimidad ideológica iba a afectar menos de lo que hubiera sido esperable a la noción que reconocía en el constitucionalismo liberal, pese a todos los desmentidos que ofrecía la experiencia, el orden político normal para Hispanoamérica. Si la etapa que se abría al finalizar la Primera Guerra Mundial estuvo lejos de ser la de implantación de ese modelo, ello se debió, más bien que a las modificaciones en el clima de ideas, a las vividas por las sociedades hispanoamericanas.

Estas estaban dejando atrás la etapa dominada por esa elite cuya reconciliación consigo misma se había consumado en el marco de la dictadura progresista o la república oligárquica, para entrar en otra en la cual el tema dominante pasaba a ser la integración en el sistema político de sectores mucho más amplios. Los problemas que se estaban colocando gradualmente en el centro de la vida política hispanoamericana eran entonces los de la democratización de la base política, pero mientras la solución liberal había preparado proféticamente un marco institucional para la nueva etapa, en la cual esa solución prometía gracias a ello ganar la plena relevancia que le había faltado hasta entonces, las tensiones desencadenadas por el ingreso en ésta incitaban a acudir a soluciones de fuerza para las cuales la tradición autoritaria y la dictatorial-progresista podían a su vez ofrecer inspiración.

Las complejas alternativas abiertas por ese tumultuoso y trabado avance hacia la democratización sólo excepcionalmente podrían darse un cauce institucional adecuado sin introducir una quiebra decisiva en el que encuentran en el momento de su irrupción. De esas excepciones la más obvia es la que ofrece Chile, cuyos avances democratizadores son tan lentos y graduales que no alcanzan a quebrar la continuidad del majestuoso desarrollo político abierto por la instauración del Estado portaliano; bajo su égida Chile iba a llegar al borde mismo de la revolución social antes de que esa continuidad fuese finalmente cortada por el derrocamiento y asesinato del presidente Allende. Otra excepción a primera vista menos obvia es la que ofrece México, donde un régimen surgido de una revolución que avanzó al triunfo a través de convulsiones sin precedentes desde las que acompañaron la guerra de Independencia, adaptó a la era de masas un modelo político en que se reconoce cada vez más claramente el del autoritarismo progresista contra el cual esa revolución vino a desencadenarse.

Pero, si lo que se busca es medir el impacto de esa azarosa democratización en el legado institucional heredado de la etapa previa, los ejemplos excepcionales en que ese legado sobrevive sin transformaciones fundamentales resultarán menos ilustrativos que otros en que éste se revela más vulnerable. Volviéndonos a ellos, no nos sorprenderá hallar entre las fuerzas que la democratización pone en conflicto, y que sienten la tentación de dirimirlo abandonando el terreno del constitucionalismo liberal, las de oligarquías políticas que se habían identificado profundamente con él en el pasado, pero que ahora deben afrontar el alarmante desafío de alguna aspirante a contraelite. El ejemplo más acabado de ello lo ofrece quizá el Perú, donde entre 1930 y 1945 un autoritarismo de muy duras aristas represivas se apoya en la alianza entre los herederos del civilismo oligárquico y el ejército contra la amenaza del APRA. Sin duda ese autoritarismo gustó de invocar el ejemplo fascista, pero ese ejemplo no parece haber tenido papel decisivo para definir los perfiles de un régimen al que veremos resurgir con rasgos sustancialmente idén-

ticos entre 1948 y 1956, sin invocar ahora por cierto afinidad alguna
con un modelo político que había perdido todo atractivo.

El éxito de esa alianza autoritaria-reaccionaria tiene una consecuencia paradójica: la progresiva reorientación liberal-constitucional
del movimiento tan brutal como eficazmente marginado por ella.
En la constelación de ideas bajo cuyo signo nació el aprismo hay
muy poco que hubiera permitido anticipar esa evolución: éste surgió como una suerte de herejía del leninismo; si se separaba de él
para proclamar que el capitalismo estaba lejos de haber agotado su
ciclo al ingresar en la etapa imperialista, compartía en cambio con
él el abandono de la problemática liberal-democrática; también
organizativamente el APRA envolvía la estructura básica de un partido leninista en innovaciones de estilo que reflejaban por su parte
un interés muy vivo por las que estaba introduciendo el fascismo.
¿Qué devolvió entonces relevancia, a los ojos del movimiento perseguido, al liberalismo constitucional como cauce institucional para la
democratización a la que aspiraba?

La respuesta obvia —a saber, que la persecución sufrida le permitió descubrir que las llamadas libertades formales tenían al cabo alguna sustancia— se revela de inmediato insuficiente. El movimiento comunista no dedujo conclusiones análogas de la que sufrió bajo el
fascismo (salvo como motivo esgrimido ocasionalmente con intención claramente oportunista). La adopción de la exigencia liberal-
constitucional nace por el contrario de la percepción de todo lo que
diferencia a las dictaduras peruanas de las fascistas: lejos de significar
como éstas el triunfo de una contraelite que permite sobrevivir a las
que dominan la sociedad al precio de su completa mediatización política, esas dictaduras peruanas reflejaban la adaptación a un nuevo y
más duro desafío por parte de un sector dirigente con un largo pasado y también (como los apristas se veían ya obligados a admitir) con
un largo futuro: en este contexto el liberalismo constitucional ofrece
los términos de la paz entre el APRA y adversarios a los que, como
finalmente advierte, es incapaz de aniquilar, y con ello viene a realizar una ya casi olvidada profecía, al ofrecer solución plenamente
relevante a los concretos problemas planteados por la democratización de la base política. Esa solución es sin embargo distinta en aspectos esenciales de la que había propugnado el despertar liberal de
la centuria anterior: basada en la alianza entre el aprismo y un ya
casi póstumo civilismo, ofrecía a la oligarquía la posibilidad de sobrevivir a la prueba de la democratización, con un costo sin duda no insignificante (por ejemplo, permitir el enraizamiento del movimiento
sindical en ciudades y plantaciones costeñas) pero en suma soporta-
ble; el APRA lograba por su parte institucionalizar un equilibrio
social que —contra lo que aseveraban con sereno desprecio de los he-

chos algunos de sus enemigos de izquierda— era muy distinto del conocido por el Perú en esa edad de oro de la república civilista que habían sido los veinte años previos a la Primera Guerra Mundial.

Pero si esa solución hacía del liberalismo constitucional el marco institucional para un Perú parcialmente democratizado, no lo constituía ya en vehículo para aspiraciones a cambios más complejos y ambiciosos; el redescubierto constitucionalismo liberal no reflejaba ya, como el liberalismo de un siglo antes, la aspiración a completar revoluciones frustradas a mitad de camino; a la vez que consolidaba transformaciones ya maduradas, ofrecía la promesa de frenar futuros avances en la misma dirección. No es sorprendente entonces que los que esperaban un futuro distinto del presente se prometiesen ya muy poco del retorno al esquema liberal-constitucional, y estuvieran dispuestos a considerar con mente abierta alternativas que tardarían sin embargo en adquirir perfiles definidos.

La convivencia que en el Perú se establece entre las fuerzas oli-gárquicas y el más exitoso de los movimientos nacidos bajo signo revolucionario, para encauzar la vida política nacional bajo el signo del constitucionalismo liberal, es aun allí una solución tardía y destinada a tener breve vigencia. En sus tumultuosos orígenes, el aprismo sin duda hubiera hallado difícil adivinar que era ése el puerto al que lo llevaría la azarosa navegación que estaba emprendiendo; había entonces otra alianza que juzgaba a la vez menos improbable y más deseable que la de esa oligarquía que por entonces se prometía eliminar del elenco de las fuerzas sociales; era la del ejército, del que a su juicio nada fundamental lo separaba. Sin duda, entre 1930 y 1932 un foso de sangre fue cavado entre éste y el nuevo movimiento, y casi medio siglo debió transcurrir antes de que ambos se reconciliasen a medias, pero la aproximación que en el Perú se reveló imposible con el que había sido en más de un país hispanoamericano el núcleo más real del viejo Estado, iba en otras partes a estar en la base de un nuevo equilibrio político surgido bajo el impacto de la democratización en curso.

Así ocurre en Guatemala y Venezuela, en 1944 y 1945; mientras la revolución guatemalteca sucumbe diez años después a la hostilidad norteamericana y la tibieza creciente de sus apoyos militares, en Venezuela un partido afín al aprismo, que llega al poder con el apoyo de un sector de oficiales del ejército (fatigados del predominio de los veteranos jefes andinos encaramados en el poder a comienzos de siglo), afronta tensiones crecientes, que llevan a una ruptura de la alianza por el socio militar, alarmado de la eficacia con que Acción Democrática organiza una base de masas en un país minuciosamente despolitizado por las previas dictaduras; cuando, luego de más de una década de represión militar, Acción Democrática logra recuperar el poder, lo consigue en un marco ahora cercano al de la convivencia peruana.

Basta comparar la experiencia venezolana con la argentina para concluir que esa alianza promete ser menos frágil cuando la iniciativa permanece en manos del sector institucional tradicional: en la Argentina ella logra sostener durante diez años la primera experiencia peronista, que deja en herencia un partido de masas imposible de desarraigar. Como la peruana, esta otra alianza de fuerzas nuevas y viejas tiene para estas últimas una función conservadora, pero ella no es la misma que en la convivencia de movimientos políticos renovadores y oligárquicos. Mientras en ésta se trataba de canalizar las fuerzas populares en un marco que, aunque legitimaba los avances ya realizados en la erosión del predominio oligárquico sobre la sociedad y la economía, no facilitaba nuevos programas en ese mismo sentido, para el grupo militar que se identificó con esa solución en la Argentina el objetivo era más político que económico-social: flanquear y aislar a la vieja oposición democrática mediante la incorporación masiva de sectores a los que ésta no había logrado integrar plenamente, ni mucho menos satisfacer en sus aspiraciones (entre otras cosas porque no había contado con el poder necesario para ello): esta solución, socialmente más innovadora, estará menos urgida que la convivencia antes mencionada de buscar en las normas del liberalismo constitucional las reglas que han de gobernar las relaciones entre los integrantes de la alianza que le da apoyo.

No es sorprendente entonces que en la Argentina peronista el legado del constitucionalismo liberal pese menos que en el Perú de la convivencia; es en cambio sorprendente que no se haya disipado del todo. Sin duda, la continuidad formal con esa tradición, a la que el peronismo sólo introduce en este plano retoques menores, no impide que ese esquema institucional, que ya había encuadrado regímenes como el de Porfirio Díaz y el de Juan Vicente Gómez, deba hallar ahora un modo de hacerse compatible con el total dominio de la vida pública por un movimiento que lleva el nombre de su fundador y está totalmente dominado por éste.

Es también indudable que ese esquema institucional conserva muy poca sustancia; aunque el poder que Perón ejerce como titular del Ejecutivo está formalmente limitado por una Constitución que consagra la división de poderes, sus enemigos no inventan cuando denuncian que esas limitaciones constitucionales han perdido toda sustancia: la subordinación del Congreso y la Judicatura no podrían ser más completas. Al mismo tiempo el esfuerzo puesto en mantener en marcha un sistema formal que corresponde tan poco al equilibrio real de fuerzas es un hecho que requiere ser explicado, y cuando se examina más cuidadosamente la solución argentina, se advierte que tanto lo que ella retiene del marco institucional heredado como lo que la aparta de éste se entienden mejor en el contexto de la ambigua relación entre los dos socios que el experimento peronista ha ligado en insegura alianza.

Puesto que el peronismo no fue empresa común del ejército como institución sino un proyecto audaz de un grupo de oficiales, sólo aceptado por sus pares cuando se hizo evidente que no contaban con mejor alternativa para conservar el lugar que habían ganado en la vida nacional a partir de 1930, desde el comienzo el lazo entre esos socios tan poco afines fue necesariamente mediado por ese grupo y sobre todo por su jefe, que lo era a la vez del nuevo movimiento político. En ese contexto el motivo autoritario, que extrema sus ribetes personalistas, aparece necesario no sólo para el jefe, sino para un ejército que asiste con sentimientos mezclados al avance político de sectores populares antes considerablemente menos activos en la sociedad argentina, y que ve en el encuadramiento de esos grupos dentro de un movimiento sometido al rígido control de su jefe la mejor garantía contra lo que su acción espontánea podría tener de peligroso. Pero la supervivencia de la tradición liberal-constitucional, que no contribuye por cierto a dar a esa fuerza política nueva un estilo adecuado a una democracia pluralista, ofrece en cambio una última red de seguridad para sectores institucionales que, sin oponerse al nuevo orden político, no aceptarían en él la posición del todo carente de autonomía que el peronismo ofrece a los individuos y organizaciones a los que encuadra.

La experiencia peronista avanza, aunque cautelosamente, por terrenos antes inexplorados: sus dilemas son los que oponen a la tradición liberal-institucional y a una plebiscitaria democracia de masas, con fuertes proclividades autoritarias, en una sociedad parcialmente industrializada y abrumadoramente urbanizada. A la vez, ese avance a lo desconocido significa también en más de un aspecto una regresión a rasgos arcaicos. Como más de uno de los protagonistas de la vida política en la primera mitad del ochocientos, Perón entró en ella en un contexto marcado por la fragmentación del poder, y su hazaña consistió una vez más en confiscar en su provecho uno de esos fragmentos para constituir, en el marco más amplio ofrecido por una sociedad en proceso de rápida estructuración, una base de poder más amplia. Y su régimen, tan autoritario bajo la transparente apariencia constitucional, reproduce también muchas de las ambigüedades del autoritarismo conservador (que a su vez había heredado buena parte de las del absolutismo colonial): cuando se examina cómo funcionó en los hechos un poder que no encontró límite real en el de otras instituciones estatales, se lo ve gastándose en un perpetuo arbitraje entre grupos arraigados en fortalezas institucionales y sociales, hasta tal punto que la herencia más real de ese autoritarismo dominado por una desaforada vocación centralizadora fue la consolidación de esas fortalezas mismas, que una y otra vez iban a destruir a los regímenes constitucionales o autoritarios que osaron desafiarlas durante las décadas revueltas que siguieron al derrocamiento de Perón en 1955.

Pero, mientras la democratización de la base política, como antes la unificación de elites en un proyecto de desarrollo económico acelerado, no logra eliminar las tensiones que devuelven una y otra vez actualidad a la tentación de la dictadura, esa dictadura, que de nuevo no llega a reivindicarse como un modelo institucional dotado de legitimidad comparable a la del liberal-constitucional, se revela menos capaz que en el pasado de ofrecer firme cauce a transformaciones sociopolíticas capaces de responder a las cambiantes exigencias de la nueva hora hispanoamericana. De ello se alcanzará una cruenta demostración por el absurdo cuando la instauración de tiranías terroristas se imponga como desenlace (y anticlímax) de una década de tensiones y conflictos cada vez más insoportables en los países del Cono Sur. El fracaso de ese experimento, que vino a hundir a sociedades que habían alcanzado los niveles más altos de complejidad y refinamiento político en Hispanoamérica en el charco sangriento de una viquiana *barbarie di riflessione*, parece ofrecer el veredicto final sobre la ineficacia de la dictadura para resolver los problemas cuya urgencia la ha llevado una y otra vez al triunfo.

Todo esto parece adecuarse a la imagen del avance de la historia hispanoamericana que hace dos décadas dominaba los escritos de Zea, en que cada etapa no era capaz de liquidar los dilemas de la precedente; el avance cuyo curso hemos seguido es a la vez repetición agobiadora de un movimiento circular entre una solución dictatorial cuyas duras aristas ocultaban mal su intrínseca fragilidad, y una alternativa constitucionalista-liberal cuya fragilidad, menos escondida bajo falsas apariencias, no era por ello menos real.

Las tentativas de escapar de ese círculo impugnando la validez ideal del modelo liberal-constitucional, pese a que tienden a hacerse más frecuentes, son demasiado cautelosas y demasiado pronto castigadas por el fracaso para sugerir otra cosa que la permanente vigencia del dilema contra el cual se proponen como alternativa. La confirma que las veleidades desarrolladas en este aspecto por el peronismo (que no se fatigaba de celebrar su propia audacia ideológica) no pasasen de experimentos semicorporativos en alguna constitución provincial y la frecuentemente propuesta, pero nunca intentada, creación de milicias sindicales-partidarias paralelas al ejército; la confirma todavía más persuasivamente que el régimen militar peruano surgido en 1968, que buscó mucho más explícitamente poner las bases de un orden institucional distinto de la democracia representativa, debiera resignarse a clausurar su gestión restaurándola con una plenitud de vigencia que no había conocido nunca en el pasado.

Pero hoy el panorama hispanoamericano incluye ya algo más de esos conatos que no pasaron de tales: Cuba ofrece en efecto un ejemplo en marcha de transición a un modelo inequívocamente distinto del liberal-constitucional. ¿Es posible encontrar en él una solución, finalmente legitimada por el éxito, al enigma para el cual Véliz había creído hallar respuesta en México? ¿Es posible hallar en el "centralismo democrático" la expresión institucional adecuada a los nuevos tiempos de ciertos rasgos básicos de la índole hispanoamericana, plasmados por tres siglos de centralismo monárquico, que Véliz reprochaba al constitucionalismo liberal no haberse esforzado por ofrecer?

Es sin duda imposible responder a esta pregunta. Así como la experiencia liberal-constitucionalista fue parte de un proceso más vasto, a saber, el avance del modelo liberal-constitucional en una escala planetaria, la que hoy transcurre en Cuba es por su parte un capítulo de la del "socialismo realmente existente", y su rumbo futuro depende antes que nada del que éste, hoy al parecer vacilante entre el estancamiento y la crisis, termine por tomar en áreas menos marginales.

Admitir que así están las cosas no significa concluir sin más que la clave para la contrastada marcha de la historia política hispanoamericana haya de encontrarse en el contexto mundial en que ésta debió avanzar. El ejemplo cubano es aquí particularmente convincente: la discontinuidad ideológica con la entera historia previa no podría ser más completa, pero esa discontinuidad no arguye necesariamente la del estilo político, que es constantemente desmentida por la experiencia. La problemática que opuso liderazgo personal e institucionalizado, poder arbitrario y tiranía honrada, puede aún leerse en transparencia bajo los términos del nuevo vocabulario político cultivado en la Cuba de hoy; y no es claro que la solución que ofrece a esos viejos y siempre nuevos dilemas el marco institucional que la revolución ha venido finalmente a darse sea más capaz de encarnar en la vida cubana que el ideal liberal-constitucional de ayer, el ilustrado de anteayer o el humanista-cristiano de un pasado aun más remoto; no es ni siquiera claro que se espere de ella que realice ese milagro, ya que la distancia que va de lo vivo a lo pintado sigue siendo muy bien percibida en la nueva Cuba.

Precisamente porque así están las cosas, la experiencia de la revolución cubana gravita con mayor fuerza de lo que podría suponerse sobre el nuevo ciclo de novelas de dictadores, que se guardan bien de evocarla. Sin duda esa revolución comenzó prometiendo una transición sorprendentemente fácil a una nueva etapa histórica en que el contexto mismo del que había surgido la dictadura hispanoamericana sería abolido junto con ésta; pero cuando esas novelas comenzaron a ver la luz ya se había hecho evidente que esa nueva etapa iba a estar marcada en cambio por durísimos conflictos que harían poco probable ese apacible desenlace. La revolución iba a avanzar durante décadas entre rápidos y estrechos, afrontando casi constantes riesgos mortales; fue la identificación con un caudillo de popularidad inmensa, no limitado durante quince años por ningún marco institucional demasiado preciso, y aun después capaz de dominarlo con su presencia poderosa, la que aseguró su siempre amenazada supervivencia.

Ese espectáculo a la vez tan nuevo y tan viejo debía suscitar una respuesta compleja entre los jefes de fila de toda una generación literaria hispanoamericana, convocados para transformarse en interlocutores privilegiados de una revolución privada por el bloqueo de encontrar otros más convencionales. De esa experiencia exaltante queda (aun para quienes terminaron por decepcionarse de ella) el recuerdo de una intimidad que obliga a ver al caudillo de modo distinto del que había inspirado los retratos monumentales antes preferidos. Uno de los balances más negativos de la experiencia cubana, debido a quien contribuyó quizá como nadie a afianzar esa intimidad, lleva un título revelador, *Retrato de familia con Fidel*[8], y la explicación personal con Fidel, en que el interlocutor acepta finalmente ponerse en el lugar de ese piloto veterano de tantas tormentas, y admitir que, si éste no tiene necesariamente razón, tiene por lo menos sus razones, ofrece el momento culminante para la transparente ficción de Heberto Padilla, como para la memoria de Jorge Edwards.[9]

En este contexto se entiende sin duda mejor por qué en el actual ciclo novelístico el dictador es ya menos frecuentemente la esfinge sangrienta que era Rosas para José Mármol, o el ídolo precolombino, impasible y mudo, que imaginó Valle Inclán, o todavía el primer motor inmóvil de un orden minuciosamente cruel, tal como lo propuso Miguel Angel Asturias. Y que *Yo el Supremo* se presente como un infinito monólogo, que es a la vez el de Gaspar Rodríguez de Francia, explicándose sobre su tarea imposible de cambiar la realidad con órdenes, decretos, circulares, en suma con palabras; y el de Augusto Roa Bastos, diciendo sus propias perplejidades ante otra tarea no menos enorme: la de crear una realidad imaginaria también con palabras; la identificación complementa aquí un distanciamiento que no se ha borrado, y la visión adquiere con ello una nueva, misteriosa hondura.

NOTAS

[1]   Rosas en mensaje a la vigésima segunda legislatura de la Provincia de Buenos Aires, diciembre 27 de 1844, en *Registro Oficial de la Provincia de Buenos Aires, año de 1844*, Buenos Aires, 1874, pág. 47.

[2] Claudio Véliz, *The Centralist Tradition in Latin America*, Princeton, 1980.

[3] Así en Octavio Paz, "Foreword", en Jacques Lafaye, *Quetzalcoatl and Guadalupe: the formation of Mexican national consciousness, 1531-1813*, Chicago, 1976, págs. X-XI.

[4] John L. Phelan, "Authority and Flexibility in the Spanish Imperial Bureaucracy", *Administrative Science Quarterly*, V, 1960.

[5] En Jorge M. Mayer, *Alberdi y su tiempo*, Buenos Aires, 1963, pág. 319.

[6] Francisco García Calderón, *Les démocraties latines de l'Amérique*, Paris, 1912.

[7] Laureano Vallenilla Lanz, *Cesarismo democrático: estudios sobre las bases sociológicas de la constitución efectiva de Venezuela*, Caracas, 1919.

[8] Carlos Franqui, *Retrato de familia con Fidel*, Barcelona, 1981.

[9] Carlos Edwards, *Persona non grata*, edición completa, Barcelona, 1982; Heberto Padilla, *En mi jardín pastan los héroes*, Barcelona, 1981.

Intelectuales, sociedad y vida pública
en Hispanoamérica a través de la
literatura autobiográfica

Rastrear la trayectoria de los intelectuales hispanoamericanos en las dos últimas centurias, y hacerlo a través de algunas autobiografías, parece una audacia doblemente excesiva. Aquí no se tratará de levantar esa razonable objeción, sino de razonar los límites de la empresa, lo que la hará quizá menos temeraria.

En primer lugar, los intelectuales. ¿Qué son los intelectuales? La respuesta no es fácil, y no por falta de exploraciones que concluyan en propuestas bien definidas; es más bien la variedad misma de éstas la que crea la dificultad.

Dificultad tanto más grave porque el término es relativamente reciente, y —cuando lo usamos para un pasado más remoto— de la definición que aceptemos para el término dependen no sólo las notas distintivas que han de caracterizar al grupo ubicado bajo esa denom¹ nación, sino quiénes habremos de incluir en él.

Es posible, sin embargo, reconocer en las definiciones propuestas notas comunes que permiten ser referidas a un número más reducido de alternativas. Podemos, por una parte, reconocer en los intelectuales a un grupo social, o preferir definirlos a partir de su relación con el mundo de las ideas y la cultura.

En forma nada sorprendente la primera opción va a polifurcarse, a su vez, en un abanico particularmente rico de posibilidades alternativas. Estas pueden agruparse de nuevo, sin embargo, en dos familias. Hay todo un conjunto de interpretaciones que ven a los intelectuales como un grupo ocupacional que crece en número y complejidad al compás de la creciente división del trabajo social: así es cómo se los ve hoy en la URSS; este punto de vista tiene sus orígenes históricos en la Rusia prerrevolucionaria, pero debe su vigencia actual a la autoimagen de la sociedad soviética como libre de contradicciones entre los distintos grupos participantes en el proceso productivo: los intelectuales se integran entonces con la sociedad en su conjunto, antes que con un grupo dentro de éste. Así se define como intelectuales a quienes participan en un conjunto de actividades no manuales, desde las académicas hasta la teneduría de libros (pero no, al parecer, la dactilografía), que requieren, en general, escolaridad terciaria.

Una construcción análoga en sus fundamentos, pero más restrictiva en cuanto a los admitidos bajo el rótulo de intelectuales, alcanzó efímera boga en los Estados Unidos, en la etapa en que se gustaba de proclamar "el fin de las ideologías"; para Talcott Parsons o Edward Shils el intelectual se identifica casi sin residuos con ciertas categorías ocupacionales que cumplen una función social precisa, que —como todas las demás— contribuye a la perpetuación de la sociedad que integran, a través de sucesivas adaptaciones a las cambiantes circunstancias.

Para quienes prefieren ver en las divisiones de la sociedad algo más que la consecuencia de una creciente especialización de funciones, el problema reconocido como central es el del nexo entre los intelectuales y los distintos grupos que —diferenciados a partir de su específico modo de inserción en el proceso productivo— tienen vocación (no siempre históricamente realizada) de constituirse en protagonistas de proyectos históricos entre sí incompatibles. Entre quienes parten de esa visión radicalmente diferente de la sociedad, se considerará aquí —y es de temer que demasiado brevemente— a Gramsci.[1] Si también para él los intelectuales surgen como grupo separado por especialización de funciones, ella se da en el ámbito de la clase: los "intelectuales orgánicos" que toda nueva clase crea al crearse a sí misma son, en la mayor parte de los casos, "especializaciones" de aspectos parciales de la actividad primitiva del tipo social nuevo que la nueva clase ha sacado a la luz.

Así caracterizados, los intelectuales incluyen desde técnicos que sistematizan y perfeccionan los métodos productivos, hasta organizadores que toman a su cargo el encuadramiento económicamente eficaz de la fuerza de trabajo, hasta el vasto grupo que —asumiendo tareas entre sí muy distintas— asegura la organización del Estado en sentido más amplio. Es este último grupo el que interesa sobre todo a Gramsci; si la noción explícita de intelectual por él adoptada es la que se ha citado ya, la operacional en sus escritos es más bien otra que identifica a los intelectuales como el personal de la superestructura política en sentido amplio (tan amplio que le permite incluir entre ellos a los periodistas pero también a los guardiacárceles).

Sus intelectuales están entonces muy cerca de lo que Gaetano Mosca había llamado clase política; es, en rigor, un examen de ésta, centrado en su función superestructural, el que le interesa sobre todo. Hasta qué punto ello es así lo muestra con particular claridad su examen de los *Junkers* como "intelectuales tradicionales" del Segundo Reich. Aunque percibe muy bien cómo la posesión de fuentes de recursos que no dependen de su función intelectual los constituye en ejemplo en extremo atípico, se rehúsa a explorar los modos en que esas fuentes de recursos los impulsan a adoptar como grupo posiciones que no derivan de su condición de intelectuales; poco tiene que ver con ésta la defensa del proteccionismo agrario y la de la frontera abierta a la inmigración de braceros polacos, contra la cual protestaba en vano el alarmado patriotismo de Max Weber; Gramsci se esfuerza, en suma, por dejar de lado algo que, desde luego, no ignora: que esos casi sacerdotales servidores de la superestructura son, a la vez, en Alemania, el núcleo del "bloque agrario".

Se entiende muy bien por qué Gramsci prefirió no extender sus exploraciones en esa dirección. Seguirla hubiera significado abandonar la problemática específica de la posición del intelectual, que le interesaba sobre todo dilucidar. Para hacerlo debería haberla vinculado con otros aspectos de la realidad social, pero no podría partir a una infinita exploración de todos los nexos que ésta ofrece, y un esfuerzo de disciplina intelectual le permite concentrarse en los que le parecen más significativos.

Cuáles son éstos está anticipado en la oposición, por él establecida, entre "intelectual tradicional" e "intelectual orgánico". Ya Marx había observado al pasar que en Inglaterra la casta gobernante era muy distinta de la clase dominante; contemporáneamente con Gramsci, J. A. Schumpeter iba a ofrecer una conclusión más general a partir del ejemplo inglés (y del austríaco, que le tocaba más de cerca) para mostrar como válida para toda Europa —excepto Francia— la metamorfosis de los herederos del pasado feudal en los gerentes políticos, militares y a veces administrativos del nuevo orden capitalista. Gramsci, por su parte, percibe la significación de ese desfasaje tanto cuando se vuelve hacia el pasado como cuando mira al futuro; la integración de "intelectuales tradicionales" y "orgánicos", nunca completada en el proceso de transición al capitalismo, volverá a plantear problemas tan complejos como urgentes en la transición al socialismo.

He aquí cómo, por decisión de Gramsci, el tema de los intelectuales nos lleva al de la superestructura, y éste al de la transición. Se ha insinuado ya que deslizamientos como éste son típicos de las indagaciones sobre la índole de ese grupo que llamamos los intelectuales: apenas se busca una definición que vaya más allá de agrupar bajo un rubro común a ciertas categorías censales, los problemas que esa definición plantea se enlazan con otros que terminan por invadir, en orden disperso, áreas cada vez más remotas de la realidad social.

Esa tendencia centrífuga se hace aun más extrema en los exámenes del intelectual a partir de su relación con el mundo de las ideas. Ahora la vinculación entre intelectual y sociedad no se afloja, pero adquiere una dimensión normativa; así, en su *Wissenschaft als Beruf*, Max Weber ofrece a la vez una somera —y penetrante— sociología del hombre de ciencia (y en particular de las ciencias sociales) como profesional, y un examen de los deberes de éste desde una perspectiva ética, de acuerdo, por otra parte, con la doble vertiente del vocablo alemán, que designa a la vez profesión y vocación.

Pero la dimensión normativa agregada a la problemática del intelectual tiene una vertiente a la postre más importante que la ética.

Puesto que el intelectual elabora ideas y conocimientos (sobre todo acerca de la sociedad), el problema de las condiciones de posibilidad de un conocimiento válido en esa esfera pasa a agregarse a los que la noción de intelectual evoca de inmediato. Esa dimensión del problema estaba ya muy presente en Weber e iba a gravitar luego con intensidad creciente. Tanto la noción —sostenida por ciertos marxistas— de que el intelectual debe ante todo tomar conciencia del vínculo entre ciertas posiciones teóricas y la identificación con ciertas clases sociales, y hacer de ésta la constante piedra de toque de la validez de sus conclusiones, hasta la opuesta, que postula al *freischwebende, free-floating* intelectual, como único sujeto capaz de eludir las alternativas de ideología y utopía, tienen en común su integración de análisis sociales, esbozos de morales para intelectuales y criterios epistemológicos.

Tales exámenes desembocan a menudo en una posición estricta entre dos modelos de intelectuales, entre los cuales se da por añadidura una extrema polarización valorativa. Esto es consecuencia, sin duda, de la antes señalada dimensión normativa, conjugada con el hecho de experiencia de que no todos los intelectuales ajustan su desempeño a normas en torno a cuya validez, por otra parte, la unanimidad está lejos de haberse alcanzado.

Para el historiador descubrir que de las ciencias sociales le llegan más a menudo planteos sugestivos que criterios orientadores no suele ser una peripecia que lo suma en la desolación: identificado con una vieja disciplina acosada por rivales demasiado jóvenes y ambiciosos, no podía ver cómo esas ambiciones son seguidas de desengaños. En este caso su función puede ser, sin embargo, más útil que la de poner objeciones a una marcha de pensamientos que comienza como descriptiva y analítica, en el camino adopta criterios normativos, y concluye fulminando con excomunión mayor a esos aspectos de la realidad que había prometido explicar, y que no se mantienen fieles en su desempeño a un cierto código de normas. Si ese deslizamiento es tan frecuente y tan poco objetado, algo hay sin duda en el tema mismo que impulsa a tomar ese discutible camino. En primer lugar, la misma variedad proteica, la misma ambigüedad ineliminable de la figura social del intelectual, que invita a acotar dentro de ese vasto grupo otro más homogéneo y, por eso, menos capaz de eludir el esfuerzo, por definirlo con alguna precisión.

Pero hay todavía algo más. Los intelectuales forman parte de esa vasta y abigarrada familia de grupos sociales que se caracterizan por una función "representativa"; no vinculados directamente al proceso productivo actuarían en otras esferas de actividad como "representantes" de grupos por su parte definidos por su específica vinculación con ese proceso. El tema de la representatividad es, como se sa-

be, uno de los que los estudiosos de la sociedad hallan más problemático, pero antes de aparecer problemático al estudioso lo es ya para
quienes participan en esa relación compleja que solemos ubicar bajo
el rubro quizá demasiado simple de "representación".

La ubicación en la escala de jerarquías sociales de estos representantes está marcada, para ellos y sus representados, de una imprecisión constante. La pertenencia de origen no sirve para eliminarla;
aun quien asume una función representativa del grupo al que pertenece, por eso mismo termina por transformarse en figura excepcional
dentro de ese grupo, y esa excepcionalidad no es necesariamente
computada en su favor por quienes originariamente fueron sus pares;
la excepcionalidad, a la vez de función y de origen, de quien se asigna
el papel de representante de un grupo al que no pertenece, agrava todavía esa ambivalencia. Los intelectuales pertenecen entonces a ese
conjunto de figuras definidas por su función representativa, que
Max Weber caracterizaba como integrantes de una *paria Kaste*, como
déclassés, y a ellos puede aplicarse lo que Weber señalaba acerca de
los periodistas: "el periodista comparte con todos los demagogos [en
el sentido etimológico y weberiano del término], y, por otra parte
—por lo menos en el continente, en oposición a lo que ocurre en Inglaterra y ocurría antes en Prusia— también con el abogado (y el artista) el sino de escapar a una definición social precisa. Pertenece a
una suerte de casta de parias que es apreciada en la sociedad a partir
de sus representantes más degradados moralmente".[2] Pero la diso-
nancia entre intelectual y sociedad es particularmente grave porque
—a diferencia del periodista o el abogado que sacrifica la reputación
al éxito— aquél tiende a computar sistemáticamente esa vaguedad en
su ubicación social a su favor: el lugar que, a su juicio, la sociedad le
debe tiende a distanciarse diametralmente del que ésta le reconoce.

Se comprende cómo ha sido posible elaborar enteras interpretaciones acerca del carácter problemático y a menudo conflictivo de la
relación entre intelectual y sociedad, a partir de la inserción ambigua
y conflictiva del intelectual en la estructura social. La tentación de
adoptar este camino es tanto más fuerte para aquellos que buscan recusar legitimidad a la dimensión crítica tan a menudo presente en la
respuesta de los intelectuales a la sociedad a la que pertenecen. Simo-
ne de Beauvoir denunciaba con razón el reduccionismo del pensamiento político de la derecha, que explicaba sus posiciones de izquierda como fruto de la envidia frente a la elegancia —para ella inalcanzable— de la duquesa de Windsor, y no hay motivo para dudar
de su sinceridad cuando asegura que los onerosos triunfos de esa irrisoria reina de la moda nunca turbaron su serenidad. Pero la operación de reducción y desenmascaramiento no es menos problemática
cuando respeta mejor los hechos. Para Taine, Mme. Roland descubrió

su vocación revolucionaria luego de sufrir el desaire de una dama de
la nobleza en un teatro de Burdeos: si el episodio es cierto la conclusión que reduce a la abanderada de una nueva libertad a despechada
escaladora de la pirámide social no es por ello necesariamente válida.

Los problemas implícitos en este reduccionismo se hacen particularmente evidentes en aquellas corrientes marxistas que tienden a
identificar la posición de los intelectuales frente a la sociedad con la
del grupo social del que son oriundos. Es sabido que ella suele ser el
punto de partida para una imputación de actitudes pequeñoburgue-
sas a aquellos intelectuales cuyo desempeño aparece como objetable.
Punto de partida —demasiado a menudo— para un razonamiento circular: el origen pequeñoburgués, utilizado para explicar actitudes que
llevan la impronta de la pequeña burguesía, es postulado a partir de
esas actitudes mismas; por debajo de la definición social del pequeñoburgués se adivina otra simétrica de la que Flaubert proponía para el
burgués; si éste es "celui qui pense bassement", su deplorable pariente
pobre se reconoce, en cambio, por su constante —y hueca— elevación
de pensamientos; aun así, la pequeña burguesía, como la burguesía,
parece ser ante todo un estado de espíritu.

Sin duda esa línea de análisis y crítica, pese a que demasiado a
menudo su enraizamiento en un examen del origen social del intelectual sea una promesa destinada a no cumplirse, no deja de contener
un motivo rico en sugestiones; existe, sin duda, una analogía entre las
actitudes que sus críticos suelen reprochar a ciertos intelectuales y
las que el análisis marxista ha venido asignando a la pequeña burguesía y sus voceros. Estos últimos no alcanzan nunca una imagen real
del funcionamiento de la sociedad y, sobre todo, del modo en que la
pequeña burguesía se inserta dentro de ella, y esto se vincula a que el
papel social de esa pequeña burguesía es, a la vez, impreciso y marginal. A partir de esa marginalidad se edifican ideologías que la com-
pensan colocando a quien se identifica con ese grupo marginal, y habla en su nombre en el papel de legislador y guía de la sociedad entera.
No examinemos aquí hasta qué punto esta interpretación aparece
bien fundada; a veces parece que la pequeña burguesía debe su heterogeneidad a su condición de categoría residual a la que se arrojan
grupos sociales y tendencias sociopolíticas que resisten con insolente
tenacidad tanto los esfuerzos analíticos como la hegemonía política
del marxismo y de los movimientos en él inspirados. Pero, acertada o
no en su propio terreno, esa caracterización de las actitudes vincula-
das con la pequeña burguesía ofrece —ya que no una válida explicación por su origen social— una descripción analógica certera de los
dilemas básicos que afronta el intelectual frente a la sociedad.

He aquí cómo, entonces, el esfuerzo por explicar el elemento
conflictivo en la relación entre intelectual y sociedad a partir del ori-

gen social de los intelectuales se resuelve, bien en una deformación caricaturesca de las motivaciones de esos intelectuales, bien en una marcha explicativa que, a través de un breve desvío exploratorio en el campo de los orígenes sociales de los intelectuales, nos devuelve demasiado rápido a las actitudes mismas que se trataba de explicar.

Que un reduccionismo inspirado en la voluntad de allegar armas contra intelectuales díscolos, más que en un deseo sincero de esclarecer un problema, no logre en efecto esclarecerlo, no tiene nada de sorprendente. De su fracaso pueden extraerse sin embargo dos conclusiones quizá útiles. La primera es que el problema es muy real; la segunda, que reducirlo al de la inserción del intelectual en la escala de recursos, poder y prestigio de la sociedad en que se integra es ofrecer sólo una proyección unidimensional de una problemática que excede en buena parte a ese plano preciso. Cabe, por último, subrayar que estos análisis de la posición del intelectual se centran en el intelectual crítico, y parecen sugerir que es sólo éste el que alcanza una inserción ambigua y problemática de la sociedad.

Es este último supuesto el que —quizás tanto como el ya denunciado reduccionismo— condena a estos análisis de la índole y función del intelectual a una relativa esterilidad. Cuando el intelectual asume una función crítica las tensiones implícitas en su modo de inserción en la sociedad se expresan en abiertos conflictos; no se sigue necesariamente de allí que esas tensiones sólo surjan cuando alcanzan esa expresión clamorosa.

Ellas están, por el contrario, presentes también en el intelectual que se propone como ideólogo del orden establecido. También éste, en efecto, se coloca fuera y por encima de la sociedad, a la que ofrece un sostén derivado de la autoridad que emana de su condición de intelectual, no de su lugar de origen en esa sociedad. También el intelectual de orden, entonces, postula, al lado de la jerarquía de la sociedad en que vive, otra jerarquía fantasmal en la que ocupa un lugar eminente, y en nombre de éste se arroga la autoridad que pone al servicio del orden vigente.

El intelectual parece entonces como el soberano de un reino que no es de este mundo, y que puede establecer con el orden sociopolítico de éste relaciones de signo muy variado; en el siglo xix podríamos ubicar en un extremo de la escala a Victor Hugo, soberano en el destierro, cuyo orgulloso apartamiento en su roca de Guernesey está destinado a privar al Segundo Imperio de esa legitimidad que otros soberanos de reinos menos etéreos se han apresurado a reconocerle; en el otro a Goethe, cuya entrevista con Napoleón es también un encuentro entre soberanos y supone, en cambio, un mutuo reconocimiento de legitimidad.

Es esa postulación de un orden jerárquico paralelo al político-social la que caracteriza entonces al intelectual en su relación con este último. Esa postulación esconde a menudo otra aun más extrema: para el intelectual, la jerarquía que él domina como tal tiene primacía sobre la político-social; en efecto, ésta deriva su legitimidad de la conclusión que el intelectual ofrece para sostenerla, y la invocación de una autoridad distinta y más alta que la de la sociedad se da tanto en Joseph de Maistre como en Rousseau. En este sentido puede decirse que la función del intelectual es siempre crítica, aunque esa crítica tenga la variedad de usos de la espada del guardia nacional recibida por Monsieur Prudhomme, "para defender a la República y, si viene al caso, para derribarla".

Los intelectuales aparecen, en este aspecto, como los herederos, en un mundo secularizado, del poder espiritual, y los avances de este nuevo tipo social son, entre otras cosas, un aspecto de los de esa secularización. Se entiende muy bien por qué sus relaciones con los poderes de este mundo tienden a repetir la ambivalencia que caracterizó a las de ese poder espiritual al que continúan. Hay, sin embargo, una diferencia importante: mientras aquél aparecía institucionalizado, y debido a ello contaba —a la vez que con esa fuente eminente de legitimidad ubicada por encima del plano en que se mueven las potencias terrenales— con sus propias fortalezas en ese plano mismo, los intelectuales ejercen su poder espiritual en orden disperso y sin una base institucional que puedan considerar propia.

Ello tiene dos consecuencias importantes. La más obvia es que la pretensión de soberanía independiente implícita en la actitud del intelectual frente al universo político-social es necesariamente más frágil, los episodios de disidencia victoriosa menos frecuentes y, cuando se dan, radicalmente menos satisfactorios, ya que los intelectuales pueden socavar una dada situación pero no podrían, sin abandonar su función de tales, mantenerse a la cabeza de la que surge en parte gracias a su acción. Hay otra menos obvia pero no menos significativa: si bien la autoimagen del intelectual como definidor y vocero de un orden independiente y más alto que el meramente vigente en la esfera político-social lo transforma en un participante en la lucha por el poder, el hecho de que su acción no tenga a su servicio un aparato institucional digno de ese nombre hace que su acción se vuelque, antes aún que en la esfera político-institucional, en la de la sociedad misma, a través de la opinión, cuya influencia el intelectual debe poner a su servicio para cumplir sus objetivos en esa esfera. De aquí deriva una situación paradójica: el intelectual, que se proclama definidor de un orden que no debe su legitimidad a su mera vigencia, y —por el contrario— es el único que podría conferirla al efectivamente vigente, nunca depende de este último más estrechamente que en el momento en que proclama su independencia.

Sin duda esa doble dependencia —del poder político, de la opinión— le concede posibilidades de autonomía: desde Voltaire hasta Tolstoi no son pocos los que supieron en este contexto ganar influencia vastísima sobre un sistema sociopolítico que nominalmente los relegaba a situación marginal. Pero esa autonomía es muy distinta de la arisca independencia que la autoimagen del intelectual postula, y Voltaire, en cuyos tiempos esa autoimagen no había madurado del todo, gustaba de subrayar maliciosamente qué subterfugios de refinada astucia le habían asegurado su siempre frágil posición de escritor libre en una sociedad que no lo era. Más adelante se hará menos común tanta franqueza, que la posteridad tiende a encontrar excesivamente cínica. Pero cuando Baudelaire escribe, en el tono de la más rendida veneración, a un Victor Hugo que sigue haciendo pesar desde su roca de Guernesey la excomunión mayor sobre el espurio Segundo Imperio, para asegurarle que debe a sus admiradores continuar en ese combate que quizá encuentre fatigoso y fútil, revela de nuevo hasta qué punto aun el gesto de más radical independencia frente a los poderes del mundo está condicionado por su inserción en un juego de fuerzas que no podrían ser más mundanas. No es sólo, en efecto, la figura política de Victor Hugo, es aun su condición de príncipe de los poetas la que le exige esa conducta[3]; como frente al poder, frente a la opinión el intelectual no es nunca de veras el guía cuyas directivas son obedecidas, porque él descifra los secretos de un orden más válido que el de la realidad inerte.

La relación entre intelectual y sociedad es entonces necesariamente insatisfactoria; la explicación que limita las causas de insatisfacción a la posible frustración de las ambiciones de ascenso social de los intelectuales se revela, en suma, demasiado optimista. Se entiende muy bien por qué el examen de esa relación está marcado por una constante perplejidad que conduce a un no menos frecuente mal humor. Mal humor de aquellos intelectuales que se proclaman defensores de la sociedad contra la eterna acción corrosiva de la litigiosa cofradía a la que pertenecen; mal humor de otros intelectuales que proclaman su desencanto frente a una sociedad que no se encolumna disciplinadamente bajo su guía.

Ambos se expresan en exámenes de la condición del intelectual que, como los antes evocados, pasan de la descripción a la fijación de normas, y el consiguiente relegamiento a las tinieblas exteriores de quienes no se ajustan a ellas.

Pero junto con esos exámenes se expresan además a menudo en una nostalgia: la de ese poder espiritual de cuya disgregación es heredero el de los intelectuales. Esa nostalgia supone la de muchas otras cosas, y por debajo de todas ellas la de un mundo concorde en torno de creencias comunes expresadas en una ideología común. Desde que los sansimonianos se fijaron por tarea reemplazar al cristianismo, esa nostalgia de un pasado vivo en la fantasía antes que en la memoria conserva su imperio sobre intelectuales fatigados de una función crítica que parece incapaz de asegurarles satisfacciones perdurables. Pero es de temer que esa nostalgia se base en parte en un equívoco: para sentirse cómodos en ese universo concorde, los intelectuales deberían dejar de ser lo que son. Herederos frustrados del poder espiritual, es la disgregación de éste la que los ha hecho surgir como un tipo de rasgos definidos, y quizá la tendencia —hasta ayer dominante— a reconocer sus precursores entre los que trajeron la discordia y la disidencia a un mundo demasiado concorde revelaba una mejor comprensión de lo que hace la peculiaridad del intelectual moderno.

Aun para quienes buscan borrar toda arista de controversia de la descripción de esa figura peculiar, no pueden en efecto ignorar que ella implica áreas de conflicto. Talcott Parsons, al proponer una definición del intelectual, acumula advertencias sobre la interdependencia, que es la contracara de la independencia de sistemas sociales y culturales, cuya básica armonía, siempre quebrada y siempre rehecha, mantiene a la sociedad en equilibrio dinámico. Debe admitir, sin embargo, que si así están las cosas para un observador externo, para el intelectual, y simétricamente para el *organization executive*, ambos plantean una alternativa, y lo que caracteriza al intelectual es que "en su rol principal se espera de él —una expectación en la que él mismo normalmente participa— que ponga consideraciones culturales por encima de las sociales al definir los compromisos en virtud de los cuales su rol y posición primarios son significativos como contribuciones hacia desenlaces juzgados valiosos de su acción", por su parte "quienes tienen responsabilidades hacia la sociedad están dispuestos a sacrificar los intereses culturales a los sociales".[4]

No es sorprendente, entonces, que cada vez que un remedo de poder espiritual parece renacer bajo la forma de un aparato institucional mejor definido que se ofrece para albergar a los intelectuales y organizar su influencia, ese desarrollo sea visto más frecuentemente como una amenaza que como una promesa de solución final al problema del intelectual desarraigado. ¿Y entonces? ¿Cuál es la solución para el problema? Probablemente ninguna: el intelectual es a la vez el supremo legislador que parece contar siempre con un Sinaí a su personal disposición, y el ciudadano de las nubes que Aristófanes denunciaba ya en Sócrates, figura irrisoria para la sociedad sobre la que proclama su soberanía eminente, y aun así capaz de influir a veces en esa sociedad de modos que, si lo decepcionan, alarman a quienes se idenfican con el orden vigente en ella. Este haz de contradicciones quizá inseparable de la condición del intelectual no ha sido evocado aquí entonces para sugerir de qué modo podrían ellas superarse, sino para explorar de qué modo algunos intelectuales hispanoamericanos vivieron con ellas a través del largo, tortuoso proceso en que la figura del intelectual alcanzó a dibujarse con rasgos propios, un proceso que también en la América hispana se abre con la crisis del Antiguo Régimen.

Trataremos de seguir ese proceso a través de algunos textos autobiográficos. El procedimiento se presta también a objeciones muy variadas; entre ellas, la más obvia se dirige a las características de la autobiografía como fuente histórica.

La más obvia pero —creo— no la más seria. Sin duda la autobiografía da de los hechos de la vida del autor una imagen rehecha por la memoria y el olvido (eso aun en los casos en que no interviene una falsificación sistemática); nada de lo que en ella se cuenta puede ser confiadamente aceptado como cierto sin alguna forma de control externo. Pero ocurre que esas autobiografías no nos interesan primordialmente como fuentes seguras de datos biográficos sobre sus autores sino como testimonios del modo en que esos autores concibieron su inserción específica en las sociedades en las que actuaron, y aun la exactitud histórica de su relato será relevante sobre todo en la medida en que el apartamiento de ella permita detectar con particular claridad el esfuerzo por volcar una experiencia de vida en un cierto molde, adecuarla a un cierto modelo cuyas características se trata de individualizar.

Pero el empleo de las autobiografías como fuente privilegiada suscita otra crítica sin duda más grave. Las que nos han quedado de dos siglos de historia hispanoamericana son sorprendentemente escasas. Centrarse en esa fuente, entonces, supone acotar del grupo de intelectuales hispanoamericanos un grupo mucho más reducido —aquel de los intelectuales que compusieron autobiografías— que no es claro que sea representativo del más amplio. De él lo separa el hecho obvio de que sólo sus miembros sintieron la necesidad de volverse reflexivamente y en público sobre su carrera; no es abusivo concluir que sintieron con mayor hondura los problemas y contradicciones en la situación del intelectual, cuya incidencia se trata precisamente de apreciar a través de los textos que nos han dejado. Que el resultado final tienda a exagerar esa incidencia, desde la perspectiva del intelectual medio, que no se sintió urgido por ella a explorar su propia trayectoria, es una posibilidad que no es fácil de descartar.

Una posibilidad que no ha de alarmarnos demasiado: no se trata, en efecto, de detectar sentimientos colectivos sino situaciones objetivas; que algunos hayan preferido reaccionar frente a ellas ignorándolas, que otros más felices hayan alcanzado esa ignorancia sin esfuerzo deliberado, gracias a su nativa falta de perspicacia, no cambia demasiado a esas situaciones. Que la presencia o ausencia de esa

perspicacia para entender el contexto sociohistórico en que se desenvuelve una trayectoria vital no sea una sola cosa con la específica vocación de intelectual no es tampoco demasiado sorprendente: el
general Iriarte en la Argentina, el general Echenique en el Perú, se
han inclinado sobre estos problemas en textos autobiográficos cuya
riqueza e intuitiva profundidad de análisis no tiene probablemente rivales entre los que debemos a intelectuales hispanoamericanos: ello
no nos llevará a preferir esas páginas tan ricas en sugestiones eficaces
sobre un tema que no es el nuestro a las a veces menos lúcidas debi-
das a quienes miraban a esos autores aficionados con la superioridad
del profesional.

Entre estos últimos, en ese reducido universo de los intelectuales que nos ofrecieron sus reflexiones autobiográficas, la problemática que aquí nos interesa tampoco domina necesariamente la visión
que de su trayectoria propone cada uno de ellos. Es sabido que la autobiografía se diferencia de las meras memorias (en que un escritor
cuenta lo que ha visto en el mundo, y el tema es proporcionado sobre
todo por éste) en que el asunto es la trayectoria vital y la carrera de
quien escribe. Pero de aquí no se concluye que el estímulo que lleva
a explorar esa trayectoria vital y esa carrera haya de ser siempre el
mismo. Hay, podría decirse, varias tradiciones autobiográficas en las
que se refleja esa diversidad de estímulos. Una de origen cristiano,
que tiene su antecedente más alto en San Agustín, toma por tema la
"historia de un alma"; su gran tema son las vicisitudes en la marcha
hacia lo que se espera será su salvación. En el umbral del ciclo de la
revolución contemporánea, Rousseau se atrevió a ofrecer la que desde
el título mismo era una réplica a ese mensaje llegado de la primera
edad cristiana; sus *Confesiones* eran también, a su modo, la historia
de un alma, cuyo curso era menos lineal y más atormentado que el de
la ofrecida por su gran predecesor.

Y ésta es una dimensión que ha de faltar cada vez menos en las
autobiografías que debemos al siglo xix; con ella se vincula, sin duda, la incorporación ahora tan frecuente de la infancia al relato auto-
biográfico; si ella no hace al hombre público, hace al hombre total.

Pero la infancia, en que el hombre llega a ser lo que es, es también la etapa en que se da una primera identificación del sujeto con
un mundo histórico-social que le es propio; como comienza a adivinarse, esa incorporación es un aspecto esencial de su hacerse hombre.
La evocación de la infancia se acompaña entonces a menudo con notaciones precisas del contexto familiar en que el proceso se da, y esas
notaciones —de las que no ha desaparecido siempre la intención de
impresionar al lector con un origen inesperadamente eminente— tienen por función principal, sin embargo, esclarecer ese proceso de formación de una personalidad.

Autobiografía íntima y biografía del sujeto como ser social tienden entonces a integrarse íntimamente; la hazaña del siglo xix fue, precisamente, integrar esa tradición autobiográfica que es legado cristiano con la autobiografía política (en términos amplios) que, si tiene pocos precedentes en la antigüedad, supone una visión de la vida histórica que proviene de ella.

Esa imbricación de dos tradiciones autobiográficas, hecha posible por una nueva noción de personalidad que le reconoce más explícitamente su dimensión social, supone, a su vez, la de las motivaciones y estímulos que las habían sostenido. Desgajar de ese complejo haz de estímulos a la reflexión autobiográfica los que aquí nos interesan temáticamente es, sin duda, legítimo, a condición de no olvidar que en la visión del autor estudiado ellos no tienen lugar separado o necesariamente dominante. En otras palabras, el peligro del camino escogido consiste menos en postular la presencia, en la experiencia de los intelectuales hispanoamericanos, de un conjunto de problemas y dilemas que derivaban de su condición de intelectuales, que en concluir que esos intelectuales hispanoamericanos vivieron constantemente obsesionados por esos problemas; más de uno por el contrario vino a resolverlos —sin duda insatisfactoriamente, pero ese resultado insatisfactorio era, se ha sugerido ya, quizá inevitable— sin siquiera planteárselos explícitamente.

Esos dilemas, se ha dicho ya quizá demasiadas veces, son un aspecto ineliminable de la condición del intelectual moderno. Pero, si están presentes también en la trayectoria de los intelectuales hispanoamericanos, esa presencia se da de modos que son peculiares al contexto hispanoamericano, y es esta peculiaridad la que justifica un estudio específico dentro de ese ámbito.

Aquí el intelectual nace —en nacimiento doloroso y conflictivo— del letrado colonial. Esa metamorfosis no la atraviesan tan sólo quienes se sienten apresados en la figura del letrado, encerrada en límites ideológicos y de comportamiento rígidamente definidos; deben afrontarla también quienes ven derrumbarse el contexto histórico que ha sostenido su carrera de letrados, y se adaptan como pueden a uno nuevo, que no siempre entienden del todo.

El drama del que se siente encerrado dentro de límites asfixiantes lo vivió, con una intensidad que lo llevó al borde mismo de la locura, fray Servando Teresa de Mier. Su tentativa de redefinir, en el marco de un Antiguo Orden cuya crisis percibe muy bien, pero frente a la cual no busca apresurarla sino hacerse inspirador de una compleja regeneración que habrá de salvarlo, abre legítimamente este examen. El fracaso clamoroso de esa tentativa, muerta en verdad antes de nacer, y la incapacidad de fray Servando para reconciliarse con él, dan lugar a textos cuya riqueza se debe a ratos a una extrema, exasperada lucidez, a ratos a los desvaríos de una imaginación obsesiva; bajo una y otra inspiración fray Servando registra para nosotros la marcha de un cuarto de siglo de reflexiones sobre la experiencia del letrado disidente en un Antiguo Régimen en agonía.

En el extremo austral del imperio español el deán Gregorio Funes, del cabildo de la catedral de su nativa Córdoba en el Río de la Plata, negoció cautelosamente su carrera a través de los rápidos que destrozaron la de fray Servando. Su autobiografía no podría ser más pública; es, en verdad, casi el prospecto de un candidato a posiciones políticas; lo que hace su interés es la continuidad que postula entre el clérigo letrado del Antiguo Orden y el político y publicista de la era republicana. Si esa continuidad aparece tan lineal es sin duda porque el deán ha estilizado su carrera colonial para ajustarla al exigente modelo ideal del precursor de la revolución; por debajo de esa continuidad debida a falsificaciones, que en este caso es de temer no fueron del todo inconscientes, hay otra que el deán ni siquiera advierte: está dada por su obstinada ambición de sostener una carrera pública y representativa en un mundo que está cambiando hasta sus raíces, una ambición a la que sacrifica aun su nativa cautela.

Si el deán Funes es un letrado entre dos mundos, su compatriota Manuel Belgrano es ya el intelectual de un mundo nuevo, para cuyo nacimiento ha venido preparándose desde que adquirió conciencia de la hora que le tocaba vivir en la historia del mundo hispánico. Su inconclusa autobiografía refleja el nacimiento de una nueva problemática moral y política, de una concepción también nueva de la relación entre el letrado y la vida cívica. Ese nacimiento anuncia ya el fin del letrado como tipo social por excelencia disponible para quienes tienen vocación de intelectuales, y anticipa la lenta definición de un tipo en muchos aspectos opuesto: el del pensador.

El término no describe demasiado bien el nuevo tipo que pugna por surgir, y los pensadores tuvieron sin duda en el horizonte intelectual hispanoamericano lugar más limitado del que le asignan estudiosos norteamericanos, fascinados por un tipo de intelectual al que hallan a la vez enigmático y exótico (aunque no debiera serlo; aquí también Hispanoamérica se muestra quizá más arcaizante que exótica, y esos estudiosos podrían encontrar en su propia tradición, examinando por ejemplo la figura de Emerson, algunas claves para entender a los pensadores que pueblan la historia cultural de Hispanoamérica en la segunda mitad del siglo xix, y sobreviven de modo más aislado hasta ya entrada nuestra centuria). Aquí nos interesa el pensador como tipo de intelectual cuyo perfilamiento marca el punto de llegada lógico de un proceso a lo largo del cual se ha acentuado el divorcio entre una elite que, en la tardía etapa colonial, reúne idealmente la superioridad del linaje, el dominio de áreas variadas de la economía y el de las actividades administrativas, ideológicas y culturales, y un sector letrado que ha comenzado por verse a sí mismo como un subgrupo dentro de esa elite, y que tiene a su cargo, precisamente, tutelar y acrecentar los elementos institucionales y culturales del complejo patrimonio acumulado por el clan familiar al que pertenecen. El letrado es, entonces, a sus propios ojos, el integrante de un sector surgido por especialización funcional dentro del grupo ubicado en la cima de la sociedad hispanoamericana del Antiguo Régimen; se niega a ver otra singularidad más que ésa en su posición dentro de ese grupo eminente: el hecho, reiteradamente comprobado por los estudiosos actuales, de que esa área de especialización atrajo sobre todo a aquellos miembros de las primeras familias que contaban con más reducida base patrimonial propia, y junto con ellos a integrantes de linajes secundarios dentro de la elite colonial, ese hecho que sin duda no podían ignorar, no entraba sin embargo en esta halagadora autoimagen del letrado colonial.

No es sorprendente que cuando fray Servando ofrezca una explicación a sus desgracias no la busque en su condición de letrado de mente independiente: su experiencia revela, a su juicio, las amenazas que pesan sobre la entera nobleza hispanoamericana, oblicuamente atacada por un despotismo regio que para afirmarse no vacila en hacerse subversivo de un orden social jerárquico que es legítimo porque refleja superioridades naturales, heredadas a través del linaje. Auténtico noble cantábrico o descendiente de Cuauhtémoc, fray Servando debe sus sufrimientos a su origen excelso; si no ignora que algo tienen que ver ellos con su propia conducta, que los timoratos juzgan imprudente, eso confirma sin embargo la validez de su explicación por el linaje: su noble franqueza, que tanto daño le ha causado, no es sino otro de los rasgos propios del hombre bien nacido.

Esta línea de argumentación no reaparece por cierto en el deán Funes, que ha adaptado ya su perspectiva al nuevo clima republicano, y se identifica con orgullo con una corriente ideológica precisa cuyo destino comparte. Pero basta leer su autobiografía para advertir que las naciones que han poblado la obsesiva fantasía del perseguido fray Servando sostienen igualmente la acción más prudente del clérigo cordobés; el precursor y ciudadano, el publicista famoso en ambos mundos, es todavía el que agrega la dimensión del brillo intelectual al patrimonio complejo de un clan arraigado en la tierra, el comercio y las magistraturas de su comarca nativa.

Nada de eso en Belgrano, pero la metamorfosis conduce aquí a una carrera revolucionaria, subtendida por lealtades ideológicas muy fuertes, en la cual la acción práctica (en la vida política y más aun en la militar) termina por absorber por entero a quien comenzó por volcar tanto de sus energías en su actividad de publicista.

El nacimiento del nuevo tipo de intelectual, que lo es ya más plenamente de lo que lo había sido el letrado colonial, pues está siendo plasmado en el crisol de una Hispanoamérica que está entrando a su modo en el mundo moderno, se da entonces sólo a mediados del siglo, en el marco del renacimiento liberal que, desde México hasta el Río de la Plata, marca un hito importante en la historia de nuestro siglo xix.

Hay un texto que marca clamorosamente ese nacimiento: es *Mi defensa*, que el argentino Domingo Faustino Sarmiento publica en su destierro chileno, en 1843. Denunciado como hombre de origen modesto, Sarmiento extrema la acusación y la transforma en reivindicación: no ha nacido en un barrio modesto y de familia oscura, como alegan sus enemigos; su origen es una población marginal, y desde los quince años, por deserción de su padre, ha sido jefe de su propia familia: es, en otras palabras, y de acuerdo con la expresión llena de sentido que ha comenzado ya a ganar circulación, un hijo de sus obras. Su deuda con la sociedad es entonces mínima, y frente a ella no se define como el integrante de uno de los subsectores de su elite, sino como una figura solitaria que se coloca a la vanguardia de su avance histórico. El marginal es a la vez el guía (esa posición privilegiada deriva de su acceso también privilegiado al mundo de las ideas) que no debe, como el letrado colonial a su modo originario, integrarse en la sociedad, sino que ésta lo marca como un ser separado de ella.

Esa identificación tajante con un tipo nuevo de intelectual no ha de hacer escuela, sin embargo. Unos años después el mismo Sarmiento iba a dar de nuevo cuenta de sí mismo en *Recuerdos de provincia*, y aquí el hijo de sus obras abre literalmente el volumen con su árbol genealógico: su esfuerzo se define ahora como el de adaptar la tradición de la elite letrada al clima social e ideológico de la era republicana. Pocos entre los que nos han dejado en sus autobiografías la memoria de la generación que dio soporte intelectual al renacimiento liberal alcanzaron a definir los tipos alternativos tan nítidamente como Sarmiento; también para ellos, sin embargo, el letrado y el pensador adánico y prometeico constituyeron los dos polos en la definición de la figura pública que ambicionaban realizar.

Hay otra diferencia entre Sarmiento y los otros autores aquí evocados, que explica quizá por qué éstos proponen una imagen menos nítida y más matizada que las dos entre sí contrastantes que debemos al primero. Este escribía al comienzo de su carrera pública: *Mi defensa* es su primera publicación que excede el formato de un artículo de periódico; cuando publica *Recuerdos de provincia* es reconocido como figura importante, pero se halla aún en precaria posición en su país de destierro: sus escritos autobiográficos explican las primeras etapas de un programa de vida que confía llevar adelante en el futuro. Los otros autores hacen el balance de una trayectoria vital cercana a cerrarse, para la cual no cabe esperar nuevos enriquecimientos o cambios de rumbo: la distancia (reconocida o no, pero ya imposible de acortar) entre proyectos y realizaciones contribuye a agregar claroscuros y matices al cuadro de una carrera.

José Victoriano Lastarria, el chileno, el neogranadino José María Samper y el mexicano Guillermo Prieto contemplan, en efecto, la etapa de definición de su figura pública bajo el signo del renacimiento liberal desde la perspectiva distanciadora que impone un cuarto de siglo y un balance más claro de los frutos del esfuerzo renovador en que todos ellos participaron. Entre ellos Lastarria proporciona el menos desengañado; ha encontrado, a su modo, un nuevo hogar en una nueva comunidad de los letrados, que inspira y orienta las transformaciones a las que Hispanoamérica, pese a todas las rémoras de un pasado sombrío, no podrá sustraerse. El positivismo de Comte y la peculiar experiencia chilena dan el tono preciso a la imagen que Lastarria propone de sí mismo y su tarea en el mundo: a sostener el aparato institucional que da a esa comunidad letrada un lugar en la vida chilena consagra lo mejor de sus esfuerzos; aunque está justamente orgulloso de sus antepasados (y al más ilustre, el admirable funcionario regio Miguel Lastarria, autor de una perspicacísima descripción de las colonias orientales del Río de la Plata, consagrará un estudio extenso) se define en relación con un grupo consolidado por una coincidencia de vocación, antes que por la de origen familiar o social.

Esa adhesión de Lastarria a su trayectoria no ha sido conquistada, sin embargo, sin una lucha interior que sólo adivinamos a través de algunos relámpagos de mal humor o de melancolía. No era ésa la carrera que Lastarria había encarado para sí mismo cuando organizó por primera vez un bloque independiente dentro de la cámara de diputados dominada por los conservadores. La comunidad letrada le ofrece un refugio para los desengaños de la política; su fe en el positivismo comteano le permite creer que al refugiarse en ella no renuncia a la eficacia histórica de su acción.

Esa alternativa no atrae ni a Samper ni a Prieto; la renovación cultural en que Lastarria ve el punto de partida necesario de otra más vasta no evoca en ellos eco alguno. Para ambos la historia de la empresa política que ha marcado sus vidas es la de un fracaso; la solidaridad con las ideas que los guiaron se ha aflojado considerablemente. Ello les devuelve a una conciencia más aguda de sus raíces históricas; para ambos el mundo prerrevolucionario se presenta con los caracteres de un paraíso perdido. Ambos son dos caballeros que han debido intentar una carrera pública y literaria en un mundo convulsionado por la revolución: la evocación de las amarguras vividas impulsa a

Samper a un repudio de su pasada fe política, a Prieto a una zumbo-
na negativa a tomar en serio cualquier fe política; ambas reacciones,
profundamente diferentes, se apoyan en juicios muy cercanos sobre
los resultados de la victoria liberal.

Ni uno ni otro han intentado realizar en ese contexto nuevo el
tipo del letrado colonial; tampoco intentan realizarlo en el ocaso de
sus vidas. Pero no lo intentan porque saben demasiado bien que esa
empresa es ya imposible. Su repulsión frente a su propio proyecto va
más allá aun: éste ha sido una aventura sin sentido, porque el intelectual no tiene papel viable en la sociedad hispanoamericana del siglo xix. Cuando contemplan su pasado les queda sin embargo la satisfacción de comprobar que no han abandonado las rigurosas pautas
morales propias de hombres bien nacidos. Su título a la consideración pública no proviene de su pertenencia al sector intelectual de la
elite, sino a esa elite misma, cuya eminencia —que la sociedad posrevolucionaria ignora a su propio riesgo— se traduce, más que en cualquier superioridad intelectual, en una más refinada conciencia moral;
tanto Samper como Prieto han pagado su lealtad a ella, al precio de
lo que a los ojos del vulgo es su fracaso. Esa moraleja es insistentemente proclamada por Samper, insinuada con admirable destreza por
Prieto, escritor más eficaz y menos dado a cultivar el estilo elevado, y
observador por otra parte más lúcido de su realidad; aun cuando nos
es propuesta con una sonrisa que oculta valientemente una íntima
melancolía, repite en lo sustancial la que fray Servando había volcado en acusaciones cercanas al delirio. En suma, la crisis del antiguo
orden hispanoamericano ha inaugurado tiempos muy duros para los
hombres bien nacidos.

Exitosa o fracasada, la empresa de los intelectuales que acompañaron el renacimiento liberal había sido asumida bajo el signo de una
separación y superioridad de destino apoyada en la participación en
un mundo distinto y más alto que el de la realidad cotidiana, gobernada por fuerzas oscuras y sus oscuros servidores: es el mundo de las
ideas, en que señorea la razón. Quienes ven retrospectivamente esa
experiencia como un fracaso han abandonado implícitamente su
identificación con ese mundo, y han buscado una fuente más antigua
de legitimidad en su pertenencia al estamento más eminente dentro
de la sociedad prerrevolucionaria.

Esas crisis de la fe en la razón como fuerza directriz del proceso
histórico no era sólo un fenómeno hispanoamericano, y pronto iban
a llegar a Hispanoamérica los ecos de la que, de modo aun más radical, estaba viviendo Europa. Ella iba a influir sobre el modo peculiar
en que Hispanoamérica iba a vivir lo que, visto sobriamente, no era
sino una etapa más en el proceso progresivo de diferenciación y especialización de actividades culturales: la tendencia a constituir a la li-

teratura de intención artística como área separada de la publicística política y la indagación histórico-social. El escritor-artista surge como tipo ideal nuevo, aun cuando la dedicación exclusiva a la literatura así entendida es extremadamente difícil y escasamente frecuente. Pero si el escritor-artista sigue siendo periodista o funcionario, su figura pública no reconoce necesariamente esas dimensiones de su actividad: el periodismo y la burocracia se transforman en la actividad privada que sostiene a la figura propiamente pública de ese escritor de nuevo tipo.

En este aspecto la nueva alternativa ofrece una salida para un dilema que parecía no tenerlo. En los recuerdos de Guillermo Prieto lo que se nos da es la carrera de un periodista y funcionario a quien le ocurrió participar en su juventud en ciertas ideas y esperanzas, y que conservó una tenaz afición a escribir para su placer; estas dos dimensiones de su personalidad no son las que dan sentido a su trayectoria, en favor de la cual sólo puede decirse que Prieto sobrevivió a medio siglo de tormentas para alcanzar una discreta medianía conservando su honor intacto.

Ahora el arte ofrece un refugio contra ese sinsentido. Pero ese refugio es también el reducto desde el cual el artista podrá proclamar sobre bases nuevas su supremacía. Aun Rubén Darío, cuya autobiografía entiende su función en la literatura con atractiva (y del todo atípica) modestia, como la de un artesano justamente orgulloso de su destreza y riqueza de invención, no renuncia al papel de vate de la estirpe: su intuición de poeta le ofrece acceso a una comprensión privilegiada del proceso histórico. Alarma ante la guerra que se viene, presagio de una nueva derrota de una Francia que frívolamente repudia su condición de primogénita de la Iglesia, desafío, en nombre de una Hispanoamérica a la vez india y latina, a Roosevelt, rudo representante de la otra América bárbara y violenta, o —cuando la guerra finalmente estalla— invocación a una América unida de Norte a Sur bajo el signo de la paz, lo que Darío ofrece puede ser la traducción en verso sonoro de los editoriales que ha leído esa mañana; esa operación dota a esos lugares comunes de una verdad y una profundidad nuevas, y ello no sólo a sus ojos, sino también a los de su público.

Y el artista no sólo tiene acceso privilegiado a las verdades últimas: su arte literario se prolonga en un arte de vivir; su conciencia estética lo orienta hacia un sistema de normas éticas diferente del que gobierna a la común humanidad. Las posibilidades que este punto de vista abre al escritor-artista (algunas bastante deplorables) se hacen evidentes a la lectura de la autobiografía de José Santos Chocano: consciente de que mucho de lo que contará acerca de sí mismo ha de chocar a la conciencia moral como al sentido común de sus lectores, anticipa toda objeción reiterando que por su parte ha procurado hacer de su vida una obra de arte, y pidiendo que se la juzgue como tal.

Así el servidor de la musa, como medio siglo antes el abanderado de la razón, ha construido un orden de vigencia sólo ideal, declaradamente independiente e implícitamente rival del que gobierna la sociedad de la que es parte. En esa problemática hazaña culmina la definición de un tercer tipo de intelectual, que completa el legado de la experiencia abierta con la crisis de emancipación a los intelectuales que en el siglo xx buscan hacerse una razón de su lugar y su función en la vida hispanoamericana.

Esos tipos son menos hispanoamericanos que occidentales; ¿con su adopción como alternativas posibilidades ideales que los intelectuales intentan realizar pierde vigor la peculiaridad hispanoamericana, que aparecía tan nítida al examinar las primeras etapas de la afirmación de ese nuevo tipo humano que era el intelectual en una Hispanoamérica en plena crisis del Antiguo Régimen? No necesariamente; cada vez que el examen de la realidad cultural hispanoamericana se centra en ideas, nociones y consideraciones ideales consideradas en sí mismas, esa peculiaridad parece esfumarse; cada vez que esas ideas, nociones y construcciones ideales son puestas en su contexto histórico —aunque más no sea el más inmediato, a saber, el de otras ideas simultáneamente vigentes en Hispanoamérica— esa peculiaridad vuelve a hacerse patente.

Así esté marcada por el intento de realizar tipos de vigencia más que hispanoamericana, la experiencia del intelectual hispanoamericano debe en suma su originalidad a la más amplia experiencia histórica de la que es parte. Lo que ha hecho esa originalidad a lo largo del siglo xix fue menos la definición de un tipo de intelectual que estos personajes intentaban realizar, y que implicaba a menudo la adopción de modelos ultramarinos (ser el abate Grégoire, el Turgot, el Tocqueville, el Lamartine de estas tierras inhóspitas, no resume demasiado mal la ambición de Mier, de Belgrano, de Sarmiento, de Samper. . .), que la originalidad de la historia hispanoamericana misma, en el doble ciclo de emancipación y renacimiento liberal. Era esa historia, con sus esperanzas y sus decepciones, la que los había estimulado a definir, prospectiva o retrospectivamente, su papel en esos procesos que los excedían. Ello permite anticipar que, pese a que esos tipos ya no han de modificarse sustancialmente, en la elaboración que de ellos harán los intelectuales hispanoamericanos del siglo xx se reflejará, junto con la peculiaridad hispanoamericana, la de una época nueva, en que los dilemas ya columbrados en el siglo xix serán redefinidos con una inmediatez, una urgencia, una violencia, que han de encontrar manera de dejar su sello a los más recientes exámenes de trayectorias de intelectuales en la tormenta.

NOTAS

[1] Antonio Gramsci, *Gli intelletuali e l'organizzazione della cultura.* Torino, 1949, esp. págs. 3-19.

[2] Max Weber, "Politik als Beruf"; en *Gesammelte Politische Schriften*, 3a. ed., Tübingen, 1971, pág. 525.

[3] El argumento que usaba Baudelaire es que si aceptara hacer uso de la amnistía concedida por Napoleón III se colocaría en desventaja respecto de Chateaubriand, que se negó a acogerse a la de Napoleón I. El pasaje de carta de Baudelaire en nota de Cl. Pichois al texto de "Le cygne", en Charles Baudelaire, *Oeuvres complètes*, I, Paris, 1975, pág. 1006.

[4] Talcott Parsons, "The intellectual: a social role category", en Philip Rieff (ed.), *On intellectuals, theoretical studies, case studies*, New York, Garden City, 1969, págs. 3 y sigs.

España e Hispanoamérica:
miradas a través del Atlántico
(1825-1975)

La crisis que puso fin al vínculo colonial entre España y las que habían sido sus Indias, consumada (excepto para las Antillas) en 1825, no trajo de inmediato consigo la elaboración de una nueva imagen en la que los dos antiguos hemisferios de la abolida relación imperial aparecieran ya como externos el uno al otro. En rigor, esa mutación de perspectiva estaba destinada a no consumarse nunca del todo: aun luego de que la nueva relación entre España e Hispanoamérica fuese aceptada como normal y legítima a uno y otro lado del Atlántico, ella no podía cancelar retrospectivamente la etapa previa en que la historia hispanoamericana había sido poco más que una dimensión nueva de la española. Sólo que la relación de la España postimperial con esa etapa era radicalmente distinta de la que mantenían con ella las naciones neoespañolas: si para aquélla la aventura americana constituía un aspecto sin duda capital, pero sólo un aspecto, de su vertiginoso ascenso a la hegemonía europea en la más temprana modernidad, para éstas se identificaba con el momento formativo de las colectividades que ahora aspiraban a definirse como naciones; el ajuste de cuentas con la etapa previa a la ruptura de la unidad imperial ofrecía entonces el punto de partida necesario para todo esfuerzo por justificar esa aspiración, y a la vez definir el perfil específico de las naciones que aspiraban a ser.

Ello hace aun menos fácil ofrecer una imagen acabada de una transición que por otra parte avanza según un itinerario impreciso, no sólo en el dislocado paisaje intelectual de los improvisados estados sucesores, sino en la antigua metrópoli, para la cual ella no constituye sino un aspecto menor de la difícil adaptación del que fue poder hegemónico en un momento fugaz de la historia de Europa y que, tras un proceso plurisecular rico en dramáticas vicisitudes, se prepara a resurgir en el tardío siglo xix como potencia secundaria pero, aun así, integrante de pleno derecho del concierto europeo. Lo que se ha de ofrecer aquí entonces es una exploración organizada en torno de algunos decisivos puntos de inflexión en la definición de esas imágenes recíprocas, y aun ellos serán vistos a través de episodios y figuras que se espera representativos, pero que de ninguna manera podrían dar exhaustiva cuenta de lo que cada uno de esos momentos vino a aportar.

En Hispanoamérica la elaboración de una imagen por primera vez externa de la que había sido su metrópoli se desgaja sólo lentamente de una tarea previa y más urgente, a saber, la de levantar inventario de lo que la acción española en América había legado a las nuevas naciones; no es sorprendente que (por lo menos en sus primeras formulaciones) esa imagen ofrezca poco más que un corolario de la ya propuesta para ese legado. La etapa temprana en que las nacientes naciones hispanoamericanas se vuelven sobre su propio pasado colonial buscando en él claves para su presente y su futuro no ha dejado en todas ellas testimonios igualmente ricos; aquí se la examinará a través del particularmente sugestivo que ofrece Chile en esa etapa decisiva en la eclosión de su conciencia nacional, cuyo punto de partida una convención razonable fecha en 1842.

En la Universidad, fundada en ese año, José Victorino Lastarria presenta en el siguiente una memoria que titula *Investigaciones sobre la influencia social de la conquista y del sistema colonial de los españoles en Chile;* en el subsiguiente, Manuel Bilbao publica en *El Crepúsculo*, periódico literario y de varia cultura, una *Sociabilidad chilena* en que vuelve a encarar el mismo tema, siguiendo sustancialmente el mismo itinerario, sobre líneas de avance que diseña más nítidamente (demasiado nítidamente; la obrita iba a sufrir una persecución de intensidad antes desconocida en el Chile conservador, lo bastante hospitalario a las novedades ideológicas para haber comenzado por darle acogida en el periódico que agrupaba a los discípulos del guía intelectual del régimen, Andrés Bello). El breve escrito de Bilbao refleja con máxima intensidad el que es rasgo característico de esta primera etapa en la aproximación de Hispanoamérica a su antigua metrópoli; entre el interés por Chile y los enigmas que plantea su presente y su futuro, y la atención por la herencia más europea que específicamente española legada por la etapa colonial, queda muy poco espacio para explorar el perfil nacional de la España que fue colonizadora.

Así se advierte a partir del par de líneas enfáticas que abren el texto de Bilbao:

"Nuestro pasado es la "España."
"La España es la Edad Media. La Edad Media se componía en alma y cuerpo del catolicismo y la feudalidad."[1]

Para Bilbao, el feudalismo ofrece envoltura institucional a un orden basado en el sometimiento y explotación de los conquistados por sus conquistadores bárbaros; el catolicismo es la ideología que despoja a ese dominio de sus aristas más duras, pero a la vez le ofrece una legitimidad espuria. Se advierte aquí cómo hay en Bilbao una doble razón para asignar a la peculiaridad nacional española un valor explicativo tan modesto: más aun que el peso de una experiencia histórica previa, que la España conquistadora comparte con toda la

Europa feudal surgida de las invasiones bárbaras, es el papel de la conquista como momento fundacional de la historia hispanoamericana el que dota de raíces tan vigorosas al complejo feudal-católico cuya extirpación ha sido la tarea incumplida de la revolución emancipadora.

Esta revolución continúa en ultramar la que en Europa tuvo su primer signo anunciador en el desafío que para el predominio ideológico del catolicismo significó la adopción de la cartesiana duda metódica; la corrosión de ese predominio, que ha ofrecido aval ideológico a un orden en que se perpetúa la iniquidad originaria de la conquista, requiere como corolario una revolución que, puesto que debe cancelar todas las iniquidades que contaminan la vida en sociedad, será social tanto como política. La igualdad debe ser la nota distintiva del orden posrevolucionario, y el fracaso de la revolución de Independencia no se debe para Bilbao a que, conforme al diagnóstico favorecido por los espíritus innovadores de su generación, ella haya quedado a mitad de camino, sino a que no advirtió del todo qué camino debía ser el suyo: sin duda se había propuesto abolir el despotismo colonial, pero no se había fijado por tarea la eliminación de las desigualdades en cuya defensa el Antiguo Régimen había adoptado sus rasgos despóticos, y había así hecho inevitable su propio fracaso al volver a consagrar privilegios cuya legitimidad había socavado, por otra parte, de modo irreversible.

En *Sociabilidad chilena* no vemos entonces contraponerse a la negatividad del orden colonial, como polo positivo, el nuevo orden, liberal pero no igualitario, que aun en medio de serios contrastes se perfila ya con nitidez en Europa occidental; ese nuevo orden liberal, que Bilbao ve plenamente encarnado en Francia por la Monarquía de Julio, no ofrece sino una variante del Antiguo Orden, en cuanto no ha buscado introducir la igualdad en las relaciones familiares y las sociales; sólo en cuanto a las primeras la trayectoria de George Sand anticipa en una esfera estrictamente individual ese futuro marcado por una total igualdad, y por lo tanto una plena libertad (una nota tardía refleja la desilusión posterior de Bilbao frente a la militante de todas las causas de avanzada, metamorfoseada bajo el Segundo Imperio en la buena castellana de Nohant). La alternativa al sistema de iniquidad que Chile heredó de la conquista y la colonia no se ha encarnado en ninguna parte, y sólo se incorporará a la experiencia histórica de la humanidad gracias a una futura revolución, más radical que la francesa y desde luego que las hispanoamericanas.

No era entonces tan sólo la dureza con que Bilbao juzgaba todos los aspectos del legado colonial, incluido el religioso, la que explicaba las reacciones que su obrita despertó: éstas la reconocían por lo que era: un manifiesto revolucionario que se ubicaba desafiantemente

fuera del ámbito del liberalismo tolerado en Chile como alternativa
al consenso conservador dominante (un consenso que por su parte
había hecho suyo más de un motivo ideológico compartido con esa
disidencia liberal).

Ese desafío está ausente del ensayo de Lastarria, que toma posición frente a alternativas que ha definido de modo menos radical:
a su juicio la tarea que la revolución no ha completado no es la de
abolir toda posible causa de desigualdad entre los hombres, sino las
muy arcaicas modalidades que esa desigualdad asumió en la colonia:
como herencia de ésta sobrevive en Chile un hueco orgullo de casta,
con el desprecio de los mestizos y el de todos los que trabajan con
sus manos como su corolario, y un orgullo de linaje hipertrofiado
desde tiempos muy tempranos en la medida misma en que se apoyaba a menudo en títulos algo dudosos. La emancipación no ha conseguido tampoco eliminar del todo la huella de la viciada relación establecida durante la colonia entre el común de los habitantes y los
agentes (y de hecho administradores discrecionales) del poder soberano; si el Chile republicano hace figura de excepción virtuosa en la
corrompida Hispanoamérica porque en él no tiene eficacia el cohe-
cho, sigue en cambio apegado al "empeño", en que entra en juego "el
influjo que nace de las relaciones de familia o de amistad, y de la posesión de ingentes riquezas", y que en la colonia había sido "el único
gran regulador de la equidad y de la justicia".[2]

En un lenguaje tan enérgicamente crítico como el de Bilbao,
Lastarria reprocha a la España colonizadora no haber preparado a los
chilenos para integrarse en un nuevo orden que no es el utópico
anunciado por aquél, sino el que comienza a implantarse en los países
más avanzados, y que hace de las esferas pública y política el terreno
en que se compatibilizan los intereses individuales, arbitrando en sus
conflictos de acuerdo con normas universales y objetivas, y procuran-
do a la vez acotar las áreas conflictivas y expandir aquellas en que la
cooperación es posible.

Aun más interesado en las insuficiencias políticas del orden
colonial que en las que derivan de su pecaminoso origen en un acto
de conquista, Lastarria va a subrayar más que Bilbao la dimensión
política del legado español, en cuyos rasgos negativos ve otras tantas
consecuencias del avance del despotismo regio. Resultado de ello es
que para Lastarria esa herencia negra es menos una culpa de España
que un reflejo del violento cambio de rumbo que le fue impuesto al
abrirse la Edad Moderna por el nefasto genio político de Fernando
el Católico y sobre todo de Carlos V. Este "guerrero infatigable, monarca ambicioso y sin duda el más hábil político de su tiempo", es el
mayor culpable del descarriamiento de un pueblo que en la Edad Media se había constituido en "asilo de ciertas instituciones liberales".

El supo usar el desafío de la Reforma para cambiar en "estúpida intolerancia" el celo religioso acendrado por la Reconquista; pudo así realizar demasiado bien su propósito de hacer tolerable a los españoles esa innovación exótica que era el absolutismo, al transformarlo a los ojos de éstos en "el escollo formidable en que fracasaron los esfuerzos de la reforma religiosa".[3]

Esta visión de la historia española moderna, cuyo origen se encuentra en el más temprano liberalismo peninsular, sin duda limpia a España de algunas de las culpas habitualmente incluidas en el memorial de agravios de los revolucionarios hispanoamericanos, pero al hacerlo desdibuja aun más el perfil histórico de la antigua metrópoli, ya que su estilo de gobierno colonial, cuya memoria ofrecía los elementos de los cuales los antiguos colonos disponían para trazar ese perfil, reflejaba, antes que el rumbo espontáneamente tomado por la historia española, el violento accidente que vino a sacarla de cauce.

Se ha indicado ya que los planteos de Lastarria no provocaron la reacción de cerrada repulsa que el año anterior recibiera el alegato revolucionario de Bilbao. Ellos desencadenaron en cambio un revelador debate de ideas en que el venezolano Andrés Bello, veterano de la generación de la Independencia y figura intelectual dominante del primer tercio de siglo hispanoamericano, y el argentino Domingo F. Sarmiento, entonces en sus primeras armas de publicista en el exilio, le oponen argumentos notablemente coincidentes, pese a la diversidad del tono con que uno y otro los formulan.

El de Sarmiento tiene toda la desgarrada franqueza a que lo invitaba su temperamento, acentuada en este caso por la ambición de hacerse rápidamente un nombre ante un público cuya perezosa curiosidad intelectual esperaba aguzar con el acicate del escándalo. Con máxima vehemencia denuncia en el ensayo de su amigo la postulación de una continuidad histórica entre el Arauco prehistórico y el Chile que nace en el crisol de la conquista. He aquí un legado ideológico de la lucha por la Independencia que Lastarria hubiese hecho bien en dejar de lado:

"...quisiéramos apartar de toda cuestión social americana a los salvajes [...] para nosotros Colocolo, Lautaro y Caupolicán [...] no son más que unos indios asquerosos, a quienes habríamos hecho colgar y mandaríamos colgar ahora, si reapareciesen en una guerra de los Araucanos contra Chile, que nada tiene que ver con esa canalla".[4]

No más acertada le parece la exhumación de ese otro tópico favorito de la literatura independentista, que postula la existencia de un plan deliberado para mantener a las colonias en el atraso y la ignorancia; las universidades americanas eran sin duda "tan atrasadas, tan escolásticas, tan rutineras como las españolas, a las que no iban en zaga"[5], pero España no había necesitado de ningún plan deliberado para plasmar nuevas Españas ultramarinas tan mal preparadas como ella misma para integrarse en el mundo moderno: le había bastado con engendrarlas a su imagen y semejanza.

Análogamente en cuanto a la presentación que Lastarria (de nuevo prestando excesiva fe a los alegatos independentistas) hace del régimen colonial como un despotismo sangriento. Si en lugar de atenerse a esos textos apasionados, Lastarria hubiese escuchado a quienes aún podían recordar al Antiguo Régimen, hubiera descubierto qué viva estaba en ellos la nostalgia de "los felices tiempos del coloniaje, en que se llevaba una vida tan pacífica, tan sin temor del gobierno, ni de las persecuciones". Contra lo que podría esperarse, esta comprobación no ofrece el punto de partida para una reivindicación del antiguo orden; ella sirve en cambio a Sarmiento para recordarnos que "el despotismo menos se hace sentir sobre los individuos, que sobre las naciones en masa"; y si el ejercido por España fue "patriarcal, blando, benigno, imprevisor" no fue por eso menos nefasto. El argumento de Sarmiento termina así por ofrecer todo lo contrario de una apología de la España conquistadora; a su juicio, si Lastarria la acusó de "hacer el mal a designio" era porque no supo advertir que "el mal era su propia esencia, su vida, su modo de ser".

Mientras la España de Sarmiento aparece tan desprovista de cualquier concreta peculiaridad histórica como la propuesta por Bilbao, los argumentos que Bello opone a Lastarria, aunque siguen una marcha curiosamente paralela a los del argentino, descubren en España algo más que la encarnación de una genérica Edad Media o un aun más genérico Mal. Para Bello, el arte político de la España colonizadora es heredero del de Roma; en una y otra descubre

"...la misma benignidad ineficaz en la autoridad suprema, la misma arbitrariedad pretorial, la misma divinización de los derechos del trono, la misma indiferencia a la industria, la misma ignorancia de los grandes principios que vivifican y fecundan las asociaciones humanas",

pero estos rasgos son sólo la contracara negativa de una continuidad más enaltecedora: esa

"...misión civilizadora que camina, como el Sol, de Oriente a Occidente, y de que Roma fue el agente más poderoso en el mundo antiguo, la España la ejerció sobre un mundo occidental más distante y más vasto".[6]

Esa continuidad entre Roma y España no se reconoce tan sólo en la misión imperial que ésta hereda de aquélla: define también en muchos otros aspectos la peculiaridad nacional española (así Bello cree descubrirla también en el lazo particularmente estrecho del romance castellano con el latín originario).

La impronta romana no podría dar cuenta, sin embargo, de esa peculiaridad nacional en lo que ella tenía de más auténtico y profundo: la constancia, en la que Bello descubre la virtud más alta legada por España a sus retoños americanos, y que aseguró la victoria de la causa emancipadora:

"...el que observe con ojos filosóficos la historia de nuestra lucha con la metrópoli, reconocerá que lo que nos ha hecho prevalecer en ella es cabalmente el elemento ibérico. La nativa constancia española se ha estrellado contra sí misma en la ingénita constancia de los hijos de España"[7],

esa constancia que ya brilló en Numancia, y a la que Bello asigna, como se ve, raíz ibérica, es herencia misteriosa de la estirpe, y no de la concreta experiencia de la conquista y colonización, de la que Bello concluye por dar en prosa menos encrespada un juicio sustancialmente coincidente con el de Sarmiento, que le permitirá refutar a los que alegan que la emancipación fue un error, porque Hispanoamérica no estaba preparada para la libertad, señalando que

"...debía ponerse fin a una tutela de tres siglos, que no había podido preparar en tanto tiempo la emancipación de un gran pueblo".[8]

Si bien las posiciones de Bilbao, Lastarria, Sarmiento y Bello cubrían todas las alternativas abiertas a partir de las contrastantes ideologías presentes en ese momento hispanoamericano, ello no impedía que las coincidencias fuesen entre ellas más abundantes que las discordancias. Y esas coincidencias remiten a la de la actitud con la que todos ellos se vuelven a la antigua metrópoli; les interesa menos ésta que su legado, y ese legado les importa sobre todo en cuanto afecta el esfuerzo de las nuevas naciones por incorporarse al orden nuevo cuyos avances la oleada contrarrevolucionaria ha logrado hacer menos nítidos, pero que es aun así dueño del futuro; en el pasaje conmovedor que cierra su comentario a Lastarria, ese ideólogo del Chile conservador que es Bello hace suya la cita que toma de Sismondi, en que ese "esforzado campeón y juicioso consejero de los pueblos" invita a la vez a rectificar la revolución y a retomarla.

La lealtad a un programa de cambio revolucionario (postulado necesario de este inventario de lo que en la herencia española favorece u obstaculiza la implantación de ese programa) no se apoya siempre, contra lo que podría esperarse, en una confianza ciega en la dirección en que se mueve la historia; si ya el optimismo de Sarmiento no le impide ofrecer de ese avance una imagen que no intenta escon-

der su lado de sombra, en cuanto lo muestra gobernado por "leyes inmutables" según las cuales, a través de crímenes e injusticias sin cuento, "las razas fuertes exterminan a las débiles, los pueblos civilizados
suplantan en la posesión de la tierra a los salvajes", Bello está menos
dispuesto a reconocer a este sangriento espectáculo como "providencial, sublime y grande"[9]; a su juicio:

". . .en las relaciones de raza a raza y de pueblo a pueblo dura bajo exteriorida-
des hipócritas, con toda su injusticia y su rapacidad primitivas el estado salvaje",

si en este aspecto, gracias a los avances de la civilización liberal, "los
salteadores se han convertido en mercaderes", se trata de "mercaderes que tienen sobre el mostrador la balanza de Brenno: *Vae vic-
tis*".[10] Pero, mientras la aguzada conciencia que Sarmiento conserva
de los aspectos negativos del progreso histórico no amengua el fervor
con que contempla sus avances, aun la lucidez más melancólica de
Bello no impide que su adhesión a la revolución liberal sea aun forti-
ficada por la convicción de que sólo ella puede preparar a las naciones hispanoamericanas para sobrevivir en un mundo menos alejado de
la barbarie primigenia de lo que otros liberales más pagados de ilusiones se obstinan en creer.

Si hemos seguido estos debates con cierto detenimiento es sobre
todo para diseñar con alguna precisión el punto de partida del itinerario que nos proponemos seguir desde aquí. Las inflexiones que hemos de descubrir a lo largo de éste reflejarán tanto los cambios, reales o percibidos como tales, que afectan a los interlocutores en el diálogo entre Hispanoamérica y España que está a punto de entablarse,
como las modificaciones y desfallecimientos de esa adhesión a un
nuevo modelo de vida en sociedad que abarcaba zonas mucho más
amplias que la mera política y que había ofrecido, por lo menos para
el interlocutor hispanoamericano, el acicate principal para semejante
diálogo.

Cuando éste finalmente se entable, en la segunda mitad del siglo xix, en él han de afrontarse una Hispanoamérica en que las certidumbres compartidas por la promoción revolucionaria y la liberal comienzan a perder algo de su firmeza, y una España cuya integración
en él es consecuencia de su aceptación, por mucho tiempo llena de
reticencias, de la nueva relación entre ambos hemisferios hispánicos
creada por la Independencia. Esa nueva relación es sólo un aspecto,
al cabo secundario, de una redefinición más abarcadora de la imagen
del pasado, y por ende del presente y futuro de España, orientada a
facilitar su integración en el nuevo orden que estaba siendo plasmado
por los efectos combinados de la vertiginosa expansión capitalista y
de la implantación más contrastada y menos completa de lo que se

había esperado de la civilización liberal, cuyo triunfo total se había creído que iba a ofrecer el correlato necesario de esa expansión misma.

No es sorprendente entonces que la España que durante la restauración vuelve por fin su mirada a las antiguas Indias para explorar, a la vez que la nueva figura de las colonias transformadas en repúblicas, el lazo ya abolido que la unió a ellas en el pasado, subordine ambas exploraciones a otra de significación para ella mucho más decisiva: la que debe emprender de todo su pasado, para hallar modo de reconciliarse a la vez con él y con un presente y futuro que no podrán ya avanzar en su huella.

He aquí una tarea que no sólo España tendría que afrontar; una tras otra, las naciones que por turno dominaron a Europa debieron aprender penosamente a aceptar su nueva condición de "volcanes apagados de la *Machtpolitik*", que en medio de la catástrofe de 1945 Friedrich Meinecke propuso para su Alemania; Francia se demoró más de un siglo en ese aprendizaje e Inglaterra se encuentra ahora atravesando esa etapa necesariamente dolorosa. Pero si esto es cierto, es también cierto que en España esa transición era particularmente difícil, por cuanto su etapa de grandeza había estado marcada por rasgos opuestos a los dominantes en el orden en que era su destino integrarse, y más aun porque la lealtad a esos rasgos ahora anacrónicos estaba aún demasiado viva en el cuerpo de la nación, y era preciso mantener constante vigilancia si es que se deseaba evitar que la reivindicación retrospectiva de la pasada grandeza desembocara en una incitación suicida a buscar en ella un modelo para el futuro.

Lejos de incitar a ello, la reconciliación con el pasado que ahora se buscaba debía encontrar modo de hacer de él la base de legitimación para un nacionalismo moderno. Ese era el objetivo buscado por algunos conservadores y liberales españoles en esfuerzos paralelos pero al comienzo separados; a ellos se debe no sólo la elaboración de una imagen cada vez más compleja de España, que pronto alcanzó peso decisivo sobre las que iban a elaborarse en Hispanoamérica, sino la de una del surgimiento de Hispanoamérica en el marco de la abolida relación colonial que, aunque menos influyente en las antiguas Indias, alcanzó en ellas ecos más sutiles pero todavía significativos.

Bajo esos auspicios, el monólogo que desde las antiguas colonias barajaba cargos y descargos para la antigua metrópoli pudo entonces dejar paso a un diálogo en el cual es fácil seguir descubriendo las huellas del carácter asimétrico, ya indicado, de la relación entre los hemisferios hispánicos. Hasta tal punto gravitan ellas, que ese diálogo no se hace posible hasta que son abandonadas ciertas concepciones de la historia española que no incluían la empresa de Indias entre las facetas de esa historia que realmente contaban; tanto una, surgida

ya desde el tardío setecientos en el futuro campo liberal, que veía a
esa historia extraviar su rumbo desde los comienzos mismos de la modernidad, y a la expansión americana como un aspecto en el nefasto
ascenso del poder absoluto, agente y beneficiario de esa desnaturalización de la historia española, como otra, más tardíamente difundida
en las filas conservadoras, que fundaría de distinto modo el mismo
veredicto negativo contra la España posmedieval a partir de la denuncia de otra pérdida del rumbo a su juicio mucho más nefasta: la
que a partir del Renacimiento y la Reforma afectó a la entera Europa, sin excluir a la España que había volcado los recursos de América
en un combate desesperado contra esas criminosas innovaciones.

Sólo cuando esas imágenes simétricamente negativas son reemplazadas por otra capaz de justificar el retorno de la época de los
Austrias a la posición central en la historia española, ese diálogo tan
postergado puede por fin entablarse. Esa reestructuración del pasado, objetivo de esfuerzos paralelos pero primero separados que surgen a la vez en las filas conservadoras y las liberales, alcanza su formulación más alta en la obra de madurez de Menéndez Pelayo, de
más ricas dimensiones problemáticas que las de inspiración liberal,
precisamente porque para un conservador la reivindicación de la España de los Austrias presentaba problemas particularmente complejos. Ellos no derivan de que Menéndez Pelayo se haya fijado el cometido de defender la total ortodoxia católica de esa etapa contra el
celo excesivo y mal informado de quienes la tenían por menos segura
que la dominante en la Edad Media (la tesis era tan claramente justa
y la erudición de quien la defendía tan abrumadora que su defensa
exitosa no tenía nada de problemático), sino mas bien de que, quizá
sin advertirlo del todo, esa revalorización de la España del Siglo de
Oro era a la vez un intento de redefinir el pasado español sobre líneas
esencialmente coincidentes con la que se juzgaba la norma europea,
y por lo tanto una contribución muy significativa a la depuración de
credenciales necesaria para que España pudiese reincorporarse como
miembro de pleno derecho a una Europa que inocultablemente no
era ya una misma cosa con la Cristiandad.

Esa normalización retrospectiva es aun más necesaria, aunque
por razones distintas, a los liberales: en la medida en que éstos esperan tomar muy pronto a su cargo el destino de la nación, la necesidad
de presentar a la que juzgan segura conquista del futuro como compatible con el legado que llega del único pasado cuyas huellas se mantienen aún vivaces en la memoria colectiva, y por lo tanto de hacer
las paces con ese pasado, gravita sobre esos liberales junto con el
ánimo más benévolo con que están ahora dispuestos a mirar una experiencia histórica que les parece a punto de culminar con su propio
triunfo. De ese pasado con el que quieren reconciliarse, los liberales

se interesarán menos en la dimensión ideológica (que era central en el interés de Menéndez Pelayo) y más en el grandioso espectáculo histórico ofrecido por la inesperada explosión de energías desencadenada en ese rincón antes marginal de Europa que era Castilla; a la vez se preocupaban de depurar esa enorgullecedora herencia de las máculas denunciadas a lo largo de siglos por la que comenzaba a llamarse leyenda negra.

Para ello apelaban a ese descubrimiento moderno que era el sentido histórico, que paradójicamente venía a ofrecer una justificación radicalmente antihistórica de los que habían sido considerados crímenes del fanatismo, descubriendo en ellos iniciativas políticas destinadas a consolidar el poder español, y por lo tanto perfectamente equivalentes a las que los países más adelantados seguían practicando con parecida falta de escrúpulos y con universal beneplácito en el ilustrado siglo xix; apelaban subsidiariamente a una crítica sistemática de fuentes y testigos de cargo, destinada a aligerar el censo de hechos que sólo una consideración superficial podía juzgar criminales, descalificando los testimonios más gravosos; fray Bartolomé de las Casas (el más comprometedor de esos testigos) iba a ser el blanco favorito de ese severo tratamiento, y un censo de sus críticos a partir de la Restauración reflejaría muy bien la permanente vitalidad de un modo de aproximarse al pasado que había comenzado por movilizar a liberales y conservadores españoles para la defensa, con criterios y perspectivas aportados por los primeros, de la monarquía católica y conquistadora con la que anteriormente sólo estos últimos habían querido identificarse. Así, todavía hoy vemos al cubano Manuel Moreno Fraginals moverse en su huella, y acusar a Lewis Hanke, "historiador al servicio del State Department", de retomar en sus estudios lascasianos la prédica antiespañola antes a cargo de "los apologistas del imperio inglés y el holandés".[11]

Esa visión de la historia moderna de España (que si sólo iba a mantener claro dominio hasta fines de siglo, se perpetuaría luego como una entre las interpretaciones disponibles de esa etapa del pasado español), aunque incluía una imagen no siempre explícita del nacimiento de Hispanoamérica en el crisol de la conquista y la colonia, no sugería ninguna de la Hispanoamérica contemporánea, y había por otra parte muy poco en la experiencia de los españoles que pudiese proporcionar elementos para ella. Una excepción debe sin duda hacerse, en cuanto la pérdida de Hispanoamérica continental había sido compensada para España por la expansión frenética de Cuba, y en efecto la presencia colonial, que ahora comienza a llamarse americana antes que indiana (tanto la de los oriundos de ultramar —algunos de ellos inmigrantes tan involuntarios como Saco o luego Martí— como de los retornantes de una lucrativa experiencia comercial o plantadora), adquiere un peso quizá mayor que a fines del setecientos la de todo el antiguo imperio.

Pero esa conexión cubana es con justicia tenida por anómala frente a las que tardan en consolidarse entre España y las antiguas colonias; y estas últimas serán hasta los años finales del siglo demasiado tenues para inspirar imágenes precisas de las nuevas realidades ultramarinas. Sin duda, la aceptación del carácter irrevocable de la secesión americana (que pierde sus últimas reticencias luego del fracaso de las desconcertantes acciones navales emprendidas en la década de 1860 contra Perú y Chile) se traduce no sólo en la intensificación de las relaciones diplomáticas sino en el esfuerzo por entablarlas en otras esferas. En ese terreno sobresale la Academia de la Lengua, con iniciativas no siempre bien recibidas (ya al reclutar miembros correspondientes en ultramar, recibió insultante respuesta de ese apacible erudito que era el argentino Juan María Gutiérrez, herido en su arisca virtud republicana por la propuesta asociación con un instituto que proclamaba impúdicamente su origen regio en el nombre mismo; y sus esfuerzos posteriores por legislar los usos lingüísticos de todas las tierras en que se hablaba español, gobernados por criterios más erráticos que sistemáticamente puristas, terminaron por provocar crónica irritación en Ultramar).

La primera empresa de envergadura lanzada por la Academia en esa línea de actividad, la *Antología de Poetas Hispanoamericanos*, a cargo de Menéndez Pelayo, reflejaba, a la vez que el éxito alcanzado por la institución en sus esfuerzos por ganar un eco ultramarino, las dificultades de todo orden que el mantenimiento de esa conexión todavía afrontaba (las frecuentes menciones del antologista a la limitación de los materiales que encontraba a su alcance para el trabajo de selección son particularmente reveladoras). La correspondencia de Menéndez Pelayo invita a una conclusión parecida; pese al esmero con que éste atiende sus vínculos con corresponsales ultramarinos, la presencia de éstos es todavía reducida.

Al abrirse el nuevo siglo la red de relaciones entre la antigua metrópoli y las que fueron colonias va a adquirir por fin una densidad nueva. Ello es facilitado sin duda por el fin de la presencia colonial española en América, no sólo porque él viene a cerrar definitivamente el contencioso abierto en 1810, sino porque sus modalidades alertan sobre un nuevo peligro externo frente al cual la conciencia hispanoamericana cree posible encontrar armas en una reconciliación plena con sus raíces españolas.

Más directamente influye aquí, sin embargo, la complejidad creciente del tejido económico-social en ambos hemisferios hispánicos, en el marco de un vertiginoso progreso tecnológico que, como es entonces lugar común afirmar, aproxima a hombres y pueblos como nunca en el pasado (y que tiene entre otras consecuencias la transformación de la emigración española a ultramar en fenómeno de masas). En España, y más limitadamente en algunos de los países hispanoamericanos, el desarrollo nacional es por otra parte lo bastante significativo para que una y otros no aparezcan como meros recipientes y usuarios de esos nuevos instrumentos; así empresas españolas participan limitadamente desde 1903, pero más significativamente a partir de la Primera Guerra Mundial, en la expansión frenética de la navegación atlántica.[12] Ese renacimiento se hace sentir también en áreas de la vida económica que, aunque de peso limitado para la economía nacional en su conjunto, influyen de modo desproporcionado en el estrechamiento de los vínculos entre España y sus antiguas Indias. Así, mientras según testimonio de Julio Camba[13] en ciudades y pueblos de Galicia el madrileño *Blanco y Negro* se defiende mal de la concurrencia de *Caras y Caretas*, el semanario que los retornantes se han acostumbrado a leer en Buenos Aires, Unamuno confiesa que, si no el sustento, por lo menos la cena la debe su familia a sus colaboraciones en *La Nación*, también de Buenos Aires.[14]

A la vez, desde comienzos del siglo xx París ve disputada por Barcelona la posición de principal centro editorial para toda Hispanoamérica adquirida un cuarto de siglo antes, y al comenzar la entreguerra ya las antiguas Indias ofrecen mercado para la mitad de la producción editorial española.[15] Hasta qué punto ello alcanza a afectar la relación con España de figuras representativas de la vida intelectual hispanoamericana puede adivinarse por ejemplo a través de las conmovedoras memorias de Rubén Darío, cuyo esfuerzo de vivir se sostenía en la fantasía de dejar alguna vez atrás la marginalidad que atribuía a su consagración a un oficio que no era un oficio; en las páginas finales celebra haber encontrado por fin el marco en que esa consoladora fantasía se hará realidad: es la imprenta y editorial de Maucci, en Barcelona, las máquinas voraces de cuya colosal nueva planta se propone alimentar regularmente con su pluma.[16]

Si ese sueño no ha de realizarse, ya para entonces España ha comenzado a ofrecer no sólo el lugar de residencia sino también el de actividad profesional a más de un intelectual hispanoamericano; si para algunos cubanos (Insúa o Hernández Catá), la nueva inserción continúa casi sin modificaciones, objetivas o subjetivas, la establecida por otros isleños en el siglo anterior, cuando Cuba estaba bajo dominio español, para los oriundos de Hispanoamérica continental, España es ahora la más íntima de las tierras extranjeras· la comunidad de idioma crea oportunidades que atenúan el rigor de algunos destierros aun así penosos, como el de Alfonso Reyes y el más breve de Pedro Henríquez Ureña, y a la vez hace más fácil la integración en el mundo editorial (como la de Rufino Blanco Fombona, el exiliado

venezolano cuya Editorial América publicó por primera vez —desde
Madrid— un corpus que se quería orgánico y completo de la literatura de interés histórico hispanoamericano) o periodístico (como lo logró el mexicano Martín Luis Guzmán).

El conocimiento cada vez más preciso de la España real ayudaría a sacudir el imperio que sobre la imagen de esa España y su papel en la creación de Hispanoamérica habían tenido los planteos del liberalismo hispanoamericano, y sus efectos pueden seguirse por ejemplo a través de los *Viajes* de Sarmiento, posteriores en pocos años a sus comentarios al ensayo de Lastarria, y más claramente aun en el capítulo que el colombiano José María Samper, juvenil corifeo del liberalismo radical en el filo del medio siglo, dedica en su *Historia de una alma* a su viaje español de 1859; su contacto directo con figuras de la nobleza española (entre ellas el conde de Albaida, dirigente republicano) revela por ejemplo a Samper que ésta es un grupo mucho más abigarrado que esa clase dominante de una sociedad feudal que había esperado encontrar. ¿Qué tiene en común, en efecto, el dirigente republicano y propietario rural con ese "marqués muy absolutista, partidario de Isabel II" que Samper conoció en una fonda en Barcelona, o con ese otro "barón isabelino, senador de pocos alcances y noble de nuevo cuño" con quien tropezó en el Café Suizo, o todavía con ese "coronel retirado del servicio, que era conde de vieja alcurnia", que compartió la mesa redonda de su posada en Cádiz, o por fin el duque de Almodovar, a quien tuvo "ocasión de tratar durante dos horas [. . .] con motivo de una visita que me permitió hacer a su palacio, que es un primoroso museo"?[17] Pero si Samper está ahora tan dispuesto a tomar en cuenta las complejidades y ambigüedades de la realidad española es en parte porque su fe en la inminente redención de la humanidad bajo el signo de la democracia ha perdido ya no poco de la firmeza originaria; de esas reticencias nuevas, que marcan la primera etapa de una evolución que lo conducirá a las filas del partido conservador colombiano, está invadido su *Ensayo sobre las revoluciones políticas y la condición social de las Repúblicas colombianas (hispanoamericanas)*, que publica en París en 1861.

Hay todavía una dimensión del antiguo nexo español cuya significación positiva vuelve a ser mejor apreciada por los integrantes de la elite intelectual hispanoamericana. En una sociedad que al hacerse republicana ha eliminado las huellas de la discriminación étnica en el sistema legal, pero conserva una imagen jerárquica y desigual de los grupos étnicos que la integran, el origen europeo sigue siendo el más claro antecedente para el acceso a la cumbre de la sociedad, y la república mantiene la tendencia (tan arraigada en la colonia) a hacer aun más persuasivo a ese antecedente, postulando un origen noble o por lo menos hidalgo para los linajes que lo tienen en la antigua metrópoli.

Esa actitud se refleja también en la *Historia de una alma*, cuyas primeras páginas evocan la altísima posición ocupada por ascendientes de Samper en la corte de los reyes de Aragón; en esos años también un contemporáneo argentino de Samper, Miguel Cané (padre), pálido narrador romántico, se limita a contemplar a distancia el perfil almenado de la ruinosa residencia de la familia Canet, en Mallorca, que ofrece al parecer indicio suficiente de lo exaltado de su linaje.[18] Son éstas las primeras manifestaciones de una transformación de perspectivas que sólo se hará más nítida —y adquirirá más precisos corolarios ideológico-políticos— cuando arrecie, ya en el siglo xx, el desafío del resto de la sociedad al patriciado que reivindica para sí raíces coloniales.

Es precisamente entonces cuando el contacto entre España y las que han dejado de ser sus Indias se torna hasta tal punto más frecuente que comienza a afectar no sólo a ciertas trayectorias individuales, sino a colectividades enteras. Cuando ello ocurre, ya la disgregación del sistema de convicciones que en las décadas siguientes a la emancipación había ejercido tan firme imperio sobre las mentes hispanoamericanas ha avanzado decisivamente, pero el debilitamiento de esas convicciones no ha dado paso a alternativas que ostenten su misma coherencia y poder convincente. Aunque a través de procesos muy distintos, entonces, cuando España e Hispanoamérica se reencuentran, la visión que una y otra han alcanzado de sí mismas es más rica y sugestiva que coherente; esa abigarrada riqueza debe sin duda algo al conocimiento creciente que cada uno de los hemisferios hispánicos está adquiriendo de sí mismo, pero más a la ambigua y contradictoria complejidad de los estímulos biológicos que empujan a ambos a conocerse mejor.

Convendrá aquí atender primero a los desarrollos peninsulares, ahora los más influyentes. Ya desde antes del desastre de 1898 el consenso laboriosamente definido en España bajo la égida de la Restauración comienza a dar signos de fatiga, debido tanto a la naciente insatisfacción frente al ritmo de avance de la prometida regeneración nacional cuanto —paradójicamente— a la convicción cada vez más firme de que la Restauración ha tenido éxito por lo menos en su esfuerzo por atenuar las tensiones heredadas del pasado. Las razones de prudencia que, mientras se temió que España pudiese aun ser devastada por una guerra de religión, habían hecho atractiva la visión del pasado nacional que, al reconciliar con él a liberales y conservadores, los ayudaba a reconciliarse entre sí, pierden mucho de su fuerza, y se hace más penosamente claro lo que esa visión más ecléctica que auténticamente integradora tenía de incoherente.

El nuevo enfoque, anticipado ya en escritos de Ganivet anteriores al desastre de 1898, emerge con mayor fuerza luego de éste, no sólo porque ese desastre pone al desnudo las flaquezas de la ideología y la práctica política de la Restauración, sino porque también pone en evidencia los resultados desastrosos de una reconciliación con el pasado que se identificaba con la breve etapa de hegemonía española sobre Europa, en cuanto implícitamente invitaba a buscar en ella inspiración para guiar la azarosa navegación de la España postimperial. Este rechazo de las perspectivas dominantes a partir de la Restauración, basado en parte, como se ha sugerido, en la persuasión de que las alternativas que ella había intentado dejar atrás habían perdido ya para siempre su capacidad de movilizar para el combate a facciones irreconciliables, hace posible volverse a esas alternativas mismas con una curiosidad más libre, que permite descubrir tanto la contradictoria complejidad que cada una de ellas oculta tras una fachada monolítica, cuanto las afinidades secretas que se dan entre una y otra.

No era tan sólo, sin embargo, la convicción de que las temibles potencialidades de las corrientes revolucionarias y reaccionarias estaban ya históricamente agotadas la que inspiraba esa actitud nueva; también influía en ésta la persuasión, no siempre implícita pero en cambio muy firme, de que si la tarea de europeizar a España aparecía ahora como un objetivo menos indiscutible no era tanto por lo que éste tenía de problemático, sino porque se había avanzado ya considerablemente en ese camino, por lo menos en lo que tocaba a la elite intelectual española.

Es esta convicción la que subtiende la posición de Unamuno en el dilema entre España y Europa, y aparece mucho menos paradójica apenas se lo advierte. Sin duda este profesor de griego y filología comparada se niega a identificarse con su figura profesional como tal, y se siente mejor realizado en las libres exploraciones de sus ensayos, que juzga por otra parte más pertinentes a su circunstancia española; pero si puede proclamar con tanta seguridad su despego por el ideal estrictamente profesionalista que había sido uno de los corolarios de la ambición de transformar a la vida española en un remedo puntual de la europea, es porque sabe a la vez que su competencia profesional en el plano europeo está sostenida por títulos sólidos; y su antieuropeísmo no le impide reservar su más tajante desdén para sus maestros de la vieja universidad española, y su incurable marginalidad en el marco de las disciplinas que cultivaban.

Como vio Unamuno, era precisamente la ya avanzada europeización de la elite la que le hacía ahora posible reivindicar una españolidad que no era ya un conjunto de carencias requeridas de urgente corrección, sino participación en una herencia nacional que la adquisición de un aparato cultural más refinado, lejos de debilitar permitía perfilar con mayor precisión.

¿Pero era ese patrimonio de veras nacional? He aquí uno de los puntos en que se hace patente la complejidad contradictoria de la actitud de Unamuno hacia España: cuando nos invita a descartar la historia, esa espuma no sólo de acontecimientos efímeros, sino de ideas e ideologías cuyo imperio se ejerce tan sólo sobre la más extrema superficie de la vida española, para alcanzar la intrahistoria en que se palpa el pulso mismo de la vida de un pueblo, esa verdad de España que allí se propone rastrear nos remite a una experiencia menos española que universalmente humana. Si se evoca aquí ese dilema no es para sugerir algún modo de escapar a él, sino para mostrar, a través del más alto pensador de esta etapa española, cómo en ella la apertura a una rica multiplicidad de perspectivas nuevas se acompañaba de una notable indefinición en cuanto al rumbo general en la reinterpretación de la realidad española. Este rasgo, en efecto, lejos de ser exclusivo de Unamuno, se da con mayor fuerza en pensadores de envergadura considerablemente menor, y explica que en algunos de ellos una notable continuidad en las ideas se acompañe de una igualmente notable discontinuidad en las opciones prácticas; es cabalmente la imprecisión de aquéllas la que las hace compatibles con corolarios prácticos entre sí contradictorios.

Para esa actitud a la vez más introspectiva y más confiadamente vuelta hacia el futuro, el interés por Hispanoamérica se hacía menos retrospectivo que prospectivo. Mientras la celebración de la empresa indiana, tan favorecida por la retórica patriótica y política de la que esa nueva sensibilidad abominaba, fue abandonada sin nostalgia, la inclinación a volverse hacia esa etapa desde cualquier otra perspectiva más sobria era también escasa entre quienes se habían fijado como tarea buscar la clave de la realidad española en los recovecos más humildes de esa realidad misma, antes que en los grandes hitos del pasado nacional.

Sin duda esa nueva sensibilidad no gobierna por entero la relación de las elites intelectuales españolas con ese pasado; entre los miembros de éstas que se ofrecen como interlocutores naturales de las hispanoamericanas, Rafael Altamira ofrece reconstrucciones históricas en las que sobrevive la voluntad de reconciliación retrospectiva madurada durante la Restauración, aunque las exigencias de rigor historiográfico y las lecciones de 1898 la depuraron de cualquier veleidad de ver en la España contemporánea la heredera directa de la que por un momento dominó a Europa. Y el mismo nacionalismo que subtiende la obra de Altamira domina también la más ingente de don Ramón Menéndez Pidal, y se prolonga en la escuela por él encabezada: lo vemos reflejarse por ejemplo en actitudes tan características como la defensa a ultranza de la ubicación del catalán entre los romances españoles.

Pero precisamente porque aun estos continuadores del nacionalismo de la restauración advierten muy bien que él no podría ofrecer inspiración literal a una España que, habiendo cerrado por fin irrevocablemente su experiencia imperial en 1898, debe definir de modo nuevo su relación con el ultramar hispánico, al volcarse hacia esa experiencia imperial misma prefieren poner sordina al tono celebratorio que pese a todas las cautelas domina en su aproximación a otros aspectos del pasado español, si no por otra cosa, porque advierten muy bien que cuanto digan sobre ella se incorporará a un diálogo a través del Atlántico en el marco del cual les es imprescindible cultivar esa virtud tan poco española que es el tacto, y ello sobre todo al aludir a una experiencia que ha tocado tan de cerca a sus interlocutores y sobre la cual saben muy bien que éstos no podrían mantener perspectivas totalmente coincidentes con las propias.

Ello se tornaba aun más necesario cuando se acumulaban los signos de que con el nuevo siglo estaba naciendo entre los intelectuales de las antiguas colonias una actitud más positiva hacia la que había sido protagonista de la empresa colonial (aunque todavía muy infrecuentemente hacia esa empresa misma). Sin duda, en ese nuevo temple de ánimo el influjo de los interlocutores españoles de ese diálogo ideal era más limitado de lo que podía esperarse, y mínimo el de los continuadores del ecléctico nacionalismo dominante hasta 1898; más que intentar influir en una evolución que les era favorable pero no habían suscitado, a los españoles tocaba no perturbarla con intervenciones demasiado estridentes. Aunque en esa nueva apertura hispanoamericana hacia España influía algo más que la ya evocada lección de los hechos (los de 1898, que habían revelado con súbita claridad la amenaza creada por el más joven imperio que había terminado con humillante facilidad la carrera imperial de España), en cuanto ella reflejaba además una reticencia nueva frente a la ideología dominante durante todo el siglo xix hispanoamericano, tampoco esta inflexión ideológica parecía deber mucho a inspiraciones llegadas de los interlocutores peninsulares del diálogo en avance, y derivaba de lecciones aprendidas más a menudo de maestros transpirenaicos que españoles.

Algunas trayectorias individuales confirman y precisan esa tendencia general: así el argentino Enrique Larreta sólo descubre a España por inspiración de su admirado Maurice Barrès, y su identificación de ella como la tierra de sus muertos ofrece una justificación para su recién descubierta devoción española aprendida también de su *maître à penser* lorenés. Debe señalarse sin embargo (y tampoco éste es rasgo excepcional) que Larreta no lleva los corolarios de su nueva actitud a los extremos adonde lo hubiera arrastrado una docilidad completa al magisterio barresiano. Sin duda ella orienta su carrera literaria, que culmina tempranamente con *La gloria de don Ramiro*, y gobierna su vida cotidiana, que transcurre en el marco alucinante de un caprichosamente reinventado palacio barroco, del que Francisco Ayala trazó una imagen cruel pero —es de temer— certera.[19] Pero por otra parte nunca logró influir sobre una militancia política que lo mantuvo con ejemplar constancia, en la adversidad como en la fortuna, en las filas de esa Unión Cívica Radical que fue expresión política de la irrupción de las masas plebeyas en el marco de la que José Luis Romero llamó Argentina aluvial, en cuyo poco novedoso credo democrático-constitucional encontró Larreta fielmente expresadas sus inquietudes políticas.

Los límites fijados a la búsqueda de las raíces hispánicas del ser nacional, que se adivinan tras de las aparentes inconsecuencias en la actitud de Larreta, van a ser declarados programáticamente por su compatriota Manuel Gálvez en la advertencia que antepone en 1920 a la quinta edición de *El solar de la raza*. En 1913 había dedicado su obra

"...a la España admirable; la España donde todavía perdura intensa vida espiritual, la España profunda y maravillosa; la España que es para nosotros, los argentinos, la casa solariega y blasonada que debemos amar";

ahora Gálvez cree necesario protestar contra quienes creyeron reconocer en esa ofrenda de devoción filial una "obra tradicionalista".
No hay nada de eso, asegura.

"Se ha dicho que, en mi admiración por la España vieja, preconizo el retorno al pasado, el retorno de modos de vivir, de sentir y de pensar, ajenos a nuestro tiempo. Nada menos exacto. Mi admiración hacia la España vieja es puramente artística y literaria. Del mismo modo que comprendo y siento lo que hay de bello en la vida moderna, comprendo y siento lo que tiene de bello el pasado; y si he querido evocarlo, no es para que informe nuestra existencia actual ni para que nos sirva de modelo o de guía. El pasado se ha ido y no debe volver; aunque en mi egoísmo de artista quisiera que en Europa quedara un buen número de viejas ciudades de arte, como ejemplo de lo que fueron los pretéritos siglos."[20]

¿Es decir que la veneración por el solar de la raza se reduce a celebrar que él haya sobrevivido para integrar el circuito turístico favorecido por visitantes ultramarinos en busca de emociones estéticas más refinadas que las ofrecidas por sus tierras demasiado nuevas? Sería peligroso buscar significado demasiado preciso para estas rapsodias de ideas, que en Gálvez suenan demasiado a menudo como tocadas de oídas, pero no es abusivo reconocer en ellas, junto con una filiación orgullosamente reivindicada, una cierta distancia frente a la antigua metrópoli y una duda no del todo resuelta acerca de la relevancia de su ejemplo para las naciones hispanoamericanas.

Una actitud igualmente compleja hallaremos reflejada de modo más articulado y menos abrupto en el texto de otro compatriota de Larreta, Ricardo Rojas; su *Retablo español*[21], publicado en 1938, ofrece la crónica de un viaje realizado exactamente treinta años antes, al parecer escrita poco después del retorno, pero completada y quizá retocada para su publicación en medio de la guerra civil. Encontramos aquí de nuevo las mismas reveladoras preferencias estilísticas de Larreta y Gálvez; para escribir acerca de España el arcaísmo se impone, y la imagen recogida en el título del libro de Rojas refleja muy bien su modo de aproximarse al tema español.

Sin duda Rojas nos asegura una y otra vez que si su relato conserva todavía actualidad es porque evoca el momento de la vida española en que resurgieron a la luz los dilemas que la guerra en curso dirime de modo sangriento. Pero quien espere ver esa experiencia vieja de tres décadas proyectada sobre el trasfondo de una historia rabiosamente contemporánea habrá de quedar decepcionado: por el contrario, aun el trágico presente es objeto de una estilización que lo priva de su urgente contemporaneidad y sólo se interesa por descubrir en él la escondida vigencia de ciertos rasgos inmutables de la España eterna. Y no es que Rojas use esta perspectiva para eludir una toma de posición frente al conflicto en curso: no deja duda a sus lectores de que el desenlace que desea es una victoria republicana seguida de una reconciliación universal. Pero si descubrir esa preferencia no es tarea difícil, ella queda a cargo del lector, guiado al efecto por la imagen de esa España eterna que propone Rojas, y que sería incompatible con cualquier otro desenlace de la guerra civil.

He aquí cómo la redescubierta devoción por España vuelve a elevarla a un nivel más alto que el del común de las naciones, y reconoce con ella un lazo más hondo que los que podrían ser afectados por las tormentas de la historia, pero precisamente por eso aísla a esa relación privilegiada de la historia en curso, y le resta relevancia en cuanto a ésta. Si el desenlace al que Rojas aspira para el conflicto español es el mismo por el cual lucharon tantos que sin ser españoles reconocieron esa lucha como propia, la justificación que Rojas hace de su preferencia por ese desenlace, que lo ve como el único capaz de mantener a la historia española en el cauce prefijado por la verdad esencial de España, se esfuerza exitosamente por ignorar que las alternativas que en España se dirimían eran las centrales a una hora dramática de la historia de Europa y el mundo, y por eso lograron reclutar tantos combatientes apasionados más allá de las fronteras españolas.

Si esta visión de España pone tan firmemente a ésta y a su relación con las naciones hispanoamericanas al margen de las tormentas de la historia en curso, es porque el hecho decisivo sigue siendo para

ella el lazo establecido entre España y las nuevas naciones hispanoamericanas por un acto de fundación que se hunde en el más remoto
pasado, y el hecho de que la reflexión sobre ese nexo originario tienda ahora a desembocar en el ditirambo antes que en la invectiva no la
hace más capaz de captar en su rica complejidad a esa difícil España
que se abre al siglo xx, y que —si es todavía menos que en 1844 la
Edad Media a la que la había reducido Bilbao— no es tampoco la "casa solariega" que añora Gálvez.

En esa España, se ha indicado ya, el ensimismamiento cercano a
veces al narcisismo que gobernaba tantos esfuerzos de introspección
colectiva no invitaba a incorporar a ellos, sino del modo más superficial, la reflexión sobre la empresa colonizadora, y menos aun a apartarse de ellos para volver la mirada hacia las remotas realidades de la
Hispanoamérica contemporánea. Casi todas las excepciones a esa actitud son escasamente significativas (aun la que ofrecen las *Sonatas*
de Valle Inclán, que reflejan un esfuerzo de estilización inspirado por
un propósito decorativo mas bien que por el de reflejar mediante esa
estilización misma los rasgos profundos de la realidad americana, que
hará en cambio del todo relevante a la problemática que aquí nos interesa al más tardío *Tirano Banderas*).

Es esa actitud la que Unamuno tomó por tarea combatir. Sin
duda su constante atención a Hispanoamérica derivaba en parte de
que él advertía muy bien qué caja de resonancia podía ofrecer ella;
él mismo, se recordará, había señalado que podía dar cena a su familia gracias a sus colaboraciones en la prensa de Buenos Aires, y desde
luego la ácida caracterización que Baroja ofrece de su actitud en un
pasaje de *Juventud, egolatría* (aquel en que alude al "ditirambo de
Unamuno, que paralelamente desprecia en sus escritos a Kant, Scho-
penhauer y a Nietzsche y elogia al gran general Aníbal Pérez y al gran
poeta Diocleciano Sánchez, de las Pampas"[22]) tiene en qué apoyarse.
Pero basta recorrer los escritos así impugnados para advertir qué incompleto es el rastreo de motivaciones que ofrece Baroja. Sin duda la
veneración que Unamuno proclama por la obra historiográfica del
general Mitre no es del todo independiente del hecho de que éste se
ha transformado en su extrema vejez en un icono al que los redactores del diario por él fundado, y en el que Unamuno colabora asidua-
mente, rinden un culto que está alcanzando ribetes idolátricos, pero
para ofrecer ese tributo obligado a Mitre no era necesario leerlo, y
las alusiones incluidas en los escritos hispanoamericanos de Unamuno
reflejan una lectura cuidadosa, que se integra en un esfuerzo tenaz
por dotar de perfil preciso a su imagen de la producción ultramarina,
para buscar en ella las claves de la peculiaridad hispanoamericana. Y
este esfuerzo se organiza en torno de un nudo problemático que ya había ocupado un lugar central en las reflexiones españolas de Unamuno.

En unos y otras se trata de proponer y justificar una definición de la unidad hispánica que no la reduzca a hegemonía castellana. Esa exigencia ha sido primero articulada por Unamuno en el contexto ofrecido por su tensa relación con el naciente nacionalismo vasco; y se diría que la apelación a Hispanoamérica tiene la función de introducir nuevos interlocutores cuya plena emancipación de la tutela castellana no puede ya ser puesta en entredicho, en un diálogo que si se restringiese al viejo centro castellano y las renacientes periferias peninsulares amenazaría desembocar en la ruptura que Unamuno ansía precisamente evitar.

Pero el interés de Unamuno por Hispanoamérica se vincula también con aspectos aun más esenciales de su pensamiento: lo que busca en los testimonios hispanoamericanos que tanto le interesan no es la huella de los lazos históricos entre España y sus retoños ultramarinos (por el contrario, ni se oculta ni nos oculta todo lo que en el nivel de la historia separa las actitudes reflejadas en ellos de las que contemporáneamente dominan en España) sino la de una intrahistoria cuya unidad sobrevive cuando la histórica está ya rota para siempre.

He aquí por qué Unamuno reconoce una posición privilegiada entre esos testimonios al de *Martín Fierro*. Ya en su lectura de *Facundo* había buscado apartar las capas superficiales en que se definía el propósito explícito de la obra, para buscar en ella el latido mismo de un modo de vivir definido en el nivel más entrañable de la intrahistoria, que Sarmiento refleja sin siquiera advertirlo; frente al poema gauchesco de Hernández esa tarea se torna innecesaria, porque en él la infrahistoria lo domina todo, y la historia es sólo el foco externo desde donde las calamidades se desploman sobre un héroe que es su pasiva víctima. En *Martín Fierro* no sólo reconoce Unamuno el testimonio conmovedor de un horizonte de vida cerradamente cotidiana que es también el de los campesinos de Castilla (porque es común a esa aun mayoría del género humano que vive —como se dice— al margen de la historia), sino, antes aún, una ilustración poética de los puntos de vista que él mismo ha buscado articular y justificar en sus ensayos, a partir de los dedicados al tema del casticismo.

De este modo un pensador militantemente opuesto a todo espíritu de sistema logró articular en un todo coherente un modo de aproximación a Hispanoamérica en el cual vemos integrarse motivos que están lejos de serle exclusivos. Volveremos a reconocer algunos de ellos en las reflexiones de Adolfo Posada sobre las posibilidades de consolidación del influjo español en Hispanoamérica. El interés práctico de ese objetivo lo subraya Posada aun más insistentemente que Unamuno; los primeros interesados en el éxito de la empresa debieran ser a su juicio los intelectuales peninsulares. "¿Dónde —se pregunta— va a buscar España el ambiente adecuado para su expansión intelectual y espiritual y para que sus intelectuales tengan, por decirlo así, un mercado mayor, sino en aquellas repúblicas?" Ese éxito requiere por parte de los embajadores de la cultura española una actitud exenta de toda arrogancia, no sólo porque ésta los tornaría impopulares, sino porque hay muy poco que la justifique;

"...no podemos [...] ir a ninguna parte como quienes pueden hablar representando [...] una gran cultura, de las que dominan en el mundo del pensamiento y de la acción [...] no podemos hablar hoy en el concierto universal de una gran cultura española, comparable a la de los grandes pueblos europeos, y así no cuadra a nuestra situación más que una actitud: la de la modestia, la de la seriedad".[23]

Si como programa intelectual, el de Posada se integraba en una perspectiva regeneracionista (reveladoramente, agregaba de inmediato "lo que nos corresponde es trabajar dentro de casa para levantarnos de la decadencia en que vivimos"), en cuanto programa de acción se presentaba en cambio como la dimensión cultural del esfuerzo de una nación de modesta y poco desarrollada economía por utilizar ventajas extraeconómicas para expandir su presencia en el mercado de las antiguas colonias; que como nota Pike, éste se tornó más acucioso luego de la pérdida de las últimas colonias y sus mercados protegidos, como lo prueba el eco particularmente amplio que esa vocación americana encontró en las regiones que como el País Vasco y Cataluña se habían beneficiado más con ese comercio privilegiado.

Ese programa adopta para sí las líneas generales de los inspirados por esa suerte de imperialismo del pobre que, con el optimismo de la desesperación, proponía ganar influjo económico dominante en una área ultramarina utilizando el mercado potencial constituido por la presencia en ella de una nutrida colonia emigrante (tal como por esos años, y también para Sudamérica, lo proponía Luigi Einaudi en *Un príncipe mercante*). En relación con ello, como Posada admitía de buen grado, la emigración, sin dejar de ser un síntoma doloroso de las deficiencias de la economía y la sociedad españolas, abría al mismo tiempo posibilidades nuevas respecto de aquellos países adonde se dirigía un éxodo de masas (era el caso de la Argentina, pero también el del Uruguay y Cuba, que —terminada la dominación española— se tornaba paradójicamente más atractiva para emigrantes que preferían permanecer al abrigo del reclutamiento militar).

Las modalidades de la presencia emigrante dependían en buena medida del nivel en que ésta venía a insertarse en la sociedad recipiente, y quizá aun más estrechamente dependía de ella la imagen que esa sociedad trazaba de la tierra de origen de esos emigrantes a partir de su íntimo contacto con ellos. Así en México, que no conoce inmigración de masas, pero donde durante el Porfiriato una nueva camada de inmigrantes del norte de España reconquista parcialmente la hegemonía mercantil ganada un siglo antes en la plaza capitalina por otra ola de peninsulares oriundos de las mismas regiones, la posición de esos españoles en la cima de la sociedad es universalmente reconocida, pero no deja de causar un resentimiento que repercute en las actitudes hacia la antigua metrópoli; así las invectivas de Francisco Bulnes contra la acción colonial de España se ligan estrechamente con una apasionada denuncia del codicioso y rapaz mercader peninsular, ignorado villano de la empresa de Indias, que a su vez fue estimulada por el descubrimiento que Bulnes tuvo oportunidad de hacer del poder secreto de la colonia española, cuando ésta (nos asegura) logró impedir la publicación de sus escritos en favor de la libertad de Cuba en la prensa mexicana.

En Cuba la inmigración se inserta en capas muy variadas de la sociedad isleña, pero sobre todo como rival de la naciente clase media urbana nativa; y las medidas que a partir de la tercera década del siglo buscan reservar a los nativos la mayoría de los empleos se dirigen tanto contra esos inmigrantes demasiado exitosos como contra los más humildes que llegan del Caribe no español. Aun así, la presencia de España a través de la de sus inmigrantes encontrará expresión monumental en los palacios gemelos del Centro Gallego y el Asturiano, cuya construcción en uno de los lugares más conspicuos de la capital, a la vez que refleja el éxito colectivo, aun más que individual, de estos últimos, sugiere que, al exhibirlo de este modo clamoroso, sus dirigentes no temen exacerbar ninguna virulenta hostilidad de sus menos afortunados rivales isleños.

En la Argentina la acrecida presencia española nutre sin duda en algunos rincones de la Pampa la expansión —ya en esos comienzos del siglo xx bastante fatigada— de la clase media rural, pero en proporción abrumadora viene a agolparse en los sectores populares urbanos, y si con ello casi no da lugar a sentimientos de rivalidad, hace muy poco por acrecentar el prestigio español (una anécdota recogida por Borges[24] registra la sorpresa de las damas porteñas al descubrir que la Infanta Isabel, embajadora del Centenario de 1810, hablaba español con un acento en el que ellas creían reconocer el de sus sirvientas; esas integrantes de una oligarquía menos abierta a los vientos del mundo de lo que gustaba de imaginar nunca habían dudado de que en todo el orbe hispánico las señoras hablaban el mismo español que ellas).

Pero esa colonia multitudinaria y plebeya incluye también una reducida elite económica y profesional que siente muy hondamente sus lazos con su tierra de origen, y percibe a la vez muy bien hasta qué punto una valoración más positiva de ésta por parte de la socie-

dad recipiente facilitaría su propia integración a un nivel satisfactorio. Se entiende por qué, mientras la intensificación de los lazos culturales con el país del Plata encontró sólo apoyos distraídos por parte del Estado español, lo recibió en cambio muy vigoroso tanto de los
dirigentes de la colonia española como de los intelectuales peninsulares en busca de cajas de resonancia, y de las instituciones que —de
nuevo con apoyo estatal muy reducido— buscaban la aclimatación de
España en el clima científico y cultural del siglo xx, y procuraban
por su parte ganar un eco ultramarino que fortificase el que habían
encontrado en su país.

Sin duda no es éste el único modo en que la emigración española a Hispanoamérica afecta los vínculos entre ésta y su antigua metrópoli; ella ofrece también por ejemplo una caja de resonancia política, sobre todo para la izquierda peninsular, desde la radical (en Buenos Aires, Alejandro Lerroux cosechó al parecer no sólo aplausos, sino también recursos para su acción política en la Península) hasta la
anarquista. Pero sus efectos se hicieron sentir con particular intensidad en el linaje de contactos que aquí nos interesa; sin las vastas masas y las ambiciosas elites españolas de Buenos Aires no habría podido establecerse la intimidad nueva entre la vida cultural argentina y
española que se hizo ya visible en la segunda década del siglo. En su
afianzamiento tuvieron en efecto peso decisivo las iniciativas de la
Asociación Cultural Española de Buenos Aires (hija sobre todo de la
tenacidad de Avelino Gutiérrez, un médico cuyo prestigio excedía
los límites de la colectividad española), que dieron un ritmo nuevo a
los contactos con figuras representativas de la cultura española, y
contribuyeron a hacer que para no pocas de éstas la relación con Hispanoamérica se resumiese casi por entero en la cada vez más estrecha
con el país que era entonces el más avanzado y próspero de la región.

Esa relación misma estaba sufriendo a la vez una modificación
profunda, que tenía menos que ver con el papel de primer plano que
la Argentina había ganado en ella que con una modificación más general en el clima de ideas dominante en el mundo hispánico en la primera posguerra mundial. Tanto en España como en Hispanoamérica
se advierte una confianza creciente en las propias fuerzas, una conciencia cada vez más segura de la consolidación de una cultura de perfil cada vez más acusado y original, que hace ya innecesario medirla
a cada instante sobre el cartabón de un modelo europeo-occidental
que ha perdido mucho de su brillo.

En España, en medio de la crisis ya irrefrenable del orden ins-
taurado por la Restauración, aun su reemplazo por una dictadura que
tanto en el ambiente intelectual español como en el hispanoamericano había ganado la repulsa de los más, reforzaba paradójicamente
esa nueva confianza, en cuanto esa dictadura consumaba la bancarro-

ta de la vieja política que los intelectuales españoles habían anunciado incansablemente, y cuya consumación se habían esforzado por apresurar. E innegablemente la España de la primera década de entreguerra ofrece justificativos para ese optimismo a primera vista paradójico; en el marco de una sociedad que en las grandes ciudades se moderniza rápidamente, y en todas partes ve atenuarse la penuria gracias a una coyuntura temporalmente favorable, y bajo la égida de un régimen poco tolerante de la acción espontánea de los sectores populares, pero de ningún modo hostil a las fuerzas del trabajo, parecían desvanecerse espontáneamente las tensiones sociales que en la década anterior habían amenazado desencadenar conflictos tan devastadores como los político-ideológicos del pasado; por otra parte, las peculiaridades mismas que hacían tan difícil tomar del todo en serio a ese régimen más despreciado que temido, en el cual los intelectuales españoles creían reconocer la ambición de evocar en las etapas más sombrías del pasado la energía requerida para cerrar el camino al futuro, sugerían que ese pasado había perdido ya su temible capacidad de "helar el corazón" de los españoles, de volverlos a encerrar en el laberinto de sus heredadas discordias; en suma, que ese pasado, como la Dictadura misma, aparecía ya más irrisorio que temible.

El espectáculo penoso que ofrecía la Dictadura era así interpretado como el de la agonía final de la España vieja, que presagiaba ya el momento inminente en que otra España se pondría por fin en movimiento para derribar esa torpe última valla erigida contra su avance, y emprenderlo luego encolumnada tras de una elite irreprochablemente nacional en sus inquietudes y exquisitamente europea en su nivel intelectual. Ese análisis poco complaciente pero esperanzado de la hora en que vive España lo ofrece Ortega y Gasset en una ocasión solemne que le es deparada gracias al acercamiento creciente entre ambos hemisferios hispánicos, a saber, la que le brinda en 1928 el Congreso chileno que se ha reunido en sesión conjunta para escuchar su palabra. Ante él proclama que no pide "para España ni ternura hacia el pasado ni benevolencia para el presente [. . .] sólo atención y ojo alerta para el próximo porvenir", que —asegura a sus oyentes— "os proporcionará no pocas sorpresas y algunas corroboraciones". Si Ortega puede ya trazar con tanta seguridad los rasgos de ese porvenir, es porque él mismo lo ha venido preparando desde que "hace veinte años" se sumó al "grupo de muchachos [que] resolvimos laborar en la transformación radical de nuestra vieja Nación y [. . .] con nuestras propias manos hemos ablandado primero y luego dado nuevas formas a la materia anquilosada de nuestra historia nacional"; gracias a esa acción, en efecto, España "vuelve a navegar resuelta sobre el alto mar de la historia".[25]

Quien se proclama vocero de una España por fin segura de sí

misma y de su futuro encuentra interlocutores que también ellos —como se ha indicado— se sienten arraigados en una más sólida realidad hispanoamericana. Esa seguridad nueva subtiende las modificaciones en curso de la imagen del lazo fundacional con España, que se extreman a veces hasta recusar apasionadamente su mismo carácter fundacional: esa recusación, que según le reprochaba Sarmiento había sido en Lastarria herencia de la retórica (más que de la ideología) independentista, se transforma ahora en algo más que un motivo retórico, y es significativo que ello ocurra sobre todo en México y los países andinos, áreas ambas donde el legado prehispánico sobrevive vigorosamente.

En México, donde ya un francotirador ideológico del porfirismo, el ya recordado Francisco Bulnes, había deplorado que la conquista española hubiese incorporado a su patria al orbe de la Contrarreforma, y que el descubrimiento no se hubiese retardado hasta el siglo xviii (cuando una Europa que imaginaba redimida por entero por el protestantismo hubiese aceptado como integrante de pleno derecho del mundo moderno a un México tan leal como el Japón del siglo siguiente a su legado ancestral), a partir de 1921 la Revolución inculca en las masas mexicanas una imagen mitológica del pasado nacional que le hace posible presentarse como la clausura triunfal del paréntesis luctuoso abierto por la conquista española.

Sin duda ese indigenismo mexicano, propuesto e impuesto por un Estado que por primera vez quiere ser expresión de la entera sociedad, es un elemento menos original de la cultura política del México de hoy de lo que parecen creer observadores extraños, que lo hallan del todo extravagante; no es difícil descubrirle equivalentes en Europa, en etapas en que se asiste también a una ampliación de la base política (así en Inglaterra en el temprano y polémico mito sajón como en la más tardía devoción por Boadicea, en Francia en la constante referencia al pasado prerromano, ya desde la escuela elemental, o ayer en Rusia y hoy en la URSS en la desvalorización sistemática del aporte de los conquistadores varegos a la génesis del Estado ruso). Pero en México esa reivindicación de una herencia ancestral presentada como propia de las vastas masas de las que el Estado revolucionario se proclama representante, y contrapuesta a la de las elites que las dominaron en el pasado inmediato, se acompaña de una maciza condena al papel de España en la formación de la nacionalidad mexicana; sin duda Vercingetórix puede ofrecer un paralelo a Cuauhtémoc, pero se buscaría en vano en los monumentos erigidos por el Estado francés una imagen de Julio César comparable a la inventada para Hernán Cortés por la saña de Diego Rivera.

En los países andinos la identificación con el pasado prehispánico no intentaba como en México ofrecer soporte a un ampliado con-

senso nacional aún ausente; ella ofreció en cambio uno de sus motivos centrales a la efervescencia ideológica que en la década de 1920
acompañó la eclosión de un movimiento social más vivaz. Por debajo
de ésa y otras diferencias, ella se apoyaba en una y otra región en una
creciente confianza en la cada vez mejor perfilada peculiaridad hispanoamericana, para la cual postulaba raíces anteriores al cataclismo
del Descubrimiento. De esa confianza se deducen sin duda corolarios
de nuevo distintos en los Andes, donde viene a fundar la que se deposita en el potencial revolucionario de las masas campesinas, destinado
a dar un aporte decisivo a la creación del nuevo orden social que la
bancarrota cada vez más clamorosa del capitalismo hace urgente, y
en México, donde se refleja en la segura convicción de que la nación
a la cual la revolución está devolviendo sus raíces se prepara a ofrecer
la contribución decisiva a una confrontación política y de ideas que
se está haciendo planetaria, según promete el lema que Vasconcelos
acuñó para la Universidad de México: "Por mi raza hablará el espíritu".

Pero esa creciente seguridad de sí no se refleja tan sólo en el
surgimiento del indigenismo. Junto con él se afirman otras perspectivas que se esfuerzan en cambio por rastrear la maduración de una
especificidad hispanoamericana forjada a lo largo de la experiencia
histórica abierta con el descubrimiento, y tan poco reducible al aporte indígena como al español. Cuando Pedro Henríquez Ureña cifraba
la mexicanidad de Alarcón en su seriedad moral y sobriedad expresi-
va, que contraponía a la vena poética más abundante que depurada y
a la torrencial e irreflexiva vitalidad de Lope, lo ofrecía a la vez como
la encarnación precoz de un perfil hispanoamericano que se constituía en alternativa de pleno derecho al madurado en el otro hemisferio hispánico, y para hacerlo hallaba suficiente inventariar sus rasgos
diferenciales, mientras desdeñaba bucear en la prehistoria de esa separación de caminos. Con ello venía a reivindicar —en tono menos
estridente pero con no menor firmeza que los indigenistas— la legitimidad histórica de una peculiaridad hispanoamericana que se rehúsa
ya a ser vista como mero apartamiento de un modelo español al que
se reconoce valor normativo para todo el mundo hispánico.

Esa reivindicación introduce necesariamente en las relaciones
entre cultura hispanoamericana y española una tensión capaz de desencadenar tormentas cada vez que los hispanoamericanos creen ver
resurgir la reivindicación española de un derecho de tutela sobre la
cultura y las letras hispánicas; así ocurre, por ejemplo, con el lanza-
miento por Giménez Caballero del tema del meridiano de Madrid,
que fue recibido por sus destinatarios ultramarinos con un estallido
de protestas de inesperada intensidad. Pero esa tensión no sólo se
despliega en estas efímeras tormentas; su gravitación permanente

puede advertirse tan bien como en ellas en la menos abiertamente polémica invitación de Borges a reconocer en Alfonso Reyes al dueño de la mejor prosa española de todos los tiempos, y aun ésta permite medir menos bien la hondura que ha alcanzado ya la conciencia de una nueva madurez hispanoamericana que un poema temprano del mismo Borges, "La fundación mitológica de Buenos Aires", sin duda inocente de toda intención polémica abierta o larvada. Aquí la imagen de la España conquistadora (en que el tono solemne de la invocación inicial a "las proas que vinieron a fundarme la patria" se hace a la vez afectuoso y burlón para describirlas como las de "unos barquitos pintados" que "irían a los tumbos en la corriente zaina") es de inmediato cancelada por la invención de una ciudad primigenia que posee ya al nacer los rasgos de la que su poeta aprendió a querer en la larga costumbre de vivir en ella. El corolario lo ofrece el mismo poeta en dos versos destinados a ser los más célebres entre los suyos, por lo menos en su agradecida ciudad nativa: "A mí se me hace cuento que empezó Buenos Aires: la juzgo tan eterna como el agua y el aire"; para su poeta, Buenos Aires ha adquirido una realidad tan sustantiva que, si así puede decirse, se ha emancipado de sus orígenes.

Podría esperarse que unos intelectuales españoles más interesados en el futuro que en las glorias de su pasado nacional no hallarían difícil entablar un diálogo por fin desprovisto de recelos o equívocos con una Hispanoamérica que estaba también dejando atrás la atención antes obsesiva por la etapa fundacional; y los más entre ellos lo esperaron sin duda así. No del todo justificadamente, sin embargo; las ambigüedades no eliminadas del todo por esa redefinición en curso de las relaciones entre los hemisferios hispánicos pueden verse reflejadas con particular nitidez en las de las reacciones que despertó el reiterado paso de Ortega por la Argentina.

Sin duda el mensajero de la España renaciente había ido más lejos que nadie en la cancelación de toda memoria del lazo fundacional que ligaba a Hispanoamérica con España; en su primera presentación al público argentino le pareció suficiente, para explicar la intimidad y a la vez la distancia que mantenía con éste, invocar la presencia de un rasgo diferencial y otro común entre su tierra de origen y la que visitaba: se ciñó en efecto en la ocasión a recordar a sus oyentes que si distanciaba al pueblo español del argentino la vejez del primero y la juventud del segundo, los aproximaba al mismo tiempo el vivir ambos inmersos en una experiencia histórica común, que era la de la entrada en el siglo xx. Se advierte qué lejos había llegado Ortega en la marginación del que fuera tema central de cualquier reflexión hispanoamericana sobre España o española sobre Hispanoamérica, y que para él ha dejado sencillamente de ser un tema.

Pero si Ortega coincide con su público argentino en considerar irrelevante el lazo fundacional para definir la relación que como español mantiene con ese público, ello no basta para que esa relación sea totalmente armoniosa. Se equivocaban sin duda los argentinos que, luego del deslumbramiento inicial, creían descubrir en su discurso, que habían comenzado por encontrar tan seductor, tan sólo una versión menos tosca del que incansablemente había reiterado frente a Hispanoamérica la arrogancia metropolitana. Y se equivocaban por partida doble: no se trataba tan sólo de que al reivindicar para sí ese papel de *praeceptor Argentinae* que se había arrogado desde el primer día, Ortega se rehusaba a invocar en apoyo de su pretensión la autoridad fundacional de España; esa ambición magisterial que sus oyentes podían acaso encontrar demasiado avasalladora era por otra parte la misma que había desplegado aun más precozmente en su propia tierra, con una perentoriedad allí menos velada por cualquier consideración de tacto.

Aunque la interpretación de la actitud de Ortega podía ser errónea, la reacción que ella despertaba no podía ser más auténtica, y no es difícil entender que el público argentino hallase quizá menos interesante, pero sin duda más grato, escuchar a un Adolfo Posada que se recordaba a sí mismo y recordaba a sus compatriotas que ambicionaban constituirse en representantes de la cultura española en el ultramar hispánico la necesidad de ajustarse a una actitud marcada, a la vez que por la seriedad, por una constante modestia, que las cada vez más perentorias conminaciones a la seriedad que Ortega les dirigía como vocero de una España que, según aseguraba, pronto tendrían todos ocasión de descubrir que no necesitaba ya ser modesta.

El mismo Ortega ofrece, sin duda sin advertirlo, la clave para ese desencuentro en sus palabras al Congreso chileno. Allí declara que España no quiere ya ser la Madre Patria de las naciones hispanoamericanas, pero sólo para agregar de inmediato que aspira a ser reconocida como su hermana mayor. Mayor, entiéndase bien, no porque tenga una historia más larga, sino porque está a punto de alcanzar la adultez que le permitirá por fin colocarse al nivel de Europa.

Esta definición del papel que quisiera ver reconocido a España, e implícitamente a él mismo como embajador cultural de ésta, permite entender mejor por qué su reflexión sobre la Argentina (el país donde a su juicio la peculiaridad americana alcanza sus perfiles más nítidos), que permanecerá constantemente fiel a la temática inicial que oponía juventud y madurez colectivas, ha de alcanzar pronto corolarios más conflictivos de lo que el entusiasmo con que comenzó por ser recibida lo había llevado a esperar. Su caracterización cada vez más rica de la vida argentina se esfuerza por explicar todos los rasgos que en ella va descubriendo a partir de ese dato central que es la juventud colectiva, pero al hacerlo debe hacer más explícito que esa juventud paga el precio de su pujanza adolescente en una inmadurez que los argentinos deben esforzarse por dejar atrás. Lo que hace de la Argentina la más americana de las naciones neohispanas es, como comienza a verse, menos su juventud que la tensión que de ella deriva entre la vastedad de su promesa y el peligro constante de no realizarla. De este modo lo que había comenzado como celebración en nombre de una raza fatigada del vigor inagotable de ese pueblo nuevo que era el argentino deja paso a una invitación cada vez más perentoria a hacer lo necesario para que cuando ese vigor casi biológico se haya agotado, la Argentina sepa compensar su pérdida con los recursos que ofrece la madurez.

Las reacciones cada vez más negativas que despertaba el retrato de la Argentina que Ortega no cesaría ya de retocar, no derivaba tan sólo de que él se resumía cada vez más claramente en un inventario de carencias sin duda sólo aludidas con cautelosa cortesía, pero aun así inequívocamente reconocibles como tales, ni tampoco de que la intimidad que Ortega había creído alcanzar con su país huésped lo incitara a llevar su escrutinio a zonas y aspectos de la vida argentina demasiado fundamentales para que cualquier reticencia en el juicio dejara de provocar honda desazón. Aun más grave era que los destinatarios de las exhortaciones de Ortega no estuviesen tan convencidos como éste de la validez de los méritos acreditados que a su juicio lo autorizaban a asumir un papel magisterial cada vez menos amable. Y las dudas se dirigían no tanto a su sabiduría y su talento como a lo que a él agregaba de autoridad su condición de vocero de una España, en cuyo nombre se asignaba la tarea de enseñar a Hispanoamérica a subyugar obstáculos parcialmente distintos, pero no menos serios que los que esa España estaba superando en ese tramo final de su marcha hacia Europa.

No se trataba tan sólo de que una parte del público argentino de Ortega compartiese su visión exaltada de la hora que vivía España; más grave era que no pareciesen encontrar más estimulante el contacto con esa nueva España más plenamente ella misma y más maduramente europea que el que encontraron sus predecesores en esa otra congelada por la Restauración; es innegable en efecto que ahora España ocupa un lugar más modesto que en la preguerra en el mapa ideal de Europa con que se manejan los intelectuales hispanoamericanos; mientras París e Italia casi agotan la Europa de Mariátegui, Vallejo anuncia su muerte "en París con aguacero", en verso destinado a ganar pronto un lugar entre los inmortales de la poesía española; acaso el difícil nuevo vínculo entre España e Hispanoamérica encontrase su mejor símbolo en el amor imposible de Ortega por Victoria Ocampo, la esquiva "Gioconda del Plata" en cuyo incesantemente recomenzado periplo europeo Madrid ocupaba un lugar secundario.

La seguridad magisterial de Ortega se justificaba a sus ojos por la autoridad que le venía de su investidura de vocero de Europa, puesto que lo era de una España a la cual, anticipándose apenas al futuro, proclamaba plenamente europea; y esto tornaba a su propuesta aun más problemática de lo que denunciaban sus críticos argentinos, para los cuales lo único discutible en ella era la autoridad del representante de una España que estaba quizá ocupando por fin un lugar decoroso en el concierto discordante de la vida cultural de Europa, pero estaba lejos de ser una voz dominante en ese coro. Más adelante, y fuera de la Argentina, se iba a advertir mejor que aun más problemática que la autoridad del proponente era su propuesta misma; iba a ser el mexicano Leopoldo Zea quien reconociese en el tenor de ésta la fuente última de la incomprensión recíproca entre el representante de la España nueva y sus interlocutores ultramarinos: lo que hacía inevitable el desencuentro era la firmeza con que Ortega se atenía a la noción de que, para Hispanoamérica como para España, el camino hacia adelante es sencillamente el camino hacia Europa, y que —si lo que diferencia a América de Europa es sobre todo la juventud, y la tarea de la hora es para aquélla la de negociar con felicidad su transición a la madurez— esa tarea sólo podrá darse por concluida cuando América se haya asimilado también ella plenamente a las pautas europeas.

Esa noción se ubicaba para Ortega en la esfera que pronto iba a llamar de las creencias, y como tal se le aparecía tan inmediatamente evidente que ni aun su creciente alarma frente a una cultura europea a la que veía arrastrada a la decadencia lograba quitarle nada de su firmeza. La imagen de una América en marcha titubeante hacia Europa, que era su corolario, venía por otra parte a ubicar a Ortega en un consenso que no sólo abarcaba a la España letrada, sino alcanzaba también a los integrantes de las clases populares que estaban elaborando su propia imagen de Hispanoamérica a partir de las experiencias vividas en el marco de la emigración masiva a la Argentina, Uruguay y Cuba, que invitaban a menudo a reconocer en esas naciones otros tantos remedos adolescentes de Europa.

Sin duda surge en España otra imagen de Hispanoamérica, contemporánea de la que encuentra en Ortega su vocero más sistemático y coherente, que alcanza la muy distinta pero no menos poderosa coherencia de una lograda construcción novelesca: es la hazaña de *Tirano Banderas*, que Valle Inclán publica en 1925. Esa reducción esperpéntica de la historia de México, traspuesta a un miniaturizado país tropical, no por adoptar una visión estática incompatible con cualquier perspectiva auténticamente histórica, deja de apoyarse en una imagen de la Hispanoamérica del siglo xx trazada a partir de cánones interpretativos muy diferentes de los que subtienden habitualmente las aproximaciones españolas a la realidad hispanoamericana.

Como en las más novedosas entre éstas, Valle Inclán renuncia, para sí como para su patria, a cualquier autoridad derivada del lazo fundacional entre los hemisferios hispánicos (y el modo en que el tópico aflora en su narrativa consagra su total degradación: lo vemos agregarse al arsenal de recursos eróticos movilizados sin éxito por el representante diplomático español, un homosexual desbridado y enfático, para conquistar a su alarmado colega ecuatoriano).

Pero mientras en la visión que encontró en Ortega a su vocero más elocuente, ese lazo era irrelevante porque lo que contaba era el futuro y no el pasado, y el tema central de ese futuro era Europa antes que España, en Valle Inclán es irrelevante precisamente porque Hispanoamérica ni es, ni será, ni debe ser Europa. Los cánones en que se enmarca su visión hispanoamericana, totalmente anómala en España, son los de la izquierda mexicana e hispanoamericana del momento; al mostrarse alerta tanto a los conflictos interimperialistas como al despertar de la conciencia india y mestiza, Valle Inclán no hace en efecto sino avanzar en sus huellas.

Pese al éxito editorial de *Tirano Banderas*, la visión de América en que se apoyaba su narrativa no iba sin embargo a constituirse en rival seria de la que Ortega había logrado articular plenamente. Lo impedía en parte el hecho evidente de que el propio Valle Inclán se había propuesto menos ofrecer una reconstrucción y explicación del drama histórico hispanoamericano que hacer de él la materia prima para una elaboración orientada a la búsqueda de efectos estéticos. Aunque no cabe duda de que él mismo se identificaba con toda sinceridad con la visión hispanoamericana de la que hacía su materia literaria, es comprensible que a sus lectores les interesase menos la imagen izquierdista e indigenista de Hispanoamérica que subtendía la narración que el deslumbrador avance de esa narración misma, del mismo modo que lo que había atraído a los lectores de *La guerra carlista* no había sido la identificación entonces igualmente sincera de su autor con los supuestos ideológicos del carlismo (o más bien con su personalísima lectura de éstos).

La recepción a la vez admirativa y distraída que *Tirano Banderas* encontró en el público peninsular vino así a confirmar que, si en la España de la primera posguerra no era imposible articular una imagen alternativa de Hispanoamérica, ni aun cuando esa imagen era propuesta en circunstancias excepcionalmente favorables lograba corroer, siquiera en sus márgenes, el consenso que rodeaba a la dominante, y tampoco podía contribuir a atenuar el desencuentro entre una España que se sentía en el umbral de grandes cosas y una Hispanoamérica que recibía con desapego creciente la invitación a tomar el mismo camino.

La intimidad esperada entonces en vano iba a alcanzar demasia- do pronto una hondura nunca antes conocida, gracias al brutal des- mentido que la Guerra Civil aportó a la —ahora se veía— ilusionada confianza en el futuro de España. Mientras entre los conservadores hispanoamericanos ésta vino a dar contenido más entrañable a la identificación con la España fundadora, cuyo heredero reconocían en el alzamiento del 18 de julio, entre quienes ocupaban la opuesta trin- chera (que siempre habían hallado más difícil aceptar sin beneficio de inventario ningún lazo privilegiado con la nación colonizadora), la guerra, al llevar al presente más quemante el núcleo del drama his- tórico español, les permitía identificarse por fin apasionadamente con una España que no era ya la problemática Madre Patria sino bue- namente una nación que se desangraba en una lucha que hubiera de- bido ser la de todos; la sencillez declarativa y la ausencia de toda ex- plícita o escondida referencia histórica o cultural en un título como *España en el corazón* refleja muy bien la ardiente, irreflexiva efusivi- dad que hacía de la intimidad creada por la guerra algo radicalmente distinto de todo lo conocido en el pasado.

El desenlace de esa lucha no sólo disipó rápidamente una intimi- dad efusiva que no hubiera podido sobrevivir de todos modos a la cir- cunstancia en la que había brotado; al imponer cambios cataclísmi- cos en el interlocutor europeo del diálogo a través del Atlántico, im- puso también a la relación entre España e Hispanoamérica un brutal cambio de rumbo que durante la larga etapa de consolidación del bando vencedor en la Península pudo parecer definitivo, y que aún hoy, con sus efectos ya muy atenuados, aparece retrospectivamente como el más rico en consecuencias en esta historia de siglo y medio.

Mientras para quienes en Hispanoamérica se habían identificado con la causa republicana, su derrota transformaba a España en un hueco tenebroso en el mapa de Europa, entre quienes habían simpa- tizado con el bando vencedor el entusiasmo por su victoria era ines- peradamente moderado. Si muy pocos de entre ellos declaraban el desencanto del que iba a ofrecer un testimonio particularmente clari- vidente el uruguayo Carlos Real de Azúa[26], sus reticencias ante la desolada España que comenzaba a vivir bajo la Paz de Franco se refle- jaba mas bien entre sus simpatizantes hispanoamericanos en el esfuer- zo por ignorar, antes que aplaudir, las notas más militantes del nuevo orden español, y ello no sólo en cuanto a la feroz persecución de los adversarios, intensificada todavía luego del fin de la guerra. Sin duda influía en ese casi eclipse de España del horizonte hispanoamericano el interés apasionado con que tanto la derecha como la izquierda asis- tían a los nuevos desarrollos de la confrontación que tras devastar las tierras españolas había ya desembocado en la Segunda Guerra Mun- dial: él incitaba a ambas a apartar su atención de una nación marginada de esa vasta tormenta, y sumida en una quietud que se parecía mucho a la de la muerte.

La bancarrota de los fascismos que fue consecuencia de su derrota de 1945 obligó a esa nueva España, nacida bajo los auspicios de los vencidos, a adaptarse al nuevo orden mundial borrando frenéticamente las huellas más obvias del marco político-ideológico al que debía su existencia misma: así, cuando se leen por ejemplo los escritos de Eduardo Aunós sobre la Hispanoamérica en la que actuó como representante de esa España, es difícil no concluir que no le desagradaría que sus lectores olvidasen que no le había tocado en suerte ser embajador de don Alfonso XIII (y aun se sospecha de que ese pionero de la causa corporativa en España se hubiese sentido más feliz en ese otro papel). Todo ello vino desde luego a agravar la originaria indigencia ideológica del franquismo, que —eliminadas las aristas más afiladas de su mensaje originario— se resignaba ahora a identificarse con un proyecto vacuamente restaurador que, si bien encontró gracias al retorno paulatino de la prosperidad modos de irradiar en Hispanoamérica entre los de antemano predispuestos a identificarse con su propuesta, tal como podía esperarse no se mostró allí menos estéril que en la Península.

Mientras tanto el colapso español, sumado en sus consecuencias a las de la cerrazón ideológica y cultural de los vencedores, vino a crear un vacío que Hispanoamérica se apresuró a llenar. Una España arruinada por la guerra y gobernada por gentes demasiado urgidas de salvar el alma nacional para tomarse el tiempo de hilar más delgado, y dispuestas por lo tanto en la primera euforia del triunfo a incluir, en su índice de obras prohibidas, todo lo escrito por Galdós, no podía ser ya el centro de la industria editorial en lengua española; ese lugar lo heredó primero la Argentina para compartirlo pronto con México. Este fue uno de los modos en que el colapso español hizo menos difícil el arraigo de los que luego de la derrota republicana debieron buscar refugio en ultramar. Francisco Ayala está sin duda en lo justo cuando observa en sus memorias que la inserción relativamente fácil de tantos de ellos debía menos a la simpatía política o la solidaridad humana que habían sabido evocar en su nuevo país de residencia que al hecho de que poseían destrezas que la nueva coyuntura hacía allí más valiosas; en suma, a que se esperaba de ellos que hiciesen en ultramar lo que antes habían hecho en España.

Así, el aporte español fue determinante en el surgimiento de la industria editorial argentina, tanto en su aspecto empresarial como técnico, y en México, si iba a ser menos decisivo en el primero, lo sería aun más en el segundo. Las consecuencias que ello alcanzó para la vida cultural hispanoamericana pueden percibirse a cada paso, desde México, donde el Fondo de Cultura Económica tomó a su cargo la publicación del pensamiento filosófico alemán con criterios que con muy buenas razones continuaban los que Ortega había aplicado en España, hasta Buenos Aires, donde Guillermo de Torre imponía a las colecciones literarias de la Editorial Losada la misma orientación que había sostenido desde posiciones menos influyentes antes de su exilio.

Aunque, excepto en México, la implantación de los exiliados en el mundo universitario, y en general en esferas decisivamente controladas por el Estado, fue mucho más débil, la nueva circunstancia creaba una riqueza de vínculos infinitamente mayor que nunca entre el sector intelectual español ahora exiliado y la vida cultural hispanoamericana; durante la Segunda Guerra Mundial, por otra parte, el temporario eclipse de Europa ensanchó el espacio que en el horizonte de referencia de la cultura hispanoamericana iba a corresponder a ese otro exilio español predominantemente universitario que se afincó en el mundo anglosajón.

Esas circunstancias aparentemente propicias no iban a facilitar la reanudación del diálogo quebrado por la catástrofe de 1936-39. La esperanza española de la que se había alimentado la elite intelectual que desde la Península lo había tomado a su cargo se vio brutalmente desmentida, ya antes que por el desenlace, por el estallido mismo de una guerra que, estimulada por el desencadenamiento de conflictos sociales de intensidad antes desconocida, devolvía su antigua virulencia a los fantasmas del sombrío·pasado, que esa misma elite había tenido por definitivamente disipados. En lugar de una inminente España reconciliada a la vez consigo misma y con su destino europeo, en cuyo nombre esa elite había creído poder hablar, la guerra estaba creando otra en que los conflictos que se creían muertos rebrotaban con intensidad asesina. Y ello colocaba, a quienes querían seguir hablando en nombre de algo más que ellos mismos, en la tarea de averiguar (o postular) qué había sido, qué era esa España de la que se sentían aún representativos.

En las primeras décadas de la posguerra española ese esfuerzo por elaborar una imagen de España capaz de dar cuenta de su reciente derrumbe encontró su marco principal en el destierro americano. En la península sin duda Manuel Giménez Fernández y José Antonio Maravall estaban emprendiendo un esfuerzo heroico por articular una visión alternativa a la pétreamente homogénea impuesta por ·los vencedores, pero, por admirable que apareciese ese proyecto, su propósito era menos llevar adelante una libre indagación de las raíces históricas de la catástrofe española que recusar la imagen de la historia de España que, inspirada en la obtusa arrogancia de los vencedores, los proclamaba herederos de todo lo que ésta tenía de más específico y valioso. El camino que emprendieron para lograrlo se abría con una peregrinación a las fuentes del liberalismo español; como desde fines del setecientos Martínez Marina, cuyo eco habíamos encontrado en Lastarria, ambos veían en la lenta definición a lo largo de la Edad Media de un mejor curso histórico para España, y en su súbita frustración en esa encrucijada decisiva que a comienzos de la modernidad la arrastraría a un destino imperial que no era el suyo, el verdadero nudo de la historia nacional, del que la reciente tragedia no ofrecía sino un eco tardío.

Ese esfuerzo, encaminado a hacer de nuevo posible en España imaginar un futuro distinto del atroz presente, tenía muy poco que decir en ultramar. Casi nada a los españoles llevados allí por la catástrofe, y menos urgidos de reivindicar la vigencia latente de una España mejor que la que se había dejado arrastrar hasta el abismo, que de averiguar por qué una España que habían creído en efecto mejor había terminado sumida en él. Algo más a algunos hispanoamericanos, pero sólo gracias a un penoso equívoco: algunos lectores ultramarinos hallaban más fácil reconocer por ejemplo en los escritos de Giménez Fernández ciertos motivos de la más tradicional historiografía apologética que advertir el sentido que su exhumación adquiría en su contexto español, y gracias a ello textos inspirados en parte en la ambición de oponer una alternativa a la visión, ahora canónica en la Península, del pasado español e hispanoamericano pudieron ganar el asentimiento entusiasta de lectores que creían reconocer en ellos otras tantas corroboraciones de esa visión.

Si el eco ultramarino de la meditación sobre España que dificultosamente renacía en España misma fue en extremo reducido, el que alcanzaron las surgidas en el exilio fue aun más escaso. Y se entiende por qué: esas nuevas interpretaciones de la realidad histórica de España (desde la de Américo Castro, cuya exigencia de una historia rehecha desde sus raíces reflejaba plenamente la hondura del impacto alcanzado por la catástrofe sobre una elite intelectual que se había tenido por directora y se descubrió primero marginada y luego expulsada de la comunidad nacional, hasta la de Claudio Sánchez Albornoz, que convocaba a la lucha contra la versión heterodoxa de Castro a todas las tradicionales, de las que intentaba una vasta síntesis) tenían en común marcar un retorno a la morosidad introspectiva que había dominado ya más efímeramente bajo el estímulo del que hasta 1936 había sido el desastre por antonomasia, el de 1898. Ni una ni otra ofrecían por otra parte corolarios directamente relevantes a los problemas que acuciaban a los hispanoamericanos en la segunda posguerra. Mientras para Sánchez Albornoz, que remozaba argumentos de la tradición liberal introduciendo en ellos una dimensión económica, América y su tesoro habían sido una de las calamidades provocadoras del "corto circuito" que había sacado a la historia española del que había sido hasta entonces su cauce, para Castro Hispanoamérica com-

partía con España una morada vital de la que la fuga era imposible, y
que la condenaba también a ella a "vivir desviviéndose"; los hispanoamericanos que creían que, individual y colectivamente, el deber de la
hora era prepararse para los desafíos de un orden económico y social
en honda transformación a escala planetaria, eran víctimas de la misma ilusión que había llevado al propio Castro a ponerse al servicio
de la plena europeización de España, de la que sólo logró liberarlo la
brutal lección de la guerra.

Hubo sin duda entre los exiliados quienes opusieron a la búsqueda desesperada o celebratoria de una irreductible peculiaridad española una negativa obstinada a buscar la clave del drama español en
ninguna esencia nacional. El venerable Rafael Altamira, al reeditar su
ensayo sobre la civilización y el carácter españoles[27], se refirma en su
convicción de que las tormentas que cubren la historia nacional son
consecuencias a veces extremas de diferencias de grado más que de
índole entre España y sus hermanas europeas, y sigue teniendo por
válida la conclusión de que España está destinada a alcanzar una normalidad histórica que, sin borrar sus peculiaridades, revelará por fin
en ellas otras tantas variaciones en un marco común que es de nuevo
el europeo. En el otro extremo, los integrantes más jóvenes de la emigración, como nota justamente Juan Marichal, sin negar la gravedad
de las consecuencias permanentes de la Guerra Civil y su desenlace,
quieren ver en ellos sólo un accidente en un camino que sigue llevando a Europa.[28] Pero los hispanoamericanos estaban aun menos dispuestos a prestar atención a esta alternativa, por cuanto la perspectiva de futuro a la que apostaba, si terminara por revelarse la más justa,
parecía en ese momento tan sólo una ilusión nacida de la ceguera voluntaria de los exiliados más jóvenes, y por eso mismo menos resignados a dar por perdido para siempre su propio lugar en la comunidad
nacional.

Sin duda los ecos de ese esfuerzo por redefinir la imagen de España en su historia iban a resonar en los escritos de los estudiosos españoles que desde el destierro emprendieron o prosiguieron trabajos
de tema hispanoamericano, desde los muy sugestivos de Ramón Iglesia (destinados a encontrar eco injustamente limitado) hasta los en
cambio muy influyentes de José Gaos, que en México no sólo creó la
primera escuela de historia del pensamiento hispanoamericano dotada de solvencia erudita, sino que la orientó hacia temas que —como el
de la modernidad cristiana del setecientos— reflejaban a su modo la
identificación con esas minorías capaces de articular posiciones ideológicas y morales más complejas que las demasiado toscas cuyos cho-
ques habían dominado la historia de España, que había ofrecido también su inspiración originaria a la obra de Castro. Pero el aporte de
esos estudiosos sólo se tornaba fecundo en la medida en que era

transpuesto por sus seguidores hispanoamericanos a una clave distinta; quienes exploraban los temas preferidos por Gaos no sólo no habían hecho suya la problemática exquisitamente española que motivaba a su maestro; no es ni siquiera claro que la hubiesen incorporado a su horizonte de ideas. Menos aun pesaba ella en el campo de la historia de las instituciones y del derecho, en que Rafael Altamira vino a ocupar el lugar eminente pero marginal del patriarca acogido por sus descendientes intelectuales, y los emigrados de generaciones más jóvenes se integraron en un diálogo de ideas y propuestas definido ya desde una perspectiva decididamente americana.

Mientras el hilo del diálogo a través del Atlántico parecía así a punto de cortarse definitivamente en los niveles que de veras contaban, empezaba a hacerse evidente que algo se movía (aunque al comienzo con lentitud digna de un proceso geológico) en esa España aparentemente inmóvil, para la cual se estaban terminando esos que Carlos Barral llamó años de penitencia. El resurgimiento económico español hizo brotar de la matriz siempre fecunda de la burguesía catalana una nueva capital de la edición en lengua española en Barcelona, y aun el régimen franquista, que no renunciaba sino a regañadientes (y tan lenta y limitadamente como las circunstancias lo permitían) a las restricciones que había impuesto a la vida cultural, estaba mejor dispuesto a olvidarlas en aquellos aspectos que interferían con la expansión de sus industrias de exportación, entre las cuales la editorial estaba recuperando su antiguo lugar; por añadidura la rutinización y pérdida de virulencia de la represión política en la Península hizo de ésta un lugar aun más atractivo de residencia para intelectuales hispanoamericanos que hallaban más fácil el contacto con su público disperso por el subcontinente desde allí que desde sus tierras de origen. Fueron esos los auspicios que hicieron de Barcelona el centro de irradiación del *boom* narrativo hispanoamericano, y de Carmen Barcells (la agente literaria en la que se creía reconocer a una de las artífices de ese episodio), la legendaria dueña de las llaves·que abrían a los escritores hispanoamericanos el acceso a la gloria literaria que el chileno José Donoso retrata, bajo un velo del todo transparente, en *El jardín de al lado.* [29]

Ya en la década del sesenta, por otra parte, las circunstancias habían cambiado tanto que cuando Pablo Neruda, en ocasión de un desencuentro ocasional con escritores cubanos, recibió de éstos la lluvia de improperios que era ya parte del ritual polémico en uso en la isla revolucionaria, en ninguna parte encontraron sus impugnadores apoyos más fervorosos que en Madrid; no pocos en Hispanoamérica tuvieron entonces ocasión de recibir "esos sobres tapizados con retratos de Franco, en cuyo interior se acusaba a Pablo Neruda de contrarrevolucionario"; si es comprensible que la víctima encontrase enton-

ces al episodio "siniestramente divertido", retrospectivamente es más
fácil advertir el signo que él ofrecía de todo el cambio que se había
venido acumulando a lo largo de décadas vividas como de desesperante inmovilidad.[30]

El desenlace de ese proceso marca a la vez el punto de llegada de
la presente exploración. En él encontramos a una España que descubre retrospectivamente que la marcha hacia Europa, tantas veces emprendida en vano con la guía de sus hijos más esclarecidos, había sido
retomada sin siquiera advertirlo, pero con vigor antes desconocido,
en el contexto cerrilmente restaurador del franquismo, y que finalmente la meta de esa tortuosa y torturada peregrinación estaba de
veras al alcance de la mano; esta España reconciliada con su presente
y segura de su futuro podía por fin reconciliarse también con su pasado, y más plenamente y con menos reticencias que las de la Restauración, cuya aceptación de éste había tenido aun mucho de exorcismo.

Esta nueva actitud aparece admirablemente reflejada en los términos con que Enrique Tierno Galván, alcalde socialista de Madrid,
recibió al presidente argentino Alfonsín en el recinto mismo en que,
como recordó al visitante, había sesionado el Consejo de Castilla en
tiempos de don Felipe II; ese recuerdo era a la vez una exhortación a
buscar en el alto sentido de justicia de los consejeros del Rey Prudente una inspiración válida frente a los dilemas políticos de nuestro
tiempo. Aquí el recurso a la España del Siglo de Oro tiene un sentido
distinto y aun opuesto al que hubiera alcanzado en los labios de ese
otro alcalde de Madrid a quien tocó recibir a la señora Eva Perón en
otra visita igualmente rica en contenidos simbólicos, en el curso de la
cual esa misma evocación no hubiese tampoco desentonado: ahora
proviene de una España convencida de que finalmente ha enterrado
del todo a sus muertos y puede por lo tanto venerarlos sin peligro de
liberar con ello sus fantasmas para que de nuevo lleven la devastación
a la tierra española.

Esa veneración no impide que el pasado resulte ahora, a la vez
que menos gravoso, menos obsesivo para una conciencia colectiva
que prefiere volver su atención a las tareas del presente y el futuro.
Y en un horizonte de referencia así redefinido, el lugar que queda
a Hispanoamérica es comparativamente modesto; si el hispanoameri-
canismo sigue formando parte del arsenal ideológico de la política
exterior española, su función es ahora la de acrecentar en medida no
demasiado notable el acervo de recursos económicos actuales y potenciales que España aporta a Europa, y en medida inverificable (y
que por eso mismo puede imaginarse tan grande como se quiera) el
patrimonio ideal heredado del pasado imperial, que integra también a
su modo ese aporte español a la comunidad europea.

La memoria del nexo originario con España pesa también cada

vez menos, en bien y en mal, en Hispanoamérica. La conciencia de la sustancialidad histórica de las naciones neoespañolas, que habíamos visto nacer en la década de 1920, no ha hecho más que fortificarse con el tiempo, y hoy tiene su reflejo más visible en la desenvoltura con que los hispanoamericanos han llegado a manejar como propio el patrimonio que, más inequívocamente que ningún otro, los pone en deuda con la nación fundadora: el de la lengua y la tradición literaria. Lo que todavía en Rubén Darío había sido un a la vez tímido y desafiante acto de emancipación deliberada, se ejerce hoy con la tranquilidad que da un derecho ya adquirido; sobre todo en cuanto a la narrativa el escaso vigor que durante décadas afligió a la española (y que sería demasiado simplista explicar como mero efecto mecánico de la censura) transfirió la iniciativa al otro hemisferio hispánico, y los efectos de esa situación aún no se han disipado del todo.

Pero no sólo la definición cada vez más acusada del perfil hispanoamericano viene a atenuar el peso que conserva en Hispanoamérica la memoria antes abrumadora del lazo fundacional con España. Mientras por un siglo largo, a partir de la ruptura del lazo colonial, la trayectoria de Hispanoamérica desde la conquista hasta la emancipación había sido vista en un marco ceñidamente hispánico, y condensada en un balance de créditos (la lengua, la cultura, la fe) y débitos (la explotación de las poblaciones americanas en que se apoyaba en último término el orden colonial, el esfuerzo por cancelar la herencia cultural y espiritual de esas poblaciones), con vistas al final ajuste de cuentas con la España fundadora, a partir de la segunda posguerra se impone un cambio de perspectiva insinuado ya desde la primera, que prefiere ver a esa trayectoria en el marco de la expansión de Occidente antes que de la de España; desde luego es fácil reconocer en esta ampliación de perspectiva una de las consecuencias de la subsunción de Hispanoamérica en el Tercer Mundo.

Para una Hispanoamérica así redefinida, el vínculo privilegiado con la nación fundadora sólo podrá conservarse si se acompaña de una redefinición igualmente radical de la figura de esa nación misma. Esta permitiría reivindicar para Hispanoamérica un lugar distintivo entre las áreas periféricas del sistema mundial arguyendo que las diferencias positivas y negativas que se descubren comparándola con la periferia asiática o africana remiten al hecho originario de que fue conquistada y colonizada por una nación que no era integrante de pleno derecho del centro dinámico de la nueva economía; en suma, a que nació como periferia de una periferia.

Esa nueva perspectiva permitiría rehacer un vínculo entrañable entre España y las naciones neohispanas, sobre fundamentos exactamente opuestos a los invocados a partir de Bello; lejos de invocar para justificarlo la capacidad española de crear remedos de Europa en ultramar, aduce en cambio una afinidad entre los hemisferios hispánicos que es la que aproxima por otra parte a todos los integrantes del Tercer Mundo. Y no faltaron quienes en España misma, durante la difícil penúltima hora del avance hacia Europa, sintieron la tentación de hacer de esta perspectiva la base de una propuesta política que transformaría a su país en una suerte de príncipe de los parias, destino que les parecía más exaltante que el de socio irremediablemente menor de la comunidad europea.

Esa veleidad no iba a durar sin embargo más que un instante; parodiando la *boutade* cínica de Silvela (en que ese ingenioso parlamentario de la Restauración había propuesto reemplazar el artículo de la Constitución que inventariaba todos los modos en que se adquiría la nacionalidad española con la contundente afirmación de que son españoles quienes no pueden ser otra cosa) podría decirse también que son del Tercer Mundo los países que no pueden ser otra cosa; España se decidió finalmente a intentar ser otra cosa. Con ello consumó una separación de caminos que, si no alcanza a cancelar los vínculos entre las naciones y —más aun— entre los pueblos hispánicos de ambas orillas del Atlántico, ni impedir que sus ramificadas consecuencias se hagan sentir en todos los aspectos de la vida de cada uno de ellos, despoja a esos vínculos de su dimensión problemática, no porque el pasado común del que son herencia no siga presentándose erizado de problemas no resueltos, sino porque no se espera ya de su solución la respuesta a los que realmente cuentan, que son los que plantea el futuro.

NOTAS

[1] Manuel Bilbao, *La América en peligro*, Santiago de Chile, 1941, pág. 76.

[2] José Victorino Lastarria, *Obras Completas*, VII, Santiago de Chile, 1909, pág. 77.

[3] Lastarria, ob. cit., pág. 66.

[4] Domingo F. Sarmiento, *Obras Completas*, 2ª ed., II, Buenos Aires, 1948, págs. 220-21.

[5] Sarmiento, ob. cit., pág. 221.

[6] Andrés Bello, *Obras Completas*, XIX, Caracas, 1951, pág. 165.

[7] Bello, ob. cit., pág. 169.

[8] Bello, ob. cit., pág. 172.

[9] Sarmiento, ob. cit., pág. 218.

[10] Bello, ob. cit., págs. 163-64.

[11] Manuel Moreno Fraginals, *La historia como arma y otros estudios sobre esclavos, ingenios y plantaciones*, Barcelona, 1983, pág. 17.

[12] Frederick M. Pike, *Hispanismo, 1898-1936. Spanish Conservatives and Liberals and their Relations with Spanish America*, Notre Dame (Indiana), 1971, pág. 217.

[13] Julio Camba, *La rana viajera*, Buenos Aires, 1947, págs. 80-81.

[14] Miguel de Unamuno, "Público y prensa", en *Obras Completas*, III, Madrid, 1950, pág. 1086.

[15] Pike, ob. cit., pág. 194.

[16] Rubén Darío, *Autobiografía*, Madrid, 1918, pág. 209.

[17] José María Samper, *Historia de una alma*, 2ª ed. (la 1ª es de 1881), Bogotá, 1948, pág. 231.

[18] Manuel Mujica Lainez, "Miguel Cané, Padre (un romántico porteño)", en *Obras Completas*, I, Buenos Aires, 1978, pág. 260.

[19] Francisco Ayala, *Recuerdos y olvidos. II. El Exilio*. Madrid, 1978, pág. 56.

[20] Manuel Gálvez, *El solar de la raza*, 5ª ed., Madrid, 1920, págs. 7-8.

[21] Ricardo Rojas, *Retablo español*, Buenos Aires, 1938.

[22] Pío Baroja, *Juventud, egolatría*, 2ª ed. (la 1ª es de 1916), Madrid, 1935, pág. 177.

[23] Adolfo Posada, *En América. Una campaña*, Madrid, 1911, págs. 212 y 235.

[24] Jorge Luis Borges, "La señora mayor", en *El informe de Brodie*, Buenos Aires, 1970, pág. 79.

[25] José Ortega y Gasset, *Meditación del pueblo joven*, Madrid, 1981, pág. 99.

[26] Carlos Real de Azúa, *España de cerca y de lejos*, Montevideo, 1943.

[27] Rafael Altamira. *Los elementos de la civilización y del carácter españoles*, Buenos Aires, 1950.

[28] Juan Marichal, "El pensamiento español trasterrado (1939-1979)", en *De historia e historiadores. Homenaje a José Luis Romero*, México, 1982, págs. 167-179.

[29] José Donoso, *El jardín de al lado*, Barcelona, 1981.

[30] Pablo Neruda, *Confieso que he vivido. Memorias*, Buenos Aires, 1974, pág. 437.

La imagen argentina de Bolívar, de Funes a Mitre

Es sabido que, desde el momento mismo en que el avance de las fuerzas colombianas y aliadas extendió el influjo directo de Bolívar hasta el linde septentrional de las provincias argentinas, las reacciones que despertó en Buenos Aires la introducción de ese nuevo participante en un juego político ya excesivamente complicado estuvieron marcadas por reticencias y ambigüedades. En su *Ayacucho en Buenos Aires*[1] Gabriel René-Moreno ofreció un cuadro clásico de ese momento inicial, al que sólo podría objetarse que sacrifique claroscuros y matices para subrayar mejor los contrastes, y que se ciña luego a la interacción entre los colombianos-peruanos y los argentinos en el Alto Perú, dejando de lado las tentativas de Bolívar por orientar en sentido a él favorable la crisis política que pronto iba a desencadenarse en el Río de la Plata, tentativas que en buena medida inspiran las ambigüedades en la reacción argentina a su figura y su influjo (es cierto que sobre ello poco podían sugerirle los materiales documentales a los que tenía acceso el historiador boliviano en su erudito refugio de Santiago de Chile).

Esas tentativas eran desde luego las que inspiraban el recelo hacia Bolívar de los hombres de Buenos Aires, pero lo tornaba más tenaz la imposibilidad de ventilar abiertamente sus causas: lanzados a una guerra con el Brasil, en la que pronto iban a convencerse de que la victoria era imposible, los dirigentes porteños, sin dejar de temer el influjo de Bolívar, debían correr el riesgo de acrecentarlo en el desesperado intento de ganar su apoyo contra el Imperio brasileño.

Esa coyuntura inaugural no incitaba a la clase política porteña a tributar a Bolívar una admiración confiada y sin reservas. Pero precisamente esa coyuntura duró poco; el conflicto de intereses fue trágicamente resuelto por el derrumbe casi simultáneo del sistema bolivariano y de la constelación política que en Buenos Aires había visto con alarma su expansión hacia el sur; las reticencias frente a Bolívar iban en cambio a perdurar, y lo que les conservaba su vigor era, más allá de la memoria de ese único momento en que la trayectoria de Bolívar rozó la de las provincias rioplatenses, la seguridad de que en esa trayectoria el Libertador había intentado imponer soluciones a los trágicos problemas de la guerra y la posguerra que ofrecían un fuerte contraste con las preferidas por el consenso político argentino.

Esto ocurría sobre todo en dos aspectos fundamentales. Se le reprochaba la concentración y personalización del poder, constantemente deplorada pero frecuente y abiertamente practicada por el

Libertador, que chocaba con la más estricta devoción por el modelo
liberal-constitucional practicado en Buenos Aires (aun Rosas iba a
necesitar la conmoción creada en 1835 por el asesinato de Facundo
Quiroga para obtener como gobernador poderes dictatoriales de una
legislatura que le era sin embargo unánimemente adicta). La conciencia de esa divergencia coloreaba la imagen toda de Bolívar, en cuanto
se proyectaba sobre una clave sicológica a la vez que ideológica: su
preferencia por las soluciones personalistas y autoritarias era expresión de una personalidad ambiciosa y arrogante, reflejada por otra
parte en un rico anecdotario no depurado de episodios apócrifos o
triviales, y conservado tenazmente en la memoria colectiva de Buenos Aires.

Había aun otro motivo para esas reticencias: Bolívar ofrecía un
modelo extremadamente atractivo para los más inquietos jefes militares argentinos, tentándolos quizás a emprender la aventura de conquistar el poder político con la fuerza militar: el general Alvear, a
quien su pasada trayectoria hacía sospechoso de alimentar secretamente esa ambición, no era el único que se había mostrado sensible
no sólo al encanto personal del Libertador, sino a las seducciones de
su ejemplo. Ahora bien, a partir precisamente del derrocamiento de
Alvear en 1815 y más aun luego de 1820, la preocupación por marginar a la fuerza militar del proceso político fue constante en los sucesivos gobernantes porteños, y se expresó tanto en la reforma militar
impuesta por la administración de Rodríguez, Rivadavia y García,
que a partir de 1821 envió a involuntario y penurioso retiro al grueso
de los jefes veteranos de la Independencia, como en el triunfo de
1829 de un Rosas que se presentaba como el reivindicador de la causa de la libertad de los pueblos contra el despotismo militar, que
achacaba al gobierno surgido de la revolución de diciembre de 1828.

Así el conflicto de concepciones políticas perpetúa el de intereses, y mantiene la vigencia de una imagen de Bolívar dominada por la
ambigüedad y los contrastes de luces y sombras. No basta, sin embargo, para mantenerla en el centro de la atención colectiva: si el
conflicto de intereses había surgido y se había desvanecido en un
instante fugaz, el de concepciones políticas había perdido relevancia
inmediata como consecuencia del derrumbe apenas posterior del sistema político bolivariano, que parecía arrebatársela a las soluciones
—encontradas tan chocantes en Buenos Aires— que él había buscado
encarnar. Sin cambiar sus rasgos, la imagen de Bolívar es entonces cada vez más decididamente relegada a los márgenes de la memoria colectiva, y esa marginación se refleja muy bien, hacia fines del siglo, en
la presentación que hace Vicente Fidel López en su *Historia de la República Argentina*[2] de las alternativas abiertas a los dirigentes de Buenos Aires al revelarse todas las dificultades que les sería preciso afron-

tar en la guerra con el Brasil, en que la alianza con Bolívar es retrospectivamente examinada y desechada en menos de una página. Pero esa brevísima evocación confirma la solidez que ha adquirido la imagen ya tradicional de Bolívar en el Río de la Plata ("déspota conocido e imperioso, que aspiraba abiertamente a la dictadura continental, desde Panamá hasta el Cabo de Hornos"), quizá precisamente porque su relegación a los márgenes de la memoria la protege de cualquier curiosidad nueva que incite a revisarla.

Esa imagen no es en suma mucho más que un eco póstumo de la elaborada bajo la incitación de estímulos prácticos cuando todavía —por su influjo o su ejemplo— Bolívar había significado un peligro para los dirigentes de Buenos Aires. Al lado de esa continuidad —soterrada pero resistente a la mordedura del tiempo— de la originaria imagen política de Bolívar, sería inútil buscar una línea igualmente continua de tentativas de elaborar una imagen de veras histórica de esa figura necesariamente central en cualquier consideración del proceso de independencia hispanoamericana. En lugar de ello encontramos algunos intentos entre sí aislados, de los cuales el más completo en la exploración del tema y más complejo en su inspiración (el debido a Bartolomé Mitre) iba a marginar con su abrumadora presencia los tanto más concisos que le precedieron.

El primer intento de ofrecer una imagen histórica de Bolívar data de la etapa misma en que su trayectoria vino a converger fugazmente con la de la Argentina posrevolucionaria, y se debe al deán Gregorio Funes, cronológicamente el primer historiador de esa etapa argentina. Esa primera imagen que se quiere histórica de Bolívar no contiene ninguna ambigüedad mal resuelta, lo que no es sorprendente ya que Funes contó entre los no muchos hombres de influjo en el Plata que se pusieron al servicio de la política bolivariana, a partir —según cuenta en su *Autobiografía*[3]— de su toma de contacto con "el señor Mosquera, plenipotenciario de Colombia"; en 1824 ese contacto había derivado en la designación de Funes como encargado de negocios de Colombia en Buenos Aires, y poco después en su elevación a deán de la catedral de La Paz, dignidad que vino a acumular con el deanato que desde fines del siglo anterior ocupaba en la de su nativa Córdoba. El breve retrato que de Bolívar traza Funes para publicarlo en el periódico que en ese momento dirige —el *Argos*— tiene una intención política precisa, en cuanto desmiente indirecta pero minuciosamente los rasgos negativos de la imagen que está ya adquiriendo sus rasgos definitivos en la opinión pública de Buenos Aires. Si evoca a Bolívar, nos dice, es porque "en el retrato de este original se dejará ver un hombre de un valor heroico, sin ambición, lleno de modestia y libre de interés"; de esas cuatro virtudes sólo la primera no había sido seriamente puesta en duda por esa imagen negativa con la cual Funes se coloca en polémica implícita pero inequívoca, y a ella —el "valor y constancia del general Bolívar"— dedica sólo catorce líneas, contra veintisiete a su "desinterés y liberalidad", cincuenta y siete a "su modestia" y sesenta y uno a "su alma sin ambición"[4].

Este escrito de circunstancias se estructura abiertamente como un panegírico, una pieza oratoria en el sentido más literal, que interpela a sus lectores fingiendo que son oyentes en el foro ("ciudadanos, oíd un hecho. . .", "oíd más, ciudadanos. . .", "nada de eso extrañéis, ciudadanos"). Pero esos rasgos no quitan a juicio del autor el carácter histórico a su breve contribución a la gloria de Bolívar. No sólo nos asegura, en efecto, que "no es éste un romance, sino una historia" (lo que puede significar tan sólo que los hechos que narra no son fingidos) sino —al señalar en la carrera de Bolívar un tema de elección para cualquier historiador— coloca en el centro de su futura obra precisamente la temática encarada en esbozo en su propio escrito: "el carácter y las calidades morales de su héroe no será en lo que menos ejercite su juicio, su sagacidad y su discreción".

Si para el deán su panegírico de Bolívar —que, por la naturaleza del género, no puede ser sino tendencioso— es ya plenamente historia, ello tiene menos que ver con los motivos prácticos que lo llevaron a escribirlo, y hacían también deseable reivindicar para él esa dignidad histórica, que con la concepción historiográfica de Funes domina también en sus obras mayores y es tributaria de un fatigado y desvitalizado neoclasicismo. El Bolívar de Funes es literalmente un dechado, un modelo válido para todo tiempo y lugar; su grandeza de alma es "una virtud de todos los lugares como de todos los siglos, y [. . .] si la corrupción de nuestras costumbres la hace parecer dificultosa, jamás estará en su poder hacerla imposible al hombre de bien".

Lo que el ejercicio de Funes tiene de fatigado y rutinario, así como su inspiración sin duda no totalmente desinteresada, no deben ocultarnos que él se integra en un proyecto historiográfico a través del cual intenta encontrar expresión una primera toma de conciencia de sí de la Hispanoamérica ya independiente. En suma, Funes se propone hacer como historiador lo mismo que Olmedo emprende con mayor éxito como poeta: estilizar la realidad de la nueva Hispanoamérica sobre las líneas prestigiosas de la antigüedad clásica, que ofrece también el modelo emulado en vano por la Europa moderna. Ese proyecto —cuya desmesura fue cortésmente objetada, como es sabido, por Bolívar— suponía a su modo un intento de emancipación intelectual, en cuanto reivindicaba para Hispanoamérica el goce directo de una herencia cultural hasta entonces mediada por una Europa de la que hasta la víspera había sido tributaria y ahora se proclamaba rival.

Pero, para mejor afirmar esa nueva individualidad, ese proyecto renunciaba de antemano a dotarla de todo rasgo específicamente americano: su triunfo consistiría precisamente en dejarlos a todos de lado para alcanzar mejor ese exaltado modelo clásico. La siguiente configuración de la imagen de Bolívar está dominada en cambio por el descubrimiento de esa especificidad americana: la clave de la grandeza de Bolívar —asegura dos décadas después Sarmiento en la *Introducción* antepuesta a la primera edición de su *Civilización y barbarie. Vida de Juan Facundo Quiroga,* y sólo intermitentemente reproducida en las que le siguieron— es precisamente su perfecta adecuación a la realidad hispanoamericana, que le permitió triunfar allí donde San Martín hubiera fracasado.

"San Martín no fue caudillo popular; era realmente un general. Habíase educado en Europa, y llegó a América, donde el gobierno era el revolucionario, y pudo formar a sus anchas el ejército europeo, disciplinarlo y dar batallas regulares según las reglas de la ciencia [. . .]. Pero si San Martín hubiese tenido que encabezar *montoneras,* ser vencido aquí, para reunir un grupo de llaneros por allá, lo habrían colgado a su segunda tentativa."[5]

Aparece aquí ya el que será luego un elemento infaltable en cualquier consideración argentina de la figura de Bolívar: el empleo de la de San Martín como término de comparación. Y en Sarmiento esa comparación no tiene por propósito establecer una escala de grandeza (cualquiera sea el sentido atribuido al término) para medir la de un libertador en relación con la del otro: el momento en que se reduzca a sólo esto marcará muy bien el final del esfuerzo por entender a través de las peculiaridades que oponen a uno y otro las que distinguen a la experiencia histórica argentina en el marco hispanoamericano; de ese esfuerzo sólo sobrevivirán motivos ahora privados del contexto que les daba sentido, utilizados como materia para rituales ejercicios de exaltación patriótica, y de los que el fervor termina por estar tan ausente como cualquier inteligencia analítica.

Por ello Rufino Blanco Fombona —escribiendo en una etapa en que el culto de los héroes estaba ya fuertemente ritualizado— estaba en lo justo pero a la vez al margen del meollo de la cuestión cuando reprochaba a Sarmiento haber disminuido la estatura histórica del Libertador del Norte, al subrayar al guerrillero en un Bolívar que había sido *también* un admirable general en campañas regulares (en rigor Sarmiento había querido subrayar que el general había sido también un guerrillero a sus horas).[6] Si no se hubiera centrado en el tema de la medición comparativa de grandezas, el impetuoso venezolano habría quizá advertido mejor otros elementos más dignos de alarmar su devoción bolivariana en ese complejo pasaje de *Facundo.*

¿Qué función tiene, en efecto, la evocación de Bolívar en la introducción a *Civilización y Barbarie?* Justificar, invocando un ejem-

plo más exaltado que el del antihéroe cuya trayectoria traza el libro,
la clave que éste adopta para explicarla: Facundo, dice Sarmiento,
sólo puede ser comprendido a partir de su medio, de la salvaje naturaleza y la laxa sociedad de la llanura pampeana, del mismo modo
que Bolívar debe entenderse a partir de todo lo que hizo la peculiaridad de su Colombia: "llanos, vida pastoril, vida bárbara, americana
pura", y los escritores europeos que sinceramente lo ignoran, o creen
preciso disimularlo debido a "preocupaciones clásicas", no hacen
sino empequeñecer su figura. Parece hasta aquí que la oposición
entre Bolívar y San Martín es la que se da entre quien surge firmemente arraigado en la realidad que intenta revolucionar y quien nunca logra del todo —ni en rigor se propone— enraizarse en ella, una
oposición que el romanticismo al que se adscribía Sarmiento había
enseñado a resolver en una clara preferencia por la primera alternativa.

Pero es ya sugestivo que esa explicación a partir del medio haya
comenzado por invocarse para Facundo; pese a todas las ambigüedades que Sarmiento mantiene, y oculta mal, frente al personaje, éste
es en suma un héroe negativo. Y por otra parte la oposición entre
autenticidad americana e importación europea, que domina la de
Bolívar y San Martín, no es la que para Sarmiento ofrece la clave
para la lucha de civilización y barbarie. Sarmiento no acepta en efecto la alegación de sus enemigos políticos, que dicen defender un orden auténticamente americano contra las inspiraciones exóticas de
sus rivales momentáneamente vencidos. Para él el conflicto no se da
entre dos civilizaciones o dos modalidades regionales de una misma
civilización, sino entre dos niveles de ésta, entre el siglo xii y el xix,
que se yuxtaponen en las tierras del Plata. La victoria del más alto,
que está en los votos de Sarmiento, no será la de un elemento exótico, sino la del hemisferio de luz en una lucha en que tanto éste como
su mortal adversario son parte de una realidad hispanoamericana que
se define precisamente a partir de ese contraste.

Por eso, si por un instante la evocación de Bolívar pareció abrir
una alternativa para esa realidad escindida hasta las raíces (Bolívar,
sólo entendible a partir de un mundo análogo al que engendró a Facundo, pero a la vez ciudadano de pleno derecho del opuesto hemisferio americano, "pródigamente dotado por la naturaleza y la educación" y dueño de unos "talentos" y aun un "genio" que Sarmiento
desde luego nunca reconocerá a Facundo), esa posibilidad alternativa
no podría ser siquiera explorada sin destruir el aparato interpretativo
que Sarmiento ha erigido para su Argentina y supone válido para
toda Hispanoamérica (tampoco la convicción de que algunos de los
legados de la etapa rosista estarán en la base del orden posrosista,
cuyos rasgos anticipa con aprobación en la última parte del libro, lo

llevará a revisar esos supuestos, aunque para salvarlos deberá utilizar argucias acaso no más convincentes para él que para sus lectores), Bolívar fue para Sarmiento un genio que por serlo logró eludir las disyuntivas impuestas a los hispanoamericanos por su escindida realidad, pero esto, que lo hace más admirable, le quita valor ejemplar, en cuanto su ejemplo es por definición inimitable.

Nótese que esta conclusión no está muy distante de la que alcanzó el último Bolívar al trazar su sombrío balance de lo que había logrado en sus intentos de arraigar la revolución y la república en un viejo orden demasiado vigoroso para que fuese posible abolirlo. Pero, si así están las cosas, el genio de Bolívar no le asegura su victoria histórica sobre ese modelo alternativo de jefe militar que ofrece San Martín, para referirse al cual Sarmiento no emplea por cierto la palabra genio, pero que es el general de la Hispanoamérica que debe ser y —Sarmiento está persuadido de ello— de la Hispanoamérica que llegará a ser.

Este breve pasaje de *Facundo* asigna ya al paralelo entre Bolívar y San Martín la función de iluminar proféticamente la peculiaridad del destino histórico reivindicado para la Argentina, y que sólo después puede confundirse con el hispanoamericano si Hispanoamérica hace también suya esa reivindicación.

Esos temas tan concisamente evocados por Sarmiento van a ser integrados cuatro décadas más tarde por Bartolomé Mitre en la vasta orquestación de motivos elaborados con lenta majestad en los cinco volúmenes de su *Historia de San Martín y de la emancipación sudamericana* (1887). La contraposición entre los dos libertadores, si no ofrece el núcleo temático de la obra (éste lo proporciona, tal como lo declara su título, la carrera de San Martín), se constituye en el instrumento privilegiado para explorar las contradicciones que condicionan el proceso emancipador, contradicciones que Mitre cree posible organizar en torno a una básica polaridad de orientaciones, simbolizadas y representadas por los dos libertadores. Es ése el

". . .argumento duplo y complejo, como [. . .] la revolución y la evolución colectiva que comprende, y se combina con la acción del genio individual animado por la fuerza viva que le comunica la suma de las voluntades espontánea que represente, armónica en su dualismo necesario".[7]

que Mitre se ha propuesto desenvolver en la más ambiciosa de sus obras históricas.

Para hacer de las figuras de Bolívar y San Martín la cifra de las fuerzas contradictorias que imponen a la revolución su curso espasmódico, Mitre debe proyectar los contrastes entre ambas sobre una multiplicidad de claves destinadas a esclarecer no sólo el papel histórico de ambos héroes, sino también la compleja articulación del proceso revolucionario; esas claves están a su vez definidas —tanto como por las peculiaridades del objeto estudiado— por la específica visión de la historia y la política que subtiende la acción de Mitre como historiador a la vez que como hombre público.

La indagación de esas claves es abordada por Mitre en el marco de una obra que quiere plena y estrictamente historiográfica, y adecuada a las exigencias científicas y metodológicas maduradas para esa disciplina a lo largo del siglo xix. La imagen de Bolívar había sido en Funes histórica sólo en la medida en que para Funes la historia se integraba en el orbe de la oratoria, con la que compartía las exigencias formales y la finalidad práctica; si en Sarmiento la evocación de Bolívar era integrada en cambio en un esfuerzo de esclarecimiento teórico, éste no era propiamente histórico; pertenecía a una disciplina aun sin nombre, pero que había encontrado su modelo en *La démocratie en Amérique* de Tocqueville, en que el explorador de la realidad, "premunido del conocimiento de las teorías sociales", abordaba una problemática que abarcaba la dimensión histórica pero no se reducía a ella, en cuanto declaraba necesario para entender la crisis argentina "buscar en los antecedentes nacionales, en la fisonomía del suelo, en las costumbres y tradiciones populares".[8]

Con Mitre la perspectiva vuelve a ser histórica, pero esa historia está ya muy alejada de la que había practicado Funes. Es necesario, sin embargo, examinar con mayor precisión qué ha cambiado entre uno y otro, sobre todo porque el consenso dominante sobre el lugar de Mitre en la historiografía argentina hace consistir su aporte en la introducción de los métodos heurísticos de la historiografía europea de fines del siglo xix, y ello simplifica y a la vez limita abusivamente el significado de su esfuerzo historiográfico.

Sin duda Mitre siempre subrayó la necesidad de aplicar rigor en la comprobación de hechos, y utilizó esa exigencia como arma de triunfo en la polémica que lo opuso a su gran rival en historiografía, Vicente Fidel López.[9] Pero basta hojear la *Historia de San Martín* para advertir que en ella el elemento de crítica erudita no está integrado del modo esperable en una obra cuyos aportes más significativos se diesen en la etapa heurística. Si Mitre ha hecho un esfuerzo muy serio por no introducir en su relato hechos sobre los cuales no ha alcanzado información suficientemente fidedigna, no sólo no invita a su lector a ser testigo del proceso de búsqueda y depuración de fuentes; tampoco le ofrece siquiera modo de controlarlo mediante alguna mención precisa de las fuentes por él utilizadas, y le solicita en cambio un acto de confianza global en su probidad de erudito.

Sin duda esa característica de la obra de Mitre ofrece un contraste menos marcado con las de la historiografía europea de su tiempo de lo que podría esperarse de la caracterización genérica de esta etapa como de consolidación de un método de hacer historia centrado en la etapa heurística. Aun historiadores que —como Mommsen— habían alcanzado algunos de sus triunfos más gloriosos en la recolección y crítica de fuentes respetaban demasiado las exigencias de la historia narrativa para entorpecer su avance con la profusión de referencias a esa etapa heurística que más tarde iba a caracterizar a las obras ambiciosas de validez erudita. Pero ocurre que en este aspecto, si la parquedad es aún la regla, Mitre no es tan sólo parco: su mutismo es total. Las citas de testigos contemporáneos, las del epistolario de sus protagonistas, las de los historiadores que se ocuparon de ellos aparecen todas envueltas en una elegante imprecisión en torno a su origen; los autores de las primeras son a menudo presentados con caracterizaciones tan sumarias como "un testigo presencial" o "un observador contemporáneo", las cartas de los segundos casi nunca son introducidas con su fecha y pocas veces con mención de destinatario; las citas de historiadores casi nunca condescienden tampoco a dar sus nombres; el lector debe contentarse con la invocación de la autoridad de un historiador europeo, un historiador español, un historiador universal. . .

Esta sistemática imprecisión no oculta ningún desfallecimiento en el rigor heurístico, y cada vez que éste fue puesto en duda Mitre fue capaz de responder con un ordenado alud de referencias a documentos y textos ubicados con toda la precisión necesaria.

La eliminación de toda huella de ese esfuerzo en la obra terminada es en cambio consecuencia del papel que Mitre asigna al rigor heurístico: éste impone exigencias nuevas, pero no da orientación renovada a la obra histórica. En esto la suya nos presenta en forma extrema un rasgo ya presente en las cumbres de la historiografía europea de la segunda mitad del siglo xix: así el rigor heurístico introducido por Ranke no impone orientación propia a su reconstrucción del proceso histórico, que —sin temer incoherencias— agrega a criterios de análisis histórico-político presentes ya en Tucídides, sugestiones ocasionales espigadas en las filosofías de la historia del ochocientos.

Pero —a diferencia del gran alemán, al que por otra parte no parece haber conocido directamente en su obra— cuando Mitre explicita su visión general del proceso histórico (y lo hace reiteradamente, sin temer retomar en diversos pasajes los términos mismos en que previamente la ha presentado) no conserva nada de la elevada imprecisión con que vela los detalles de su tarea heurística, excepto —de nuevo— en cuanto a la ausencia de cualquier precisa referencia a las corrientes de pensamiento que más directamente habrían influido en la maduración de esa visión del mundo que es la suya. Y, a falta de ella, no es fácil establecer cuáles fueron, entre las muchas que

entraron en el horizonte de Mitre a través de una larga vida marcada
por una constante curiosidad intelectual, comenzada bajo el signo
de las filosofías de la historia prerromántica y romántica, y abierta
luego al influjo del cientificismo y aun del retorno a las fuentes kan-
tianas (hay más de una huella en su obra de una lectura de Renou-
vier). En efecto, si todas esas corrientes ofrecen términos de referencia para la visión histórica de Mitre, no parecen proporcionarle los
motivos inspiradores. Así, el cientificismo influye sobre todo a través de la proliferación de metáforas tomadas de la física (la revolución argentina americanizada es, nos dice Mitre, "la idea que se con-
vierte en acción, como el calórico en fuerza")[10]; las filosofías de la
historia dejan rastro apenas menos superficial en indisciplinadas reflexiones sobre las misteriosas regularidades del destino, que agregan
variedad a una página, pero no ofrecen criterios de exploración histórica que Mitre se proponga seriamente aplicar.[11]

Pero si Mitre cubre, a las fuentes de sus ideas sobre la historia,
de la misma discreta penumbra impuesta a las de sus datos, sobre
esas ideas mismas no tolera imprecisión. Y son éstas las que estable-
cen la distancia entre la historia que trata de hacer Mitre y la que había practicado Funes. Esas ideas —perfectamente explícitas, por otra
parte— revelan su unidad apenas se advierte hasta qué punto constituyen corolarios y consecuencias de un modo radicalmente nuevo de
entender el proceso histórico, que podría resumirse también él en
una frase cuya concisión sentenciosa hubiese sin duda complacido
a Mitre, aunque no figuró entre las de su repertorio: en la *Historia
de San Martín* la historia universal es el juicio universal.

Esta perspectiva enteramente nueva no impone una renovación
igualmente integral de las formas historiográficas; ofrece un nuevo
principio que redefine su función y sentido, y hace del monumento
erigido por Mitre a la memoria de San Martín un monumento muy
de época, comparable a esas estaciones ferroviarias que se ocultan
bajo las ojivas de una catedral gótica o esos templos jónicos edifica-
dos para usos bursátiles. Mitre está muy consciente de ese rasgo, y
gusta de reivindicar para su obra esa doble filiación clásica y moderna, declarando ver en ella, entre otras cosas, el despliegue de "la
melancólica fatalidad del drama antiguo y la exactitud de la ecuación
matemática".[12]

La forma clásica que la obra redime al imponerle un contenido
nuevo es la del paralelo entre dos héroes:

"los paralelos de los hombres ilustres a lo Plutarco, en que se buscan los contrastes externos y las similitudes aparentes para producir una antítesis literaria, sin
penetrar en la esencia de las cosas mismas, son juguetes históricos, que entretie-
nen la curiosidad, pero que nada enseñan".[13]

Es precisamente la ambición de penetrar en la esencia de las cosas la que devuelve seriedad a esa fatigada forma historiográfica, y a la vez modifica sutilmente el sentido y la función de los rasgos formales que la definen.

Como en Funes, la evocación de acciones y cualidades de los héroes sólo se justifica en cuanto sirve para fundar un juicio en el sentido más literal, y casi judicial: el papel del historiador es pronunciar el veredicto final, y la *Historia de San Martín* conserva rasgos, heredados de cierta vertiente de la historiografía clásica y neoclásica, que se adecuan a esa función judicativa aun asignada al historiador: así el tan peculiar estilo de cita ya comentado, que puede callar el nombre del testigo o la autoridad invocada, pero proporciona en cambio los mínimos datos necesarios para apreciar su confiabilidad, con criterios análogos a los que rigen en un tribunal; hay testigos amistosos u hostiles, y la mayor o menor imparcialidad de los historiadores es sugerida por su origen: los juicios positivos de no mejor identificados historiadores españoles se ven reconocidos con un peso excepcional, lo mismo que los reticentes de autores venezolanos.

Pero la sentencia en que debe rematar la obra de Mitre es menos la del historiador que la de la historia misma: es la eficacia histórica de la acción de Bolívar y San Martín la que justifica frente a cualquier censura, y esa eficacia sólo puede ser revelada por el curso posterior del proceso histórico. Al conservar de la tradición clásica la apelación al juicio de la posteridad, en cuyo nombre se pronuncia el historiador, Mitre basa la autoridad de ésta, más que en la imparcialidad inasequible a los contemporáneos, en que para ella el futuro, misterioso para éstos, se ha tornado transparente y le permite dar respuesta segura para la pregunta que realmente cuenta.

La forma heredada ha sido entonces renovada, más que por el nuevo rigor heurístico de Mitre, por la firmeza férrea de una fe histórica centrada en un providencialismo que ha ganado en vigor al encerrarse en un horizonte totalmente profano e histórico: lo que el creyente sólo espera conocer en su experiencia terrena como en espejo, y por acertijos, Mitre está seguro de que será revelado a los hombres por la sola marcha del proceso histórico, en un marco que permanece estrictamente mundano.

Ese providencialismo requiere un optimismo histórico robusto, que la visión tradicional, dispuesta a dejar margen a un destino ciego o una providencia inescrutable, estaba lejos de compartir. Para Mitre el mal no tiene presencia histórica; es, o pura apariencia, o condición necesaria para un bien mayor destinado a ser revelado sólo en el porvenir. Sería ocioso denunciar la falta de hondura trágica de una concepción de la realidad histórica que deliberadamente recusa validez a cualquier visión trágica; sería igualmente ocioso denunciar en ese optimismo la expresión de una fe antes que la conclusión alcanzada a partir de una libre exploración de la realidad; eso era precisamente lo que era, y para entender la obra histórica de Mitre es preciso tomar totalmente en serio esa fe profana e inquebrantable que la informaba.

Esto no es siempre fácil, porque esas verdades de fe se expresan a menudo en lenguaje a la vez enfático y genérico, más afín al de los artículos de fondo, que Mitre había escrito quizá con demasiada profusión por décadas, que al esperable en las efusiones de una fe vigorosa. Obsérvese este período, en el que, como en otros, ofrece la idea de su obra:

"...su hilo conductor, la acción política y militar del protagonista en sus movimientos excéntricos y concéntricos: su objetivo, la coordinación de las leyes normales que presidieron la fundación de las repúblicas sudamericanas, exponiendo en concreto los principios fundamentales que dieron razón de ser y potencia irradiadora a la revolución por su independencia, cuya síntesis es la libertad de un nuevo mundo republicano según ley natural y según su genialidad".[14]

Tomar en serio la fe histórica de Mitre significa, en estos casos, dejar de lado las sugestiones que derivan de la abundancia indiferenciada y el demasiado cuidado equilibrio formal de este párrafo oratorio, negarse a creer que las palabras en él engarzadas fueron introducidas con vistas a esa sabia y cadenciosa simetría, y darles su sentido más fuerte.

Porque en él se proclama un corolario inescapable de la fe profana de Mitre, a saber, la convergencia necesaria del mundo de las causas y el reino de los fines, de la realidad y un ideal que es a la vez la meta de toda la historia universal y —en la feliz América española— un objetivo cuya conquista fue ya impulsada por el instinto antes de ser reconocido como tal por la razón. Y el espectáculo de la Hispanoamérica de fines del siglo xix es evocado para reconfortar ese optimismo histórico:

"Si América del Sur no ha realizado todas las esperanzas que en un principio despertó su revolución, no puede decirse que haya quedado atrás en el camino de sus evoluciones necesarias en su lucha contra la naturaleza y con los hombres en medio de un vasto territorio despoblado y de razas diversas mal preparadas para la vida civil. Está en la república posible, en marcha hacia la república verdadera, con una constitución que se adapta a su sociabilidad, mientras que las más antiguas naciones no han encontrado su equilibrio constitucional [. . .]. Obedeciendo a su espontaneidad, ha constituido sus respectivas nacionalidades, animadas de un patriotismo coherente que les garantiza vida duradera [. . .] antes de terminar el próximo siglo, la América del Sur contará con 400 millones de hombres libres y la del Norte con quinientos millones, y toda la América será republicana. En su molde se habrá vaciado la estatua de la república democrática, última forma nacional y última palabra de la lógica humana, que responde a la realidad y al ideal en materia de gobierno libre."[15]

Si en Sarmiento la realidad hispanoamericana estaba escindida hasta la raíz, en Mitre está desde el comienzo marcada por una secreta afinidad entre sus apetencias instintivas, ya encarnadas en ella desde las etapas más tempranas de su experiencia colonial, y los objetivos racionales que el proceso histórico va gradualmente revelando a la humanidad entera; esa realidad forma así un bloque de positividad que no presenta fisuras que no sean aparentes o efímeras. Pero ocurre que Bolívar es tan difícilmente integrable en ese orbe armonioso como había sido difícil hacerlo en la desgarrada Hispanoamérica que ofrecía el telón de fondo y la clave para la carrera del antihéroe de Sarmiento.

La imagen que Mitre trazará de Bolívar se desarrolla a partir de esta comprobación, que lleva necesariamente a un juicio sustancialmente negativo sobre el Libertador del Norte. Sin duda, la tradición del antibolivarianismo de raíz política ofrece más de uno de los elementos para esa conclusión. Así nos mostrará a Bolívar en Arequipa, en la embriaguez de la victoria y el champaña, trepar

"...delirante a la mesa del banquete, y rompiendo con furia vasos y platos bajo el taco de su bota, *prorrumpir* paseándose por ella: '¡Así pisotearé a la República Argentina!'"[16]

en una imagen entonces que ofrece como el destilado de los rasgos negativos que esa tradición había atesorado, y por eso mismo había sido vengativamente retenida por ella. Pero, deriven de ella o no, esos elementos negativos son integrados por Mitre en su imagen de Bolívar con criterios que no son necesariamente los de esa tradición. Es significativo el tratamiento que dispensa a las renuncias *in limine* a nuevos cargos y honores, que se hicieron en Bolívar una costumbre, lo mismo que la posterior aceptación de ellos ante la desesperada insistencia de los oferentes. En la tradición antibolivariana esos incidentes habían sido bien pronto objeto de atención poco halagadora para el recipiendario, hasta tal punto que Funes decidió encarar de frente esa crítica al asegurar que, para un catador de almas como él, la energía de los términos usados en el rechazo ofrecía garantía suficiente de su sinceridad. Es ésta la que recusa el antibolivarianismo político, que ve en esas ceremonias sin sorpresa una comedia representada para el público americano y europeo, destinada a ocultar la ambición personal bajo el manto de la virtud republicana. Para Mitre se trata aun de una comedia, pero en ella Bolívar es el público a la vez que el autor: el Libertador busca así ocultarse a sí mismo la perpetua contradicción en que vive; movido por una ambición personal no menos fuerte que su sincerísima devoción por las virtudes republicanas, intenta a través de una ficción que sólo a él engaña persuadirse de que no ha faltado a éstas al ceder a aquélla.

Lo que reprocha Mitre a Bolívar, cuya grandeza no sólo reconoce, sino subraya a cada paso, es entonces la incapacidad de dar solución armónica a las contradicciones, a los contrastes de su personalidad poderosa. Ese aspecto de la personalidad de Bolívar es sugerido ya por su figura física, transmitida por la iconografía, y las impresiones de los contemporáneos:

"Su extraña fisonomía producía impresión a primera vista, pero no despertaba la simpatía [. . .]. Mirado de frente, sus marcadas antítesis fisionómicas daban en el reposo la idea de una naturaleza devorada por un fuego interno; en su movilidad compleja, acompañada de una inquietud constante con ademanes angulosos, reflejaban actividad febril, apetitos groseros y anhelos sublimes; una duplicidad vaga o terrible, y una arrogancia, que a veces sabía revestirse de atracciones irresistibles que imponían o cautivaban. Mirado de perfil [. . .] sus rasgos característicos delineaban el tipo heroico del varón fuerte de pensamiento y de acción deliberada, con la cabeza descarnada por los fuegos del alma y las fatigas de la vida, con la mirada fija en la línea de un vasto y vago horizonte, con una expresión de amargura en sus labios contraídos, y esparcido en todo su rostro iluminado por la gloria un sentimiento de profunda y desesperada tristeza a la par de una resignación fatal impuesta por el destino. Bajo su doble aspecto, sus exageradas proyecciones imaginativas que preponderaban sobre las líneas simétricas del cráneo, le imprimían el sello de la inspiración sin el equilibrio del juicio reposado y metódico. Tal era el hombre físico en sus primeros años, y tal sería el hombre moral, político y guerrero."[17]

Esa falta de armonía interior encuentra para Mitre su expresión más chocante en el íntimo entrelazamiento de "apetitos groseros y anhelos sublimes", que ofrecían para él la clave de las frecuentes renuncias de Bolívar a posiciones que poco después aceptaba, pero encuentran desde luego fértil terreno de análisis en una vida privada que parecía particularmente escandalosa porque no era lo bastante privada. Aquí Mitre se extiende hasta los límites que le concede su casta pluma de historiador para evocar el segundo viaje europeo de Bolívar, ya viudo, y reunido a "su antiguo ayo, quien con su moral excéntrica, no era ciertamente el más severo mentor de una excursión de placer",[18] o su presencia en Lima "en medio de [. . .] los deleites enervantes de la Capua sudamericana, donde [. . .] llevó por dos años la existencia voluptuosa de un monarca oriental"[19] y sólo por excepción concede a este aspecto trato menos alusivo, pero no menos negativo en una brevísima mención a esa "querida traída de Lima, a la que el pueblo llamaba 'la Libertadora' "[20] en cuyos brazos dormía Bolívar en la noche del frustrado atentado contra su vida.

Esas reticencias son compensadas por la búsqueda de las huellas de ese desenfreno sensual en otros niveles de actividad que se supondría menos vulnerables a su influjo. He aquí el texto en que Bolívar alude al nuevo nombre del Alto Perú liberado:

"Sólo Dios tenía potestad para llamar a esta tierra 'Bolivia'. ¿Qué quiere decir Bolivia? Un amor desenfrenado de libertad. No hallando vuestra embriaguez una demostración adecuada a la voluntad de sus sentimientos, arrancó vuestro nombre, y dio el mío a todas vuestras generaciones."[21]

Y he aquí el comentario de Mitre:

"Esta definición en que la lascivia se confunde con la pasión sublime por la libertad humana, asociado al acto de la generación sucesiva, hace pensar en un amor desenfrenado del poder, a que cuadraría también una palabra análoga para caracterizarlo."

Ahora bien, es claro que en este pasaje la interpretación que lo proyecta sobre un contexto cuya "lascivia" repugna a Mitre no es de ningún modo obligada; para un lector menos dispuesto a buscar esa clave, lo que Bolívar quiere subrayar es que los altoperuanos han asignado para siempre su nombre a la nación que acaban de constituir, y esa evocación de la escena primordial reiterada masiva y eternamente en el austero paisaje del altiplano está en la mente del prevenido comentarista antes que en el texto al que somete a examen.

Pero si Mitre subraya el tema de la lascivia es sobre todo porque la intromisión —real o imaginada— de ese elemento en todos los actos políticos de Bolívar ofrece el ejemplo más extremo y probante de esa desarmonía y desmesura que Mitre le reprocha. El más probante, no el único. Así, también la integración en Bolívar de las dotes del guerrillero y del militar de escuela, que Sarmiento había subrayado admirativamente para luego dejarla de lado, es interpretada por Mitre en la misma clave negativa:

"Su sistema de guerra, si tal puede llamarse, es una mezcla sin nombre de las nativas propensiones guerreras de los indígenas y de la disciplina europea, en que con poca táctica y menos estrategia, el instinto preside a los combates y la inspiración a los movimientos, alcanzando al fin la victoria por la audacia de sus concepciones, el ímpetu de los ataques y la constancia incontrastable en los reveses."[22]

Desmesura y desarmonía eran innatas en Bolívar, como lo revela el hecho de que Mitre haya podido ya leerlas en la figura física del héroe. Pero ambos rasgos negativos iban a ser consolidados por una formación transcurrida bajo auspicios que Mitre nos invita a deplorar:

"Huérfano a la edad de tres años y heredero de un rico patrimonio con centenares de esclavos como los patricios antiguos, tuvo, como Alejandro, por ayo a un filósofo, pero un filósofo de la escuela cínica, revuelta con el estoicismo y el epicureísmo grecorromano [. . .]. Bien que fuera hasta cierto punto un sabio para su país, y un pensador original, sus ideas eran tan extravagantes, que a veces rayaban en la locura [. . .]. Este filósofo y pensador extravagante, llamábase Simón Carreño, y era natural de Caracas. Hijo bastardo de un sacerdote y estigmatizado con la calificación de sacrílego, cambió su nombre en el de Simón Rodríguez, con el que ha pasado a la historia, unido al de su ilustre homónimo. El maestro depositó desde muy temprano en la cabeza de su joven discípulo [sus] ideas políticas, que iban a germinar más tarde, y esterilizarse como las suyas [. . .]. Bolívar conservó toda su vida el sello que le imprimió el filósofo caraqueño, modificando sus lecciones según su naturaleza. Estoico en su adversidad, cínico a veces en sus costumbres, independiente y móvil, con mucha más imaginación y con no mucha más prudencia que su inspirador, convirtió sus extravagancias en delirios de grandeza [. . .]. 'Las lecciones que me ha dado —decía catorce años después, en el apogeo de su gloria y del poder— se han grabado en mi corazón: no he podido borrar una sola coma de las instrucciones que me ha regalado; siempre presente a mis ojos intelectuales, las he seguido como guías infalibles. Mis frutos son suyos.'"[23]

La falta de armonía interior que era rasgo innato en Bolívar lo ha impulsado a someterse a un influjo intelectual marcado por la más extrema extravagancia, cuyo prestigio no lograría nunca sacudir. Pero ese rasgo negativo no sólo es estimulado por un tutor que lo padece aun más plenamente que su discípulo: florece y se despliega en el marco de una sensibilidad colectiva que Mitre evoca con una repulsión que no excluye la finura de análisis. En una sucesión de toques tan ligeros como seguros, la educación de Bolívar es colocada en el contexto prerromántico que fue el suyo; he aquí al futuro héroe, "peregrino de la libertad y del amor" atravesando los Alpes "a pie y con un bastón herrado en la mano" para visitar

". . .las *Charméttes* inmortalizadas por Rousseau, de cuyo *Contrato Social* tenía idea, pero en quien admiraba sobre todo, por su estilo enfático, su creación sentimental de *La nueva Heloísa*, que fue siempre su lectura favorita, aun en medio de los trances más congojosos de su vida".[24]

Así Bolívar fue incitado a cultivar sistemáticamente su innata vocación por la indisciplina por una literatura que ponía los sentimientos y las pasiones por encima de la razón discursiva; para mayor desventura iba pronto a recibir las mismas peligrosas lecciones del "espectáculo del mundo", de un mundo dominado por el ascenso deslumbrador de Bonaparte, a la inauguración de cuyo consulado vitalicio asistió en París, "y despertó en él gran entusiasmo", y cuya

coronación en Milán como rey de Italia iba a presenciar con sentimientos más mezclados, que Mitre no cree del caso evocar. En Milán
asistió también Bolívar a "los juegos olímpicos, que se celebraron en
honor del vencedor de Marengo"; esta alusión fugaz, como las que se
acumulan acerca de la infancia de Bolívar (los patricios antiguos,
Alejandro, los términos de referencia para ubicar la filosofía de Simón Rodríguez) evocan irresistiblemente ese nuevo modo de entron-
car en la tradición antigua que no es ya neoclásico, sino que da voz
a la sensibilidad prerromántica: en la victoriosa Francia como en la
marginada Inglaterra muebles y vajillas pompeyanos, sabiamente su-
gestivas túnicas femeninas y sabiamente desordenadas cabelleras
à la Brutus reflejan en la moda las actitudes espirituales que informan
también el bolivariano juramento del Aventino, "esa escena dramática, que tiene algo de teatral".[25]

Esa teatralidad no es para Mitre —salvo en momentos excepcionales en que la intensidad de su rechazo embota su perspicacia—
sinónimo de insinceridad, constituye una dimensión que no podría
ser más auténtica del modo con que Bolívar se relaciona con los sentimientos, pasiones y ambiciones que lo definen, pero esa admisión
de autenticidad no elimina, sino desplaza las razones de la condena
de la actitud vital y moral con que Bolívar se identifica.

Lo que Mitre le reprocha es que con la sinceridad más honda,
y sin advertir siquiera los aspectos problemáticos de esta actitud,
Bolívar hace de la gesta emancipadora sudamericana la proyección
externa de un drama interior, y está seguro de asumir en su persona
todas las dimensiones de ese vasto proceso. Es una perspectiva sin
duda más egocéntrica que egoísta (en la medida en que Bolívar no
separa su propio drama del proceso colectivo, la alternativa entre
motivaciones egoístas y altruistas no puede siquiera plantearse) que
Mitre halla moralmente poco límpida, pero sobre todo falseada por
una concepción errónea de lo que es un proceso revolucionario y
del papel que en él puede desempeñar quien tiene a su cargo con-
ducirlo.

Pero, si Mitre concluyera aquí su fallo adverso, haría suyos precisamente los criterios que en Bolívar ha recusado: juzgaría al héroe
por lo que él es, y no a partir de la eficacia histórica de su acción.
Si para Funes juzgar al héroe había significado declarar en él la presencia de rasgos intemporalmente valiosos, para Mitre juzgarlo supone
descifrar su éxito o fracaso en la historia posterior. El retrato personal
y moral de Bolívar, trazado con arte tan cuidadoso como discreto,
sería del todo irrelevante si no fuese posible justificar la existencia de
un nexo entre la sensibilidad que a Mitre repugna en Bolívar y lo
que —en su opinión— constituye su fracaso histórico.

Ahora bien, ese fracaso no ha de encontrarse en el campo militar: Mitre reconoce de buen grado que aquí la fortuna premió su sistemática audacia mejor que la sistemática cautela de San Martín, asignándole la tarea de completar la guerra emancipadora cuando éste debió confesarse incapaz de llevarla a su fin victorioso. Es en cambio en los proyectos políticos de Bolívar donde su fracaso se hace patente, y son éstos los frutos envenenados de una personalidad marcada por la indisciplina y la desmesura.

Las "excéntricas teorías constitucionales" en que vino a encontrar rígido molde ideológico el complejo legado de ideas y pasiones recibido de Simón Rodríguez inspiran al cabo el proyecto con el cual Bolívar vino a identificarse más tenazmente, y su fracaso se debe a que se oponen tanto a las aspiraciones ideales del mundo moderno como a los instintos madurados a lo largo de la entera experiencia histórica hispanoamericana. El grandilocuente lenguaje de ideas aprendido al lado de su tutor puede dar expresión adecuada a las ambiciones de un alma verdaderamente grande, pero ofrece "la antítesis del estilo algebraico" que Mitre proclama propio "de un mundo que al fin fue verdadera república electiva en contradicción de su profecía".[26]

Si el proyecto con el cual Bolívar se identifica apasionadamente ha venido a derrumbarse aun en vida del héroe es en suma porque

"...pretende unificar artificiosamente los nuevos estados autonómicos, fundando un imperio monocrático con presidencias vitalicias, en oposición a las leyes naturales, y en pugna con el nuevo derecho de gentes inaugurado por la hegemonía argentina".[27]

La derrota de Bolívar es a la vez la victoria póstuma de la vía argentina sobre la colombiana en la transición a la Hispanoamérica independiente, y en la medida en que lo es resuelve en una victoria también póstuma de San Martín sobre su gran rival. Esa victoria no permite concluir nada sobre la grandeza relativa de San Martín; no sólo Mitre se conserva rigurosamente fiel a su promesa de no introducir ese elemento comparativo en su juicio histórico sobre ambos héroes; en la medida en que, al margen de esa intención, evoca esa dimensión más personal en su examen de la trayectoria sanmartiniana, es para declarar insistentemente que no se propone sino asignar a su severa figura "sus verdaderas dimensiones", sugiriendo así que ellas son quizá más reducidas que las que le asigna la gratitud argentina. Ellas son las de un "genio concreto" (la expresión, llena de sabia reticencia, será usada frecuentemente), un general más metódico que inspirado, un hombre cuyo desinterés por la política refleja no sólo una concentración abnegada en su tarea militar sino una decidida falta de vocación y afinidad por ese aspecto esencial de la acción revolucionaria. Las cautelas y reticencias terminan por hacerse trans-

parentes, y —si no fuese por la constancia con que Mitre busca volcar
su pensamiento en un molde marcado por la *gravitas* oratoria— el
lector estaría tentado de creer que a veces hace de su héroe el objeto
de comentarios epigramáticos: es difícil leer de otra manera, por
ejemplo, este en que defiende alusivamente a San Martín de las acusaciones de ocultamiento y duplicidad de que fue objeto su gestión
como Protector del Perú: "el hombre político y moral era, como
siempre, un enigma, así para él como para los que lo observaban".[28]

Y en efecto, la noción de que San Martín podía no entender del
todo qué estaba haciendo —excepto en su decisión de avanzar sobre
el Perú por Chile— y que ello era irrelevante a cualquier apreciación
de su figura histórica, subtiende todo el examen que Mitre proporciona de su trayectoria. Si San Martín está poseído por el genio,
éste es "el genio histórico del desinterés, de que es la más alta expresión en la revolución sudamericana", pero aun al trazar el desplegarse
de ese genio, Mitre no renuncia a subrayar por última vez, en el "juicio póstumo" que cierra la *Historia de San Martín*, las limitaciones
de su héroe, "ya sea que medie en su limitada esfera intelectual, lu-
che, destruya, edifique según sus alcances".[29]

¿Qué significa aquí genio del desinterés? Sería erróneo interpretar el término en un contexto sicológico-moral; el desinterés de San
Martín no se revelaba en el trato con su prójimo, y su renuncia frente
a Bolívar no es el fruto de una generosidad que falta en éste: es el
resultado de una lectura correcta de las posibilidades que le quedan
de concluir una obra histórica a cuyo servicio estaba tan dispuesto a
sacrificarse a sí mismo como a quienes estaban a él más cercanos:
Mitre ha subrayado ya demasiadas veces la íntima frialdad que San
Martín mantuvo con sus colaboradores más inmediatos, con quienes
los unía una estima siempre revocable antes que cualquier sentimiento más cálido, para que fuese posible interpretar ese desinterés en
cualquier contexto de efusión sentimental.

En suma, la victoria de San Martín se debe a que se atiene ins-
tintivamente —ya que, parece sugerir Mitre, la lucidez le está también
en este aspecto vedada— a la relación correcta entre el conductor revolucionario y la obra histórica que es su cometido realizar y que lo
trasciende: se entrega sin reservas ni reticencias a ella; no viene a incorporarla, como Bolívar, como una dimensión más de su drama personal.

Pero si así están las cosas, este San Martín retratado "sin exagerar su severa figura histórica" es sobre todo un testigo de que el instintivo acuerdo con la marcha de la historia en avance es más segura
promesa de resultados perdurables que el mismo genio; no ofrece
para Bolívar una alternativa ubicada en su mismo nivel. ¿Existe esa
alternativa en la *Historia de San Martín*? Los maliciosos contempo-

ráneos de Mitre no estaban lejos de sugerirlo, ni hubiera sido la primera vez que acusaban al historiador, que era al mismo tiempo el padre fundador de la Argentina moderna, de haberse constituido en implícito rival de los héroes cuya trayectoria había tomado por tema. Esa acusación podría encontrar algún argumento justificativo en la *Historia de San Martín;* así ese "nuevo derecho internacional", según Mitre herencia del proyecto argentino y sanmartiniano, "que sólo admitía por excepción las intervenciones contra el enemigo común en nombre de la solidaridad de destinos"[30], establecía un vínculo evidentemente artificioso entre la acción de San Martín y una norma para la cual ésta ofrecía la excepción de más bulto; reflejaba en cambio muy bien la posición fríamente prescindente de Mitre, presidente argentino, frente a las agresiones españolas contra Perú y Chile, que despertó la desazón de sus amigos chilenos y no poco escándalo entre correligionarios y enemigos políticos en su propio país.

Pero salvo esta tentativa —al cabo marginal a la economía de la obra— de indirecta apología *pro domo sua,* lo que se encuentra en la *Historia de San Martín* es menos una confrontación implícita entre el antagonista del Libertador del Sur y el autor del libro (en relación con el cual el protagonista a cuya gloria éste está dedicado quedaría reducido al papel de precursor todavía pasablemente tosco), que un modo de aproximarse Mitre a su tema que no sólo es del todo legítimo, sino está en la base de más de uno de sus logros de historiador: es sobre todo su experiencia como hombre político y como hombre de cultura la que adquiere aquí relevancia, en cuanto viene a ofrecer los términos de referencia para entender los procesos y las acciones que ha tomado por tema de su obra de historiador.

Es esa experiencia política, por ejemplo —o más bien las lecciones que para Mitre ella ofrece—, la que da para él extraordinaria fuerza persuasiva a la visión del héroe como dotado de influjo limitado y fugaz en el proceso histórico con el cual su nombre ha venido a identificarse. Sin duda, al encarar el tema Mitre no invoca esa autoridad de la experiencia, y más bien alude, con su habitual imprecisión, a las sugestiones que le ofrecía la literatura histórica con la que estaba familiarizado: así, tras de evocar esa "moderna escuela histórica" que preconiza el culto de los héroes, y descartar bruscamente esa "resurrección de los semidioses de la Antigüedad"[31], esboza la teoría del hombre representativo, que no se opone en mucho a la que Echeverría había incluido en su después llamado *Dogma Socialista* desde 1838, y que Alberdi había empleado en esa misma fecha para ofrecer una justificación histórica de la hegemonía rosista; en uno y otro caso la inspiración provenía muy directamente de Cousin. Sería de nuevo empresa vana tratar de establecer si en Mitre ella reconocía el mismo origen; desde esas discusiones, contemporáneas de su primera juventud, éste había sido objeto de enfoques demasiado numerosos, entre los cuales los textos de Mitre no nos permiten discernir ninguna filiación privilegiada.

Es evidente al mismo tiempo que la visión ofrecida en su obra histórica con tan firme seguridad es la que guió ya su acción de político. En 1861-62 Mitre había sido a su modo un hombre del destino: gobernador de la provincia de Buenos Aires, utilizó una victoria nada abrumadora en el campo de Pavón para alcanzar el poder nacional con la aquiescencia del general Urquiza, sobre quien había obtenido ese éxito militar, y todo ello a través de acciones que arrojaron a sus amigos políticos a las más extremas alarmas; hasta tal punto parecían marcadas por una parquedad de iniciativas ostensibles que creían cercana a la atonía; esos amigos comenzaron entonces a descubrir en este hombre de acción una inquietante veta de "fatalismo musulmán". La alarma era desde luego infundada: Mitre estaba obteniendo réditos exorbitantes de un triunfo cuyos límites advertía mejor que sus críticas. Pero era cierto que, aun en la hora de su máximo triunfo, su estilo político estaba dominado por la conciencia constantemente alerta de los límites fijados a su acción, y que luego —disipado ese momento mágico— iba a adaptarse sin sorpresa (aunque al comienzo no sin rencor) a la disminución progresiva de su influjo y posibilidades de acción política, y pareció transformarse en un testigo impasible de su propia decadencia, sin perder nada de su capacidad de acción fulmínea cada vez que las circunstancias se presentaban propicias: esa admiración a la vez cautelosa y —cuando era oportuno— audaz de un patrimonio político cada vez más reducido le aseguró casi hasta su muerte —en 1906— una presencia determinante en la vida política argentina.

Esa rica experiencia ofrecía lecciones que la tradición clásica había organizado en torno a la noción de fortuna. En el lugar de esa fuerza ciega a la vez que soberana, el optimismo, el providencialismo profano de Mitre, prefieren poner el proceso histórico en su marcha según un rumbo secreto para quienes participan en él, apenas columbrado por aquellos a quienes esa intuitiva lucidez permite guiar en ese laberinto a enteros grupos humanos, pero transparente para su posteridad. Todo esto no está muy alejado del repertorio de ideas que eran convencionales en el momento en que la *Historia de San Martín* fue escrita; lo que le asigna su fuerza persuasiva es la armonía entre esos casi lugares comunes y el destilado que Mitre cree posible obtener de su propia experiencia (y que está determinado, más de lo que él mismo advierte, por su estilo cauteloso de acción política). Si es de nuevo convencional una visión del proceso histórico que se niega a optar entre la acción individual y la de fuerzas colectivas e impersonales o suprapersonales como motores de ese proceso, y busca integrar una y

otra, lo es menos que esa integración esté marcada por el esfuerzo
constante de limitar y relativizar el papel del héroe, cuyo mérito consiste en aprovechar al máximo las oportunidades ofrecidas por el
momento fugaz, marcando así el camino que permite alcanzar con la
máxima economía de esfuerzo y sacrificio los objetivos hacia los cuales tienden de todos modos las fuerzas históricas a cuyo servicio se
ha puesto.

"Se concibe fácilmente con arreglo a este criterio —nos dice Mitre cuando
extrae de esta concepción general corolarios para su tema— que la insurrección
sudamericana se produjera como hecho espontáneo, resultado de antecedentes
históricos y efecto inmediato de las circunstancias, si San Martín y Bolívar no
hubiesen existido; pero tal como se produjo y se desenvolvió, no se alcanza cómo
con menos recursos pudo hacerse más, ni organizarse mejor militarmente, ni
triunfar en menos tiempo y con el menor desperdicio de fuerzas en la lucha por
la independencia continental [. . .] los dos, sin ser providenciales, pueden consi-
derarse necesarios [. . .]. Mientras siguen la corriente de la evolución colectiva,
son meros agentes. Cuando se apoderan de las fuerzas vivas, las condensan, las
distribuyen, les imprimen impulso y dirección respondiendo a un plan general
que está en ellos más que en la masa; entonces son verdaderos factores y llegan
en cierto modo a ser creadores."[32]

Y, pasado ese instante privilegiado, pagarán el precio de no haber advertido que éste se ha disipado para siempre en el fracaso que
cierra la carrera de ambos libertadores: el de San Martín como consecuencia de intentar una empresa en sí necesaria e inscripta en el rumbo providencial del proceso histórico —la liberación del Perú— que es,
sin embargo, superior a sus fuerzas; el de Bolívar como resultado del
proyecto desmesurado de moldear a la nueva Hispanoamérica sobre
líneas dictadas por su personalísima inspiración en ignorancia de ese
rumbo. De nuevo, el contraste entre esos amargos ocasos y el tibio,
inacabable otoño de la carrera de Mitre puede haber ofrecido para él el
ejemplo más probante de la justeza de ese punto de vista, y ello sería
del todo legítimo.

Al lado de su experiencia política, la adquirida como hombre de
sensibilidad y de cultura es puesta a contribución por Mitre para elaborar su imagen de Bolívar (no por cierto la de San Martín, frente al
cual lleva aquí sus esfuerzos por limitar las dimensiones de su figura a
extremos casi calumniosos, al negar para él toda relevancia a una formación ideológica y moral nacida de un contacto con aspectos sin
duda más limitados de la cultura de su tiempo que en el caso de Bolívar, pero que no fue necesariamente menos determinante que para
éste). Para Mitre, en efecto, las raíces del fracaso de Bolívar han de
buscarse —se ha visto ya— en el prestigio que alcanzaron sobre él las
formas de sensibilidad favorecidas en la Europa prerromántica, que re-

forzaron su propensión innata a transformar a su poderoso drama personal en el centro organizador de la realidad en torno; frente a ese egocentrismo, que no excluye la generosidad ni la abnegación, Mitre propugna una ética que impone el entregarse desinteresadamente a una obra histórica que excede las dimensiones personales de cualquier héroe, así esté dotado del genio que Mitre reconoce profusamente en Bolívar. Esa falla afecta no sólo la carrera pública de Bolívar, empujándola a un fracaso que estaba inscripto en el proyecto mismo con el cual ella se identificaba; da además a la sensibilidad, a la rica cultura ideológica y literaria del fundador de Colombia una coloración que Mitre halla constantemente repulsiva. Y, de nuevo aquí, esa repulsión se apoya en un contraste implícito con el modo en que Mitre ha construido su personalidad una y múltiple: a la caótica confusión de niveles y áreas, aproximados azarosamente al capricho de una personalidad genial en su rica diversidad, pero demasiado apasionada para imponer un orden disciplinado a tanta riqueza, opone aquí también el imperativo de entregarse a la obra acatando su legalidad objetiva y no intentando subordinarla a un caprichoso principio inspirador proporcionado por el propio sujeto como haz indiferenciado de pasiones, apetitos y ambiciones.

Es evidente que Mitre se esforzó por realizar este ideal: poeta, agitador, hombre de Estado, historiador, joven romántico y ejemplar hombre de familia, reserva de la República y finalmente patriarca de la nacionalidad que gozó de su apoteosis en vida, a todos esos papeles se entregó plenamente y sin reservas, hasta hacer difícil a los observadores descubrir por detrás de cada uno de ellos la continuidad de una personalidad en múltiple desarrollo. Esa actitud podía tener resultados desconcertantes; cuando en 1864 Andrés Lamas, viejo compañero de la etapa de destierro montevideano, está en Buenos Aires como representante de su nativo Uruguay, destrozado por la guerra civil y la invasión brasileña, y apela al presidente Mitre, en nombre de esa experiencia común y en agitada prosa romántica, no logra quebrar la impasible frialdad de la prosa oficial con que le responde su viejo amigo, ahora presidente y sólo presidente.[33] No significa esto que Mitre haya renunciado a los placeres de la amistad o de la familia; sabe simplemente darles su lugar, y ello le permite entregarse con igual plenitud a esos otros papeles más placenteros; así, nueve años antes, el chileno Vicuña Mackenna pudo mostrarnos al entonces joven ministro en medio de sus hijos que jugaban en el suelo de su modesta sala, en una escena cuya deliciosa espontaneidad no sufre con la presencia de un espectador admirativo que, lejos de estar de más, viene a completarla.[34]

Si es comprensible que algunos desazonados amigos de Mitre hayan dudado a veces de su sinceridad, sería erróneo analizar sus actitudes en esa clave. El advirtió muy bien que la teatralidad que le repugnaba en Bolívar era una de las dimensiones más hondas y auténticas de su personalidad; del mismo modo, la que era incapaz de advertir en él mismo se vinculaba con una concepción de la personalidad a la vez una y múltiple, al mismo tiempo rica y disciplinada, que se esforzó por realizar con impulso profundo y sincero.

A la vez, las reacciones antes evocadas sugieren que ese esfuerzo fue menos plenamente exitoso de lo que Mitre quería creer. Esa personalidad a la vez diversa y armoniosa no era, como él creía, el fruto definitivo de una dura conquista del equilibrio interior, alcanzada gracias a un disciplinamiento de los impulsos que animaron la aventura romántica, que habría logrado integrarlos en un orden estricto sin renunciar a nada de lo atesorado en la previa etapa de exploración aventurera del yo y del mundo. Era en cambio una configuración fugazmente emergente en el pasaje entre el caos romántico y la disgregación decadentista de la personalidad, de la que se pueden reconocer ya en la de Mitre algunos signos premonitorios.

Del mismo modo en cuanto a la obra histórica de Bolívar, cuyo fracaso convalida el juicio negativo sobre la personalidad de éste. También para medir ese fracaso Mitre usa un cartabón que le llega de su experiencia práctica de la vida pública; su magnitud se le hace evidente al contrastarlo con el éxito de una empresa en la que (como sabe muy bien) él mismo ha colaborado de modo determinante en una encrucijada decisiva: la maduración de una Argentina finalmente reencontrada con su destino y consciente de la vocación histórica a la cual la providencia la ha consagrado desde sus remotos orígenes, lista por lo tanto para ponerse a la cabeza de Hispanoamérica en su marcha hacia un orden organizado según razón. En un mundo cuya secreta armonía esa empresa está finalmente haciendo patente no hay lugar para la tragedia, y Bolívar, el héroe trágico, sólo puede ser explicado a partir de una íntima desarmonía cuyas consecuencias se despliegan en una trayectoria destinada a desembocar —Mitre lo proclama sin estridencia pero con firmeza— en un desenlace patológico.[35]

He aquí una visión más victoriana aun que argentina: la seguridad con que Mitre pasa sentencia sobre la persona de Bolívar se sostiene en la que —en el momento mismo en que se anuncian ya los cataclismos de la edad del imperialismo— lo refirma en la convicción de estar asistiendo al ingreso de la humanidad en la madurez de los tiempos. Si para Mitre la historia universal es el juicio universal, ya está él columbrando esa jornada, y no es la reunión de gimientes multitudes en el valle de Josafat que imaginó la fe heredada; es un perpetuo día sin ocaso bajo cuya luz consoladora y esclarecedora las iniquidades, los misterios de la entera historia humana alcanzan por fin explicación y justificación.

¿Es éste, pues, el punto de llegada del proceso por el cual la imagen argentina de Bolívar vino a configurarse en una versión ya definitiva? Lo es sólo en la medida en que ésta no será ya reemplazada por otra de comparable riqueza y complejidad, pero de distinta inspiración. Al mismo tiempo, esa imagen no iba a sobrevivir a la ruina de un optimismo histórico bien pronto destinado a ser amargamente desmentido por la experiencia. Si, pese a la ruina total de sus fundamentos, la visión de Bolívar codificada por Mitre no fue reemplazada por otra, se debe sobre todo a que no sólo la figura del libertador venezolano, sino el entero proceso de emancipación sudamericana ha dejado por largas décadas de ser objeto de auténtica reflexión histórica.

Sin duda no han faltado durante ellas nuevos intentos de reconstruir la trayectoria de San Martín, pero aun los mejores se limitan a enriquecer un caudal de datos que continúan encuadrando en las firmes estructuras interpretativas propuestas por Mitre. Y el modesto éxito de esas obras contrasta con el de una que, cuarenta años después de la *Historia de San Martín*, alcanzó una masa de lectores mucho más vasta que ésta: desde su título mismo, *El Santo de la Espada*, de Ricardo Rojas, consuma el tránsito de la historiografía a la hagiografía.

Esa imagen hagiográfica (que trae consigo la completa demonización del libertador rival) se ofrece como el correlato mítico para un ritual cada vez más rico, progresivamente institucionalizado y controlado por distintas fundaciones de un Estado crecientemente autoritario. En ese nuevo contexto, el contraste entre dos héroes, que había ofrecido a Mitre un modo de articular sus reflexiones sobre el papel histórico del jefe revolucionario, proporciona en cambio el argumento de elección para la epopeya heroicómica en que esas instituciones argentinas y sus homólogas venezolanas intercambian argumentos cada vez más destemplados a través del espesor de un continente que les presta atención en verdad distraída.

En esa imagen mítica de Bolívar como rival de San Martín en una lucha de semidioses, que ofrece sólo un tosco residuo de la imagen que Mitre había sabido integrar exitosamente en una seria consideración histórica del papel del jefe revolucionario en el proceso emancipador, sobrevive hasta hoy aquella otra que nació en Buenos Aires como eco alarmado de Ayacucho. Es ésta, la más temprana y la más longeva, la que se reconoce aún en el relato en el cual sólo ayer Borges incorporó a su universo narrativo el episodio en que los destinos paralelos de los dos libertadores hispanoamericanos finalmente se cruzaron.[36] Aquí la clave para la entrevista de Guayaquil nos es sugerida de modo alusivo pero inequívoco; la proporciona el contraste entre dos estudiosos de ese enigmático episodio, de los cuales el protagonista argentino (que es de nuevo el personaje levemente cómico en su atractiva y titubeante timidez con el que Borges gustaba de identificarse en sus narraciones), tras de sufrir el abrumador asedio de un estudioso europeo aclimatado a nuestra América, renuncia a ganar justa fama develando el secreto de la entrevista: es el espectáculo repulsivo que ofrece ese rival poseído por un hambre inmoderada de gloria el que, al persuadirlo de la vanidad esencial de ésta, la disuade de seguir disputándosela.

"No hay hombre —ha sentenciado en otra parte Borges— que, fuera de su especialidad, no sea crédulo"[37]; y *Guayaquil* ofrece testimonio de hasta qué punto en ese obstinado inventor de laberintos, que era a la vez un quintaesencial caballero porteño, sobrevivía intacta la fe simple en la imagen de Bolívar inventada en el instante remoto y totalmente olvidado en que la república se creyó en peligro frente al paladín de una revolución que no era la suya.

NOTAS

[1] Gabriel René-Moreno, *Ayacucho en Buenos Aires y la prevaricación de Rivadavia*, Madrid, s.f.

[2] Vicente Fidel López, *Historia de la República Argentina*, Buenos Aires, 1923, IX, págs. 233-34 (la primera edición de la obra vio la luz entre 1887 y 1894).

[3] Deán Gregorio Funes, *Apuntamientos para una biografía*, en Senado de la Nación, *Biblioteca de Mayo*, Buenos Aires, 1960, II, pág. 1548.

[4] "El Argos de Buenos Aires", 19 de febrero de 1823, en Academia Nacional de la Historia, *El Argos de Buenos Aires. Reproducción facsimilar*, II, Buenos Aires, 1939, págs. 59-60.

[5] Domingo F. Sarmiento, *Facundo*. Madrid, s.f., pág. 13.

[6] Rufino Blanco-Fombona, "Apreciación de Sarmiento a propósito de 'Facundo'", en *Facundo* cit. n. anterior, y sobre todo nota en págs. 14-15.

[7] Bartolomé Mitre, *Historia de San Martín y de la emancipación sudamericana* (en adelante HSM), Buenos Aires, 1950, pág. 14.

[8] Domingo F. Sarmiento, *Facundo*, cit. n. 5, pág. 3.

[9] Bartolomé Mitre, *Comprobaciones históricas* y *Nuevas comprobaciones históricas*, Buenos Aires, 1881-1882.

[10] HSM, pág. 13.

[11] Por ejemplo, esta reflexión puramente retórica sobre el papel de Ocaña y Santa Marta en la carrera de Bolívar, a propósito de su entrada en la primera en 1812: "El futuro libertador había llegado al punto en que debía decidirse su destino en los comienzos y al final de su gloriosa carrera, y Santa Marta, como una nube negra en el horizonte, marcaba el sitio de su melancólica muerte", HSM, pág. 737.

[12] HSM, pág. 16.   [13] HSM, pág. 879.   [14] HSM, pág. 13.

[15] HSM, págs. 52-53.   [16] HSM, pág. 960.   [17] HSM, pág. 700.

[18] HSM, pág. 701.   [19] HSM, pág. 970.   [20] HSM, pág. 974.

[21] HSM, pág. 965.   [22] HSM, pág. 965.   [23] HSM, pág. 701.

[24] loc. cit. n. 23.   [25] HSM, págs. 701-2.   [26] HSM, pág. 701.

[27] HSM, pág. 14.   [28] HSM, pág. 623.   [29] HSM, pág. 987.

[30] HSM, pág. 14.   [31] HSM, pág. 879.   [32] HSM, pág. 880.

[33] Y Lamas parece finalmente sacar las conclusiones impuestas por ese despliegue rigurosamente unilateral de sentimientos efusivos: "Me pareció que la forma de sus últimas cartas ponía fin a la intimidad, tal vez excesiva de mi parte, con que tratábamos de las cosas de mi infeliz patria. Por eso no he vuelto a molestarlo. . .". Lamas a Mitre, Buenos Aires, 6 de febrero de 1865, en *Archivo del General Mitre*, XXVII, Buenos Aires, Biblioteca de "La Nación", 1913, pág. 255.

[34] Benjamín Vicuña Mackenna, *La Argentina en el año 1855* (de *Páginas de mi diario*). Buenos Aires, 1936, págs. 88-89.

[35] El delirio de grandezas como desenlace, anunciado ya como herencia del influjo de Rodríguez ("convirtió sus extravagancias en delirios de grandeza", HSM, pág. 701) no es olvidado luego por Mitre, que fija sus comienzos en la liberación de Quito ("El delirio de las grandezas, que estaba en germen en su cabeza, empezaba a fermentar activamente en su alma inquieta. Su plan de política absorbente, impura liga de su ambición personal con sus grandes designios de emancipación continental, empezó a diseñarse", HSM, pág. 884). Pero hay que hacer notar que aun en este punto Mitre es meticulosamente imparcial, y al delirio de grandezas de Bolívar contrapone el "delirio pasivo" cuyos síntomas descubre en la acción (o más bien falta de acción) de San Martín en el Perú, HSM, pág. 623. De nuevo en este caso, sin embargo, el delirio es en San Martín una extrapolación de sus limitaciones frente al papel histórico que le toca desempeñar, y en Bolívar la de rasgos presentes en su genio tan poderoso como inarmónico.

[36] Jorge Luis Borges, "Guayaquil", en *El informe de Brodie*, Buenos Aires, 1970, págs. 109-24.

[37] Jorge Luis Borges, "El milagro secreto", en *Ficciones*, Buenos Aires, 1958, pág. 160.

Liberalismo argentino y liberalismo mexicano: dos destinos divergentes

Cuando se busca un término de comparación para la experiencia mexicana que se abre con la Reforma, la de la Argentina posrosista parece ofrecerse como el más obvio. Ya en 1925 Pedro Henríquez Ureña había evocado, en *Patria de la Justicia*, "esos dos estupendos ensayos para poner orden en el caos [. . .], el de la Argentina después de Caseros, bajo la inspiración de dos adversarios dentro de una sola fe, Sarmiento y Alberdi; el de México con la Reforma, con el grupo de estadistas, legisladores y maestros, a ratos convertidos en guerreros, que se reunió bajo la terca fe patriótica y humana de Juárez".[1]

Sin embargo, desde la perspectiva de hoy, lo primero que la comparación revela es un fuerte contraste: en México la Reforma sigue siendo vista como uno de los momentos fundacionales del actual orden mexicano, y si la veneración hacia su memoria comienza a debilitarse, ello se expresa por el momento tan sólo en una reticencia nueva, más bien que en una condena maciza, y aun ésta surge de figuras individuales y grupos más marginales de lo que gustan de imaginar en el México de hoy. A través de cambios y cataclismos que no tuvieron paralelo en la Argentina, el liberalismo en que se encarna el legado de la Reforma se mantuvo como constituyente esencial de la fe política del general Díaz y del general Calles, y apenas ayer tanto Daniel Cossío Villegas como Jesús Reyes Heroles buscaron, cada uno a su manera, inspiración en ese legado liberal para abrir una salida hacia el futuro a una nación a la que veían hundirse en un sombrío laberinto. Y aun los críticos más radicales de esa tradición liberal (a la que no perdonan la eficacia con que ha venido escondiendo, bajo un consenso ideológico de signo innovador, un consenso efectivo cuya orientación, tanto bajo la "tiranía honrada" como bajo la revolución institucional, se mantiene inquebrantablemente conservadora) deben admitir, con admiración a ratos horrorizada, la eficacia con que ese legado ideológico ha sabido marcar con su signo el curso histórico de una nación que parecía tan mal preparada para definir su proyecto de futuro en el marco del liberalismo.

Nada semejante podría encontrarse en la Argentina. Aquí el liberalismo sólo conserva la lealtad de una fracción (sin duda no la más numerosa y probablemente tampoco la más influyente) entre las que se agolpan en el rincón más conservador de nuestro espectro político. La creación de un consenso de signo liberal que, como en México, hiciese de la vocación innovadora el rasgo central del orden establecido, fue en el siglo xx la propuesta siempre perdedora de las izquierdas marxistas, que buscaban a través de ella ganar un lugar legítimo en el sistema político. Cuando, a comienzos de la década pasada, pareció vislumbrarse por un momento la posibilidad de que un consenso análogo al mexicano reconciliase bajo su signo a los fragmentos de una sociedad al borde de entrar en guerra contra sí misma, la tradición a la que ese consenso buscó acogerse fue cabalmente la opuesta a la liberal: en 1973 el Buenos Aires que celebraba lo que había dado en llamar el fin de la opresión adornaba sus calles con la efigie infinitamente repetida de don Juan Manuel de Rosas.

Esa divergencia radical en el rumbo histórico de ambos liberalismos incita a buscar sus raíces en divergencias ya presentes en la originaria definición ideológica de uno y otro movimiento. No es tampoco difícil, por otra parte, decidir en qué dirección conviene emprender esa búsqueda: lo sugiere el hecho de que, mientras el repudio cada vez más abrumador que pesa sobre el liberalismo argentino se apoya sobre todo en la supuesta ausencia de una dimensión nacionalista en su ideología, el que en México conserva casi intacto su imperio sobre la conciencia colectiva se define como orgullosamente nacionalista.

La pista sugerida por esta divergencia actual nos lleva a descubrir de inmediato una divergencia inicial igualmente nítida. En México la ola liberal, que surgió en respuesta a una dirección conservadora que había perdido la capacidad y también —como sugiere la enajenación de la Mesilla en 1852— la voluntad de defender el patrimonio nacional aun en su aspecto más tangible, que es el territorial, obtuvo su victoria decisiva combatiendo una intervención extranjera convocada como recurso desesperado por un conservadorismo en bancarrota; en cambio, la posición de los argentinos que iban a ofrecer sustento ideológico a la reconstrucción política que seguiría al derrocamiento de Rosas fue desde el comienzo muy distinta. Cuando en el curso de la Guerra de los Pasteles que llevaron contra México, los franceses tomaron San Juan de Ulúa, Juan María Gutiérrez escribió a su amigo Juan Bautista Alberdi, destinado a ser el definidor más riguroso de la ideología de su generación, para expresar su total acuerdo con la negativa de Alberdi a cualquier solidaridad con la causa mexicana y americana frente a la agresión europea.[2] Esa fría actitud anticipa ya la que Alberdi y su grupo iban a asumir frente al conflicto de Francia con el gobierno de Rosas. No se limitaron entonces a celebrar que esa peripecia viniese a interrumpir la consolidación del régimen rosista; se precipitaron a entablar a cara descubierta una alianza con el enemigo en tiempo de guerra, que —como señala no sin razón uno de los más talentosos reivindicadores póstumos de Rosas, don Julio Irazusta— se ajusta a la definición literal de la traición.[3] En esto por lo menos, los conmilitones australes de Juárez parecen hallarse más cómodos en la compañía de Gutiérrez de Estrada y otros moderados y conservadores mexicanos, que promovieron y apoyaron la intervención francesa.

Pero esa exploración tan rápidamente exitosa nos ofrece una clave quizá menos decisiva de lo que parece a primera vista. Sin duda Alberdi va a conservar toda su vida el desapego por los motivos ideológicos nacionalistas, y de nuevo en ocasión de la Guerra del Paraguay, en 1865-70, su oposición a los gobiernos argentinos que se identifican con ella lo llevará a apoyar abiertamente la causa enemiga, pero las posiciones de quien ha quedado irremisiblemente marginado de un proceso político frente al cual se proclama en irreconciliable disidencia no podrían ser tenidas por representativas de las tendencias que orientan ese proceso mismo.

Más significativas aparecen en cambio las reticencias que encuentra, entre los más exitosos compañeros de generación de Alberdi que ocuparán posiciones de gobierno en la Argentina posrosista, los reclamos de solidaridad por parte de las víctimas de las agresiones monárquicas y europeas lanzadas durante la década de 1860. Frente a las de España contra Perú y Chile, mientras Sarmiento se identifica fervorosamente con los agredidos, el presidente Mitre se rehúsa en cambio a hacerlo, proclamando que la Argentina se siente tan cercana a Europa como a las repúblicas hermanas. ¿He aquí reiterada la actitud de 1838? Ello es menos evidente de lo que parece a primera vista: la denegación de solidaridad no se apoya en una recusación del nacionalismo (al cabo Mitre es fundador y jefe de un partido al que ha dado el nombre de nacionalista) sino en la peculiar imagen de la Argentina a la que ese nacionalismo otorga su lealtad.

Porque se trata inequívocamente de un nacionalismo. Aquellos integrantes de la que se llamó a sí misma Nueva Generación, que en 1838 habían apoyado la intervención francesa, y que a partir de 1852 se contaron entre los herederos del poder de Rosas, cuando descubrieron en el botín de la victoria el respeto por la frágil soberanía del Estado argentino, que el caído dictador había conquistado a través de porfiados combates, se dedicaron a custodiar celosamente ese legado que, lejos de agradecer, ni aún se allanaban a reconocer como tal. Sin duda al hacerlo se rehusaban a extender su vigilancia hacia otras amenazas menos estrictamente políticas, que pesaban también con dureza sobre un país surgido de la disolución de un imperio arcaico y forzado a integrarse en un orden mundial definido y dominado por las nuevas naciones industriales, pero aun en esas reticencias se mostraban fieles al nunca reconocido legado rosista: desde que, al comenzar el bloqueo francés en 1838, Rosas tomó en sus manos el manejo de las relaciones exteriores, se atuvo sin desfallecimientos a una línea de acción que supo combinar la defensa más puntillosa de la soberanía política con el respeto más escrupuloso de los lazos económicos desiguales con las mismas metrópolis cuya agresión debía afrontar.

Para esa práctica rosista, continuada por el Estado de Buenos Aires surgido bajo el signo del más cerrado antirrosismo, Sarmiento ofreció una sucinta justificación teórica en 1857, en un artículo sobre "Los desertores de marinas de guerra".[4] Sin responsabilidades directas de goberno, pudo usar en ese texto un lenguaje cuya brusca franqueza tanto Rosas como sus sucesores hubiesen juzgado imprudente adoptar en declaraciones oficiales que tocasen a la Gran Bretaña. Frente a la solicitud del representante británico de que le sean entregados los desertores de los barcos de guerra de su país, de estación en el Plata, Sarmiento aconseja una respuesta negativa. "¿Qué es un buque de guerra —se pregunta— sino un enemigo que viene de amigo?" Puesto que esta es la situación real, "la deserción nos da cuatrocientos ingleses prisioneros, sin tomarnos la molestia de cazarlos". En la conclusión, sin embargo, el tono cambia: "El extranjero es un inmigrante, y nosotros protegemos la inmigración", y para concluir, "¡Viva John Bull, sin la chaqueta colorada!". Si el desafío destemplado y xenófobo que se había reprochado a Rosas encuentra inesperados cultivadores entre sus adversarios y herederos, también en éstos es compatible con la aceptación de los datos básicos del orden que asegura a Gran Bretaña una preeminencia cuya dimensión política es enérgicamente repudiada, pero a la vez cuidadosamente desglosada de otros aspectos que podrían también aparecer problemáticos en la relación entre la Argentina y la potencia dominante.

Esa aceptación no supone siempre pasivo acatamiento; y precisamente Sarmiento iba a ser más explícito que sus conmilitones argentinos para proponer un proyecto de transformación nacional destinado a hacer menos desventajosa la integración en ese orden. Si siente más intensamente que la mayoría de éstos la necesidad de ese esfuerzo, es porque advierte también mejor que éstos que ese orden nuevo encierra tantos peligros como promesas, y de nuevo en este punto está menos alejado de la compleja inspiración del renacimiento liberal mexicano que la mayoría de sus compatriotas. Como los mexicanos, Sarmiento, al proclamar la necesidad de incorporación plena al centro industrial y capitalista de la nueva economía mundial, está lejos de reconocer en éste, a la vez que el modelo válido para Hispanoamérica, un interlocutor benévolo a cuyo influjo baste con abrirse confiadamente. La apertura no aparece necesaria debido a una apreciación positiva de ese interlocutor y modelo, sino a la imposibilidad de evitar su avasallador avance mediante el aislamiento: a su juicio la historia de la España moderna y la Hispanoamérica colonial prueban que de ese modo no se ha esquivado la confrontación, sino sólo se ha logrado posponerla al precio de debilitar aun más el mundo hispánico para el momento ya inminente de la prueba decisiva.

En un México aleccionado por la catástrofe de 1848, esa imagen de la coyuntura, que subraya sus peligros aun más que sus oportunidades, recibe por corolario la noción de que para no morir la nación tiene que nacer de nuevo, que debe ser reconstruida desde los cimientos en contra de su entero pasado, desde luego el español, pero ahora también el prehispánico, por el cual el renaciente liberalismo conserva muy poco del afecto nostálgico que había sido antes nota distintiva del sentimiento nacional mexicano, tal como había venido perfilándose a partir de la Ilustración cristiana.

Se advierte muy bien lo que hace a la inspiración nacionalista de ese renacimiento liberal tan difícil de reconocer como tal desde la perspectiva de hoy; cualquiera sea el correlato político del nacionalismo (y ninguna ideología, ningún régimen ha renunciado por largo rato a movilizar su auxilio poderoso), la noción de que él supone identificación con algunos de los rasgos plasmados en el curso de la experiencia histórica nacional parece la evidencia misma, y un nacionalismo militantemente hostil a cuanto la nación ha sido y es, y transido en cambio de admiración por el modelo proporcionado por un nuevo orden que está poniendo en peligro la existencia misma de esa nación, parece − desde la perspectiva del tardío siglo x x − un intento de justificar la rendición incondicional como la más eficaz de las resistencias.

Basta sin embargo volverse a los textos para advertir que era precisamente lo opuesto. He aquí la última mirada a Chile de un Sarmiento que en 1855 se apresta a retomar desde Buenos Aires su carrera política argentina, para descubrir en la que fue su tierra de refugio los problemas de toda Hispanoamérica, y sobre todo de sus zonas templadas:

"Chile tiene, por su clima templado, que entrar, para los excedentes de sus productos, en liza con la Europa y los Estados Unidos, ya en las producciones agrícolas, ya en las fabriles."

Esa batalla no puede ser esquivada, luego del derrumbe del orden español y sobre todo de la vertiginosa unificación del mundo, como consecuencia de la cual

"...el resumen de la civilización de todos los tiempos y de todos los países, [...] todos los medios inteligentes de producción, [...] todas las artes de locomoción, [...] todas las máquinas de ahorrar trabajo, tiempo y brazos y todas las energías combinadas del hombre llegado al mayor grado de desenvolvimiento, han venido a sentarse a nuestro lado, y a establecer sus talleres para producir no sólo lo que no fabricábamos, en lo que no habría gran mal, sino todo aquello que confeccionábamos mal".[5]

Chile está perdiendo esa batalla, pero tiene aún en sus manos la posibilidad de eludir la derrota final, si toma el camino de la única nación antes colonial que ha aprendido a escapar a su marginalidad originaria: los Estados Unidos, salvados porque supieron a tiempo ofrecer tierra y escuela para todos. En cuanto a la primera, Sarmiento no tiene ilusiones; en un Chile dominado por sus terratenientes, y donde son "tan pocos los poseedores de la tierra", ese recurso de salvación es ya inalcanzable. Queda por fortuna la segunda, gracias a la cual el único capital potencial con que cuenta Chile, sus hombres, podrá ser arrojado en la puja, porque esos hombres habrán sido templados "como el acero de Sheffield, para convertirlo en instrumentos contundentes, cortantes, perforantes" por una escuela que, como en los Estados Unidos, debe ser ante todo una "fábrica de productores".

He aquí un programa de movilización general de los recursos nacionales que se advierte inspirado tanto por el temor como por la admiración que despierta el despliegue de energías de un capitalismo en desenfrenada expansión. Pero es revelador que esta versión del credo liberal, tan cercana a las preferidas en México, sea anterior al retorno de Sarmiento a una Buenos Aires unificada ahora políticamente en torno a un liberalismo mucho menos alarmado ante las acechanzas de la nueva coyuntura.

Lo que separa a ese liberalismo que desde Buenos Aires se prepara a la conquista política de la Argentina del que vemos reflejado en el texto chileno de Sarmiento, es menos una diferente apreciación de los desafíos de la coyuntura que una conciencia cada vez más viva de la excepcionalidad argentina en el marco hispanoamericano. Si Sarmiento no la comparte, sus compañeros de lucha creen saber por qué: hasta ahora sólo conoce de su país poco más que su rincón andino, que gozó de una modesta prosperidad en tiempos coloniales y sufrió sólo decepciones en tiempos más recientes. Desde el Litoral, desde Buenos Aires, se descubría otra Argentina muy distinta de aquella cuya imagen Sarmiento había trazado en Chile sistematizando experiencias vividas en sus rincones más arcaicos. Y el mismo Sarmiento comenzaría a descubrir esas diferencias desde el momento mismo de su radicación en Buenos Aires, en ese mismo año de 1855. Lo que ve lo desconcierta: hace sólo tres años que esa ciudad ha dejado de ser la capital de la tiranía, que él tantas veces ha descripto desde el exilio no sólo paralizada por el terror político, sino hundida en el estancamiento económico por un gobernante cerril, y no descubre ahora huella alguna de ese pasado sombrío. En la plaza mayor, durante los festejos del día patrio, no se ve a nadie que pueda, como en Santiago, ser identificado de inmediato como integrante de "la chusma, plebe, rotos"; en Buenos Aires la vestimenta no delata la posición social. En medio de una vorágine de prosperidad los inmigrantes acuden por millares sin que bajen los salarios; por su parte la posición de las clases distinguidas no se ha visto deprimida por la opulencia plebeya; esas clases son también ellas muchedumbre, y las damas porteñas llenan teatros enteros en las ceremonias de la aristocrática Sociedad de Beneficencia.

Sarmiento se retiene de proponer conclusiones que lo espantarían, por ejemplo, que si ha de ser juzgada por sus frutos, la receta rosista que integraba arbitrariedad tiránica y aventuras guerreras ha sido mejor agente de prosperidad que la paz de Portales, cuyo éxito se mide en la presencia de "cuarenta mil rotos en Santiago". Antes que esta dudosa conclusión, Sarmiento prefiere subrayar otra que el espectáculo ofrecido por Buenos Aires impone con la fuerza de la evidencia, a saber, que "con la guerra, la paz, la dislocación, la unión, este país marcha, marchará".[6] Mientras para Chile, representativo en esto del resto de Hispanoamérica, la hora es de riesgo mortal, para la feliz Buenos Aires ese riesgo sencillamente no existe.

Cuando Sarmiento formula esta conclusión está acaso influido no sólo por su experiencia directa de recién llegado a una comarca que vive en efecto una hora de afiebrada prosperidad, sino por las tomas de posición frente a los problemas argentinos articuladas por quienes en ese momento dirigen la política porteña, y en primer lugar por Mitre.

También para éste la experiencia del reencuentro con Buenos Aires había sido decisiva, pero por razones parcialmente distintas que para Sarmiento. Mitre ha sido devuelto a la capital de su provincia nativa en febrero de 1852 por el triunfo de Urquiza, en cuyas filas ha combatido; ese triunfo, que provoca el derrumbe del régimen rosista, parece anunciar también el fin de la hegemonía de Buenos Aires sobre las provincias argentinas, que se tornará irrevocable cuando éstas se organicen constitucionalmente bajo la égida del vencedor de Caseros. En junio de 1852, la legislatura de Buenos Aires, elegida por influjo del mismo vencedor, rechaza el pacto interprovincial que abre camino a esa solución. Mitre es el protagonista de la jornada, en que la ciudad entera se detiene para escuchar la elocuencia del "joven héroe porteño" que declara hablar en nombre de otros jóvenes igualmente heroicos, mediante cuyas acciones Buenos Aires se ha liberado a sí misma; nada debe pues ella a Urquiza. Este disuelve la díscola legislatura, pero en setiembre la entera provincia se levanta; en noviembre, tras de una escisión en las filas porteñas, emerge vencedor el grupo que ha identificado la causa liberal con la provincial: mientras las trece provincias interiores, federadas por la Constitución de 1853, intentan poner en marcha un Estado central irremediablemente frágil, Buenos Aires, constituida en Estado separado, sigue exhibiendo una insolente prosperidad pública y privada.

Esta experiencia exaltante contribuye a dar un tono peculiar al liberalismo que se consolida en Buenos Aires; si en el resto de Hispanoamérica el llamamiento liberal convocaba a abrir el camino hacia el futuro negando todo el pasado y forzando a la entera sociedad a repudiar una herencia que sigue oprimiéndola, y a la vez definiendo sus rasgos esenciales, en Buenos Aires el liberalismo quiere ser la expresión política de esa sociedad misma, y edificarse sobre los cimientos de su pasado. Sin duda las etapas más recientes de éste deben ser estilizadas y aun falsificadas para armonizarlas con un presente y un futuro marcados por el predominio del liberalismo: así Buenos Aires, que guiada por Rosas ha impuesto (cada vez que fue necesario, a sangre y fuego) el dominio de éste y su propia hegemonía sobre las provincias argentinas, es presentada como la más perseguida víctima y la más tenaz adversaria del rosismo; su liberación, debida a una suprema convulsión de sus propias reservas morales, le permite, retomando su vocación tan ateniense, constituirse, como cuando la guiaba Rivadavia, en escuela política de toda la nación; así conquistará una hegemonía que a diferencia de la rosista no necesitará de la violencia para imponerse.

Si la presentación de la etapa rosista resulta poco convincente (acaso no lo era tampoco del todo para quienes la proponían), la identificación con Buenos Aires y su sociedad, tal como había sido plasmada por su historia, es tan sincera como apasionada. ¿Cómo podría en efecto no serlo? He aquí a Mitre, todavía en 1851 expulsado de Chile a Lima por su liberalismo extremo, para Alberdi un "pobre niño" que cree en utopismos socializantes. Al año siguiente es no sólo el ídolo de la juventud porteña, sino la figura política en cuyas manos colocan las clases propietarias de Buenos Aires la defensa de sus intereses colectivos en esa hora decisiva. ¿Cómo podría dejar de encontrar admirablemente certeros los instintos políticos de una sociedad que tan rendidamente se le entrega? Y puesto que esa sociedad no conserva ya memoria precisa de ninguna experiencia que la lleve a elegir con tanto discernimiento, uniendo su destino al de la causa liberal, es preciso concluir que es un saber instintivo, secretamente plasmado a lo largo de su entera historia, el que la ha preparado en una labor de siglos para acertar en esa opción decisiva.

He aquí ya la imagen del pasado de Buenos Aires —con el cual tenderá a identificarse el de la entera Argentina— que la escuela preconizada por Sarmiento va a grabar de modo indeleble en la conciencia popular. Ese pasado se abre con una etapa semimítica dominada por unas cuantas figuras fundacionales caracterizadas por una tosca y huera monumentalidad; a ella sigue un largo trecho vacío, hasta que los dos primeros virreyes del Río de la Plata inauguran de modo algo incongruente la serie —desde entonces ininterrumpida— de padres de la patria.

Esta imagen simplifica brutalmente, pero no traiciona, una visión histórica mucho más compleja y sutil, que encuentra su expresión precozmente madura en las grandes obras historiográficas de Mitre. Desde la perspectiva porteña y litoral que esa visión hace suya, la larga etapa de conquista y colonización en que sólo algunos centros en el desierto aseguraron la comunicación entre el Atlántico español y el macizo andino ha dejado un legado casi imperceptible, que apenas pesa en comparación con el de la etapa borbónica, durante la cual Buenos Aires pasó de aldea miserable a capital virreinal, y el Litoral, de la cacería de ganado salvaje a la estancia de rodeo. Aunque la condena de la España colonizadora era tan enérgica como en otras versiones del liberalismo hispanoamericano, ella no inspiraba revulsión alguna contra la experiencia vivida por el litoral y Buenos Aires durante la etapa colonial, que por el contrario podía ser presentada como una larga preparación para la libertad.

La primera etapa de ese proceso educativo estuvo marcada por el contrabando, guerrilla avanzada del futuro orden económico liberal, cuyos héroes ignorados iluminan el sombrío paisaje de la temprana colonia; la segunda se alcanzó en el esfuerzo honrado por colaborar con la reformadora monarquía borbónica para eliminar lo que el pacto colonial tenía de expoliador; cuando las experiencias acumuladas en ella forzaron a concluir que la relación colonial es por su naturaleza misma expoliadora, esa educación estaba concluida: al alcanzar esa conclusión una entera sociedad, a través de sus hijos más esclarecidos, ganó plena conciencia a la vez de sí, de su situación y de su vocación revolucionaria, y fue desde entonces capaz de asumir con justicia una vocación histórica que desde el origen había sido la suya, y que alcanzará perfil aun más preciso en la lucha por quebrar el orden colonial, coraza cada vez más asfixiante para una sociedad en constante crecimiento.

Es esa identificación apasionada con una nación que nació liberal, y cuyo futuro es también liberal (aunque su presente no lo sea aun del todo) la que define al nacionalismo de Mitre, que —precisamente por estar concebido en estos términos— es del todo congruente con la denegación de solidaridad con las naciones hispanoamericanas víctimas de agresiones europeas. Este nacionalismo se reconcilia sin esfuerzo, a la vez que con el pasado de la nación, con el lugar de ésta en el mundo; hija de la conquista española y la reforma borbóni-

ca, la Argentina vista desde Buenos Aires se enorgullece de deber su
existencia misma a la expansión europea, y —cualesquiera sean las
reservas que algunas de sus modalidades le inspiren— no podría sino
ofrecer su asentamiento global a ese proceso. Frente a la rebelión de
los cipayos en la India británica, Mitre se indigna de que haya

"...quienes hagan votos por la destrucción del imperio británico en la India.
Este es un voto bárbaro y antisocial, como si en nuestra guerra con los Pampas
hubiese alguno que deseara el triunfo de Calfucurá sobre los defensores de la civilización y el cristianismo".

Y no es que Mitre encuentre mucho que admirar en el dominio
inglés sobre la India: "no se puede sojuzgar a los pueblos a la fuerza",
y si Inglaterra no lo advierte a tiempo, sufrirá el destino de las naciones que se engrandecen por conquista, que "están condenadas a una
decadencia fatal", puesto que "las injusticias y las crueldades tarde o
temprano encuentran sus vengadores".

Mitre no deja de advertir lo que su reacción tiene de contradic-
torio, pero confía en que la marcha futura de la historia le permitirá
escapar de ese odioso dilema, cuando a la colonización sucede la
descolonización y la India resurja como nación "independiente y a
la vez más civilizada, heredera de las tradiciones del pueblo inglés
[. . .] nuevo astro en el horizonte de la civilización".[7]

Es de temer que el lector de hoy, que ha de encontrar probablemente aun más insoportable que esta prosa infatigablemente elocuente el mensaje que ella transmite (y que no hallará menos repulsivo
porque contiene una previsión notablemente certera del proceso a
través del cual la India alcanzaría finalmente su independencia), des-
cubra reflejada en él una falsa conciencia debida a una lectura demasiado respetuosa de ciertos mentores ideológicos ultramarinos, que
impide a Mitre percibir los rasgos esenciales de la realidad argentina
de 1857. Pero la imagen que Mitre propuso de la relación entre la
Argentina y la Europa en expansión no habría podido imponerse con
la fuerza de la evidencia aun a sus adversarios políticos si ella no se
apoyase no sólo en algunos rasgos de esa realidad misma, sino sobre
todo en modos de verla ya muy arraigados cuando Mitre decide integrarlos en una interpretación global del presente, pasado y futuro argentinos bajo signo liberal; así, al invocar la analogía de la guerra
contra el indio sabe muy bien que no sólo evoca un rasgo irrecusable
de la realidad en torno, sino que moviliza en favor de sus puntos de
vista sentimientos fortalecidos por tres siglos de esa experiencia gue-
rrera, a lo largo de los cuales esa lucha constituyó el aspecto más
dramático del esfuerzo por arraigar una sociedad hija de Europa en
inhóspito territorio.

La dimensión económica del vínculo con la Europa madre es

también menos problemática que en Sarmiento. Si para éste la hora era de extremo peligro, y la salvación sólo era posible al precio de audaces y radicales reformas, para Mitre la experiencia histórica argentina (de nuevo identificada, implícita pero inequívocamente, con la de Buenos Aires y el Litoral) refleja, desde su origen mismo, una prodigiosa capacidad de adaptarse con ventaja a las sucesivas modalidades asumidas por el vínculo europeo, adoptando para ello en cada caso la alternativa más adecuada. Esta imagen de la marcha triunfal de la economía argentina hacia nuevas alturas será desarrollada por Mitre en polémica implícita con Sarmiento en el discurso que como presidente saliente pronuncia en 1868 en Chivilcoy, donde unas semanas antes Sarmiento, presidente electo, ha ofrecido un programa de sistemática distribución de tierras destinado a crear una nueva sociedad en torno a una clase de granjeros independientes y prósperos.

Hablando en uno de los pocos centros cerealeros de su provincia porteña (cuyos labradores habían contado en la década anterior con su apoyo, tanto como con el de Sarmiento, para la exitosa campaña de agitación que les dio la propiedad de las tierras de las que habían sido arrendatarios), Mitre se elevaba contra la noción de que el predominio pastoril era una suerte de mácula originaria de la experiencia histórica rioplatense que era preciso cancelar en un esfuerzo supremo para que Buenos Aires y la Argentina pudiesen entrar de lleno en el camino de la civilización. Lo que "los sabios" para quienes "todos somos bárbaros en esta tierra" no son capaces de descubrir es lo que en cambio sabe muy bien "la sabiduría colectiva del pueblo, la ciencia práctica de los humildes"; a saber, que lo que hizo posibles "la ocupación del territorio y la apropiación de la tierra [. . .] esas dos grandes conquistas de la civilización" no fue la aplicación de "planes metódicos e ideas preconcebidas", sino

"...la necesidad de expansión y el instinto salvador de las necesidades sociales [. . .] con el auxilio de las vacas y los caballos que ocuparon el desierto y lo poblaron como Dios los ayudaba".

O, dicho en un lenguaje que no es ya el de "los humildes",

"...esta vasta extensión de territorio poblada por un escaso número de habitantes, teniendo a su servicio medios de producción tan abundantes y tan baratos, es lo que constituye nuestra superioridad".

La lección del pasado es por otra parte aun más válida para el presente: lo que los "plagiarios" de la "ciencia europea" que declaran al ganado enemigo de la civilización no quieren ver es que a los ganados,

"...a la ocupación que con ellos hemos hecho de nuestro suelo [...], debemos que la provincia de Buenos Aires con cuatrocientos mil habitantes produzca casi tanto y consuma más que la república de Chile con un millón seiscientos mil habitantes, no obstante que Chile es un país esencialmente agricultor y tenga riquísimas minas de plata".[8]

Este nacionalismo que no rehúsa expresarse en términos de un antiintelectualismo pasablemente demagógico e implícitamente xenófobo moviliza esos sentimientos escasamente admirables para reivindicar ese aspecto constitutivo de la realidad argentina que es su dependencia de la economía atlántica, a cuya expansión la nacionalidad surgida a orillas del Plata debe su existencia misma. Porque en efecto, ¿qué ha descubierto el instinto seguro de los humildes, que había escapado a la arrogante ceguera de los sabios, sino el modo de utilizar las ventajas comparativas ofrecidas a la Argentina litoral por la creciente división internacional del trabajo, hecha posible por el progresivo surgimiento del mercado mundial?

Es significativo que también para defender esta tesis Mitre invoque, antes que a cualquier argumento racional, a un consumo con el cual cree poder contar de antemano, porque esa tesis no hace sino dar palabras a las convicciones que la colectividad a la cual se dirige ha madurado a lo largo de toda su historia. Hasta qué punto tiene razón lo comprueba la vastedad del consenso que esa tesis en efecto evoca; oigamos por ejemplo a José Hernández, uno de los más tenaces, si no más afortunados, adversarios políticos de Mitre, en sus *Instrucciones del estanciero*, de 1881. La noción de que en la marcha ascendente de la civilización las sociedades deben dejar atrás la etapa pastoril para entrar en la agrícola ha debido ser abandonada, nos asegura Hernández, desde que los avances de la civilización han hecho del pastoreo una industria potencialmente tan adelantada como la agricultura, y al abrazar al entero planeta en una tupida red de vínculos comerciales han hecho posible a cada región especializarse en aquellas actividades económicas en las que cuenta con ventajas comparativas. El resultado de estos avances es que "América es para Europa la colonia rural", pero ello no tiene nada de alarmante, porque a la vez Europa es para América "la colonia industrial", y Hernández concibe esta doble relación como estrictamente simétrica.[9]

¿Es decir que si el liberalismo que en otras comarcas surge como reacción suprema frente a la fragilidad, la indefensión de una Hispanoamérica marcada por las huellas de una revolución truncada, invoca en la Argentina argumentos casi opuestos, ello es así porque la experiencia de vivir en esa nación privilegiada enseña con la fuerza de la evidencia inmediata que a ella le ha sido deparado el lugar más envidiable en el mejor de los mundos posibles?

Pero las imágenes sombrías de la experiencia argentina, que invocan también esa experiencia, son más frecuentes que las monolíticamente celebratorias: así la sistemáticamente tétrica que de la vida en la campaña ofrece José Manuel Estrada[10] sólo cinco años después de que Mitre pronunciara su panegírico de Chivilcoy; y es sabido que Hernández, ardiente defensor de las bendiciones de la modernización ganadera, vive en la memoria colectiva como el cantor de las desdichas sufridas por Martín Fierro a lo largo de ese proceso. Pero sin duda Hernández hubiera reaccionado con indignada sorpresa a las interpretaciones hoy en boga de su poema, que sugieren que se dio alguna relación entre aquellas desdichas y esa modernización, y Estrada denunciaba como causa última de las postergaciones que sufría la campaña la supervivencia de ciertos legados coloniales; por otra parte aun en sus versiones más sistemáticamente optimistas la visión histórica que subtendía el consenso liberal reconocía la presencia en el pasado y el presente argentinos de anchas zonas de sombra (y por lo tanto no bastaba evocarlas para oponerle una impugnación eficaz); más que a la Argentina que ya era, ese optimismo se dirigía a la que una promesa inscripta en toda su historia aseguraba que llegaría a ser en el futuro.

Se adivina ya aquí una de las razones que privaron a ese consenso liberal del vigor y la perdurabilidad que caracterizan al mexicano; el liberalismo fue en la Argentina una apuesta en favor del éxito permanente de una cierta línea de avance histórico, ya que se definió como la toma de conciencia política de una nacionalidad que había unido su destino al de la expansión europea a la que debía su existencia. Y es innegable que la crisis final del consenso liberal sólo se desencadena cuando la fe en una providencia que ha puesto las leyes del mercado al servicio de la grandeza futura de la Argentina comienza a verse demasiado brutalmente desmentida para sobrevivir sin daño.

Pero aun siendo esto cierto, cabe preguntarse por qué la tradición que ese consenso dejaba como herencia vacante no fue ya atesorada por los nuevos alineamientos que iban a surgir una vez agotada la gran ola expansiva que a lo largo de dos siglos había creado el núcleo de una nación en un rincón desierto del imperio español; al cabo, si el liberalismo mexicano pudo ofrecer un sustrato común a la República restaurada, el Porfiriato y la Revolución Institucional, fue porque supo dejar en su camino muchos de sus postulados y términos de referencia (así el nacionalismo militante que tuvo lugar central en su etapa fundacional y lo reencontró luego de 1910, el porfirismo prefirió uno mucho más asordinado; y también, en otro cambio de rumbo destinado a alcanzar consecuencias aun más hondas, al esfuerzo por imponer el individualismo agrario, tal como lo planteó la Reforma y llevó adelante el Porfiriato, la Revolución terminó tras de no pocas vacilaciones por oponer el retorno a la explotación campesina comunitaria).

Si, como ya se ha indicado, en la Argentina una adaptación análoga sólo fue sugerida en nuestro siglo como parte de la desoída propuesta de una izquierda irremediablemente marginal, las razones han de buscarse menos en lo que en la visión del mundo del liberalismo en su etapa fundacional estaba irremediablemente ligado a la coyuntura en la que había nacido (a la cual debía tanto la confianza en la capacidad de la Argentina de asegurarse una posición favorable en un mundo cada vez más unificado, como su lealtad a un nacionalismo más imitativo del modelo europeo que defensivo frente a la amenaza europea) que en el modo concreto en que ese liberalismo se encarnó en la experiencia política argentina, que le habría hecho difícil dejar como legado una tradición políticamente utilizable una vez disipada esa coyuntura misma.

Ya en su punto de partida el liberalismo argentino ofrece también en este aspecto una nota disonante, y la razón para ello parece a primera vista muy clara: para los argentinos el despertar de su conciencia política no se iba a dar, como para los mexicanos, colombianos o chilenos, bajo el signo de las vastas esperanzas cuarentayochescas; se había dado ya bajo el de las tanto más modestas que siguieron a la revolución de 1830, a las que habían tenido amplia ocasión de poner sordina a lo largo de las desazonadoras experiencias acumuladas desde entonces, que les ofrecieron duras lecciones sobre sus limitadas posibilidades de dirigir por sí solos la necesaria transformación de la vida nacional.

En los años inmediatamente anteriores a 1848 se han resignado ya a aceptar que la superación de la etapa rosista sólo será posible cuando así lo decidan los nuevos grupos socioeconómicos madurados gracias a la paz de Rosas; en 1847 Juan Bautista Alberdi, desde su destierro chileno, provocó el escándalo de los demás desterrados al invitar al mismo Rosas a dirigir esa transformación; dos años antes, sin escándalo de nadie, Sarmiento remataba su *Facundo* con una tercera parte que, corrigiendo las brutales dicotomías de las dos primeras, celebraba el inminente nacimiento de una nueva Argentina dispuesta a reconciliarse consigo misma en la búsqueda de la prosperidad y el progreso, y declaraba que en ella tendrían lugar honorable aun los agentes del terror rosista, en los cuales se ocultaban —Sarmiento creía poder asegurarlo— "virtudes que deberán un día recompensarse".

La revolución de 1848, que en el resto de Hispanoamérica marca el despertar de lo que comienza a ser visto retrospectivamente

como un largo letargo, sólo logrará apartar por un instante a los argentinos de su costosamente adquirido realismo político; sin duda
Echeverría —iniciador ya marginado del grupo— saluda en ella la
apertura de una era palingenésica, destinada a aportar la redención
del proletariado, y a la vez, mientras Mitre se exhibe por unos días
adornado con una escarapela roja, Alberdi exige un levantamiento
más radical, una lección aun más severa infligida por los oprimidos
a las clases opresoras. Pero se trata tan sólo de la veleidad de un momento, rápidamente abandonada aun antes de que a la breve ola revolucionaria siga el reflujo: en ese nuevo clima los entusiasmos de
Mitre sólo sobreviven en las denuncias de Alberdi, y las intemperan-
cias de éste son sólo rescatadas del olvido por la réplica en que Sarmiento las evoca para negarle derecho a recusar la irreprochable
moderación política del primero.

Ese es el contexto en que precisamente Alberdi intentará codi-
ficar el futuro político argentino en sus *Bases*, publicadas en 1852.
Lo que allí se planea es una monarquía con máscara republicana,
cuya autoridad es necesaria para disciplinar —antes que a las masas,
a las que el terror de Rosas educó para siempre en la necesaria obediencia— a las elites, cuya vocación por la discordia ha hecho ya tanto daño en el pasado. En particular las elites ilustradas, cuya desas-
trosa gestión política en las dos primeras décadas de vida libre había
hecho inevitable el ascenso de Rosas, deben ceder el paso a los más
toscos dirigentes surgidos durante su largo dominio, que reúnen en
sus manos los recursos económicos y militares, y están admirablemente representados al frente de la nueva república por el vencedor
de Rosas, el general Urquiza, a la vez primer hacendado y primera
lanza de Entre Ríos.

He aquí entonces un liberalismo que ha renunciado a las conquistas políticas que en otras partes reclama con urgencia, y busca en
cambio orientar el esfuerzo reformador hacia el logro de un avance
económico destinado a cambiar la sociedad, y sólo en una etapa más
remota también la vida política. Pero las fórmulas de Alberdi, que
aparecen como una anomalía en el marco del liberalismo hispanoamericano de mediados de siglo, son en verdad precursoras de las que
éste comenzará a hacer suyas unas décadas más tarde: su "república
posible" prefigura ya la "tiranía honrada". Si lo que hallamos aquí
es tan sólo un desfasaje cronológico, debido a su vez a una comprensión más precoz por parte de los argentinos de las condiciones creadas para Hispanoamérica por la aceleración del avance económico en
un contexto político condicionado por los efectos perdurables de la
derrota de las revoluciones de 1848, se hace difícil creer que él hubiese sido suficiente para impulsar a ambos liberalismos hacia derro-
teros tan radicalmente distintos.

Basta sin embargo prestar alguna atención a lo que los argentinos dicen para advertir que su precoz moderación no se debe exclusivamente a que su guía de lecturas data de 1830 y no de 1848; que ella se apoya también en lo que creen saber acerca de ciertos aspectos de la realidad argentina que consideran también excepcionales en el marco hispanoamericano. En 1837, en su *Fragmento preliminar al estudio del Derecho*, Juan Bautista Alberdi había señalado en la dictadura de Rosas algo más que un poder arbitrario, ya que ella sólo subsiste gracias a la adhesión activa de las masas. Entre los lectores de esa insólita disertación doctoral no faltaron quienes asignaran a esta conclusión una mera intención oportunista. Pero, aunque es indudable que Alberdi buscaba a través de ella un modo de definir su actitud frente al régimen rosista que eludiera una ruptura sin comprometer el respeto que se debía a sí mismo, es indudable que Alberdi se apoyaba en una premisa tan firme y compartida que no iba a ser discutida ni aun por quienes hallaron inaceptables las conclusiones que de ella pretendían deducirse; a saber, que en la Argentina ningún poder político puede sobrevivir a espaldas de las masas.

El destinatario del ambiguo y reticente homenaje del joven Alberdi compartía plenamente esa opinión: ya en 1829 Rosas había declarado en efecto que su éxito se debía a que había advertido este dato de la realidad que sus adversarios habían preferido ignorar o desafiar, y se había consagrado a ganar la lealtad de esas masas. No por eso dejaba de considerar esa tarea un deber penoso, y el hecho de que ella fuera necesaria, una desdicha adicional para su país: la sociedad argentina —Rosas estaba convencido de ello— había nacido democrática y nunca podría dejar de serlo. Por eso el unitarismo, solución política sin duda preferible a la federal, no tenía allí futuro, ya que un gobierno centralizado requiere de una aristocracia, como aquella cuyo predominio estaba en la base del admirable orden chileno; ahora bien, la Argentina carecía de ella. Condescender a transformarse en jefe de un federalismo que íntimamente no compartía era parte del precio que Rosas estaba dispuesto a pagar para salvar el orden social minado por una vocación democrática que en la eterna guerra entre los que tienen y los que no tienen amenaza entregar la victoria a estos últimos. En un acto de suprema lealtad a las clases propietarias, ha asumido el amargo deber de captar la fuerza popular que la democracia desencadena para volcarla hacia objetivos inocuos; para ello ha inspirado una corriente política —la federal— cuyo estilo satisface las aspiraciones igualitarias de las masas, pero que a la vez conserva como objetivo central la tutela de los intereses de esas clases propietarias.

He aquí como, ya en 1829, era posible diseñar con notable precisión una imagen de las bases sociales del poder político en la

Argentina que la generación de 1838 iba a presentar con orgullo entre sus aportes más originales. La convicción de que, ya se ejerza en el marco de instituciones liberales o a través del ejercicio caprichoso de la dictadura personal, en la Argentina el poder político no puede tener otra base de sustentación que la voluntad de las masas, introduce así un matiz diferencial en la versión del liberalismo que allí va a imponerse. No es que la perspectiva democrática esté ausente en otras versiones liberales (sociedades democráticas se llamarán por ejemplo las de agitación que los jóvenes liberales patrocinan en Nueva Granada en 1848); la diferencia esencial es que mientras en esas versiones la democracia es, ante todo, una aspiración y como tal un ingrediente más o menos importante del rimero de soluciones que los nuevos liberales proponen para los problemas hispanoamericanos, en la Argentina la democracia es parte del problema.

A la caída de Rosas, Alberdi estima sin duda que como herencia permanente de su régimen de gobierno la Argentina se ha aproximado en este aspecto al resto de Hispanoamérica: la domesticación de las masas por el terror rosista ha cambiado radicalmente la relación entre poder y sociedad. Esa convicción le hace posible definir el problema central de la Argentina como el que plantea la dictadura arbitraria, que debe a su juicio ser reemplazada por un poder autoritario pero regulado e institucionalizado, ejercido en nombre de las clases propietarias; se advierte cómo si en la solución Alberdi se anticipa al consenso hispanoamericano, en su definición del problema está más cercano a éste que a la versión anómala que comienza a predominar en la Argentina.

En efecto, para el liberalismo que se impone en Buenos Aires a la espera de conquistar el país, la dictadura personal es, antes que un problema, ya una solución (sin duda inaceptable) al auténtico problema, que es el de la democracia. De allí una ambivalencia frente a ésta que es también parte de la herencia de los fundadores argentinos de esta corriente de ideas; Echeverría había hecho de la democracia una de las tres "palabras simbólicas" centrales del credo revolucionario de 1810, tal como lo reformulaba muy libremente para ofrecerlo como orientación política para su generación, pero rechazaba la noción de soberanía popular y unos años después reprocharía a los unitarios haber cometido un error gravísimo al conceder "el sufragio y la lanza al proletario"; en 1845 Sarmiento, en *Facundo*, denunciaba entre las causas que habían encerrado a la Argentina en el sangriento laberinto de las guerras civiles los avances de la idea de igualdad, que debido a la movilización política y militar impulsada por la revolución de independencia habían alcanzado aun a las capas inferiores de la sociedad. En el clima posrevolucionario e implícitamente contrarrevolucionario que se consolida a partir de 1849 en

Europa, Sarmiento no necesita entonces renegar de su pasado para proclamar en *Educación Popular* que la transformación de la soberanía popular en única base real de todo poder político, a su juicio resultado ya irreversible de la revolución del año anterior, introduce una amenaza permanente contra el orden social, y propone la educación popular como el mejor medio de enfrentarla.

Sería erróneo, sin embargo, ver en la creciente ambivalencia de las reacciones que evoca la democracia entre quienes la consideran como uno de los rasgos básicos de una realidad ya vigente, tan sólo el punto de partida para una nítida reorientación antidemocrática. No sólo la hace imposible la circunstancia de que aun en los momentos en que la toma de distancia es mayor (y se diría que con especial intensidad en esos momentos) está presente la seguridad de que la democracia ofrece de modo ya irrevocable el único marco social posible para la vida política (desde sus orígenes en la Argentina, pero ahora también en Europa); trabaja todavía contra ella el ascendiente que a pesar de todo conservan los motivos democráticos en quienes, como el mismo Sarmiento, han aceptado con más resignación que entusiasmo identificarse con el orden conservador establecido por ejemplo en Chile. En sus *Viajes* publicados en ese mismo año de 1849, Sarmiento comienza su retrato de los Estados Unidos celebrando que hayan sabido evadirse de las alternativas en que se encuentra encerrada una Europa condenada al parecer a oscilar entre la reacción y la revolución democrática, y se hayan consagrado a la búsqueda concorde de una prosperidad creciente, pero en la apoteosis con que cierra el capítulo exalta la futura victoria de los mismos Estados Unidos sobre las monarquías europeas, que será ganada gracias a la orgullosa confianza en sí mismas que anima a sus masas plebeyas, como el desquite final de la democracia derrotada en el Viejo Mundo.

En Sarmiento las ambivalencias se expresan sobre todo a través de oscilaciones en torno a un punto de equilibrio que amenaza no alcanzarse nunca. Es preciso volverse a la menos rica pero más disciplinada arquitectura de ideas que erige Mitre para hallar en cambio tanto un programa político para la Argentina posrosista como una visión del proceso histórico que condujo a ella, que se afincan por igual en ese elusivo punto de equilibrio.

En su más alta obra historiográfica, la *Historia de Belgrano*, Mitre se rehúsa a ver en el derrumbe del estado revolucionario bajo los golpes de los caudillos litorales todavía leales a Artigas esa catástrofe irreparable que había deplorado su gran rival en historia, Vicente Fidel López: 1820 es para él, por el contrario, la culminación del proceso revolucionario, el coronamiento de la revolución política por la revolución social, que hace ya irreversible el triunfo de la democracia, marco infranqueable de todas las experiencias políticas acumuladas desde entonces. Pero esa democracia es "inorgánica"; encuentra expresión, ya en la anarquía, ya en un despotismo en que la voluntad colectiva de las masas sólo se ejerce a través del arbitrio de un caudillo en el cual se reconoce. Organizar la democracia en un marco institucional a la altura de los tiempos es la tarea legada a los argentinos por la revolución social de 1820, y que sólo luego de la caída de Rosas es posible encarar por fin de frente.

El Partido de la Libertad ha nacido (o quizá renacido, porque Mitre no se priva de asignarle una larga prehistoria) en Buenos Aires para guiar al país en esa tarea impostergable, para lo cual acoge y hace suyas las exigencias de todos los sectores sociales, incluidas desde luego las de las clases propietarias, que podrán reconocer, incorporadas en su credo, todas las "ideas conservadoras de buena ley", ya que el liberalismo es el único conservadorismo posible en una sociedad que nació liberal, aunque hasta casi la víspera no se había percatado de ello. Ese liberalismo confiadamente abierto al porvenir, pero a la vez leal a un pasado que ha plasmado una sociedad que está lejos de ser igualitaria, ese liberalismo que ambiciona ser todo para todos, puede ofrecerse a la vez a las masas como el instrumento que permitirá consolidar la hegemonía política que ya es suya, al ofrecerle un marco institucional ubicado por encima de toda controversia, y a las clases propietarias como el medio de asegurar que, en ese marco de todos modos infranqueable en la Argentina, su posición dominante en la sociedad, lejos de verse amenazada, se verá colocada ella también fuera del alcance de cualquier controversia.

Esa solución de armonía, en la cual las tensiones casi insoportables que Tocqueville había reconocido entre la aspiración a la libertad y a la igualdad son dadas por resueltas antes aun de que tengan oportunidad de emerger, logra —como se ve— integrar, en un proyecto que ha sabido limar sabiamente sus contradicciones internas, las aspiraciones democráticas y las reticencias frente a la democracia presentes por igual en el liberalismo renacido en la Argentina antes que en el resto de Hispanoamérica. Pero ese sabio equilibrio seguía reflejando la misma ambivalencia frente al avance político de las clases populares que se había expresado antes en las contradicciones que había logrado armonizar. El resultado es que pocas veces se ha anunciado el entronizamiento de un nuevo soberano en términos menos halagadores que en la proclamación de la soberanía popular que no cesa de reiterarse, y ello no anticipa nada bueno para el futuro de ese liberalismo en el marco de la democracia plena (y plenamente institucionalizada) que está en sus votos: cuando el pueblo finalmente gobierne a través de mecanismos electorales regulares, es probable que prefiera ser servido por representantes dispuestos a proclamar su devoción al nuevo soberano en términos más entusiastas y menos cargados de reticencias que los preferidos por los herederos de esa tradición liberal.

El problema no iba a plantearse durante décadas; durante ellas, paradójicamente, el éxito de esa versión liberal parece confirmar la justeza del pronóstico formulado por Alberdi a la caída de Rosas: el marco democrático supuestamente infranqueable desde 1820 condiciona menos a los dirigentes de la Argentina posrosista que a sus predecesores, y en este contexto la frialdad con que la versión liberal dominante se aviene a incorporar exigencias democráticas, lejos de amenazar los apoyos que realmente cuentan, tiende a hacerla más aceptable a éstos. ¿Quiere decir que, más aun que la armonía preestablecida entre la vocación nacional argentina y las modalidades del avance del capitalismo primero mercantil y luego industrial, en la que Mitre había creído reconocer la huella de la providencia, la vocación democrática que separaría a la Argentina del resto de Hispanoamérica es una construcción ideológica destinada a inventar un abolengo histórico para una opción que se busca imponer en el presente?

Para desdicha del liberalismo argentino, los hechos van a demostrar que no; ese liberalismo, tanto menos dispuesto a una apertura efusiva a motivos democráticos que el mexicano, el colombiano, el venezolano, el chileno o el uruguayo, iba a cumplir mejor que cualquiera de ellos su tan reticente promesa democrática; no fue en México, ni en Venezuela, ni en Colombia, ni en Chile, ni en el Uruguay, sino en la Argentina donde un orden liberal minuciosamente institucionalizado para evitar desbordes de las fuerzas populares abrió en sólo cuatro años (1912-1916) el camino del poder a una oposición que denunciaba el carácter oligárquico del alineamiento dominante, y pudo conquistar desde afuera la fortaleza del Estado usando como arma de triunfo el sufragio universal.

Ese desenlace (debido, más bien que a la generosidad de una elite política supuestamente dispuesta a llevar la abnegación hasta el suicidio, a la gravitación de una sociedad desde su origen más móvil y dinámica, si no siempre más igualitaria, que aquellas para las cuales el liberalismo había sido propuesto en el resto de Hispanoamérica, y transformada más que cualquiera de aquéllas gracias al éxito excepcional alcanzado en otros aspectos por el programa liberal) marginaba a los herederos políticos de la tradición liberal argentina más bien que a esa tradición misma, que sólo ofrecería los primeros signos anticipatorios de su progresivo eclipse a lo largo de la azarosa navegación emprendida por la Argentina en el marco de la democracia de sufragio universal.

Si bien por lo menos en un aspecto las expectativas de Mitre se veían ahora literalmente realizadas, en cuanto la vertiginosa democratización de la base política estaba dejando huellas apenas perceptibles en el equilibrio social, esa circunstancia, lejos de reconciliar a las elites argentinas con la nueva coyuntura, aumentó la sensación de provisionalidad que no sólo entre ellas despertaba el nuevo curso político, que hizo también provisional el reconocimiento de legitimidad que estaban dispuestas a otorgarle las clases propietarias. Ese reconocimiento, que no ocultaba hasta qué punto era revocable, era más de lo que los grupos políticos desplazados del poder estaban dispuestos a conceder a unos herederos ingratos, que, por su parte, se habían fijado como tarea prioritaria la de terminar de barrerlos de la escena.

La fragilidad de una solución política, que al armonizar las exigencias democráticas de las masas con las de conservación de las clases propietarias prometía asentarse en bases de incomparable solidez, iba a ser clamorosamente revelada por el derrumbe del régimen democrático en 1930, y la experiencia que siguió a él hizo evidente que si el sufragio ofrecía a las fuerzas populares el arma política más eficaz, precisamente por eso no hallarían éstas fácilmente en el futuro la ocasión de utilizarla de nuevo con resultados decisivos contra adversarios ahora mejor advertidos de su mortal eficacia. Para poder hacerlo, y más aun para lograr que las consecuencias de su victoria electoral fuesen acatadas como legítimas, les era preciso contar (a falta de las alianzas sociales a las cuales unas clases propietarias más homogéneas que en otras naciones hispanoamericanas se rehusaban unánimemente) con apoyos desde dentro del Estado al cual ponían sitio.

El lenguaje del constitucionalismo liberal no era ya utilizable para legitimar soluciones de esta laya; no es sorprendente entonces que, aunque la fuerza política de base popular que clausuró la etapa de gobierno de las minorías debió de nuevo su triunfo al arma por excelencia heredada del arsenal liberal-constitucional (la victoria en elecciones de sufragio universal, con votos honradamente contados), lejos de identificarse con la tradición liberal prefirió, en parte, retomar del pasado caudillesco y, en parte quizá mayor, inventar de nuevo un estilo de democracia a la vez plebiscitario y autoritario, organizado en torno a un dirigente que ofrecía el nexo entre el antiguo Estado y las bases populares del nuevo movimiento.

Se comprende entonces por qué en 1973 la figura de Juan Manuel de Rosas ofrecía la referencia histórica preferida de quienes festejaban el fin de la opresión. Pero el fracaso de la segunda experiencia peronista iba a confirmar con creces lo que el de la primera hubiera debido quizá sugerir a quienes celebraban esa victoria: que en una Argentina ya sin medida común con la que en 1829 asistió al ascenso de Rosas al poder, la adopción del tono, el estilo o los supuestos ideológicos de una democracia autoritaria y plebiscitaria no bastaría para asegurar a los gobiernos surgidos de las mayorías electorales el casi universal reconocimiento de legitimidad que los haría finalmente viables.

¿Por qué? Quizá es otro aspecto de la peculiaridad argentina, que el éxito mismo del programa liberal vino a acentuar, el que hace sentir aquí sus consecuencias. En 1855 Sarmiento se había regocijado de que le fuese imposible reconocer por la vestimenta la posición social de quienes celebraban en Buenos Aires el día patrio, y reconocía en ese rasgo la promesa de una sociedad en que las fronteras de clase contarían menos que en el resto de Hispanoamérica. Acaso anticipaba lo contrario: la precoz consolidación de una sociedad de clases, menos trabada que en otras partes por el peso de las más arcaicas divisiones de casta y estamento, que da una acuidad nueva a esa lucha eterna entre los que tienen y los que no tienen, frente a la cual las barreras inventadas por Juan Manuel de Rosas, que nunca había leído a Tocqueville, se revelaron en la hora decisiva aun menos eficaces que las tanto más refinadas propuestas por sus sucesores, que sí lo habían leído.

NOTAS

[1] Pedro Henríquez Ureña, "Patria de la Justicia", en *Plenitud de América*, Buenos Aires, 1952, págs. 21-22.

[2] J. M. Gutiérrez a J. B. Alberdi, Buenos Aires, 14 de febrero de 1839, en *Escritos póstumos de Juan Bautista Alberdi*, XV, Buenos Aires, 1900, pág. 367.

[3] Julio Irazusta, *Ensayos históricos*, Buenos Aires, 1952, págs. 135 y 155.

[4] Domingo F. Sarmiento, "Los desertores de marinas de guerra", *El Nacional*, Buenos Aires, 17-IV-1857, en *Obras Completas*, 2ª ed., tomo 36, Buenos Aires, 1953.

[5] Domingo F. Sarmiento, "Influencia de la instrucción primaria en la industria y en el desarrollo general de la prosperidad nacional. Memoria presentada al Consejo Universitario de Chile sobre estas cuestiones", en *Obras Completas*, 2ª ed., tomo 22, Buenos Aires, 1950.

[6] Domingo F. Sarmiento a Mariano de Sarratea, Buenos Aires, 29-V-1855, en *Obras Completas*, tomo 24, Buenos Aires, 1951.

[7] Bartolomé Mitre, "Los ingleses en la India", en *Los Debates*, Buenos Aires, 22-X-1857.

[8] Bartolomé Mitre, "Discurso de Chivilcoy, pronunciado el 25 de octubre de 1868 en el banquete popular que le ofreció el pueblo de Chivilcoy con motivo de la feliz terminación de su presidencia constitucional", en *Arengas*, Buenos Aires, 1889.

9   José Hernández, "Carácter moderno de la industria pastoril y su importancia en la provincia de Buenos Aires", introducción a *Instrucción del estanciero*, Buenos Aires, 1881.

10 José Manuel Estrada, "Una palabra suprimida: la campaña", en *Obras Completas*, tomo X, Buenos Aires, 1904.

Francisco Bulnes: un itinerario entre el progresismo y el conservadorismo

Hay una peculiaridad de la tradición política hispanoamericana que parece no perder vigencia a lo largo del tiempo: es el surgimiento de ideologías que primero anticipan y luego justifican soluciones políticas conservadoras pero no se apoyan para ello en una tradición conservadora vernácula, y se presentan en cambio como nuevas articulaciones de temas y motivos previamente integrados en contextos ideológicos que se querían revolucionarios: esa peculiaridad, ya visible durante la etapa de predominio conservador que se abre hacia 1830, vuelve a resurgir en las últimas décadas del siglo, cuando de nuevo se agota el impulso del resurgimiento liberal de mediados de la centuria.

Caracterizada de modo tan general, esa supuesta peculiaridad no parece tan peculiar a Hispanoamérica; es una dimensión quizá necesaria en la consolidación de todo orden posrevolucionario. En los Estados Unidos de hoy el arsenal de ideas de la derecha más conservadora es caracterizado y a la vez recusado por los adversarios de ésta como una reliquia del siglo xviii, es decir, como la reafirmación polémica de una ideología que no sólo tuvo entonces función revolucionaria sino que fue articulada a partir de esa vocación revolucionaria; en Francia, a comienzos de este siglo, André Siegfried subrayaba con verdad que el grupo parlamentario más derechista se caracterizaba a sí mismo como republicano de izquierda, y ésa no era una etiqueta del todo vacía: basta hojear la historia de la Tercera República del conservador G. Hanotaux para descubrir cómo algo del soplo de la epopeya revolucionaria sobrevive en su evocación de la victoria de su héroe Gambetta sobre la república de los duques.

Pero si no hay mucho de específicamente hispanoamericano en la floración de ideologías conservadoras que reordenan motivos heredados de una tradición revolucionaria, es esta tradición misma la específicamente hispanoamericana, como lo es el Antiguo Régimen —caracterizado, a la vez que por el absolutismo monárquico, por la gravitación del vínculo imperial con metrópolis que han dejado de estar a la vanguardia de la vida europea— contra el cual esa tradición tomaba distancia.

Pero esto no es todo: la inflexión de ese legado en sentido conservador se da —a fines de siglo como en 1830— en un contexto que es de nuevo distinto del europeo; mientras en la primera etapa esa diferencia se refleja en la adhesión que mantienen los conservadores hispanoamericanos a la forma republicana, hacia fines de siglo ella se trasunta de modo menos clamoroso en una variación en el énfasis puesto en la formulación de puntos de vista que —de modo nada sorprendente dada la más intensa y rápida comunicación cultural con ultramar— reflejan con mayor fidelidad los dominantes en la Europa finisecular.

Son entonces tanto las tradiciones —definidas como reacción contra un Antiguo Régimen caracterizado primero como absolutista y colonialista y al que la segunda ola liberal reprocha sobre todo sus raíces ibéricas y católicas— como las circunstancias hispanoamericanas las que dan un tono propio a la reorientación conservadora que se abre a fines del siglo. Ese tono propio, evidente cuando se compara cualquier versión de ese conservadorismo hispanoamericano con las versiones ultramarinas que le han ofrecido a la vez sus modelos y sus términos de referencia, ¿sigue siendo perceptible cuando se compara a las distintas versiones hispanoamericanas entre sí, ahora como un trasfondo de ideas y actitudes que las subtiende a todas? Esto último es más dudoso: esas versiones arraigan en experiencias nacionales ahora más nítidamente diferenciadas entre sí; por otra parte, el estilo intelectual que se define bajo el signo paradójico del cientificismo, al estimular exploraciones de rumbo a menudo más arbitrariamente fantasioso que disciplinado por ningún rigor metódico, agrega abigarramiento a un paisaje de ideas que debe, por otra parte, reflejar el de las realidades de las que pretende dar cuenta.

Por eso, al explorar la trayectoria de Francisco Bulnes no se ha querido seguir a través de ella la marcha general del pensamiento hispanoamericano en esa etapa, sino sólo un itinerario entre esos polos de progresismo y conservadorismo que definen el campo común a ese pensamiento. Un itinerario afectado por la peculiar experiencia mexicana, que si en la culminación del Porfiriato parecía ofrecer el modelo y la clave para muchos de la restante Hispanoamérica, había llegado a esa culminación a través de una historia revolucionaria y posrevolucionaria que, en cambio, divergía en aspectos esenciales de las de la mayor parte de las naciones hispanoamericanas. Y afectado también por la peculiarísima trayectoria personal de Bulnes, y por las curiosidades intelectuales que ella inspiró, y que subtienden su obra.

El ingeniero Francisco Bulnes —él mismo se iba a encargar de invocar ante sus lectores ese título, que lo vinculaba a la vez a la esfera de la ciencia positiva y a la de la técnica aplicada al progreso material— formaba, cuando publicó en 1899 *El porvenir de las naciones latinoamericanas*[1], entre los dirigentes y voceros intelectuales del porfirismo, y se definía, con orgullo y verdad, como uno de los *científicos*; ya en 1892 se había contado entre los organizadores de la Unión Liberal, que habían buscado institucionalizar el apoyo político al régimen, y a más largo plazo el régimen mismo; parlamentario, había participado en la redacción de los instrumentos legales que definieron la política minera, monetaria y financiera del gobierno de Díaz. A esa carrera brillante pero convencional había precedido un episodio exótico: un viaje al Japón en la década de 1870, como integrante de una expedición astronómica organizada por el gobierno mexicano; también el contacto con el imperio oriental, que comenzaba su triunfal occidentalización iba a dejar —como se verá luego— su huella en la visión que Bulnes elaboraría de los problemas latino-americanos.

Con este libro de 1899 Francisco Bulnes excede por primera vez los límites de la política practicada en el marco de una elite político-intelectual a la que ofrece asesoramiento técnico a la vez especializado y abarcador de campos bastante disímiles (sobre todos los cuales reivindica igual competencia), para transformarse en un publicista que invoca esa autoridad específica para abordar de modo apasionado y polémico temas más generales y básicos que los explorados por la mineralogía o la ciencia de las finanzas, de cara a un público más vasto e indeterminado que ese círculo dentro del cual se ha movido hasta el momento. El asesor técnico se transforma así en agitador ideológico; un agitador que parece desde el comienzo descreer de sus poderes persuasivos, o más bien de la capacidad de su público para escuchar de veras una prédica que se propone despojarlo de sus más queridas ilusiones sobre sí mismo, sus ideales políticos, su nación, y obligarlo a aclimatarse en el austero paisaje de un mundo privado de sus mentidos prestigios. La advertencia con que se abre el libro expresa muy bien ese pesimismo:

"Este libro no tiene por objeto ofender, ni convencer, ni proponer, ni sembrar. No trato de ofender, porque respeto a los demás y a mí mismo; no trato de convencer, porque sé que la verdad produce horror a los pueblos; no trato de proponer, porque no escribo para la política, sino para la Historia; no trato de sembrar, porque soy frío e impotente para encender siquiera la fe en un niño."[2]

Pero este libro es todo menos la serena exploración de un indagador a solas con su objeto; el público de cuya disposición a escuchar la verdad descree está constantemente presente, y la obra se organiza como un interminable, colérico discurso a ese público inalcanzable. Pero lo que este discurso tiene de reiterativo no se debe tan sólo a que Bulnes está en constante batalla con sus lectores, y espera acaso vencer sus defensas abrumándolos con esas reiteraciones: ellas reflejan también la marcha de un pensamiento inclinado a recorrer infinitamente la ruta circular que vincula sus obsesiones favoritas.

En *El porvenir de las naciones latinoamericanas*, Bulnes busca en esas obsesiones la clave para un problema cuya indagación se ha hecho en ese momento frecuente: la causa de la debilidad de América Latina ante la amenaza externa, y el modo de remediarla. Pero desde el comienzo toma distancia frente a ese modo de plantear el problema, confirmando así que encuentra atractivo el papel de profeta necesariamente no escuchado, porque es insobornablemente veraz, y busca diferenciarse, a la vez que del público afectado de sordera invencible, del vulgo de los doctos, que por demagogia, frivolidad o tontería son capaces de ofrecer a ese público lecciones más gratas. Sencillamente, Bulnes no cree en el peligro externo, por lo menos no en un peligro que pueda prevenirse, como sugiere el venezolano César Zumeta, mediante la paz armada. Así limitada, su objeción es perspicaz, y será confirmada a lo largo del siglo xx: la pérdida de la independencia formal por conquista militar por parte de una gran potencia, tan temida luego de la guerra de España y Estados Unidos (y de la secesión de Panamá, con escandalosa intervención norteamericana), no será ya, en efecto un peligro urgente.

Pero Bulnes avanza sobre esa objeción, válida dentro de sus límites, para eliminar a partir de ella toda la dimensión de la problemática latinoamericana (referida al lugar de Latinoamérica en un mundo reorganizado bajo el signo del imperialismo), que esa literatura aborda bajo el rubro de amenaza externa. Al volverse a las obsesiones que dominan su pensamiento, Bulnes —más que buscar en ellas la clave para el problema de la amenaza externa— deja simplemente de lado ese problema, negando su realidad. En el mismo texto preliminar ya citado, tras señalar todo lo que no ha querido hacer en su libro, agrega:

> "Tan solamente he querido exponer esta gran verdad:
> No son Europa y los Estados Unidos, con sus ambiciones, los enemigos de los pueblos latinos de América; no hay más enemigos terribles de nuestro bienestar e independencia que nosotros mismos. Nuestros adversarios ya los he hecho conocer, se llaman: nuestra tradición, nuestra historia, nuestra herencia morbosa, nuestro alcoholismo, nuestra educación contraria al desarrollo del carácter."

Lo que este censo de calamidades anticipa es entonces otra denuncia de las raíces ibéricas y católicas de Latinoamérica, bajo el signo de un cientificismo reflejado menos en un riguroso método de indagación de la realidad que en la inclinación a reducir los más complejos fenómenos sociales, culturales e ideológicos a una clave biológica. Esa anticipación se cumple de inmediato: ya en la página siguiente se nos asegura que, según el veredicto de la ciencia, la humanidad ha elaborado tres civilizaciones y sólo tres: la del arroz, la del maíz y la del trigo; sólo el trigo reproduce en su composición la de la leche de madre, lo que sugiere que ofrece la base nutritiva adecuada para un desarrollo pleno del potencial humano, que hace a su vez posible el progreso intelectual y el éxito militar de la civilización que lleva su signo. El arroz es deficiente en fósforo y en sustancias azoadas, y las civilizaciones desarrolladas sobre él tienen por protagonistas a razas pusilánimes y condenadas a la servidumbre; el maíz, más rico en nitrógeno, es todavía deficiente en fósforo, y habilita a los pueblos que de él se alimentan para resistencias de un heroísmo admirable, pero no para el esfuerzo sostenido e inteligente de la civilización moderna (y de la guerra moderna, a través de la cual esa civilización revela su verdad esencial). Se adivina ya que las victorias de Cortés y Pizarro son las del trigo sobre el maíz; si Arauco ha esquivado por siglos el destino del Tahuantinsuyu y la confederación azteca, es porque el pescado suplía en su dieta las deficiencias fosfóricas del maíz (del mismo modo que proporcionó el suplemento de fósforo que hizo posible el milagro griego, y junto con la soja —Bulnes no deja de alertar a sus lectores sobre los méritos nutritivos del *tofu*— salvó al Japón de compartir el deplorable destino de los pueblos consumidores de arroz).

En Bulnes, como en otros tantos cultores del cientificismo latinoamericano, lo que torna persuasiva al autor —y quizá a los lectores— esta línea de razonamiento es que ella traduce, en un lenguaje que es sólo aproximativamente el de la biología, convicciones demasiado hondamente sentidas para que cualquier prueba de su validez sea en rigor necesaria. En el caso de Bulnes ellas no incluyen tan sólo la de la superioridad de la civilización europea y moderna sobre cualquier otra, sino la de que esa superioridad, aunque consagre su triunfo en una prueba de fuerza material que es la conquista, comienza por ser intelectual; es esa convicción la que se expresa metafóricamente en el deslizamiento del interés de Bulnes del nitrógeno, alimento del músculo, al fósforo, que lo es del cerebro.

La superioridad intelectual tiene un signo preciso: la entrega consciente a la conquista del progreso, que hace la originalidad de la especie humana entre los animales ("el hombre es un animal progresista"). Ese progresismo se define en último término a partir de nuevo de la esfera intelectual:

". . .las razas superiores son aquéllas resueltas a no conservar más que la verdad en la esfera intelectual [. . .] los pueblos exageradamente tradicionalistas como el español prueban un incurable agotamiento mental".[3]

He aquí un punto de llegada que, tras de una excursión por paisajes exóticos, nos devuelve a un mundo de ideas que por lo contrario encierra muy poco de nuevo y sorprendente. Sorprendente es quizá en todo caso el extremismo que pone Bulnes al razonar un repudio a las propias raíces históricas, que es en sí mismo casi un ejercicio de rutina; ese extremismo anticipa engañosamente el de ciertas ideologías tercermundistas que sin duda en otros aspectos lo hubiesen horrorizado, pero se inspira más bien en su experiencia directa del comienzo de la occidentalización japonesa. El historiador científico, asegura Bulnes, debe deplorar que los estragos provocados por la dieta del maíz salvaran a Cortés y Pizarro del destino que hubiera debido corresponderles: la inmediata captura por la policía ordinaria de Tenochtitlán y del Cuzco. De haberse dado ese desenlace,

". . .la América nunca habría sido conquistada, sino que por sí misma habría hecho su civilización, como la nación japonesa, sin látigos, sin expoliaciones, sin catolicismo y sin las demás calamidades que impuso a la América su alimentación exclusiva popular, de maíz".[4]

Que no ocurriese así fue una calamidad también para Europa:

". . .si existen el papado y naciones católicas en 1899 es debido únicamente a las minas de plata de México y el Perú. Sin ellas la revolución religiosa habría salvado al mundo europeo que tendía a civilizarse de tres siglos de monarquías absolutas [. . .] no hubiera habido jesuitas, ni *Contrarreformas*, ni reacciones imposibles [. . .] la América debió haber sido descubierta después de consumada la libertad de Europa y por una nación bastante inteligente para no pensar en reacciones".[5]

Con esta segunda excursión en lo contrafactual, Bulnes vuelve a un terreno más compartido por sus contemporáneos; si el repudio de toda tradición se resuelve en el de la hispanocatólica, él se acompaña de la adopción entusiasta —así sea como mera nostalgia frustrada— de la tradición alternativa abierta por la reforma protestante. Lo que atrae a Bulnes en ésta es que se funda en la ruptura con todo tradicionalismo, en la búsqueda y adhesión a una verdad que constantemente se renueva, no sólo por el progreso del conocimiento, sino por la naturaleza del objeto de ese conocimiento, que no es realidad estática sino un proceso dinámico. Esa adhesión a la tradición rival de la que ha plasmado a las Indias españolas, presentada por Bulnes como corolario de las "sentencias de la filosofía histórica", lo es a la vez de su cosmología:

". . .la civilización no puede perder; la tesis de justicia y ciencia del partido liberal está ganada en nuestro planeta como en todo el Cosmos".[6]

México no puede sino confirmar la validez de esa lección planetaria y cósmica: aquí también el avance del liberalismo es el de la civilización. Y en México, como en el resto de Hispanoamérica, como en el mundo todo,

"...el partido liberal ha surgido de la clase media profesional, cuyo oficio es promover y sostener el progreso intelectual".[7]

En México,

"...hasta 1867 disputó el poder al partido conservador identificado con la maldad del sistema colonial [...].Después de 1867 el gobierno liberal ha abierto las escuelas populares, ha conseguido la elevación de los jornales, ha destruido cacicazgos feudales, ha promovido grandes mejoras materiales, ha escuchado la queja de los pueblos indígenas, les ha repartido tierras, les ha dirigido hasta el régimen de la libertad individual".

Pero esa revolución auténtica es una revolución incompleta:

"El régimen social del partido conservador, dueño de la gran mayoría de las fincas agrícolas, es mucho más fuerte que el régimen político, humanitario, civilizador del gobierno. La agricultura [...] continúa embruteciendo al indio [...] como programa del hacendado; el clero no suelta su presa."[8]

He aquí las ideas de un progresismo radical y sin compromisos, orgulloso de sus raíces en esa clase media letrada que fue a mediados del siglo protagonista del renacer liberal, desde México hasta Chile, y que acompaña la solidaridad con esa clase con la que desde el comienzo el liberalismo ha profesado con los marginados del viejo orden, mantenida pese a que el estado liberal, jaqueado por enemigos internos todavía poderosos, no ha podido hacer por esos marginados todo lo que se había prometido. Así, Bulnes no oculta su simpatía por los yanquis en rebelión; ese

"...puñado de indios [...] que nada tienen de salvajes [y] han resistido con verdadera pujanza y admirable valor más de diez años de ataque rudo de las fuerzas federales".[9]

Pero esta presentación del pensamiento de Bulnes es inexacta en cuanto es deliberadamente incompleta. Para completarla habría que dar toda su fuerza a la definición del liberalismo como adhesión consecuente y sin ilusiones a la verdad, y a ésta como reflejo de una realidad dinámica. Consecuencia ineludible de ello es que "la justicia es variable en el terreno de la moral evolucionista", y esa variabilidad no respeta ni aun los principios con los cuales el liberalismo emergió en la escena hispanoamericana. Cultor austero de la verdad, Bulnes entrega sin reticencias al credo liberal a los estragos de esa "dialéctica de la ilustración", que, tras usar las armas de la crítica contra las certidumbres tradicionales, no puede impedir que socaven sus propios supuestos. Lo único que podría reemplazarlos son las verdades más sólidas de la ciencia, y éstas revelan una problemática hispanoamericana muy distinta de la propuesta por el liberalismo.

Cuando se examina con mayor atención el contexto en el cual Bulnes refirma su lealtad al legado del liberalismo hispanoamericano, se advierte que en él domina el conflicto con la tradición católica; así, el mismo Bulnes, que ha proclamado la relatividad de la justicia, sostiene en este contexto preciso que:

". . .el primer deber moral de un gobierno civilizado es reconocer los derechos del hombre; no puede haber progreso sin justicia y no puede haber justicia sin reconocer al hombre derechos superiores a los de todas las religiones".

Cuando abandona ese apasionante campo de batalla contra un pasado del que abomina, el pensamiento de Bulnes toma un rumbo muy distinto. La organización política posible y deseable en cada sociedad depende en último término de determinantes biológicos, expresados en propensiones sociales y culturales que a lo largo de la historia se han corporizado en tradiciones e instituciones. Las conclusiones deducidas de esta perspectiva que se quiere profundamente nueva no son en verdad de deslumbradora novedad: la democracia y el parlamentarismo, adecuados a los países anglosajones, lo son mucho menos a los latinos y neolatinos. Las razones propuestas por Bulnes para justificar esta conclusión son en cambio más originales: lejos de ser una planta exótica, democracia y parlamentarismo consolidan demasiado bien ciertos rasgos profundos de la mentalidad latina, pero estos rasgos no podrían ser más deplorables; la adhesión a una imagen de la sociedad en que el conflicto prevalece sobre la solidaridad, y a una concepción retórica, teatral y facciosa de la política.

Parlamentarismo y democracia no ofrecen solución alguna a los verdaderos problemas de la política hispanoamericana, que no son esencialmente diferentes de los vigentes en el resto del planeta. Esos problemas se examinan en una perspectiva en que la política no se define ya como uno de los terrenos de lucha entre una visión del mundo inmóvil, estática y cerradamente misoneísta, y otra adherida a una realidad cambiante y dinámica; la política ofrece en cambio el campo en que se disputan el poder distintas clases sociales. Para una política así entendida ya los antiguos egipcios —Bulnes cree poder asegurarlo— fijaron los dos principios básicos, de ellos recogidos por Montesquieu y Tocqueville. Esos principios son "nunca permitir que gobierne exclusivamente una clase social" y "no pueden gobernar bien más que los interesados por sus personales conveniencias en el interés público".[10] Las clases cuyos conflictos deben encuadrarse en un marco político definido por esas sabias máximas son tres: la propietaria, la proletaria y la profesional. El problema de América Latina es que, a diferencia de lo que ocurre en Europa y Estados Unidos, la primera no incluye, junto con terratenientes que representan la perspectiva conservadora, a industriales inclinados a la innovación, y su influjo es necesariamente pernicioso en cuanto se da sólo en sentido retrógrado, y que mientras la segunda no ha sido introducida al mundo de la política por la educación popular y permanece apática y pasiva, la tercera domina sin contrapesos, y su predominio no podría ser más dañino.

En ningún punto es el giro radical en la perspectiva de Bulnes más evidente que en éste. ¿Cuál es, en efecto, la clase cuyo influjo se ha revelado tan perjudicial? Desde luego esa "clase media intelectual" cuya misión prometeica había sido introducir a Hispanoamérica en la era liberal. Y ¿por qué es esta clase tan peligrosa? En primer lugar porque no se precipita a seguir a Bulnes en su giro ideológico, y se obstina en seguir creyendo en los "inmortales principios", versión secularizada de las verdades eternas de su gran adversaria; en suma, porque (para decirlo en un lenguaje que Bulnes conoce pero no usa) ha progresado del estadio teológico al metafísico, pero se rehúsa a ascender al positivo. En segundo término, porque el principismo huero e irrelevante que es consecuencia de esa actitud no le impide usar su influjo político en beneficio de su interés sectorial, y como se trata de un sector no integrado en el proceso productivo, ese interés no podría coincidir con el interés común. El predominio de esa tercera clase peca así a la vez contra los dos principios descubiertos por la sabiduría egipcia; el resultado es la amenazante victoria de la "famelocracia", el encumbramiento de un rapaz proletariado intelectual que se interesa en el poder para saciar su hambre.

¿Son la clase media profesional y el proletariado intelectual exactamente lo mismo? Al reprochar al grupo su liberalismo abstracto (antes descripto de modo más halagüeño como propio de la clase cuyo oficio es promover el progreso intelectual) y a la vez su parasitismo económico, Bulnes procede como si en efecto lo considerase así. Sin embargo, la superposición de una y otro no es total; Bulnes incluye entre las clases profesionales a la militar, a sabiendas de que ésta está lejos de identificarse en todas circunstancias y lugares con la causa del liberalismo. Esa superposición postulada y no consumada es trasunto de otra: la de una visión nada nueva de las raíces de los problemas políticos latinoamericanos y la de un estilo de crítica político-ideológica que alcanza creciente eco en la Europa —y sobre todo la Francia— de fin de siglo.

Bulnes es claramente tributario de este último; al mismo tiempo se preocupa de subrayar lo que la separa de él. Haciendo suya la crítica de la tradición jacobina, que en la gran obra de Taine buscó arrogarse la autoridad de la ciencia positiva, y sin encontrar nada objetable en las conclusiones antidemocráticas que esa crítica propone (por el contrario, haciendo suyas las aun más extremas de Gustave Le Bon, basadas en un supuesto estudio científico de las multitudes y su sicología colectiva), Bulnes se niega a reconocer la herencia de Taine en el florecimiento de una nueva derecha, que en odio a la República jacobina convoca en su apoyo las tradiciones del Antiguo Régimen. Si Maurras y sobre todo Barrès verán en Taine a un precursor y maestro, para Bulnes las tendencias a las que ambos brindan su prestigioso apoyo reflejan una decadencia intelectual que sólo ha podido avanzar tanto debido a la desaparición del "más grande de los críticos del siglo, y tal vez de los siglos". Bajo la mirada desmitificadora de Taine hubiese sido imposible ese triste carnaval a que se ha reducido la vida pública de una Francia que adora

"...a Rochefort como república, a Boulanger como César, a ese Torquemada frente a los judíos, llamado *Monsiur* Drumont".[11]

Pero si Francia ha caído tan bajo, si sus mejores espíritus proclaman la "necesidad de creer", ello se debe a la "plebefobia", al odio y miedo que despiertan los avances en la toma de conciencia política de las clases proletarias. Es, desde luego, falso que en la Europa contemporánea falte la fe; el problema es cabalmente el opuesto: han entrado en liza nuevas fes combativas y vigorosas, como el socialismo. Lo que lamentan quienes proclaman la muerte de la capacidad de creer es el descreimiento creciente con que la plebe se somete a la tutela de las clases propietarias y dirigentes; un descreimiento que Bulnes juzga del todo justificado (aunque alimente nuevas convicciones mitológicas y anticientíficas, como el socialismo y el anarquismo). Ese es un problema muy real en Europa, donde quizá sea ya demasiado tarde para que alcance solución sino a través de terribles cataclismos sociales. La culpa es del sufragio universal, triunfante gracias a la ceguera generosa de los liberales y a la sórdida miopía política de sus enemigos, como Bismarck o Cánovas del Castillo, que buscaron en él un medio de vencer al liberalismo con sus propias armas.

Ni aun esa situación desesperada justifica para Bulnes la tentativa de rehabilitar las tradiciones heredadas de un pasado de ignorancia y oscurantismo, que se le aparece sencillamente incompatible con el respeto que el intelectual debe a sí mismo y a la verdad. Pero por fortuna la situación es diferente en las naciones latinoamericanas:

"...el sufragio popular en la América Latina está en ese período de vergel primaveral para el principio de autoridad, tal como lo amaban Bismarck o Cánovas del Castillo y tal como deleita a León XIII. Todavía le faltan muchos años a la América Latina para sentir las amarguras de la *plebefobia*".[12]

En Latinoamérica el peligro es, en cambio, el *canibalismo buro-crático* ejercido con energías y apetitos insaciables por la clase media intelectual. Pero el vigor de esta clase, de este proletariado que considera por debajo de su dignidad trabajar con sus manos, es el reflejo de la debilidad de las clases productoras, en una sociedad que es impotente para darse un gobierno que represente sus intereses. Sólo cuando las clases productoras sean económicamente fuertes, y cuando el proletariado intelectual haya sido incorporado a éstas de modo no ofensivo a su dignidad, el problema político latinoamericano tendrá solución. En México ésta tiene dos aspectos: colonización con inmigrantes de tierras baldías hechas fértiles por la irrigación, e industrialización, que creará posiciones en la nueva clase empresarial y la burocracia privada, en que la vocación innovadora del proletariado intelectual encontrará finalmente modo útil y no dañino de ejercerse.

Nótese que esta visión del futuro incluye la redención del proletariado intelectual por la reorientación positiva de su formidable dinamismo, y la marginación de las clases productoras preexistentes, reemplazadas como núcleo del sector agrícola por una nueva clase de granjeros prósperos, cuyo origen ultramarino —Bulnes sin duda lo tiene presente— los desvinculará de·esa servidumbre ideológica hacia la Iglesia, que pesa sobre labriegos y terratenientes a la vez. Se advierte aquí hasta qué punto Bulnes sigue identificándose, aun luego de redefinir radicalmente su fe liberal, con el grupo al que ahora no se fatiga de cubrir con injurias.

Mientras se produzca esa mutación salvadora, la sociedad mexicana seguirá siendo incapaz de gobernarse a sí misma; para reemplazar al *diabolus ex machina* en que ha venido a convertirse, por su desgracia más que por su culpa, el proletariado intelectual, Bulnes recomienda un *deus ex machina* que es el mismo que un destino generoso ha ofrecido ya a México:

"Cuando no es posible, por falta de factores económicos, realizar la idea de la república democrática [. . .] cuando tampoco es posible por falta de una burocracia verdaderamente rica e ilustrada, fundar una plutocracia liberal rigiendo la nación por medio de una sólida oligarquía, lo que más conviene a naciones que se están formando es la dictadura liberal, con formas de gobierno democráticas, eminentemente educativas."[13]

El dictador liberal reemplaza así a la clase profesional para imponer a la política un curso dictado por la razón y la verdad; en ese contexto es todavía posible practicar la prédica política como actividad esencialmente desmitificadora; la política —asegura Bulnes— ha sido siempre guiada por la mentira, desde la mentira religiosa de ayer hasta el sufragio universal de hoy y el socialismo de mañana; por detrás de esas mentiras lo que la gobierna son los intereses económicos; en Europa quien se propusiese desarrollar su prédica política sobre esa premisa (y ahorrar así a sus compatriotas sufrimientos sin cuento, puesto que para ejercer su influjo a través de ese velo de mentiras, los intereses económicos deben acceder a subterfugios excesivamente crueles y destructivos) sufriría el repudio universal, como ocurrió en Francia a Jules Ferry.

Durante el cada vez menos plácido otoño del porfirismo, Bulnes —mientras su posición dentro del grupo científico se hacía cada vez más marginal— se dedicó con ahínco a esa tarea desmitificadora, comenzada con *La verdad sobre Juárez*, y proseguida con *Las grandes mentiras en nuestra historia.*[14] Es dudoso, sin embargo, que esperase otra recepción para sus contribuciones que el coro de protestas que ellas suscitaron: varios volúmenes (entre ellos uno juvenil de Carlos Pereyra) fueron compuestos para defender la honra de Juárez de un ataque sacrílego. Bulnes no pareció molestarse por ello; ya que no podía ser el mentor intelectual del régimen, el papel de profeta sin honor, condenado a la impopularidad por su culto insobornable de la verdad, parece haberle ofrecido una alternativa halagadora. . .

Se comprende que Bulnes haya asistido a la caída del régimen con sentimientos imparcialmente hostiles a éste y sus adversarios. Ya en *El porvenir* se había inscrito contra la noción, adoptada por los científicos al entrar en la liza política en 1892, de que el único sucesor posible para Díaz era la ley; la tarea propedéutica de la dictadura personal no había sido completada aún, ni podría serlo en un plazo que desde la perspectiva de siglos impuesta por la hondura de los problemas heredados por México de su pasado aparecía excesivamente breve, aunque se prolongase por décadas. Consecuente con estas ideas, Bulnes creyó reconocer en el general Reyes al nuevo Díaz, y con ello vino a quedar descolocado tanto entre los defensores del porfirismo en agonía como entre sus enemigos. Al avanzar el proceso revolucionario, su hostilidad a los nuevos poderosos pasó muy comprensiblemente a primer plano, e inspiró su diatriba contra la revolución y la responsabilidad que en relación con ella correspondía al presidente Wilson. Pero ya en 1920 publicaría en México un juicio retrospectivo del régimen de Díaz, que busca en sus secretas flaquezas la explicación última de la revolución.

El verdadero Díaz y la Revolución[15], redactado todavía en el destierro (al que Bulnes se acogió prudentemente al recibir amenazas discretas, pero terriblemente precisas, del presidente Carranza), aunque está escrito en medio de un proceso aún no cerrado, aspira a poner a Díaz y la revolución en la historia; es decir, a someter a ambos al mismo procedimiento desmitificador invocado en su libro de 1899 y perfeccionado en la serie de desenmascaramientos retrospectivos de la década siguiente. Separada de *El porvenir* por dos décadas llenas de cosas, que han arrojado progresivamente a Bulnes del centro de la vida pública mexicana a los estrechos márgenes intermitentemente abiertos a los vencidos, mantiene una notable continuidad de ideas con aquella obra, y viene a ofrecer algo así como el revés de la trama para el retrato monumental del régimen ofrecido en ella.

Lo que en 1899 aparecía como un programa para el futuro que —Bulnes quiere persuadirse a sí mismo a la vez que a sus lectores— es ya el del Porfiriato, aparece ahora como un inventario de carencias: la ceguera a la necesidad de extender la agricultura de irrigación para asegurar la autosuficiencia en alimentos se le aparece como la culpa mayor del porfirismo (a la vez que una de las más serias responsabilidades del grupo científico, del que Bulnes traza un retrato feroz). Pero si Bulnes —que proclama a cada paso su básica solidaridad con los vencidos— aprovecha de todos modos su derrota para razonar reticencias que estaban sin duda ya presentes en 1899, en esos veinte años su visión del porfirismo ha cambiado sobre todo porque el deslizamiento entre una imagen positiva y una negativa de la clase media intelectual ha sido finalmente completado.

Sin duda Díaz ha encarado el problema creado por ese grupo del único modo posible:

"En 1868, apenas si el doce por ciento de la clase media vivía del gobierno. En 1876 el refectorio había extendido la pitanza al dieciséis por ciento, y el general Díaz hizo que en el país comiera del gobierno el setenta por ciento de la clase media [. . .].El general Díaz fue el redentor sublime de las clases medias castigadas por el hambre secular; fue quien introdujo la alegría en los hogares de toda la gente decente proletaria, más miserable que los peones de los latifundistas."[16]

Pero con ello sólo logró dar nuevo vigor a un grupo políticamente irredimible, y los revolucionarios, reclutados en esa clase entre todas detestable, deben su existencia misma a esa "fórmula gástrica de la paz" que fue la de Díaz.

"La mayor parte de los enemigos de la dictadura deben su existencia a esa paz ignominiosa de pitanza para la perezosa clase mesocrática. La miseria esteriliza a las mujeres, o mata sin misericordia a los párvulos escrofulosos."

Ahora el proletariado intelectual es identificado sin residuos ni reticencias con la corruptora serpiente que destruyó el paraíso del antiguo orden, propagando novedades ideológicas tan seductoras como peligrosas, tal como lo había caracterizado una vez y otra ese neoconservadorismo europeo con el que Bulnes había querido aun marcar distancias en 1899. Sin duda en México el proletariado intelectual no podía transformar a la plebe en su masa de maniobra. Ese

".. .país inmenso, de pequeña población agrícola diseminada, no se prestaba al apostolado del pauperismo intelectual, y el analfabetismo hacía imposibles las inoculaciones socialistas por la prensa".

Aun así, el proletariado intelectual logró ser

".. .el verdadero dueño, el verdadero azote, el verdadero tirano de México, y su voluntad lírica, metafísica o trágica ha sido la única constitución política de la República".[17]

Ello ha sido así porque, a falta de la plebe, el proletariado intelectual encontró a su agente y víctima en el ejército:

"No pudiendo agitar [. . .] a las masas, mostró estupenda habilidad para agitar a los militares; los dividía, exaltaba su ambición, *acantaridaba* su organismo [. . .]. Esos militares mártires acababan por arrepentirse de su ambición [. . .] la clase media famélica y cruel les exigía que le dieran de comer, de beber, de vengarse [. . .]. La burocracia, que había hospedado en su vientre al patriotismo, a falta de víveres no se cansaba de rugir contra el Presidente, siempre tirano, porque no sabía serlo de verdad."[18]

El porfiriato ha inscrito un capítulo más en la anárquica historia del ochocientos mexicano, una historia que había creído clausurar para siempre, cuando sólo había comprado a precio exorbitante una tregua con un enemigo al que brindaba así nuevas fuerzas para el asalto final.

Si *El verdadero Díaz* subsumía al pasado reciente en la problemática histórica de un pasado más remoto, y hacía de la historia el teatro de una sola y reiterativa tragedia —la victoria siempre reiterada de una clase parasitaria sobre las exangües clases productoras—, en *Los grandes problemas de México* (colección de artículos publicados por Bulnes en *El Universal* entre 1922 y 1925 y reunidos póstumamente en volumen en 1926) los términos de referencia no podrían ser más contemporáneos. La revolución rusa y las reacciones frente a ella dominan el panorama mundial; la revolución mexicana, que también gusta de tomar esas experiencias europeas como término de referencia, el nacional. El avance del socialismo no sorprende a Bulnes; lo había profetizado desde 1899; lo que juzga su fracaso tampoco; lo desconcierta, en cambio, que cuanto más evidente se hace ese fracaso más crece el entusiasmo de las plebes por la experiencia soviética, contra lo que había esperado en 1899 (cuando creyó que las experiencias socialistas serían efímeras y aleccionadoras). Consecuencia de ello es una coyuntura en que la defensa contra esos "dos grandes enemigos del género humano, según todos los grandes pensadores del globo", que son:

"...bolchevismo y sindicalismo, porque el ideal de ambos es hundir en miseria y barbarie, demencia y suciedad, el régimen social clásico"[19]

exige una lucha y vigilancia constantes, que han de extenderse hacia un futuro de término indeterminado, pero que Bulnes no espera cercano.

¿Es decir que México ha dejado atrás la etapa en que el conflicto político-social enfrentaba a las clases productoras y las parasitarias, y ha entrado en otra más cercana a la vivida por la Europa contemporánea? Bulnes parece considerarlo así, por ejemplo al examinar —en uno de los primeros artículos— el conflicto entre propietarios e inquilinos urbanos, que demandan la rebaja y congelación de alquileres. Bulnes comenta:

"Yo creo que los propietarios dan prueba de imbecilidad si creen que en los actuales tiempos se puede sostener en lo absoluto la ley de la oferta y la demanda. Esta no puede ser destruida; pero tampoco la fuerza popular irresistible que se opone a la soberanía teórica de tal ley. Es menester transar en el terreno de la moral y el patriotismo. Y el socialismo minimalista tiene medios para esa transacción, aceptable para todos los egoísmos, siempre que cada uno de ellos entienda que su intolerancia es el peor enemigo de ese egoísmo."[20]

Nótese que —pese al vocabulario propio de la primera posguerra— el sentido de estos consejos no innova sustancialmente sobre soluciones propuestas ya en 1899: el gobierno no debe nunca identificarse con sólo una clase (en 1899 este principio había sido proclamado herencia del antiguo Egipto), y, en consecuencia, toda política debe basarse en las transacciones entre los intereses de esas clases. Lo que hace esa lección más relevante al México de 1922 que al de 1899 es la movilización de las masas, herencia de la revolución:

"...la nación está echando chispas por todas partes, las que es menester apagar por medio de la política que el estado volcánico de la república aconseja; política que debe corresponder a la elevada temperatura moral de la opinión pública".

Pero Bulnes es, a la vez, muy sensible a los límites de la innovación que esas movilizaciones populares suponen. La que dirige la política mexicana sigue siendo la clase media profesional, rebautizada luego despectivamente proletariado intelectual (y ahora llamada a ratos burguesía burocrática). Su ambición —una ambición que Bulnes

no halla en sí misma condenable— es ingresar en la clase propietaria;
por lo tanto, pueden los propietarios de fincas urbanas estar seguros
de que "la burguesía burocrática que nos domina no dictará leyes
que a fondo lastimen la propiedad". La novedad es, desde luego, que
el proletariado intelectual ha logrado finalmente movilizar en su provecho a las masas mexicanas, a las que explota impiadosamente. Contra Vasconcelos, que acaba de denunciar al Antiguo Régimen como el
de las clases acomodadas, Bulnes objeta que éstas nunca han gobernado a México:

> "De 1867 a 1924 [. . .] la clase gobernante fue exclusivamente la clase media
> hasta 1911, y de esa fecha hasta 1924 han gobernado los militares salidos de la
> clase humilde en sociedad con la clase media siempre famélica [. . .] las clases me-
> dias famélicas [. . .] han gobernado para explotar al indio, servirse de muchos mi-
> llares de toneladas de su sangre, para sostener principios abstractos o principios
> rufianescos de la gran clase opresora del país, compuesta de militares sin fortuna
> y de abogados sin clientela."[21]

Este retrato poco favorecido de la clase política revolucionaria
no carece de sagacidad; pocos entre los adversarios de la revolución
proclamaban en 1924 su carácter burgués con tan segura convicción
como Bulnes. Al mismo tiempo, no innova en nada fundamental sobre los retratos igualmente poco favorecidos que los enemigos del
grupo yorkino habían trazado de éste casi un siglo antes: comienza
a parecer que la revolución no ha innovado más hondamente que el
porfirismo sobre los datos básicos de la problemática política mexicana.

La confirmación decisiva de ese punto de vista le llegará a Bulnes de su tentativa de proporcionar un programa a las clases propietarias del México posrevolucionario. Estas deben, a su juicio, practicar la política de intereses que él mismo ha preconizado en sus solilo-
quios de profeta sin honor desde 1899. No hay motivos para que re-
nuncien a integrarse en un régimen de clara vocación burguesa, y
—Bulnes está persuadido de ello— pueden hacerlo en condiciones mucho más favorables de lo que imaginan. Funda esta convicción en un
análisis admirablemente sagaz de lo que la revolución ha sido; un haz
de revoluciones cuya base campesina es de muy desigual firmeza. Sin
duda hay toda una comarca de México —Morelos y tierras aledañas
de Puebla— en que el agrarismo es una fe viva y movilizadora, con la
cual, a juicio de Bulnes, no hay transacción posible. Pero hay zonas
más amplias —desde el extremo norte ganadero hasta el sur indígena,
en que las comunidades no debieron sufrir el impacto de la ofensiva
porfirista— ajenas a esa problemática, y otras áreas menos marginales
—desde Jalisco hasta Guerrero— en que rancheros y campesinos han
visto en la revolución sólo una perturbación venida de fuera. La base

rural del movimiento (fuera del plano militar) es menos sólida de lo que creen sus enemigos, y las clases terratenientes pueden ponerse a la cabeza de una fuerza de opinión capaz de ganar amplia base social e imponer al nuevo régimen un rumbo compatible con los intereses de productores y propietarios rurales. Así Bulnes adivinaba ya la intensidad del rencor rural contra la revolución que pronto encontraría expresión clamorosa en la Cristíada, pero la línea que sugería era muy distinta de la que dominó la desesperada resistencia del movimiento cristero. Para hacer la política de sus intereses de clase, los terratenientes deben integrarse sin reservas en el nuevo orden. Bulnes no comprende "por qué, siendo don Venustiano Carranza reaccionario e inteligente [. . .] no se volvieron carrancistas" y prefirieron, en cambio, apoyar a Huerta, que a más de ser un malvado era notoriamente incapaz de lograr lo que la clase terrateniente esperaba de él. Ahora tienen los terratenientes mexicanos una nueva oportunidad de

". . .entrar en la lucha, no para poner las cosas en 1790 por absurdos medios contrarrevolucionarios, sino para hacer entender a la Revolución que [. . .] es indispensable una conciliación entre la tradición y la revolución, entre la ciencia y el desatino, entre la moral y las pasiones, y esa conciliación tiene que hacerse sobre el conocimiento de la verdad económica".[22]

Pero esta exhortación a una militancia de nuevo estilo se resuelve de inmediato en una destemplada condena de los terratenientes mexicanos por su sordera frente a ella; en su nuevo papel de intelectual orgánico de las clases propietarias Bulnes reconoce sin sorpresa el más antiguo de profeta no escuchado y predicador en el desierto. Se limita a señalar que su experiencia histórica prepara muy mal a la clase terrateniente para el nuevo papel que la hora le impone. De la emancipación a la revolución,

". . .los terratenientes gozaban de todos los privilegios coloniales, con sólo una condición inexorable: no meterse en política; reconocer en la política el privilegio exclusivo de la clase media".

"En aquellos tiempos, en que con un peso comía una familia pero que a casi todas las familias faltaba ese peso, para las clases ricas la política racional [. . .] era no meterse en política, cuyo objeto era la repugnante disputa de los escasos peculios nutricios del erario nacional, que pertenecían a los desheredados de chistera [. . .]. La fórmula histórica que caracteriza a nuestros terratenientes ha sido: aprovecharse sin comprometerse, eludiendo toda clase de sacrificios y explotando al hambriento."

Esa fórmula ha perdido eficacia en el México posrevolucionario, y porque la clase terrateniente no lo ha advertido está condenada a un destino sombrío:

". . .el honor en política es [. . .] tener desprecio al débil y como hormiga pisarlo. La clase rica mexicana es esa hormiga, porque ella ha querido descender hasta ese grado, manteniendo su egoísmo en su vieja fórmula histórica".

Puesto que así están las cosas, ya no se puede esperar de ella la rectificación de rumbos que puede todavía salvar a México. El programa de conciliación de clases que Bulnes ha propuesto dependía de que las clases se decidieran a reclamar la condición de protagonistas del proceso político; ahora bien, la propietaria ha abdicado de él y las populares no han sido a lo largo del proceso revolucionario más que los instrumentos de los "abogados sin clientela y militares sin fortuna". El drama político mexicano, que por un momento pareció requerir el vasto escenario de la entera sociedad, cabe, pese a todos los cambios, en el más restringido de esa clase media profesional que permanece —en medio de todas esas metamorfosis— sustancialmente igual a sí misma, y domina sola la vida mexicana desde la Independencia. Abandonando las opciones propias de un futuro que creía ya tocar con las manos, y en que el conflicto político mexicano se definiría por fin sobre líneas comparables a las que se dibujan cada vez más nítidamente en Europa, Bulnes vuelve a las opciones más antiguas de todas. La solución para México sólo puede provenir del militarismo, y Bulnes espera que Obregón y Calles sepan advertirlo a tiempo.

"El presidente Obregón va adquiriendo brío y denuedo para cumplir y hacer cumplir las leyes, muy defectuosas pero muy superiores a las pasiones antisociales de los agitadores. No hay que pedir a los obreros que se humanicen; basta con lograr que el militarismo, que siempre ha sido dueño de nuestros destinos, no los ceda a la demagogia, y que por ningún motivo deje de haber militarismo [. . .]. Si el general Calles llega a la presidencia con el sable fajado sobre calzones de acero, puede hacer algo bueno."[23]

La tutela militar reemplaza así, como garantía de orden social, a la acción política de la clase propietaria, y ella viene a contrarrestar, no la amenaza de las masas desheredadas sino la demagogia de los agitadores, nombre nuevo para la proteica fuerza disociadora de la clase media intelectual. Si por un momento pareció que Lenin y Mussolini ofrecían la cifra adecuada para las alternativas entre las que se debatía el México posrevolucionario, es ahora evidente que éstas siguen dándose entre Santa Anna y Gómez Farías o Lorenzo de Zavala.

Así la trayectoria de Bulnes entre progresismo y conservadorismo nos enseña algo no sólo sobre ese progresismo hispanoamericano dentro del cual este Pareto mexicano comienza por parecer una figura irremediablemente excéntrica, en todos los sentidos del término, sino también sobre ciertos rasgos básicos del pensamiento político hispanoamericano y su articulación con las corrientes europeas que le ofrecen inspiración y modelo. Si se reprocha a menudo al primero seguir un curso más orientado por la veleidad de ubicarse en la vanguardia de las modas intelectuales ultramarinas que por la atención a los concretos dilemas de la hora en Hispanoamérica, lo que vemos en Bulnes es, por el contrario, una obstinada fidelidad a la temática y problemática que han dominado el debate político mexicano (y más aun la visión que los dirigentes mexicanos tenían de las opciones alternativas a ellos abiertas) desde el comienzo de la etapa independiente, y que logra expresarse sucesivamente en el lenguaje del liberalismo progresista, del progresismo que —aunque no lo admite explícitamente, y quizá no lo sabe del todo— ha dejado de ser liberal, y de la reacción antisocialista de la primera posguerra. También en esto Bulnes, figura de nuevo excéntrica a todas esas tradiciones ideológicas, nos ofrece una lección útil en cuanto nos indica en qué plano puede rastrearse, en su continuidad y autenticidad, mantenidas no en contra sino a través de la igualmente constante apertura al voluble influjo ultramarino, lo que es peculiar y específico del pensamiento político hispanoamericano.

NOTAS

[1] *El porvenir de las naciones latinoamericanas ante las recientes conquistas de Europa y Norteamérica,* por el ingeniero Francisco Bulnes, segunda edición, México, 1947.

[2] *El porvenir. . .,* pág. 8.

[3] *El porvenir. . .,* pág. 9.

[4] *El porvenir. . .,* pág. 25.

[5] *El porvenir. . .,* pág. 26.

[6] *El porvenir. . .,* pág. 103.

[7] *El porvenir. . .,* pág. 101.

[8] *El porvenir. . .,* págs. 99-100.

[9] *El porvenir. . .,* pág. 101.

[10] *El porvenir. . .,* pág. 321.

[11] *El porvenir. . .*, pág. 284.

[12] *El porvenir. . .*, pág. 291.

[13] *El porvenir. . .*, pág. 127.

[14] Ambos volúmenes se publicaron en 1904.

[15] *El verdadero Díaz y la Revolución*, México, 1920.

[16] *El verdadero Díaz y la Revolución*, pág. 42.

[17] *El verdadero Díaz y la Revolución*, pág. 17.

[18] *El verdadero Díaz y la Revolución*, pág. 14.

[19] *Los grandes problemas*, pág. 4.

[20] *Los grandes problemas*, págs. 36-37.

[21] *Los grandes problemas*, pág. 113.

[22] *Los grandes problemas*, págs. 178-180.

[23] *Los grandes problemas*, pág. 221.

¿Para qué la inmigración?
Ideología y política inmigratoria
en la Argentina
(1810-1914)

I

A lo largo de todo el siglo xix la inmigración fue considerada —en la Argentina más aun que en el resto de América española— un instrumento esencial en la creación de una sociedad y una comunidad política modernas; en torno de ella se dio un consenso más completo que en otras comarcas españolas de América. Pese a que el país fue invadido a lo largo del siglo por una masa de inmigrantes que en proporción a la población originaria fue la más alta conocida en el planeta, sería inútil buscar aquí la oposición activa que políticas proinmigratorias de ambiciones y resultados mucho más modestos provocaron, por ejemplo, en México y Chile. Sería inútil también rastrear la huella de políticas de poblamiento alternativas a la centrada en la inmigración de hombres libres: el contrapunto entre una política comparable a la argentina, capaz de dar el soporte humano para una clase numerosa de campesinos libres, en un contexto de propiedad —o por lo menos explotación— rural relativamente dividida, y una basada en la importación de esclavos africanos, que asegure la rápida expansión de una economía rural de semiplantación, ese contrapunto que subtiende la historia de Cuba en casi todo el siglo xix, no tiene desde luego paralelo en el Río de la Plata.

Las razones para el surgimiento de un consenso tan vasto y duradero en torno de una política que no podía sino introducir cambios cataclísmicos en la sociedad argentina son necesariamente complejas; algunas de ellas son herencia del pasado prerrevolucionario y de las agitadas décadas que separan a la emancipación de la llamada organización nacional; otras (acaso más importantes) se vinculan con la complejidad —a menudo contradictoria— de las funciones asignadas a los inmigrantes en el proceso de modernización de los que todos coincidían en considerarlos un ingrediente esencial. Esa complejidad, por su parte, se vincula con la variedad —ella misma a menudo contradictoria— de las aspiraciones que conducen a apoyar el proyecto modernizador. Pero esas contradicciones no son lo bastante marcadas y sistemáticas para desembocar en la propuesta de varios proyectos alternativos de transformación económico-social que tuviesen en común la apelación a la inmigración masiva. Se traducen, en cambio, en una constante ambigüedad de métodos y objetivos; esta ambigüedad sólo alcanza a dar lugar a reticencias y disidencias parciales y efímeras en el vasto consenso que rodea a la política de rápido cambio eco-

nómico-social; esas reticencias —aunque reveladoras del temple de
ánimo con que un dado sector social o de opinión contempla el proceso en un dado momento— no alcanzan, sin embargo, para provocar
inflexiones decisivas en la marcha de ese proceso mismo.

II

A partir del último tercio del siglo xviii la expansión económica del litoral rioplatense, que ha seguido hasta entonces una marcha
vacilante, se torna sostenida. La razón es doble: por una parte la
creación de un centro mercantil, administrativo y militar en Buenos
Aires (naval en Montevideo) acelera el crecimiento urbano; por otra,
el avance de las exportaciones pecuarias induce el del sector rural.
Fue sobre todo este último el que interesó a los primeros economistas rioplatenses: la rapidez misma de su ritmo revelaba y acentuaba
ciertas carencias de la estructura social de la campaña, que —según venía a descubrirse— se vinculaban todas, de una manera o de otra, con
la escasez de población. La más obvia consecuencia de ésta es la escasez y carestía de mano de obra, subrayada vigorosamente por el primero de los economistas ilustrados rioplatenses, el futuro revolucionario Hipólito Vieytes. Los argumentos de Vieytes parecen reiterar
de modo escasamente original las lamentaciones sobre las consecuencias de la "falta de brazos", tan frecuentes aún en zonas de población
rural densa: es sabido que estas lamentaciones son sobre todo reflejo
de la impaciencia de productores rurales en considerable escala, imposibilitados de aprovechar adecuadamente las oportunidades abiertas por la expansión de sus mercados potenciales por la existencia de
una mano de obra también ella potencial que —sea porque dispone de
sus propias reservas de tierras, sea porque otros productores menos
innovadores son capaces de retenerla mediante presiones legales o
no— no está de hecho disponible para su utilización en el sector capaz de expandirse más rápidamente. Sin embargo Vieytes no habla en
nombre del sector más dinámico de productores rurales, los explota-
dores de la ganadería extensiva (cuyas necesidades de mano de obra
son modestísimas); sus razonamientos se ubican en el marco de un
proyecto de transformación social más ambicioso, destinado a eludir
precisamente esa monoproducción ganadera a la que el libre juego de
las fuerzas económicas parece condenar al litoral rioplatense. Para ob-
viar ese peligro es preciso terminar con el estancamiento de la agricultura del cereal: éste se debe al alto costo de producción, que impide
la exportación de sus frutos; esos altos costos derivan a su vez de los
altos salarios y elevado precio de los productos necesarios para la sub-

sistencia del labrador y su familia; éstos, a su vez, son triste consecuencia de la falta de artesanía rural en el litoral rioplatense: en Chile el jornal es mitad del usual en el Plata "¿y cómo podrían trabajar a tan bajo precio, si como los nuestros hubieran de vestirse necesariamente de los géneros de fábricas muy distantes?".

Estamos ante una expresión típica del reformismo ilustrado: el cambio económico es constantemente visto como un aspecto de una transformación mucho más compleja en actitudes y estilos de vida. La creación de artesanías rurales tendrá por ejemplo, entre otros efectos, el cambio de actitud frente a la familia:

"...la copia de hijos no será ya una carga pesada para el triste labrador y antes por el contrario aquél será más rico que cuente mayor número de manos ocupadas, y auxiliares. El celibato profano, esa plaga destructora de la población. . . no tendrá ya aquellos acérrimos partidarios que se alistan bajo sus banderas seductoras".[1]

Pero si el cambio económico tiene potencialmente efectos tan vastos, puede ser inducido desde esferas no económicas: Vieytes parece creer que, si su prédica en favor de las artesanías rurales logra alcanzar a la población de la campaña, su resultado directo será el vasto cambio que preconiza.

Entre los contemporáneos de Vieytes que tienen responsabilidad más directa en la política de poblamiento, la atención a los aspectos no estrictamente económicos del problema es también muy marcada; por detrás de la influencia ilustrada, también en ellos muy fuerte, influye una tradición administrativa comenzada a elaborar desde el momento mismo en que España comenzó a crear en América una sociedad colonial que quería capaz de cubrir las funciones a ella asignadas por la metrópoli y el soberano. Como es esperable, en esta tradición más antigua los objetivos de control político-social prevalecen sobre los de progreso sociocultural, tan evidentes en Vieytes. De aquella tradición administrativa y sus preocupaciones dominantes proviene, por ejemplo, la preferencia por la población concentrada, aun más marcada en zonas de frontera con el indio o el portugués. El horror por el asentamiento disperso, que hace imposible la necesaria disciplina social, política y religiosa, aparece muy vívidamente expresado en 1781 por el obispo de Córdoba, San Alberto. Pero precisamente porque la monarquía borbónica ha acrecentado su ambición de influir en la plasmación de la sociedad colonial, los límites dentro de los cuales su influjo puede hacerse sentir con eficacia se han hecho inmediatamente más evidentes. En la década de 1780 —con el propósito principal de consolidar las fronteras— la corona promovió el establecimiento de colonos peninsulares en nuevas fundaciones de la campaña de Buenos Aires, Entre Ríos y la Banda Oriental. Si bien esas fundaciones iban a revelarse viables, su orientación agrícola fue pronta y casi totalmente abandonada, y sobrevivieron y prosperaron como centros administrativos, militares, comerciales y religiosos de una población ganadera dispersa. En 1801 un agudísimo servidor de la corona, Félix de Azara, hallaba que desenlaces de esa naturaleza eran inevitables, y acaso deseables: en las peculiares condiciones del Río de la Plata es deseable que la escasa mano de obra se concentre en actividades en que la productividad es más alta, y las ventajas que en este aspecto exhibe la ganadería frente a la agricultura y la artesanía son evidentes. El problema más bien es cómo hacer compatible la población dispersa que la ganadería exige con el mínimo de control social necesario para mantener el dominio político sobre la región: la creación de centros dotados de capilla, escuela y mercado garantizaría ese sumario control. Más no puede esperarse: no podría surgir población agrícola concentrada sin mercados consumidores cercanos, y los ganaderos "no siendo muy ricos, necesitan vivir en sus estancias".[2]

De este modo el descubrimiento de que a la economía, como a la naturaleza, sólo se la domina obedeciéndola, limita, a la vez que orienta, el celo reformador de los servidores de la corona. La revolución va a transformar de modo decisivo las raíces —y por eso mismo el área de efectividad— del poder del Estado. Perdidos sus apoyos ultramarinos, éste depende mucho más de fuerzas locales, cuyo equilibrio refleja por otra parte el de la sociedad de la comarca. Si ya en tiempos coloniales era difícil ejecutar en los hechos una política que contrariase a los sectores dominantes rurales, en la etapa independiente se hace aún difícil proponerla. El elemento autoritario en la definición de esas políticas no desaparece, pero se concentra en la relación con los sectores bajos. En 1810 otro agudísimo servidor de la corona, ya transformado en funcionario de la revolución, Pedro Andrés García, vuelve a examinar el problema de la población dispersa en la campaña, para proponer una vez más la creación en la frontera de pueblos donde deberán ser compelidos a residir los pobladores, pero ahora eximiendo explícitamente de esa obligación a los propietarios de tierras. Aun más característicamente, mientras Manuel Belgrano, cuyo *Correo de Comercio* ha continuado la prédica del *Semanario de Agricultura*, de Vieytes, se orienta luego de la revolución hacia tareas político-militares, su periódico —que todavía poco después de ella denunciaba en la insuficiente distribución de la propiedad de la tierra una de las causas del atraso agrícola— se identifica totalmente con el punto de vista de los grandes propietarios rurales: la atención se vuelve hacia la presencia de esos "zánganos", esos pobladores sin tierras que viven siempre de actividades irregulares, y a menudo de empresas ilegales, a quienes es preciso que "los jueces les compelan" a trabajar por salario o marcharse a poblar la frontera. Pero el interés por reforzar a ésta ha pasado él mismo a segundo plano; mediante esa deportación de indeseables se trata sobre todo de asegurar el "desahogo de los criadores", en otras palabras, de asegurarles la posibilidad de dedicar todas sus tierras a la ganadería extensiva.[3]

En toda esta publicidad el tema de la inmigración ha sido apenas rozado; sin embargo los motivos que ella recoge y analiza (no todos los cuales serán mantenidos explícitamente en las posteriores ideologías pro inmigratorias) se refieren a factores que harán sentir todavía su gravitación en los desarrollos tanto más rápidos de la Argentina independiente, de los que la inmigración masiva es un aspecto esencial.

Anotemos los más significativos: que cualquier política de transformación político-social rápida encuentra los límites de su viabilidad en la necesidad de utilizar las fuerzas económicas disponibles tomando en cuenta las leyes que rigen su desempeño y encuentra límites aun más rigurosos en la necesidad política de compatibilizar cualquier ambición reformadora con los intereses de los sectores altos locales, tal como son percibidos por esos sectores mismos. Pero todavía otro, reflejado indirectamente pero no por eso con menos claridad en los debates sumariamente ya reseñados: que —a menos que se produzca un vertiginoso aumento de la población local— la pobreza numérica de ésta impone duras limitaciones al desarrollo económico del área (haciendo difícil evitar la consolidación de la monoproducción ganadera) y tiene consecuencias igualmente negativas no sólo en el aspecto sociocultural sino en cuanto a la posibilidad misma de mantener un orden político tolerablemente sólido. Y todavía que el problema de la población es examinado sobre todo en cuanto a la campaña: si ello se debe a que en la opinión de estos observadores la ciudad está ya sobrepoblada y luego de 1810 las razones para el énfasis en el poblamiento rural serán diferentes, la continuidad temática no es menos real. Está en cambio notoriamente ausente cualquier consideración sobre aspectos de la población que vayan más allá de su número; esa indiferencia se mantiene aún hacia aspectos por los cuales en otros contextos la atención colectiva es muy viva; así en cuanto al origen étnico de los pobladores, Azara llega a proponer que se fomenten las fugas de esclavos de territorios portugueses, dándoles refugio como trabajadores libres en las zonas españolas de frontera[4]; si Vieytes no propone medidas comparables, es por lo menos significativo que no introduzca consideraciones étnicas en su análisis de la población rural (mientras en la ciudad se declara partidario de organizar dentro de cada oficio gremios separados para trabajadores blancos y libres de color).[5]

III

La ideología pro inmigratoria que acompaña la rápida expansión argentina del medio siglo anterior a la Primera Guerra Mundial es articulada por los hombres de la generación de 1837; sus elementos esenciales no son sin embargo individualizados por ese grupo y están ya presentes, por el contrario, en las observaciones que sobre política inmigratoria formula Bernardino Rivadavia ya en 1818, en el curso de una misión diplomática en Europa. Ya en ese momento la inmigración es vista desde una perspectiva nueva:

"...el aumento de población no es sólo a ese Estado su primera y más urgente necesidad, después de la libertad, sino el medio más eficaz, y acaso único, de destruir las degradantes habitudes españolas y la fatal graduación de castas, y de crear una población homogénea, industriosa y moral, única base sólida de la Igualdad, de la Libertad, y consiguientemente de la Prosperidad de una nación".[6]

La alusión a la "fatal graduación de castas" tendrá eco limitado entre los autores más tardíos (que la inmigración debe ser blanca y europea será entre ellos un valor entendido, pero preferirán subrayar las ventajas culturales, antes que las étnicas, de la inmigración de ese origen; cuando la oleada de racismo finisecular finalmente alcance a la Argentina el reticente alegato en favor de la homogeneidad étnica se transformará en una clamorosa afirmación de la superioridad racial blanca). En cambio el de la inmigración como agente destructor de "las degradantes habitudes españolas" llegará a ser uno de los temas dominantes de la nueva ideología pro inmigratoria.

La distancia entre esa expectativa y los resultados concretos que iba a alcanzar la inmigración masiva ha sido subrayada reiteradamente por los críticos —cada vez más abundantes— de esa ideología misma. Lo que hubo de errado en esas previsiones suele achacarse a una fe apriorística en los efectos necesariamente benéficos de cualquier clase de contactos con civilizaciones más maduras y complejas (¿y qué contacto más íntimo que el provocado por la inmigración, ese "injerto" —como es frecuentemente llamada, en metáfora llena de sentido— de una civilización madura en el cuerpo de una primitiva?). Si bien la presencia de esa fe previa al examen de las experiencias sociales concretas atravesadas por el país no podría negarse, hay elementos de esas experiencias mismas que parecen confirmar, más que desmentir, las esperanzas que ella anima. Es precisamente el balance de los efectos ya causados por la introducción —luego de 1810— de un grupo numéricamente reducido de inmigrantes no hispánicos el que inspira buena parte de las previsiones destinadas a frustrarse parcialmente. Esos erróneos pronósticos se explican entonces —a la vez que por la gravitación de un "occidentalismo" en efecto muy intenso— por la extrapolación de los resultados obtenidos de una inmigración de elite, poco numerosa y considerablemente próspera, que ha de reclutarse en sectores muy diferentes de la sociedad europea. Ya en 1818 las lecciones de esa experiencia todavía breve son recogidas por Rivadavia, por ejemplo, al postular que los futuros emigrantes han de ser en proporción considerable no católicos; esa previsión le parece tan evidente que no cree siquiera necesario discutirla. Ese y otros motivos, sobriamente enunciados en su breve informe, reaparecerán a través de infinitas variaciones en los escritos de la generación de 1837. Ahora una experiencia más prolongada permite medir mejor el arraigo de "las degradantes habitudes españolas", revela hasta qué punto la ruptura con el pasado prenacional que la revolución emancipadora postulaba implicaba una ruptura de la nueva nación consigo misma, pero revela también en qué niveles y por qué medios esa ruptura ha comenzado ya a consumarse. Las enseñanzas de esa experiencia a la vez rica y desconcertante están presentes en los escritos en los cuales Domingo Faustino Sarmiento, a partir de 1841, elabora, sobre la base de un examen crítico de la realidad hispanoamericana, un proyecto de reforma a la vez política y social en el que asigna papel primordial a la inmigración.

La herencia colonial es para Sarmiento algo más que un conjunto de "habitudes", de tendencias intelectuales o prejuicios ideológicos: es todo un estilo de vida, moldeado (tanto como por la herencia hispánica y prehispánica) por el marco natural brindado por el espacio americano; en lenguaje de Sarmiento, es el fruto de "la colonización y las peculiaridades del terreno".[7] Contra el peso de esa corpulenta realidad la revolución ha podido poco, y su legado es ambiguo. Sin duda, gracias a ella Hispanoamérica se ha hecho sujeto y no objeto de historia, ha pasado de "la felicidad material de los pueblos"[8], provista por el despotismo, al duro reino de la libertad. Pero a la vez ha acentuado —y transformado en experiencia cotidiana de grandes masas de población, antes al margen de la vida política o administrativa— la violencia arbitraria del Estado, dirigida contra el enemigo político; identificada por añadidura con un igualitarismo "cuyo dogma ha penetrado hasta las capas inferiores de la sociedad"[9], no puede sino tener consecuencias peligrosas cuando en esa vasta área sólo una reducida elite (minoritaria aun en el marco de las clases privilegiadas) vive la vida del siglo xix.

Tampoco las innovaciones políticas aportadas por la revolución son su legado más valioso. En viaje a Valparaíso, Sarmiento transita ese "camino duradero y útil" legado por "la tiranía colonial de España", y celebra irónicamente el fin de los tiempos en que se prefería.

"...gastar dinero en caminos y casuchas, cuando era mejor haber dictado una constitución y reunido cámaras legislativas y publicar las memorias de todos los presidentes, que así sabríamos lo que han hecho o dicho, o deseaban que creyesen que querían hacer en el tiempo de su administración".

Si las innovaciones institucionales no parecen aquí tenidas en alto aprecio, la adhesión a las ideológicas y culturales no está tampoco desprovista de ambigüedades: Sarmiento conserva las reticencias que frente al legado de una revolución heredera de las ideas del setecientos caracterizó desde el comienzo a la generación de 1837. El mérito de la revolución es más bien haber abierto la posibilidad de una experiencia histórica más compleja, de la que el contacto con el mundo no hispánico es uno de los aspectos más positivos. Apenas exagerando, podría decirse que para Sarmiento la revolución chilena se justifica sobre todo por Valparaíso. No es que allí las insuficiencias del nuevo ordenamiento político-administrativo no se hagan sentir; son por el contrario más cruelmente evidentes que en Santiago. Pero si la ausencia de empedrado de calles y alumbrado público es aquí tanto más chocante es porque contrasta violentamente con lo que por otra parte Valparaíso ha llegado ya a ser:

"...la Europa acabada de desembarcar y botada en desorden en la playa [...] el combate de las costumbres nuevas con las añejas; la invasión, lenta pero irresistible, de la civilización y de los hábitos europeos".

Esa invasión de hábitos y costumbres se apoya en una invasión pacífica de hombres; Valparaíso está poblada de "carcamanes, yankees y gringos".[10] No sólo en esta puerta hacia el mundo que la Revolución ha abierto para Chile la presencia extranjera es civilizadora; en el fondo de la pampa argentina el contraste reaparece entre

"...la colonia alemana o escocesa del Sur de Buenos Aires, y la villa que se forma en el interior; en la primera las casitas son pintadas, el frente de la casa siempre aseado [...] y los habitantes en un movimiento y acción continuos. Ordeñando vacas, fabricando mantequillas y quesos, han logrado algunas familias hacer fortunas colosales y retirarse a la ciudad a gozar de las comodidades. La villa nacional es el reverso indigno de esta medalla".[11]

¿A qué se debe esta diferencia? A la herencia ancestral de "amor a la ociosidad e incapacidad industrial" que comparten españoles e indígenas. Anticipando una fórmula clásica, para el Sarmiento de 1841-45, si España es el problema, Europa es la solución. Esta perspectiva excesivamente simple va a ser destruida por el viaje transoceánico que Sarmiento emprende precisamente en 1845. En Europa aprenderá no sólo a dar un alcance preciso a las denuncias contra las

modalidades sociales del proceso de industrialización, de las que sin
duda tenía noticia previa, sino todavía (descubrimiento aun más
sorprendente) a medir los límites inesperadamente estrechos de ese
proceso mismo, a descubrir toda una vasta Europa de estilo de vida
inesperadamente arcaico: el viaje de París a la frontera española
le muestra —por debajo de la unidad política que es Francia— la
supervivencia de un mundo campesino encerrado en un horizonte
estrecho y dominado por un estilo de vida no tocado por el paso de
los siglos. En Francia, como en la Argentina —aunque con consecuencias políticas menos catastróficas— conviven la Edad Media y el siglo
xix. Pero —y esto no es menos grave— la supresión de esa dualidad
no marcaría el fin, sino acaso el agravamiento de las tensiones en la
sociedad francesa: ese siglo xix al que Sarmiento quisiera ver ínte-
gramente incorporado a su país no ha aprendido la manera de progre-
sar sin acentuar sus clivajes internos; el progreso, sin embargo necesario, es progreso hacia la crisis.

Esa experiencia europea enseñará a Sarmiento a apreciar de modo más positivo el legado español y colonial; las aisladas ironías y
reticencias frente a los beneficios traídos por el fin de la colonia
serán coronadas por la grandiosa evocación de una empresa civilizadora que duró tres siglos y que el futuro debe continuar y ampliar
más bien que repudiar: son los *Recuerdos de provincia*, de 1851.
Pero no es esta la lección más importante que de ella deduce Sarmiento, sino más bien la necesidad de encontrar un nuevo modelo
sobre el cual planear la futura Hispanoamérica. Este modelo lo halla
bien pronto en los Estados Unidos. ¿Cuál es el secreto de su éxito?
No por cierto ninguna superioridad étnica[12], sino más bien un conjunto de desarrollos económicos, sociales y culturales que —aunque
Sarmiento no conoce el término— presenta como consecuencia de
la existencia en el nuevo país de un auténtico mercado nacional, que
incorpora efectivamente aun a los miembros más aislados de la
comunidad norteamericana; la presencia en el país de modelos similares de cocinas o hachas, fabricados para todo él en centros industriales a veces muy distantes de algunas de las áreas de consumo, parece
al viajero una diferencia más decisiva que la de instituciones, o aun
de cultura política. En ese marco nuevo halla una justificación también nueva para su interés en la alfabetización masiva: la palabra
escrita es instrumento irreemplazable en la creación de ese mercado
nacional; para advertirlo basta reflexionar sobre cuánto

"...ignora el hombre que no sabe leer acerca de aquello mismo que lo rodea,
y sirviera a satisfacer sus necesidades, a tener noticia de su existencia".[13]

En este nuevo contexto la inmigración puede tener un papel ambiguo: en los Estados Unidos los inmigrantes, lejos de constituir una influencia civilizadora, crean delicados problemas de adaptación a un estilo de civilización más avanzado que aquel de su comarca de origen, "la inmigración europea es allí un elemento de barbarie".[14] Aun así es un instrumento de rápida transformación al que los Estados Unidos no han renunciado; más que disuadirlo de las ventajas de una política pro inmigratoria, el ejemplo de los Estados Unidos incita a Sarmiento a contemplarla desde una perspectiva diferente, como un expediente a la vez eficacísimo y peligroso que requiere ser constantemente mantenido bajo control.

No se trata por cierto de que Sarmiento considere que aun en el Río de la Plata la inmigración será un elemento de barbarie; el ejemplo norteamericano le ofrece una lección más general, una invitación a ver a la inmigración con mirada desmitificadora. La inmigración es todavía posible y necesaria, pero debe ser encauzada, a la vez que fomentada, por un Estado capaz de gobernar los procesos económicos y sociales que su política contribuye a desencadenar, y decidido a ponerlos al servicio de un plan de transformación que el libre juego de las fuerzas económicas no podría llevar a feliz término. En este punto vuelve a aflorar una herencia que está en Sarmiento siempre presente —aunque no es siempre consciente—, la de la versión española de la monarquía ilustrada, que gravita, por otra parte, con tanta fuerza en el Chile conservador. Frente a la inmigración Sarmiento advierte muy bien cómo la "de la industria extraña que puede y debe fatalmente aclimatarse entre nosotros" entraña "un riesgo nacional inminente", en cuanto "traerá por consecuencia forzosa la sustitución de una sociedad a otra":

"...millares de padres de familia que hoy disfrutan de una posición social aventajada [. . .] con la acción de nuevos hombres y con su mayor capacidad de adquirir [corren riesgos de que] sus hijos en no muy larga serie de años desciendan a las últimas clases de la sociedad".[15]

Pero los peligros de la inmigración no son sino un aspecto de los que plantea la integración, por otra parte ineludible, al mundo industrial moderno:

"...la producción, hija del trabajo, no puede hacerse hoy en una escala provechosa, sino por la introducción de los medios mecánicos que ha conquistado la industria de los otros países; y si la educación no prepara a las venideras generaciones, el resultado será la pobreza y la oscuridad nacional, en medio del desenvolvimiento de las otras naciones".

La incorporación activa a ese mundo aparece como la más efectiva defensa contra la dominación del sector ya industrializado, pero para ser llevada adelante con éxito requiere una dirección política enérgica, a cargo de un grupo dirigente sin duda no trabado por ningún excesivo respeto por la herencia del pasado, pero firmemente arraigado en ese pasado mismo.

No es éste por cierto un definitivo punto de llegada en la evolución de las ideas de Sarmiento sobre la modernización necesaria y la inmigración como instrumento para acelerarla. Por el contrario, las lamentaciones sobre la inferioridad étnica o cultural indígena e hispánica han de tener amplio eco en escritos posteriores; del mismo modo lo alcanzarán —en momentos en que Sarmiento desespera de la capacidad del Estado y la clase política para dominar el proceso— las apelaciones a la acción directa de las fuerzas económicas, y de los inmigrantes con ellas identificados.

Si, en este punto como en otros, el pensamiento de Sarmiento avanza, más que en forma lineal, a través de una reiterada oscilación entre posiciones alternativas, el del expositor más sistemático de la ideología pro inmigratoria, Juan Bautista Alberdi, se presenta menos ambiguo. Como a veces en Sarmiento, el aumento rápido de la población no es visto como la única —ni acaso la principal— ventaja que proporcionaría la inmigración: aun más importante es que venga a consolidar la influencia civilizadora de Europa (continuadora con medios nuevos de las intervenciones militares ultramarinas que Alberdi apoyó con entusiasmo a partir de 1838). A través de la inmigración el trabajo europeo complementa al capital europeo en la tarea de crear una comunidad civilizada en el remoto rincón del mundo que es el Río de la Plata. Si, del mismo modo que Sarmiento, Alberdi postula la necesidad de un Estado fuerte (cuyos rasgos autoritarios subraya de modo más explícito y complacido que su gran rival), la función de ese Estado aparece más rigurosamente delimitada: debe volcar su fuerza contra los obstáculos locales que enfrentan esos agentes civilizadores externos; no es su tarea definir las reglas del juego al que se incorporan esas nuevas fuerzas socioeconómicas; que, por el contrario, el libre juego de éstas alcanza resultados constantemente benéficos es el postulado —a ratos explícito pero siempre presente— en que se apoya Alberdi. Ese Estado debe "legislar y reglamentar lo menos posible", abandonar esa

"...economía mal entendida y [...] celo estrecho por los intereses nacionales que nos han privado más de una vez de poseer mejoras importantes ofrecidas por el espíritu de empresa, mediante un cálculo natural de ganancia en que hemos visto un ataque al interés nacional".[16]

Tampoco debe el Estado abandonar su pasividad en el campo educativo; Alberdi desenmascara con maligna perspicacia las motivaciones arcaicas que mueven a Sarmiento en su cruzada contra el analfabetismo: lo acusa de inspirarse en la nostalgia por la hegemonía de los letrados, que fue propia de la sociedad colonial. En respuesta a ella postula una educación por la vida en sociedad y la participación en una economía modernizada; contra Sarmiento —y contra toda experiencia— proclama que para ser buen obrero industrial no es necesario el alfabeto. . . Al servicio de ese programa esencialmente pasivo, el Estado-gendarme debe utilizar "los hábitos de subordinación y obediencia que ha dejado el despotismo anterior".

Sin duda hay momentos en que Sarmiento no está lejos de estas posiciones, a la vez simples y vigorosas. Sin embargo, esta adhesión intermitente está atemperada por la lealtad al proyecto alternativo que postula un Estado más activamente reformador, declarado necesario debido a la presencia de conflictos irreconciliables (entre las zonas centrales y periféricas, y entre sectores sociales y culturales de las primeras) que parecen ser el precio ineliminable de ese dinamismo propio de la civilización del siglo xix. Pero si ese Estado activo se justifica en nombre de una experiencia que Sarmiento acumuló sobre todo a partir de 1845, el proyecto a cuyo servicio esa actividad es puesta —y del que sólo se definen, por otra parte, las líneas generales—, está muy cercano al postulado en sus orígenes por la generación de 1837: diversificación económica, que privilegia a la industria sobre la agricultura y, en términos más inmediatos, a ésta sobre la ganadería; gradual democratización e inmediata descentralización política, destinada a extender el goce real de los derechos civiles a la plebe rural (que se espera mejor protegida de la arbitrariedad administrativa y policial gracias al reemplazo del jefe de policía o juez de paz, ese omnipotente delegado del poder central, por el municipio electivo), mientras que —gracias a ese mismo reemplazo— la administración de las zonas rurales pasará a apoyar más activamente las aspiraciones de progreso técnico que caracterizan a ese grupo cada vez más numeroso de propietarios medios cuyo surgimiento es seguido con tanto interés por la generación de 1837 y sus continuadores. . . Este grupo está destinado a controlar los proyectados municipios elegidos (mientras que los mayores propietarios, mucho menos innovadores, ya que sus inmensos dominios territoriales les aseguran altos ingresos aun en un marco de arcaísmo tecnológico, son los representantes naturales del interés rural en la capital de la provincia). Y todavía, favorecimiento —en ese contexto rural renovado— de una propiedad más dividida. Ese programa de reforma —cuya moderación Sarmiento, que percibe muy bien el temple conservador de los tiempos, no se olvida nunca de subrayar— ofrece el marco en el cual va a intentar redefinir —en sus momentos de mayor audacia— las funciones de la inmigración.

Sólo que esos momentos de mayor audacia son necesariamente breves e inspirados por mutaciones políticas inmediatas que a la vez limitan el alcance del proyecto reformador. Así, en 1856 Sarmiento va a lanzar las denuncias más violentas contra el latifundio ganadero. que condena a una parte tan grande de la población rural a existencia errante e insegura: ecos del Evangelio y de Moro resuenan en su prosa apocalíptica. Pero lo que inspira esa apasionada denuncia es el conflicto con un grupo de donatarios de tierras que las deben a servicios políticos prestados a Rosas; nada más lejos de su intención que lanzarse seriamente a un ataque frontal al régimen de la tierra, y en efecto bien pronto Sarmiento volverá a contemplar las desdichas del gaucho con su habitual ecuanimidad.

Precisamente a través de esas oscilaciones Sarmiento está más cerca que Alberdi del temple de esa Argentina que lentamente emerge luego de la caída de Rosas: la ideología liberal-conservadora que ofrece la justificación más coherente para las transformaciones a menudo brutales impuestas al país por su renovada elite dirigente convive con una democrática, cuya parcial disidencia no alcanza intensidad suficiente para trocarla en corriente ideológica alternativa, y mucho menos en inspiración real de una fuerza política opositora: lo que esa ideología democrática ofrece es más bien un conjunto de temas y motivos que ofrecen instrumentos de expresión ya preparados, que cualquier oposición —surgida de motivos a menudo ocasionales— hallará oportunamente a su alcance cuando necesite de justificación menos anecdótica a su disidencia.

Nadie expresa esa ideología más vigorosamente que José Hernández cuando —a comienzos de la década del setenta— se considera definitivamente excluido de los círculos gobernantes; no es sorprendente que diez años más tarde, incorporado ya a esos círculos, se esfuerce en creer que las iniquidades por él denunciadas pertenecen al pasado. Mientras tanto, hacia 1878, su protesta ha confluido con la de tantos dirigentes jóvenes del partido autonomista porteño, que ven en la reconciliación entre su partido y su gran rival local, el partido nacionalista de Mitre, una amenaza para su propio futuro, y —bajo la simbólica jefatura de Sarmiento— organizan el partido republicano con un programa de reformas que retoma el de cuarenta años antes, para volver a encontrarse con Hernández en las filas capitaneadas por el presidente Roca, olvidando sus veleidades disidentes apenas éste les ofrece un lugar satisfactorio en la nueva constelación de poder.

La debilidad misma de esa ideología semidisidente, que por lo menos en su origen busca en la inmigración un instrumento formidable para destruir entre otras cosas el predominio de las estructuras de poder político y social existentes en la campaña, explica que esa justificación ideológica de la política inmigratoria no haya provocado la hostilidad de esas mismas estructuras que supuestamente debía socavar. Al mismo tiempo, el hecho de que la inmigración (lejos de provocar alarmas entre los beneficiarios de la situación preinmigratoria) es considerada favorablemente por tanta parte de éstos, no deja de entibiar la fe de los voceros ocasionales de esa semidisidencia en la eficacia de la inmigración para corroer un orden a la vez arcaico e injusto. Unos y otros agregan entonces ambigüedad a sus reacciones frente a la política pro inmigratoria debido a la ambigüedad creciente de las enseñanzas que ofrecen las ya comenzadas experiencias inmigratorias.

Esas enseñanzas han comenzado en rigor a acumularse durante la época de Rosas. En los últimos años de su gobierno sus enemigos no dejan de observar cómo la población extranjera crece rápidamente en la ciudad de Buenos Aires: no se trata tan sólo de los comerciantes de giro importante, que a partir de 1810 formaron la avanzada inmigratoria; ahora es una muchedumbre de comerciantes menores, marineros, sirvientes... La presencia extranjera se prolonga en las quintas y el sistema de provisión de la ciudad (excepto en cuanto a la carne) pasa a sus manos: las verduras (cuyo consumo se amplía gracias a la europeización de origen y de hábitos de la población urbana) es producida e introducida por los italianos, mientras la lechería se hace vasca. Si el régimen de Rosas no paga tributo a la ideología pro inmigratoria, en cambio subvenciona la inmigración de gallegos demasiado pobres para pagar su propio pasaje: significativamente es la casa de Llavallol (antes especializada en el comercio de negros) la que, apoyada en esas subvenciones, los introduce para ser empleados en la policía, en el hospital, en el arreglo de calles; sólo una vez reembolsado el monto de su pasaje podrán esos inmigrantes ofrecer libremente su fuerza de trabajo en el mercado...

Esa presencia extranjera se hace sentir masivamente también en la campaña de Buenos Aires: la expansión de la ganadería ovina sólo es posible gracias a la disponibilidad de pastores irlandeses y vascos, los cuales —gracias a su escasez en relación con la nueva demanda de brazos— logran contratos que les reconocen dos tercios de la producción de su majada; estos trabajadores en tierra ajena vienen a sumarse a algunos grandes comerciantes que han invertido en tierras desde la década de 1820, a un sector muy numeroso de propietarios medios —que ha crecido rápidamente desde 1840— y a otro igualmente significativo de comerciantes menores en los pueblos, para dar mayor complejidad y gravitación a la presencia de inmigrantes en la campaña porteña.

Estos desarrollos no sólo aumentan, en efecto, el peso numérico de la población inmigrante (en 1854 los extranjeros forman la mayoría de la población económicamente activa de la ciudad); en ciudad y campaña se encuentran ahora proporciones considerables de extranjeros en todos los niveles sociales (salvo entre los peones rurales). La imagen del extranjero como integrante de las clases acomodadas e instruidas —formada a partir de la experiencia de las primeras décadas posteriores a la emancipación, y que no deja de influir en la elaboración de una ideología pro inmigratoria que subraya el influjo civilizador del inmigrante— sufre desmentidas demasiado numerosas para no perder paulatinamente algo de su firmeza de rasgos.

A la vez, en el clima ardientemente polémico que marca toda la etapa rosista, los enemigos de la situación dominante no podrían ofecer una aprobación sin reticencias a los avances que la inmigración realiza bajo la égida de Rosas. Los motivos de crítica no son difíciles de encontrar: así, se aduce por ejemplo que la afluencia de extranjeros se debe, en parte, a la multiplicación de oportunidades de trabajo creadas por el excesivo reclutamiento en el ejército de la mano de obra nativa. Esta observación se continúa en otras que por primera vez esbozan una crítica a la tendencia a privilegiar al inmigrante: en cada uno de los aspectos que definen la relación con el Estado, el inmigrante está mejor protegido que el nativo; ante él suele detenerse la arbitrariedad del poder concentrado en Rosas y delegado por éste a las autoridades locales de ciudad y campaña. Las consecuencias de este privilegio exceden por otra parte la esfera de las relaciones con el poder: como nota Sarmiento, los hacendados de Buenos Aires prefieren pastores extranjeros no necesariamente por su mayor experiencia en la cría de ovejas, sino sobre todo porque saben que no les serán súbitamente arrebatados por la leva... La comprobación de que el extranjero no siempre aporta a la economía local algo más que una fuerza de trabajo no adiestrada se suma así a la sensibilidad para las desigualdades que el respeto aproximativo por los derechos civiles de los inmigrantes crean en perjuicio de la población nativa; ambos hechos son súbitamente percibidos bajo el estímulo de una toma de posición política —el rechazo global de Rosas y su régimen— que es desde luego previa a esos hechos mismos; en el futuro esa misma percepción (y otras que inspiran un balance más matizado del aporte inmigratorio) resurgirá episódicamente, al estímulo de análogas tomas de posición globales; no será entonces Sarmiento quien exprese con menos vigor esas reticencias frente a una ideología que él mismo ha contribuido decisivamente a imponer.

¿Esos altibajos en el fervor pro inmigratorio alcanzan realmente alguna importancia fuera del campo, al cabo restringido, de la historia de las ideas? Se ha visto ya cómo antes de 1852 la inmigración comenzó a avanzar bajo la égida de un poder que no mostraba simpatía ninguna ni por la ideología pro inmigratoria ni por sus voceros. Sería sorprendente que las intermitencias en el entusiasmo de éstos, una vez que adquieren posiciones de influencia política, alcanzasen a afectar decisivamente el curso posterior del proceso inmigratorio: si se examina la experiencia concreta y las motivaciones de la mayoría de los inmigrantes, antes y después de 1852, no parece, en efecto, que la caída de Rosas haya marcado para ellos un decisivo punto de inflexión. De la ideología democrático-reformista aparentemente victoriosa (por lo menos en cuanto son sus voceros quienes alcanzan la supremacía política), en Buenos Aires desde 1852 y en el resto del país a partir de 1861, de esa ideología que buscaba hacer de la inmigración un elemento privilegiado no sólo de progreso económico sino de transformación social, sólo adquiere consecuencias prácticas el énfasis en la alfabetización. Precisamente porque esa victoria se alcanza a través de un ciclo de guerras civiles larvadas o abiertas, que culmina en un costosísimo y sangriento conflicto internacional, los triunfadores alcanzarán su victoria al precio de seguir usando —como había previsto Alberdi— los instrumentos administrativos de control político-social ya utilizados por Rosas; el reemplazo de la arbitrariedad administrativo-policial por un poder local más descentralizado es, desde luego, imposible, y la primera finalidad de ese poder arbitrario celosamente conservado debe ser el reclutamiento de hombres y recursos para la guerra, con efectos tan devastadores como cuando éstos eran puestos al servicio de la política de Rosas: las desgracias de Martín Fierro, capturado por ese engranaje brutal, transcurren bajo la presidencia de Sarmiento. . .

Sin embargo, la inmigración es, a pesar de todo, algo más que el resultado de una ciega oleada humana que el poder político no podría, ni en verdad aspira, a controlar. Es precisamente la figura que —en la distribución de papeles asignada por Sarmiento— representa luego de la caída de Rosas las fuerzas del eterno ayer la que se identifica con los proyectos que hacen de la inmigración un elemento central en un proceso de transformación rural más complejo. Bajo la égida de Urquiza se multiplican en el Litoral argentino las experiencias colonizadoras: en Corrientes afrontan un rápido fracaso; en Entre Ríos, tras serios reveses iniciales, terminan por arraigar, pero es sobre todo en Santa Fe donde —luego de análogos contratiempos— su éxito se torna avasallador. Examinemos las causas de ese éxito, que permiten acaso entender el eco hallado por la política pro inmigratoria, más allá del círculo comparativamente reducido que primero la había propugnado.

Santa Fe es, a mediados del siglo xix, la más pobre y despoblada de las provincias litorales; si bien tiene ya tras de sí un decenio de reconstrucción ganadera, que sigue a un devastador ciclo de guerras civiles, sus hacendados son menos prósperos y sus tierras están menos valorizadas que en las restantes provincias litorales. La zona inmediata a la capital (entonces el extremo norte, hoy el centro de la provincia) estaba además afectada por la amenaza de los indios chaqueños: ni las fuerzas policiales, ni los indios pacificados y utilizados como auxiliares, logran mucho más que impedir nuevos retrocesos de una frontera que durante la guerra civil ha llegado a estar peligrosamente cerca de la capital misma.

Poblar esa frontera es el recurso heredado de la sabiduría administrativa borbónica, y en ella surge, en efecto, la primera colonia agrícola. La iniciativa proviene de un hacendado y traficante en ganados, Aarón Castellanos, que hallará recompensa para su esfuerzo en la cesión de tierras fiscales de extensión varias veces superior a las destinadas a colonización; a su acción se va a agregar luego la de una compañía de colonización basada en Dunquerque; tanto Castellanos como la compañía Beck-Herzog cuentan con resarcirse de sus adelantos cuando los colonos se hallen en situación de pagar tanto éstos como el precio de la tierra que les ha sido asignada. Las ventajas para el Estado son obvias: con gastos muy reducidos estabiliza la frontera e introduce un elemento de modernización y diversificación económica. Las que espera el empresario de colonización dependen de la valorización de la tierra, que desde el comienzo mismo de la empresa multiplica varias veces su precio originario. Este aumento será sólo nominal mientras el colono ya arraigado no esté, en efecto, en condiciones de pagarla al nivel fijado en el contrato inicial. La primera colonia, Esperanza, sobrevive y luego prospera; proveedora primero de verduras y productos lácteos para la ciudad de Santa Fe, se reorienta luego hacia la producción cerealera; en la década siguiente una constelación de colonias reitera la trayectoria de Esperanza en el centro santafesino. Ya antes de 1870 el ferrocarril británico que unirá a Rosario con Córdoba comienza a extender la colonización en el sur de la provincia de Santa Fe a zonas donde anteriormente el alto costo del transporte había frenado la expansión agrícola. En 1876, desde Esperanza, contemplando desde la módica altura de una azotea el "mar de trigo" que rodea a la población, el presidente Avellaneda proclama la entrada del país en una nueva era, el comienzo del fin de la barbarie pastora y la plasmación de un nuevo estilo de vida rural.[17]

Ya entonces, sin embargo, se hace evidente que uno de los elementos de esa transformación, destinada a erigir en ese rincón austral una réplica del *Middle West*, no ha de mantenerse: cuando la crisis de 1874 socava el sistema de crédito, no pocos de los colonos, imposibilitados de seguir pagando las cuotas que los transforma definitivamente en dueños de las tierras, se resignan a trocarse en arrendatarios. El deterioro de su situación no es, sin embargo, inmediato: mientras los avances del ferrocarril y de la frontera indígena siguen abriendo nuevas tierras, esa abundante oferta asegura condiciones todavía atractivas a los arrendatarios. La transformación afecta también a las perspectivas de la clase terrateniente: para ellas la colonización ha comenzado por ser una especulación en tierras; lo que la inmigración les aseguraba en este contexto era una multiplicación de eventuales compradores. A partir de ahora las ventas en lotes pequeños (sin desaparecer del todo) se harán menos frecuentes: fuera de Buenos Aires, sin embargo, la clase terrateniente no va a tomar un papel más activo en la explotación agrícola; de especuladora se transforma en rentista.

Mientras en Santa Fe y el sur de Córdoba —y en ciertas zonas de Entre Ríos— la inmigración crea enclaves en los que la mayoría absoluta de la población adulta proviene de ultramar, en Buenos Aires, que luego de 1810 se ha incorporado mejor a la economía exportadora, el precio de la tierra es, desde el comienzo, mucho más alto que en el resto del país, y la colonización tiene por eso mismo un desarrollo más tardío y limitado. Sólo luego de 1890, cuando la provincia comienza a expandir más rápidamente su producción cerealera, el uso de arrendatarios inmigrantes se hace más frecuente; aun entonces, sin embargo, los contratos aseguran al propietario un control sobre los rubros de producción mucho más marcado que en el Alto Litoral (control por otra parte necesario para asegurar la rotación de la tierra entre agricultura y pastoreo). Ya antes, sin embargo, el flujo inmigratorio hacia la campaña porteña se ha intensificado: entre 1860 y 1880 se ha hecho sentir sobre todo en las zonas —viejas y nuevas— de explotación del ovino; es precisamente la afluencia de nuevos trabajadores ultramarinos la que permite a los productores de lana absorber el descenso catastrófico de los precios a partir de 1865; en lugar de asociados que reciben primero dos tercios, luego un tercio de la producción, los hacendados podrán utilizar peones cuyas condiciones de vida son descriptas con horror en los informes consulares.

Si en las zonas cerealeras la inmigración proporciona compradores para una clase terrateniente especuladora, y luego arrendatarios para una rentista, en Buenos Aires provee un número sobreabundante de peones a un sector terrateniente que mantiene su función empresaria. Es la inmigración la que hace posible la expansión del sector rural en etapas en que —para más de uno de los rubros dominantes de producción— el movimiento de precios internacionales está lejos de tener los mismos efectos. Se entiende muy bien por qué —sin intervenir apenas en el debate ideológico en torno al problema— ese sector terrateniente dio apoyo quizá implícito, pero en todo caso solidísimo, a la política inmigratoria.

Ese apoyo era quizá necesario: la creciente presencia de inmigrantes en la campaña da lugar a un fenómeno que la prensa extranjera de Buenos Aires y las representaciones de países de emigración siguen con alarma creciente, y describen como una oleada xenófoba, traducida en un impresionante aumento de la violencia contra los extranjeros. Si ese aumento de incidentes violentos es indudable, quizá sus causas sean más complejas. Es cierto, por ejemplo, que los asesinatos de Tandil, protagonizados por los seguidores de un predicador mesiánico surgido en ese rincón del sur de Buenos Aires, y persuadidos por éste de que una matanza de ovejeros vascos les abriría las puertas del cielo, están animados por una exacerbada xenofobia. Pero esos episodios no tienen paralelo, y en la mayor parte de los casos la violencia que sufren los extranjeros es la que proviene de autoridades locales que no buscan sus víctimas exclusivamente entre los inmigrantes: es la presencia masiva de éstos en los niveles más bajos de la sociedad rural —tradicionalmente indefensos frente a la arbitrariedad y la brutalidad administrativas— la que multiplica episodios de ese orden.

Y aun los inmigrantes más humildes no están —todavía ahora— peor protegidos que los nativos, quizá más acostumbrados a sufrir con paciencia esos percances. El solo hecho de que las muertes violentas sean denunciadas por la prensa extranjera de Buenos Aires como episodios de una cruzada de exterminio de parte de gauchos contra inmigrantes, obliga primero a las representaciones diplomáticas y luego al gobierno federal a conceder a los episodios de violencia una atención generalmente ausente cuando las víctimas son argentinos de nivel social comparable. Sin duda los gobiernos provinciales y las autoridades locales no son siempre dóciles a las indicaciones de la administración central: así el gobernador Cabal, de Santa Fe, se niega a autorizar la ejecución del asesino del inglés Bald, condenado por el juez del crimen de Rosario. Si en este caso la legislatura provincial confirma la sentencia y el asesino es públicamente ejecutado en Rosario, ante una edificada muchedumbre que se cuenta por millares, convengamos en que ese desenlace no es el más frecuente.[18] Aun así esa amenaza permanente de escándalo no puede haber inspirado alguna prudencia en las autoridades, cuando deben tratar con extranjeros. ¿Pero no es precisamente ésta una de las raíces de la xenofobia que, no por ser la causa universal de las agresiones sufridas por los extranjeros en la campaña, es menos real? Cuando Martín Fierro es arrastrado a la frontera tiene por compañeros de desgracia a un inglés y a un italiano; las indignadas protestas en que éstos no dejan de invocar su condición de extranjeros y por lo tanto exentos de obligación militar las halla exquisitamente cómicas.[19] Pero esas protestas no siempre son vanas, como lo son inevitablemente, en opinión de Hernández, "las razones de los pobres", que tienen la desdicha adicional de ser argentinos, ¿y ese privilegio no vinculado ya con ninguna superioridad socioeconómica no es una de las raíces de la animosidad de la plebe rural frente a unos intrusos tan desposeídos como ella, y sin embargo mejor defendidos de un Estado opresor?

No es la única, sin embargo: en más de un caso esos inmigrantes desposeídos hallan más fácilmente que la plebe nativa el camino de la prosperidad en una campaña en rápida transformación. El motivo ocupa en *Martín Fierro* lugar muy secundario; breves alusiones que no alcanzan a contrapesar la insistente evocación de las torpezas y la ridícula cobardía de esos intrusos.[20] Pero ya en la década del 70 un folletinista de éxito, Eduardo Gutiérrez, comienza la elaboración de un mito que veinte años después el teatro popularizará para siempre: es el de Juan Moreira, el gaucho que en un momento de justificadísima cólera mata al comerciante Sardetti, italiano y ya rico, que pretende cobrar las deudas acumuladas por ese pobrísimo cliente. . .

Se insinúa así en Gutiérrez el desplazamiento de una protesta política (que domina totalmente en *Martín Fierro*) a una social. Esa transición no madurará sin embargo de inmediato, ni tendrá eco en la corriente democrática que conoce en la década del setenta un efímero resurgimiento. Sin duda ésta toma sus distancias frente al proceso inmigratorio: si en la versión originaria se había buscado en la inmigración el instrumento insustituible para socavar el viejo orden rural, ahora, por el contrario, la disposición a extender a la población rural nativa los beneficios que en aquella versión se dirigían a los inmigrantes es vista como la piedra de toque para medir la seriedad del impulso reformador: esto es evidente en Nicasio Oroño y en Alvaro Barros del mismo modo que en José Hernández.

Pero aun en ellos el cambio sigue siendo sobre todo político; lo que el gaucho necesita, según Hernández, es "escuela, iglesia y derechos", más bien que tierra o trabajo estable. Y —aunque los progresos en este sentido son menos nítidos de lo que un Hernández reconciliado con el orden establecido gusta de imaginar— es innegable que el fin de las guerras civiles y de la lucha con el indio, al terminar con el reclutamiento arbitrario, ha eliminado uno de los grandes instrumentos y estímulos de esa tiranía administrativa frente a la cual los pobres están indefensos; sin desaparecer, su peso se ha aliviado considerablemente. Al mismo tiempo, hacia 1880 se han definido ya la eficacia y los límites de la transformación rural comenzada en el anterior cuarto de siglo. No es entonces sólo la presencia del inmigrante; son todos los problemas de la campaña los que en las siguientes dos décadas desaparecen del centro de la atención colectiva. No es que la transformación rural no prosiga y se acelere: la expansión en mancha de aceite de la zona cerealera (hasta cubrir y aun exceder el límite de las tierras aptas para esos cultivos) avanza vertiginosamente a partir de 1891; la baratura creciente del transporte oceánico pone al Río de la Plata al alcance de sectores campesinos europeos más numerosos y pobres que en el pasado, y en el siglo xx hace posible aun una migración estacional de trabajadores temporarios desde ultramar. Todos estos fenómenos son desde luego registrados minuciosamente por una abundante literatura descriptiva, que sin duda incluye explícita o implícitamente tomas de posición sobre el fenómeno inmigratorio, pero que está lejos de considerar a éste —como por otra parte al conjunto de transformaciones sociales que prosiguen en la campaña— desde una perspectiva marcadamente problemática.

IV

El aquietamiento de las controversias en torno al orden rural refleja el hecho de que aquellos cambios sociales capaces de alcanzar fácil repercusión política no ocurren ya en la campaña. Es sobre todo en las ciudades que crecen más rápidamente (y donde por lo tanto los inmigrantes se agolpan en mayor proporción) donde tienden a concentrarse los conflictos. La tentación de explicarlos precisamente por esa presencia extranjera es muy comprensible, sobre todo desde el momento en que ciertos motivos sociales explícitos se agregan a los temas tradicionales del conflicto político. En la década de 1870 oímos por primera vez un argumento que veinte años más tarde será reiterado hasta la saciedad: son los extranjeros los responsables de importar la noción de lucha de clases a un país que la ignora porque no la necesita, ya que para él carece de toda relevancia: la igualdad de oportunidades que ofrece esta sociedad abierta excluye la formación de alineamientos sociales estables e irreconciliablemente enemigos.

¿Cuáles son las bases de hecho de esta alegación? Ante todo la indudable de que no son pocos los inmigrantes que aportan un marco de referencia político-ideológico distinto del localmente vigente. Los refugiados de la Comuna constituyen el ejemplo más extremo y más constantemente mencionado: su inspiración es adivinada detrás del incendio de la iglesia jesuita del Salvador por una encolerizada muchedumbre, en 1875. Ese mismo año es descubierta una conspiración "comunista" que recluta sobre todo a residentes italianos, que se proponen una vez victoriosos presidir la distribución de las fortunas de los ricos[21]... Pero el incendio del Salvador, punta extrema de una agitación anticlerical más bien que social, es aplaudido por figuras tan poco revolucionarias como Juan María Gutiérrez, ex rector de la Universidad, y la supuesta conspiración comunista recluta sus secuaces en un grupo de elementos de acción que un año antes han sido movilizados, mediante pago anticipado, para el fracasado alzamiento del nacionalismo mitrista; probablemente la policía del presidente Avellaneda no se equivoca al adivinar la misma inspiración tras de la nueva intentona: el mitrismo, carente de los recursos que pudo emplear un año antes, no prohíbe ahora a sus instrumentos soñar con el despojo de los ricos. Precisamente porque el diagnóstico que niega la existencia de tensiones sociales intensas es sustancialmente correcto (aunque desde luego no lo es su explicación por la ausencia de razones objetivas para ellas), la alarma frente a las innovaciones ideológicas aportadas por la inmigración parece tan prematura que no impide a un partido tan conservador como el que encabeza Mitre utilizarlas como instrumento ocasional para su acción política.

Las denuncias contra el efecto disociador de la inmigración urbana sobre el orden social tienen también otras justificaciones menos fantasiosas: paradójicamente se las encuentra en esa misma ampliación de las oportunidades de ascenso social que —según se aseguraba— hacía irrelevante la noción misma de lucha de clases. Aunque ese ascenso se da en ausencia de conflictos abiertos (y desde luego al margen de cualquier formulación revolucionaria) presenta sin embargo demasiados aspectos irritantes —y vagamente alarmantes— para los sectores altos ya consolidados.

He aquí un testimonio revelador, proporcionado a Juan Manuel de Rosas por su devoto ex ministro de Hacienda, José María Rojas y Patrón, en 1868:

"Hace 8 días que los zapateros bascos, muy numerosos, dieron un gran baile, a la noche, en el magnífico salón el Coliseo —concluyendo con un espléndido ambigú—. Cada zapatero contribuyó con 70 ps. papel (casi 3 ps. plata) pero con el derecho de llevar una dama, a la que debía darle algún dinero para ataviarse."

"El que convidó a una criada basca que tenemos, le dio una onza de oro. —Fueron las más de las damas, en coche, a las once de la noche: y a la madrugada tubimos que abrir la puerta a la nuestra—. ¿Cómo ha de ponerse después a barrer y limpiar platos? Ya se le conoce el efecto que le ha hecho baile."[22]

El espacio antes reservado a la clase alta tradicional es invadido por la plebe próspera; el coche, antes signo seguro de pertenencia a aquélla, está ahora al alcance de quien quiera pagar las sumas al cabo no inasequibles que permiten usarlo; el resultado, en cuanto a la disciplina social y de trabajo, es tristemente evidente.

Si en la década del 70 la creciente crisis financiera y finalmente económica hace posible la coexistencia de esas trayectorias demasiado exitosas con un generalizado malestar capaz de alimentar tensiones que hacen por lo menos imaginable (aunque todavía altamente improbable) el desencadenamiento de conflictos frontales dentro de la sociedad, en la siguiente una ola de avasalladora prosperidad —que no sólo frena cualquier toma de conciencia de los potenciales antagonismos sociales, sino pone sordina a las antes tan activas luchas políticas— sólo deja lugar para la aceptación o la recusación global de ese orden aparentemente sin fisuras. De esta última queda testimonio en alguno de los escritos tardíos de Sarmiento; en el prólogo a *Conflictos y armonías de las razas en América* se confiesa el fracaso del vasto esfuerzo destinado a crear en la Argentina una comunidad política "civilizada". De ese esfuerzo ingente queda sin duda la huella en un desarrollo técnico-económico muy rápido, pero, como recuerda Sarmiento, ya hay ferrocarriles en el fondo del Africa; es la pujanza de un orden capitalista que está adquiriendo las dimensiones del planeta la que explica la rapidez pero también los límites de esas transformaciones; la vida de Sarmiento y sus compañeros de lucha ha sido al parecer una pasión inútil.

De nuevo, como es habitual en Sarmiento, ese descubrimiento aterrador marca uno de los extremos entre los cuales oscila su pensamiento; en los escritos de la misma época sobre la secularización de la enseñanza hallamos no sólo una explícita coincidencia con la política seguida en este punto por el gobierno del presidente Roca, sino la admisión implícita de que —pese a todas sus fallas— ese gobierno es continuador legítimo de (entre otros) el del propio Sarmiento en una empresa de transformación nacional que todavía merece ser defendida. Una y otra conclusión extrema —y aun las intermedias— subtienden los escritos que a partir de 1881 consagró Sarmiento a la inmigración.

Sin duda estos escritos están marcados por una xenofobia intermitente pero a ratos virulenta: tras de denunciar al antisemitismo como "la vergüenza de la época", Sarmiento va a retomar más de uno de los motivos característicos de la literatura antisemita entonces en boga[23]; luego de declarar con igual vehemencia su admiración por Italia y los italianos repetirá complacidamente una anécdota que ubica a Italia en el penúltimo lugar entre las naciones de Europa sólo porque España (ese otro gran país de emigración al Plata) no podría en justicia ser desalojada del último.

Pero nada más lejos de la intención de Sarmiento que limitar la gravitación de los extranjeros en la vida nacional: por el contrario, ve en la participación activa de los inmigrantes en la política argentina la única manera de sacarla del marasmo en que ha caído. Pero para que los inmigrantes descubran que sus intereses como sus afectos los ligan a la comunidad argentina es preciso que se curen de la nostalgia, esa peligrosa "neurosis" (y para ayudar su cura el gobierno nacional debe vigilar severamente la acción de la prensa y la escuela extranjera). Para Sarmiento, en suma, los inmigrantes son víctimas de una falsa conciencia de su propia situación, y paradójicamente se hacen tanto menos capaces de percibirla cuanto más exitosa es su integración en la sociedad argentina. Si los análisis que Sarmiento ofrece ocultan bajo una constante vehemencia de expresión una notable riqueza de observaciones penetrantes sobre el proceso de aculturación del inmigrante[24], resultan sin embargo insuficientes para entender y hacer entender modos de conducta que se limita a denunciar como aberrantes. Ello viene en parte de que Sarmiento ha decidido —de modo en el fondo arbitrario— buscar en el rechazo del inmigrante a la nacionalización la causa última del defectuoso desarrollo político argentino, inhibiéndose de preguntar sobre las razones para ese rechazo. Sarmiento ve en efecto a la Argentina escindirse en un país político —una población nativa que vive no sólo para la política, sino de la política, cada vez más dependiente de la máquina que controla el gobierno federal y los provinciales— y un país económico que es predominantemente extranjero y busca mantenerse tal: bastaría que los inmigrantes nacionalizados inundasen las listas electorales para que esa situación deplorable fuese abolida.

Ahora bien, si la descripción no carece de justeza, la solución propuesta parece ignorar alguno de sus rasgos fundamentales: el sistema electoral al que Sarmiento invita a los extranjeros a integrarse es una farsa tan reiterada que ha perdido ya la gracia: en 1880 el ex presidente Mitre —cuya figura característica era bien conocida de todos en Buenos Aires— fue impedido de votar por autoridades comiciales que se declaraban incapaces de identificarlo como ciudadano... Al mantenerse al margen de la política militante los extranjeros no hacen por otra parte sino seguir el ejemplo de muchos nativos con sólidos intereses. Para los más prósperos esa automarginación no excluye del todo la participación: no sólo el gobierno es sensible a la gravitación de fuerzas e intereses económicos, así estén éstos inadecuadamente representados en el sistema político formal; el carácter fantasmagórico de éste permite por añadidura en las horas de crisis que las fuerzas económicas bajen a la liza como tales: así en 1880, en los prolegómenos de la guerra civil, un "comité de la paz" de comerciantes y banqueros tercia abiertamente en el conflicto, y no todos sus integrantes son ciudadanos.

Para los inmigrantes menos prósperos las ventajas de conservar su extranjería son igualmente evidentes: su naturalización aumentaría las áreas de conflicto potencial con autoridades inferiores cuya arbitrariedad las hace temibles, y los privaría de la protección consular que es la barrera más eficaz contra esa arbitrariedad misma. Los argumentos de oportunidad que Sarmiento emplea militan entonces a favor de la solución que condena.

De todos modos, a través de una línea de razonamiento marcada por ciertas inconsecuencias, Sarmiento llega a conclusiones comparables a las que estaban en boga diez años antes: así como los primeros signos de inconformidad frente al orden social vigente, ahora el dominante conformismo político es achacado a la presencia extranjera.

Pero ahora esa desviación en la búsqueda de responsabilidades no tiene exclusivamente la misión apologética de defender la legitimidad del statu quo; la apelación al extranjero nace en parte en Sarmiento de su pérdida de fe en la capacidad de la población nativa para impulsar la reorientación política que él juzga imprescindible.

Precisamente porque sus motivaciones son menos limitadas, Sarmiento logra incorporar a su crítica un conjunto de elementos que le permiten ofrecer una visión compleja y matizada de la inmigración y sus efectos. Está en primer término su disconformidad con las modalidades concretas de esa inmigración de elite, que debía ayudar a introducir a la población nativa en una nueva civilización, pero que en los hechos cumple muy mal esa función. La británica, la más antigua entre las que se hicieron presentes en el área, hace sentir su influjo de modo muy ambiguo. Numéricamente está cada vez más dominada por irlandeses clericales, que refuerzan los elementos retrógrados de la sociedad argentina. Y aun los ingleses muestran notable falta de entusiasmo en el papel de misioneros de la civilización y el europeísmo que les ha sido asignado: la insolencia del diario inglés de Buenos Aires llega hasta poner en duda el dogma de la superioridad de la raza blanca, al que Sarmiento se ha convertido fervorosamente[25] ; como cincuenta años antes los emigrados antirrosistas, Sarmiento reprocha a esos abanderados de la civilización aceptar demasiado fácilmente el primitivismo de la situación política local, apenas descubren posibilidades de obtener ventaja de él.

Más nueva es la crítica que Sarmiento formula al modo de inserción en la sociedad argentina de esa inmigración por excelencia de mano de obra que era en la década del 80 la italiana. Sin alcanzar prosperidad suficiente para tener alguna influencia real en la economía nacional, en un cuarto de siglo de esfuerzos los italianos han creado una elite inmigrante, con sus tenderos —menos ricos de lo que imaginan—, sus escuelas, sus periódicos, sus intelectuales, que mantienen y explotan la nostalgia de los inmigrantes que han alcanzado algún bienestar. Increíblemente, en esa acción encuentran complicidades activas en el grupo dirigente argentino; el diario del ex presidente Mitre, *La Nación*, les prodiga sus "cortesanías de cortesana" con tal asiduidad que Sarmiento, con pesada ironía, lo rebautiza *La Nazione Italiana*. Pero no es el único que comenta elogiosamente un Congreso Pedagógico Italiano, que no se ocupa de pedagogía sino de la "italianidad" y su defensa a través de las escuelas para hijos de inmigrantes; otros periódicos argentinos aplauden también esos aberrantes debates y deploran que el gobierno argentino no haya juzgado oportuno mandar observadores capaces de encontrar inspiración en ellos.

Ahora bien, la solidaridad entre la elite política argentina y una elite cultural italiana, en la que Sarmiento ve un peligro para la creación de una nación integrada, tiene sin embargo sus raíces en una larga historia de coincidencias que se reflejan, por ejemplo, en la militancia de Garibaldi en apoyo del gobierno antirrosista de Montevideo —que no es sino el aspecto más conocido de una solidaridad de armas más prolongada— y se nutre de coincidencias ideológicas que adquieren todavía nueva relevancia desde que la Argentina adopta una política secularizadora: el Estado italiano, surgido en desafío del poder eclesiástico, inspira un nacionalismo que no puede ser sino liberal y anticlerical, y en nombre de esa solidaridad ideológica el cónsul de Italia en Córdoba puede, por ejemplo, participar en el acto de proclamación de candidatos del partido oficialista, también él liberal y anticlerical. Pero si Sarmiento no olvida todo eso (en nombre de esa misma solidaridad participará con un discurso en la inauguración de la estatua de Mazzini en Buenos Aires)[26], advierte con notable penetración cómo la política educativa del Estado italiano entre sus colectividades de ultramar está cada vez menos inspirada en esa ideología, y más animada por un nacionalismo desprovisto de esas connotaciones. Si en el pasado argentinos e italianos de la Argentina habían tenido en común —si se permite parodiar una fórmula célebre de nuestro siglo— una cultura "nacional en la forma, liberal-progresista en el contenido", ahora eran sobre todo los argentinos los que se mantenían fieles a ella.

Lo que Sarmiento denuncia es entonces una de las consecuencias tempranas e indirectas del comienzo de la era de los imperialismos; el nuevo modo de nacionalismo que comienza a surgir en ese nuevo contexto lo halla repugnante pero sobre todo incomprensible.

"Confesamos ingenuamente —escribe a propósito del Congreso Pedagógico Italiano— que no comprendemos lo que significa educar *italianamente* a un niño. ¿Educamos nosotros *argentinamente*? No; educamos como el norteamericano Mann, el alemán Froebel y el italiano *(sic)* Pestalozzi nos han enseñado que deben educarse los niños."[27]

Pero si las nuevas tomas de posición de Sarmiento frente al proceso inmigratorio expresan una visión extremadamente perspicaz de algunos de sus aspectos menos evidentes y desembocan en una casi desesperada apelación a los inmigrantes para que salven a un país que no sabe salvarse por sí mismo, si por otra parte Sarmiento está lejos de reprochar a los inmigrantes el serlo o el haber prosperado, sus escritos sobre inmigración son parte de un diálogo con un público cuyas reservas frente al fenómeno inmigratorio son menos limitadas y menos sutiles que las de Sarmiento, un público que podrá leer sin escándalo las demasiado frecuentes imprecaciones dirigidas en tono deliberadamente insultante a los inmigrantes cada vez que Sarmiento

desespera de que éstos se dispongan en efecto a desempeñar el papel
salvador que él les ha asignado; un público capaz de apreciar las alusiones rápidas y burlonas, los perfiles de inmigrantes trazados con rasgos caricaturescos, no desprovistos de agudeza pero sí de cualquier
espíritu de caridad. El asimilacionismo intransigente de Sarmiento es
entre otras cosas la expresión ideológica más benévola de una creciente toma de distancia frente al fenómeno inmigratorio, que por otra
parte es expresado en una clave de xenofobia sistemática y radical
por Eugenio Cambaceres en su novela *En la sangre*, de 1887.

Leamos el primer párrafo:

"De cabeza grande, de facciones chatas, ganchuda la nariz, saliente el labio
inferior, en la expresión aviesa de sus ojos chicos y sumidos, una rapacidad de
buitre se acusaba."[28]

Es el padre del protagonista, el hojalatero napolitano Esteban
Piazza, quien nos es presentado como un ejemplar de una especie
zoológica intrínsecamente nociva. Su hijo Genaro Piazza lleva "en la
sangre" esa herencia maldita, que no le impedirá alternar con los hijos de la incauta clase alta local y casarse con una niña perteneciente
a una familia cuyo abolengo y riqueza corren parejos con el candor
algo inverosímil de sus integrantes; cuando la novela concluye, Genaro ha llevado a su esposa ya huérfana al borde de la ruina y responde
a las tardías tentativas de rebelión de ésta con amenazas de muerte.
Esta historia truculenta es, en la intención de su autor, ejemplar: a su
juicio ilustra verdades científicas indiscutibles. . .

Lo que no es fácil de medir, ni a través de Sarmiento ni de Cambaceres, es la real intensidad de los sentimientos de hostilidad colectiva que se expresan en esas imágenes sustancialmente negativas del inmigrante. Es quizá sugestivo que uno y otro, desde perspectivas distintas, coincidan en denunciar la incomprensible ceguera de los más
frente a peligros que a ellos les parecen evidentes. Para Sarmiento la
elite política argentina se rehúsa a percibir las modalidades patológi-
cas del modo de inserción de los inmigrantes en la sociedad nacional;
más radicalmente, Cambaceres postula la presencia en éstos de estig-
mas hereditarios igualmente ocultos para sus demasiado confiados
huéspedes. Y frente a las versiones sistemáticamente alarmadas que
ambos proponen, la literatura costumbrista nos va a presentar otra
mucho más plácida.

Esta subraya en primer término que el sector criollo contiene ya
un ineliminable componente inmigratorio. He aquí —en *Callejera*, de
Fray Mocho— a un vendedor de "polvitos p'al amor" que quiere pon-
derar su origen irreprochablemente vernáculo: "Yo soy criollo de
aquí ¿sabe? M'he criao en casa 'e los Palmarini, en la call'e San Jo-

sé".[29] En ese reducto del criollismo que son los carnavales, vuelve a
aflorar la misma presencia ya inevitable: en *Desertor*, a Antonio Rodríguez, alias La Catanga Chica (un apodo que parece señalar algún
ancestro africano) lo ha contratado el gringo Tavolara para integrar
una comparsa; es la " 'e fieras que saca todos los años don Natalio
Pestegali", primero presentado como "un tal Natalín, un gringuito
colchonero".[30] El proceso que tendrá digno remate cuando el último de los payadores se llame Betinotti ha avanzado ya de modo
irreversible.

Y es visto por otra parte como un aspecto parcial de una frenética reordenación social que por cierto lo excede. En *Después del re-
cibo*, Doña Prudencia no deja de sorprenderse cuando encuentra en
la lujosa sala de su concuñada Misia Ramona a

"...dos paquetonas [...] qu'eran nada menos que las hijas de Don Pepín,
aquel verdulero del mercao Comercio [...] y que son unas gringuitas conoci-
dísimas".

Cuando éstas parten, comenta con su huésped la inesperada metamorfosis de "ésas que aura andan tan alcotanas y que yo había conocido roñosas, comiendo los desperdicios del mercao". Misia Ramona se rehúsa fríamente a discutir el tema; aunque irreprochablemente
criolla, tiene también ella un pasado en que "se ha llenao la barriga
con galleta y mate amargo". Y los resentidos ejercicios de memoria
de Doña Prudencia son los de quien ha sido dejado atrás por esa poderosa ola ascendente, y está acostumbrada a que los parientes a los que
visita le den a la salida "siquiera p' al trangüe".[31]

Sin duda sería erróneo ver en la literatura de Fray Mocho un espejo más fielmente neutro de la realidad que en la de Cambaceres.
Por el contrario, el autor costumbrista mantiene una continua distancia con los personajes cuyo lenguaje imita —o recrea— admirablemente. Así por ejemplo, el carácter utilitario de las relaciones con el inmigrante, que suele achacarse al espíritu sórdidamente calculador de
éste, es presentado aquí con reiteración, y con rasgos tan sutiles como discretos, como debido en buena parte a la actitud del participante criollo, tanto más frío que en sus relaciones con otros criollos. En
Tirando al aire, una tía intenta convencer a un italiano de que su sobrina está perdidamente enamorada de él, y que debieran casarse. Su
abrumado interlocutor confiesa que está casado en Italia, pero agrega
que, si la niña está dispuesta, él está libre para otros arreglos. La respuesta indignada de la tía:

"¡Se necesita ser un gringo afilador, pa' creer que una muchacha como mi
sobrina sea capaz de fijarse en él si no es pa' casarse! [...].¿Pa qué estarán los
criollos?"[32]

En *En familia*, un padre se queja de que todas sus hijas se casan con extranjeros; su hermana lo amonesta: no sabe qué afortunado es; los extranjeros hacen los mejores maridos y yernos y hasta "cuando se mueren es mejor. . . se sufre menos".[33]

La distancia entre autor y personajes se hace aun más evidente en aquellos cuentos escasamente logrados, en que la intención didáctica se revela más de lo que debiera. En *La bienvenida*, dos changadores del puerto ven bajar a los pasajeros de un barco de inmigrantes:

". . .ahi vienen maridos pa' las hijas de familias ricas, patrones pa' las casas de comercio, estancieros que no sabrán lo qu' es un pingo pero que harán galopear a su peonada, y un sin fin de pajarracos desplumados que pronto se pondrán desconocidos";

debido al seguro triunfo futuro que espera a esos irrisorios invasores "nosotros los criollos que nos creemos tan vivos y tan civilizados no vamos sino reculando". La amargura sería explicable y en efecto el personaje que habla ha comenzado por compartirla:

"Yo era más viejo hace diez años que aura y más sonso también. Me sabía venir aquí al puerto ¿sabe a qué? [. . .] a insultar a los inmigrantes que llegaban y ellos como no m' entendían le jugaban risa. Después entré a trabajar en la descarga, y poco a poco les fui tomando cariño, porque cuanto más llegaban más pesitos embolsicábamos nosotros."[34]

La razón es rebuscada y la actitud inverosímil: sobrevivir en una tarea penosa y mal pagada, como servidor ocasional de oleada tras oleada de futuros dominadores de la economía argentina no parece ser un destino que merezca ser celebrado con particular entusiasmo.

Más que reflejar —así sea estilizadamente— un sentimiento recogido de personajes cuyo carácter representativo postula, Fray Mocho parece aquí sugerir qué sentimientos le gustaría ver compartidos por éstos. Aun así, las reglas implícitas del género, basadas en una suerte de complicidad entre el autor y su público (atraído al costumbrismo sobre todo por el placer de reconocer, transpuesta en clave de literatura, su propia experiencia cotidiana) exigen que la moraleja que el autor pone en boca del personaje sea por lo menos verosímil: Fray Mocho aspira a que sea admitida sin excesiva sorpresa como implícita en esa experiencia misma. Mientras Sarmiento y Cambaceres habían buscado deliberadamente escandalizar a su público, despertándolo a peligros a los que permanece obstinadamente ciego, Fray Mocho —que al cabo conoce admirablemente a ese público— cree todavía posible persuadirlo de que la lección de resignada aceptación del alud inmigratorio que su cuadro portuario sugiere es la que cada lector ha alcanzado ya, por su cuenta, aunque quizá no lo haya advertido del todo.

Si la amenaza que llega de abajo es la más vivamente sentida por esos sectores criollos menos prósperos, cubiertos y no levantados por la gran ola expansiva en parte alimentada por la inmigración, en los cuales Fray Mocho busca la mayor parte de sus personajes, para la elite criolla no es ya la única capaz de inspirarle alarmas. La expansión argentina se ha basado en una distribución de funciones y provechos entre una clase alta local cuya base más segura es el dominio de la tierra, y un aparato de transporte y comercialización controlado por el extranjero (en el sector financiero y bancario, mientras la banca extranjera sirve sobre todo las actividades mercantiles, una banca de Estado atiende las necesidades de los terratenientes). Aún antes de que —ya entrado el siglo xx— las clases altas locales descubriesen motivos más permanentes de dudas sobre las ventajas de ese arreglo, cada crisis, cada detención en el proceso expansivo debía crear tensiones entre esos heterogéneos aliados. La crisis de 1890 —la más grave atravesada hasta que la de 1929 puso fin a esa formidable ola expansiva— permite la articulación particularmente explícita de esas tensiones en la novela *La Bolsa*, de Julián Martel. Es la historia de un hombre talentoso y débil, el doctor Glow, que es arrastrado por la marea de especulación previa a la crisis: gracias a los beneficios que ella le proporciona puede adquirir una casa palaciega e inaugurarla con un baile de proporciones babilónicas. La crisis destruye rápidamente esa improvisada fortuna y Glow se refugia en la locura. La novela es una denuncia de los estragos morales causados en la sociedad argentina, y sobre todo en sus sectores altos, por el triunfo de un sistema de valores que acepta la riqueza como el más alto. Figuras patricias hallan placer en mezclarse con advenedizos.Margarita, la exquisita esposa de Glow, y la tía de ésta, reliquia viviente de un pasado más sencillo y virtuoso (es viuda de una víctima del terror rosista) deben aceptar el contacto insultante de Carcanelli, el tosco inmigrante italiano transformado en rey de la Bolsa por un capricho de la fortuna. Pero ni Glow —que no deja un solo instante de juzgar su propia conducta con quejumbrosa severidad— ni Carcanelli, ni el cínico Granulillo, especulador ostentosamente inescrupuloso, son los verdaderos culpables de esa carrera al abismo: el secreto que Martel nos revela es que esa candorosa Argentina, cuya innata nobleza no parece excluir una acentuada codicia, está siendo manipulada por una conspiración judía. Su jefe es en la novela el barón de Mackser, inspirador de las especulaciones más rapaces y al parecer más auténtico rey de la Bolsa que el irrisorio Carcanelli. Para justificar su diagnóstico, Martel nos ofrecerá un resumen bastante completo de *La France juive*, de Drumont. La insistencia en el motivo antisemita no ha dejado de llamar la atención;

en efecto, el número de residentes judíos era en la Argentina de 1890 extremadamente reducido. Aun así, la presencia de ese motivo no parece deberse tan sólo al azar de las lecturas que cayeron bajo los ojos de Martel. Los años inmediatamente anteriores a la crisis marcan las primeras tentativas importantes de penetración financiera desde Europa continental; la presentación de esas iniciativas como un avance de la finanza judía fue elaborada en Londres y primero transmitida al Plata por algunos corresponsales de diarios porteños en la City; la nostalgia de un pasado caracterizado retrospectivamente por una sólida moralidad pública y privada lleva al parecer implícita la de un predominio financiero británico no disputado.

En todo caso, y así sea a través de una perspectiva fuertemente parcializada e ideológica, el tema de la gravitación extranjera en los niveles más altos de la economía y la sociedad argentina está en el centro de la problemática de Martel. Esa problemática no está sin embargo destinada a encontrar continuadores inmediatos; así como luego de 1880 la relativa paz social restó actualidad al tema del extranjero como introductor de agitaciones plebeyas, después de 1890, al alcanzar la crisis un desenlace relativamente satisfactorio para las clases altas locales y agudizarse por el contrario los conflictos con sectores sociales más bajos y menos bien protegidos de sus consecuencias, el tema esbozado por Martel perdió vigencia en beneficio del casi olvidado a lo largo de una década.

A partir de la de 1890 surge en efecto en el país —pero sobre todo en la ciudad de Buenos Aires— un movimiento obrero la mayoría de cuyos dirigentes y militantes son extranjeros; si bien algunos sindicatos recibirán orientación del partido socialista, de tendencia reformista, cuyos dirigentes principales son casi todos ellos argentinos y en no pocos casos pertenecen a las clases acomodadas, una corriente rival, de inspiración anarquista y dirección casi exclusivamente inmigrante, logra arraigar entre sectores más amplios de trabajadores. Desde el comienzo el anarquismo se muestra más dispuesto que su rival a recurrir a la violencia (por ejemplo frente a los rompehuelgas); al final es parcialmente ganado por las tácticas terroristas; la propaganda de la dinamita se muestra sin embargo más eficaz para agudizar la alarma de los sectores dominantes que para ganar nuevos adherentes al movimiento.

De nuevo la ligazón entre agitación popular urbana y presencia inmigratoria pasa a primer plano bajo estos estímulos. La elite político-social está tanto más preparada a percibir esa vinculación por cuanto —como se ha visto— ya antes de que emergiesen las formas organizadas de protesta obrera ha comenzado a percibir en el temple de las clases trabajadoras urbanas transformaciones que —aunque no podían aún ser motivo de alarma— marcaban el fin de la deferencia tradicionalmente tributada a esa elite por el resto de la sociedad urbana. En un espíritu análogo al de Rojas y Patrón, Miguel Cané podía contraponer en la década del 80 la fría y mercenaria cortesía que le era tributada por sus criados en la ciudad con la relación cargada de elementos afectivos que lo vinculaba con los de la campaña; a través de esa experiencia inmediata era toda la imagen de la relación con ciudad y campaña la que cambiaba de signo: la segunda, vista cincuenta años antes como un peligroso foco de misteriosas rebeldías, es ahora segura fortaleza, mientras la primera es ya territorio extraño y quizá enemigo.[35]

Ese esbozado cambio de actitud explica en parte la rapidez y brutalidad de la respuesta que encontró desde sus orígenes la protesta obrera. De 1902 es la Ley de Residencia, destinada sobre todo a frenar los avances de la sindicalización, votada en medio de una gran oleada de denuncias contra los "empresarios de huelgas"; ella autoriza a expulsar extranjeros por decisión administrativa y se apoya en la noción de que son los agitadores ultramarinos los responsables de la agudización del conflicto social. La Ley de Defensa Social de 1910, respuesta a la difusión del terrorismo, complementa disposiciones que golpean específicamente a los extranjeros con otras que tipifican como delictuosas actividades no estrictamente terroristas.

También ella va acompañada de campañas que se basan en una abierta y virulenta xenofobia: los terroristas por hipótesis no son argentinos; no sólo su invocación de doctrinas ultramarinas, sino ya su conducta, marcada por una constante y sanguinaria cobardía, revelan demasiado claramente su origen extranjero. De la vulnerabilidad a teorías exóticas a la general abyección moral, los rasgos negativos del extranjero se han generalizado y acentuado a lo largo de treinta años, y junto con la crítica moral la biológico-psicológica, basada por ejemplo en los discutibles descubrimientos de la criminología positivista, ofrece argumentos adicionales para una actitud de rechazo global y horrorizado al inmigrante.

Pero esos motivos xenófobos, tan libremente evocados para justificar la represión del movimiento obrero y la protesta social, no se traducen en ninguna modificación de la política inmigratoria; es precisamente en esos años cuando la inmigración alcanza sus cifras más altas sin que se crea oportuno poner obstáculo alguno a sus avances. La xenofobia aparece así de nuevo como un argumento apologético en defensa de un orden en torno del cual el consenso se hace cada vez menos seguro; al margen de esa función su gravitación sobre sentimientos y actitudes sigue siendo muy limitada, hasta tal punto que los argumentos xenófobos contra la protesta social serán muy libremente empleados por representantes —ellos mismos extranjeros— de intereses económicos también extranjeros.

Pero si el predominio extranjero en el movimiento obrero se presta a una utilización apologética por los adversarios de éste, es en sí mismo un hecho demasiado real y demasiado rico en consecuencias para que pueda ser ignorado, sobre todo por el socialismo, que quisiera ser el instrumento para integrar a la clase obrera en el sistema político argentino. Juan B. Justo, el fundador y jefe del partido, dedica al problema una atención sostenida; si la solución por la que se inclina es la ya propuesta por Sarmiento (los extranjeros deben nacionalizarse), su argumentación sólo en parte repite la de éste, transponiéndola a una clave diferente. Mientras Sarmiento identificaba a los extranjeros con el sector económicamente productivo, y denunciaba la progresiva identificación de los nativos con una máquina estatal parasitaria, Justo ve al Estado como el agente de una clase terrateniente cuyo parasitismo alcanza consecuencias aun más graves que las denunciadas por aquél. No se trata tan sólo de la creación de una burocracia como sostén de una máquina electoral fraudulenta: la política monetaria e impositiva del Estado acentúa las ventajas que en la distribución del ingreso nacional tiene desde el comienzo la oligarquía terrateniente: una moneda de papel cuya devaluación el Estado favorece y cuya suba de valor el mismo Estado impide, se usa para pagar a los asalariados, mientras los productores primarios reciben todas las ventajas de la suba del oro en que el extranjero paga sus productos; la protección al azúcar y el vino nacionales otorga ventajas análogas a aquellos sectores terratenientes que no tienen acceso al mercado internacional, disminuyendo en la misma medida los salarios reales de los forzados consumidores de esos productos. Es toda la estructura social argentina, más bien que la defectuosa organización política, la que es ahora denunciada.

En cuanto al sector extranjero, encontraremos una modificación comparable en la imagen que de él propone Justo. La evolución de una posición cercana a la sarmientina a ótra radicalmente diferente la reseña con intención pedagógica Justo en un diálogo sin duda parcialmente imaginario; en compañía de un visitante anglosajón que halla deplorable que "las grandes estaciones de ferrocarril, las vías, las usinas eléctricas" se hallen en manos de extranjeros, Justo responde que:

"...lo deplorable es que siendo tan enérgicos y capaces para posesionarse de toda empresa privada importante, esos mismos extranjeros no intervengan en nuestra política".[36]

Su interlocutor halla esa opinión excesivamente cándida: esos intereses extranjeros y sus personeros intervienen todo el tiempo en política; la corrupción de los gobernantes, más que un elemento anecdótico, es uno de sus medios permanentes de articulación con

ese sector parasitario local que para Justo tiene su núcleo en la clase
terrateniente, mas bien que en un Estado relegado a mero instrumento de ésta. El carácter extranjero del capital, que no le impide integrarse en los sectores dominantes del sistema sociopolítico argentino,
tiene consecuencias negativas adicionales, en cuanto supone un dre-
naje permanente de recursos. "Inglaterra —concluye Justo— va a tener pronto más de una Irlanda"[37]; la Argentina corre también riesgo
de verse empobrecida por el predominio de un sistema de empresas
—ya que no de terratenientes— ausentistas.

Oligarquía y capital extranjero se mantienen con el apoyo de
un orden político marcado por un extremo primitivismo y arbitrariedad, pero si Justo denuncia esos rasgos con acentos parecidos a los de
Sarmiento, ya no los ve —como Sarmiento y más aun otros integrantes y continuadores de la generación de 1837— como el resultado de
un deliberado y hostil aislamiento frente a la civilizadora influencia
extranjera. Esa interpretación no sólo es errónea, ella (y la creencia
que a menudo se le vincula en la superioridad natural o por lo menos
difícilmente eliminable de ciertas razas y culturas sobre otras) desemboca en una autodenigración que termina por justificar la resignación
pasiva frente a situaciones que han comenzado por denunciarse como
insoportables. Aun más aberrante sería para Justo buscar contra ese
orden político primitivo el auxilio extranjero, no sólo porque los más
sólidos intereses extranjeros están identificados con ese orden, sino
porque sólo se dispondrían a combatirlo para reemplazarlo por otro
más ventajoso para ellos mismos y más desventajoso para las clases
productoras argentinas. En este marco la nacionalización de los extranjeros significa ante todo la de los integrantes de sectores populares, que gracias a ella pueden participar activamente en la lucha política. Como se advierte, Justo ha concluido por disolver la oposición
entre nativos e inmigrantes en la que corre entre las fuerzas parasitarias que ha descripto y sus víctimas, que forman una·alianza potencial dentro de la cual corresponderá a la clase obrera el lugar hegemónico.

¿Hasta qué punto esta solución, cuya elegancia intelectual contrasta con la tosquedad de los llamados a la xenofobia prodigados en
esos mismos años por tantos dirigentes políticos que se juzgan sin
embargo dominados por un espíritu de moderación y racionalidad,
refleja una percepción más que individual de las dimensiones nuevas
del proceso social argentino, y el modo en que éstas afectan las viejas
tensiones entre nativos e inmigrantes? Hallamos un equivalente de
ella en el creciente eclecticismo de los mitos populares de protesta
social, y la popularidad nueva de que gozan entre un público en el
que criollos e inmigrantes no están ya separados. Se ha indicado antes
cómo el mito de Juan Moreira adquiere nueva y definitiva populari-

dad gracias al teatro; son los Podestá (esa familia de origen inmigrante) quienes pasean por el país las desgracias del pobre cuya justa ven-
ganza sobre su implacable acreedor no tiende a ser vista ya sobre la
clave exclusiva de una oposición entre gauchos y gringos; a la vez
Martín Fierro es transformado por la prensa anarquista, que no se
priva de denunciar la "barbarie gaucha" de los gobiernos represores,
en víctima simbólica de la opresión política y social.[38] Sin embargo
esta reinterpretación del proceso social argentino, y del papel de los
inmigrantes en él, está destinada a no imponerse. El ciclo que se
abre con el descubrimiento de los inmigrantes como perturbadores de
una feliz armonía social y parece desembocar en el descubrimiento
de una comunidad de intereses, que debe expresarse políticamente,
entre esos inmigrantes y las clases populares criollas, víctimas ambos
de la opresión política y la explotación económica, está destinado a
no alcanzar establemente esta última etapa. La razón es desde luego
que —contra las previsiones de Justo— el conflicto entre unas clases
populares hegemonizadas por la obrera y unos sectores dominantes
dirigidos por la alianza de las clases terratenientes y los emisarios de
la economía metropolitana, no proporciona a comienzos del siglo xx —y todavía no proporcionará por décadas— el tema dominante a la vida política argentina.

V

Simultáneamente con las formulaciones de Justo, y en el marco
de un supremo esfuerzo de autorregeneración de la oligarquía política dominante, surge un interés nuevo por una temática nacionalista,
que ha sido visto desde la izquierda (a partir de Justo, que tituló irónicamente Restauración nacionalista su incisiva descripción de algunos mecanismos particularmente sórdidos de la alianza entre empresas extranjeras y máquina política oligárquica[39]) como una demasiado obvia tentativa de justificar la represión antiobrera como cruzada
antigringa (la expresión es de Roberto F. Giusti); esa interpretación
ha tendido cada vez más a transformarse en dominante.

Ahora bien, no hay duda de que entre las motivaciones de ese
redescubrimiento del nacionalismo se encuentran las denunciadas por
sus críticos de la izquierda; es menos seguro que ellas tengan el papel
dominante que esos críticos les asignan. No porque —desde la perspectiva de la oligarquía conservadora— el surgimiento de organizaciones de clase de los sectores obreros no represente un peligro, sino
porque al lado de éste advierte otros quizá no menos temibles a los
que una ideología nacionalista puede también contribuir a dar respuesta. Desde una evolución política internacional que en los veinte

años anteriores a 1914 ha colocado al país reiteradamente al borde de la guerra con sus vecinos (y en un contorno menos inmediato incluye elementos tan alarmantes como el conflicto europeo en Venezuela y la toma de Panamá), hasta el paulatino deterioro de los términos mismos de la alianza no escrita entre la clase terrateniente nativa y los dueños de los canales de comercialización y transporte de los que no podría prescindir, crean problemas que requerirían un Estado más capaz de iniciativas y más libre para llevarlas adelante. Pero esa indispensable regeneración del Estado requiere para él una base política más amplia y menos pasiva que las reducidas clientelas electorales rutinariamente manipuladas por las máquinas políticas de las distintas fracciones conservadoras, aletargadas por la larga costumbre de vencer sin combate.

En el *grand dessein* del último presidente de la república oligárquica, Roque Sáenz Peña (1910-1914), la aplicación por primera vez honrada de un sufragio universal tan antiguo como la nación independiente debía persuadir a la oposición radical a retornar a la acción legal: en ella actuaría como acicate para la transformación de las clientelas conservadoras —desprovistas por el momento de cualquier unidad de organización y propósitos— en un partido moderno, capaz de devolver al Estado la vida que al parecer se retira de él (y el temor del presidente era sobre todo que la amenaza radical se revelase demasiado irrisoria para lograr ese efecto).

Pero la revitalización de la lucha política no era suficiente para contrarrestar una pérdida de vitalidad que comenzaba a afectar a la Nación a la vez que al Estado. La "República muerta", denunciada ya veinte años antes por un nieto de Sarmiento, Augusto Belin, era sólo la expresión política de insuficiencias más generales: la sospecha se hace cada vez más frecuente de que la conciencia de pertenecer a una comunidad nacional se está desvaneciendo junto con la identificación con un Estado que es cada vez menos la expresión política de ésta. La reordenación de la lucha política debe entonces complementarse con una vigorización del sentimiento nacional inducida por el Estado, de modo primordial aunque no exclusivo mediante el adoctrinamiento escolar. Desde fines de la primera década del siglo el problema está a la orden del día; poco después el presidente del Consejo Nacional de Educación, el agudísimo médico e historiador-sociólogo positivista José María Ramos Mejía, impone en la enseñanza primaria una liturgia cívica de intensidad casi japonesa: los niños aprenden a descifrar y reiterar diariamente fórmulas que en versos atormentados y prosa no más lisa los comprometen a entregar hasta la última gota de sangre en defensa de la bandera; esas promesas son gritadas frente a un altar de la patria que es deber de los maestros mantener adornado de flores siempre frescas. . . No escapa a la perspicacia de Ramos Mejía que ese espectáculo bordea el ridículo; juzga sin embargo que esas ceremonias de gusto dudoso son necesarias para contrarrestar las graves influencias desnacionalizadoras. ¿Cuáles son ellas? Sin sorpresa volvemos a encontrar las doctrinas disolventes con que se intenta seducir a las clases laboriosas, no menos esperablemente es recordada la rivalidad de otras lealtades nacionales, mantenidas en vida para los hijos de inmigrantes por las escuelas de colectividad (y las denuncias contra las judeorrusas de Entre Ríos continúan las de Sarmiento contra las italianas); más explícita y violentamente que en Sarmiento las escuelas confesionales (que unen a la identificación con una tradición literaria y cultural extranjera la simpatía por soluciones políticas antirrepublicanas) son denunciadas como una amenaza aun más grave, porque disputan al Estado la lealtad de la progenie de esa misma elite criolla que debe dirigir el esfuerzo de regeneración nacional. Las tres son impugnadas con acritud por Ricardo Rojas en *La restauración nacionalista*, el libro que en 1909 escribe para proporcionar una base ideológica y algunas sugerencias prácticas a ese movimiento de renacionalización por la escuela. Hay sin embargo una amenaza más seria que las anteriores, es la del "materialismo" dominante, de un sistema de valores orientado a la conquista del éxito a cualquier precio, que de hecho guía cada vez más la conducta individual y colectiva de los argentinos, cualesquiera sean los signos exteriores de adhesión que éstos juzguen oportuno tributar a ideales menos sórdidos. Si en la Argentina la familia no es un instrumento eficaz de transmisión del sentimiento nacional, no es primordialmente porque en los hogares con fuerte componente inmigratorio —que son ya, en las zonas más desarrolladas del país, la mayoría— otras lealtades nacionales lo debiliten, sino porque —sobre todo en esos hogares— lo que se enseña por la palabra y el ejemplo es una sabiduría cínica y desengañada, que excluye la idea misma de cualquier sacrificio por objetivos supraindividuales.

Pero si esto es particularmente grave no es sólo porque —por hipótesis nunca demostrada— el sentimiento nacional se ha debilitado respecto al pasado, sino todavía porque ese sentimiento es ahora más necesario. El nuevo nacionalismo, en la medida en que es algo más que una receta de control social, refleja un cambio radical en la imagen de la relación entre la Argentina y el mundo: si abrirse a éste y a sus aportes había sido la solución preconizada desde 1837, en el clima de rivalidades interimperialistas ahora dominantes el irreductible elemento de hostilidad presente en toda relación entre países se destaca con evidencia nueva, y la necesidad de una cohesión nacional más sólida para afrontar un clima cada vez más marcado por esa hostilidad recíproca se torna igualmente evidente.

Pero precisamente por eso el nuevo nacionalismo no podría incluir componentes antiinmigratorios capaces de retardar la asimilación de los extranjeros en la comunidad nacional. José María Ramos Mejía advierte con claridad cómo la nueva liturgia patriótica debe ser un instrumento de incorporación —antes que de exclusión— de esa:

"...primera generación del inmigrante, la más genuina hija de su medio que comienza a ser, aunque con cierta vaguedad, la depositaria del sentimiento futuro de la nacionalidad, en su concepción moderna naturalmente [. . .].El pilluelo, el hijo a medias argentinizado, es el que aplaude con más calor las escuelas de cadetes, que con encantadora gravedad desfilan en los días de la patria [. . .] oyen el himno y lo cantan y lo recitan con ceño y ardores de cómica epopeya".

Tanta comprensión no impide a Ramos Mejía seguir percibiendo la superioridad cultural y moral de los niños formados "en la penumbra modesta del hogar de abolengo". Pero al concluir también él que esa superioridad se traduce necesariamente en la derrota frente a quienes se entregan "a la obsesión de la fortuna a toda costa" se prohíbe cualquier eco de los sentimientos que a menudo acompañan esa conclusión. No sólo porque el escándalo frente a la prosperidad de la plebe inmigrante o la rencorosa envidia frente a la vulgaridad de los nuevos ricos debilitarían la cohesión que el país necesita; también porque en ese mundo más duro la Argentina necesita transformar en cualidad colectiva esa despiadada tenacidad en la conquista del éxito que Ramos Mejía asigna a los inmigrantes y sus descendientes. Es en suma una emoción patriótica la que anima a este hijo de familia patricia al contemplar como garantía del futuro de la nación:

"...las hordas abigarradas de niños pobres, que salen a sus horas de las escuelas públicas en alegre y copioso chorro [. . .]. Esas aves errantes, de tan descuidado plumaje y de un exotismo encantador de nombres y apellidos salen de un nido desconocido, sin duda, pero [. . .] suelen volar y resistir con más exito la cruda temperatura que las rodea".[40]

Distinta en tantos aspectos de la solución que propone Juan B. Justo, la del regeneracionismo conservador coincide con ésta en considerar la distinción entre nativos e inmigrantes del todo irrelevante a los problemas básicos que plantea esa difícil hora argentina. Si el hecho de que en 1914 cerca de un tercio de la población del país ha nacido en el extranjero no puede dejar de influir en las modalidades con que esos problemas se manifiestan, sería abusivo ver en ella la causa determinante de ninguno de ellos y es por otra parte un hecho demasiado irreversible para que cualquiera de las soluciones que se propongan pueda hacer otra cosa que admitirlo como tal.

El nuevo nacionalismo, lejos de presentarse como una ideología antiinmigratoria, se propone como la adecuada a un país que debe reconciliarse con las transformaciones demasiado rápidas que ha sufri-

do. Aun así, refleja el agotamiento definitivo de ese progresismo liberal que se proponía —utilizando entre otros instrumentos la inmigración masiva— construir una nación contra su pasado más bien que a
partir de él. La nación no se plasmará ya como tal realizando mejor que
otras ciertos ideales cuya validez universal se postula: el imperativo
de cohesión nacional tiene ahora decidida prioridad sobre los principios en torno de los cuales han de darse las coincidencias ideológicas
que expresen esa cohesión. En Ramos Mejía ese abandono de una tradición con la que se siente fuertemente identificado es todavía reticente, y todas las oportunidades de mantener una continuidad formal
con la etapa liberal-progresista son aprovechadas con entusiasmo. Pero precisamente en esos momentos se advierte la seriedad de una ruptura que Ramos Mejía quería suponer aún limitada y parcial: así en
la reivindicación de un laicismo que continúa muy explícitamente el
del esfuerzo secularizador de la década del ochenta, pero que si en
Sarmiento había significado sobre todo una adhesión al rumbo que
ha tomado la civilización moderna en un proceso que tiene las dimensiones del planeta, en Ramos Mejía es sobre todo expresión de la ce-
losa voluntad del Estado, que aspira a reinar sin rivales en las concien-
cias infantiles, para inculcar en ellas una adhesión previa a todo racio-
cinio a un conjunto de sentimientos y creencias de cuyo vigor irracio-
nal depende al parecer la salud futura de la Nación.

La irracionalidad de esa fe es adecuada a la del mundo y sus ciegas luchas por la supremacía; el viejo positivista, que no podría compartir los aspectos idolátricos necesarios a su juicio para darle vigor,
la comparte sin embargo en la medida en que ha hecho de su aceptación de la realidad una versión modernizada del *amor fati*. Aun así,
esa imagen del mundo no podría depararle otra satisfacción que la
austera y amarga de cumplir con su deber en el marco de un orden
que acata pero que no podría admirar. He aquí sin duda una actitud transicional, que se refleja en la ambigüedad del juicio de Ramos
Mejía acerca de las reformas escolares que propugna. Sarmiento había hallado repulsivo el ejemplo de la educación para la italianidad e
impensable que los educadores argentinos la imitasen tratando de inculcar argentinidad. Ramos Mejía hallaba que ésta era una necesidad
impuesta por la deplorable realidad, y que necesariamente esa tarea
debía desarrollarse en un marco de repulsiva puerilidad. Ricardo Rojas, cuya sensibilidad está ya moldeada por el decadentismo del nuevo siglo, contempla en cambio con un entusiasmo sin reticencias los
aspectos cada vez más decididamente totémicos que el culto nacional
está adquiriendo en Italia: se siente al parecer totalmente a gusto en
un mundo del que la razón ha estado siempre ausente, y en el cual
pronto se descubrirá que ha sido culpa de la generación liberal-
progresista haber vanamente intentado aclimatarla.[41]

Pero ese irracionalismo tan gozosamente recibido no dejaba de tener aspectos peligrosos. Sólo la presencia vigilante de una elite animada por una devoción más abstracta por la nación y el Estado podía evitar que su llamado a la entrega indisciplinada a ideas y sentimientos diese rienda suelta a las fuerzas disociadoras de la frágil solidaridad nacional. La realidad de ese peligro se manifiesta en el texto del que Manuel Gálvez quiso hacer el breviario de un nacionalismo irracionalista y decadentista. Es *El diario de Gabriel Quiroga,* un príncipe de las modernas elegancias que luego de un largo periplo intelectual se ha refugiado en un catolicismo en el que ve a la vez la más sorprendente de las paradojas y un alivio para su temor a la muerte (único sentimiento vigoroso que ha sobrevivido a sus ejercicios de refinamiento sentimental). Pero si las motivaciones que Gálvez atribuye a su héroe y alter ego son rebuscadas hasta la total ininteligibilidad, las suyas parecen bien pronto demasiado claras: el *Diario* es un ejemplo más de una forma literaria muy tradicional, la invectiva del poeta contra la ingrata patria, que se obstina en ignorarlo. Sin duda en el censo de culpables del injusto destino que pesa sobre Quiroga-Gálvez encontraremos sin sorpresa a los escritores-inmigrantes, que —no trabados en su lucha por el éxito por esa lealtad a su propio estro que es el signo seguro del genio— lo conquistan con indignante facilidad. Pero aun mayor atención es otorgada a los "escritores mulatos", una categoría tan abarcadora como imprecisa, que parece incluir a cuantos comparten el éxito pero no el origen de los escritores inmigrantes.[42]

En suma, el nacionalismo de Gálvez supone una condena indiscriminada de la Argentina creada por el liberal-progresismo, pero está lejos de ver en la inmigración el mayor de los males atribuidos a su influencia nefasta. La política secularizadora se le aparece como mucho más grave, en la medida en que ha disipado las energías nacionales en la tentativa de rehacer al país contra los imperativos de su índole y su pasado, y todavía en cuanto al prestigio de su herencia intelectual impide a la inteligencia argentina seguir con suficiente rapidez la reorientación espiritualista y filocatólica que según Gálvez está triunfante en todas partes.

La imparcialidad con que Gálvez distribuye su rencor entre los distintos sectores de una nación que se ha conjurado para ignorarlo tiene algunas consecuencias inesperadas; le permite, por ejemplo, contra el diagnóstico dominante que ve en el inquietante amoralismo colectivo el aporte de un sector inmigrante consagrado a la conquista desprejuiciada de la fortuna, mostrar en el mito criollo por excelencia, el de Juan Moreira, una vertiente distinta de ese amoralismo[43] (y aun, sin temor a contradicciones, tras declarar que lo único rescatable del país es su tradición hispano-católica, denunciar en Córdoba al reducto mezquino y odioso de esa tradición de intolerancia y exclusivismo).[44] Su resultado general es atenuar paradójicamente la gravedad de unas acusaciones cuya violencia no conoce matices. Precisamente porque ninguna disciplina ética o intelectual limita estos desbordes de un inagotable mal humor, es revelador que su condena sucesiva de uno tras otro de los sectores étnicos y geográficos que componen la nación oculte mal la aceptación de los datos básicos del orden que los gobierna a todos. Después de Sarmiento, Gálvez descubre la dicotomía entre una nación que produce, y está formada de extranjeros, y otra que se ha instalado parasitariamente en el aparato del Estado, el país político que forman los nativos. Pero por su parte encuentra que esta distribución de funciones presenta aspectos admirables:

"...los extranjeros levantan fortunas, que casi siempre llevan con ellos a Europa, en este país que nos pertenece y que es nuestro capital; de modo que nosotros resultamos los patrones, los capitalistas, y los extranjeros los verdaderos trabajadores".

De esa redistribución depende el futuro de la cultura nacional; el Estado, mecenas colectivo, debe "en este país de trabajadores, de extranjeros y de analfabetos" proporcionar renta a los literatos y estudiosos.[45] La adhesión —en medio de tantos aplicados ejercicios de ironía— al orden establecido halla última confirmación en las páginas finales del libro, en que Gabriel Quiroga celebra:

"...las violencias realizadas por los estudiantes incendiando las imprentas anarquistas, mientras echaban a vuelo las notas del himno patrio".

De nuevo, tras de algunos comentarios reticentes y capaces de diferentes lecturas, concluye sin ambigüedades que:

"...esas violencias han socavado un poco el materialismo del presente, han hecho nacer sentimientos nacionalistas, han realizado una conmoción de entusiasmos dormidos".[46]

Sin duda esa adhesión —como antes la otorgada a la división de tareas entre inmigrantes beocios y cultivadores rentados del reino del espíritu— no está exenta de cierto distanciamiento irónico, reflejo en parte de la preocupación de Gálvez por mantener alguna sustancia a esa sombra que es Gabriel Quiroga, el exquisito príncipe de la paradoja a quien no sería adecuado atribuir opiniones demasiado directas, y en parte a una incoherencia de ideas que es más auténticamente suya. Pero el sentido general de su discurso es inequívoco: la revolución espiritual que Gálvez propugna se apoya en una aceptación global del orden argentino, tal como ha sido plasmado en un proceso del cual el alud inmigratorio es un aspecto ineliminable. El estoico heroísmo que se expresaba en el drama interior de Ramos Mejía no era al cabo necesario para aceptar lo que de todos modos era vano rechazar.

La noble pasión de Ramos Mejía y la casi sórdida reivindicación que Gálvez formula de la parte del hombre de letras argentino en el botín que el Estado obtiene del trabajo inmigrante, tienen entre otros un elemento común digno de ser subrayado: ambas postulan que el predominio de la economía está en proceso de ser irreversiblemente conquistado por los inmigrantes y sus descendientes; ambas postulan también que, pese a la democratización política, la elite criolla seguirá siendo el grupo portador de la conciencia del Estado y la nación; ello supone, aunque el punto no sea confirmado explícitamente, la continuidad de su predominio político. Ni una ni otra postulación es tan evidentemente verdadera como lo parece hacia 1910. La primera es formulada por algunos hijos de las clases altas que, en efecto, sólo participan en medida escasa de la creciente prosperidad; ahora bien, si es indudable que ningún proceso económico podría mantener en el tope de la sociedad a todos los descendientes de quienes lo han ocupado en un comienzo, no parece que el traspaso de riqueza del sector criollo al de inmigrantes enriquecidos haya tenido el carácter universal y catastrófico que esos miembros menos favorecidos del primero gustan de suponer. Frente a este pronóstico demasiado pesimista, el que anticipa la conservación del control político por la elite conservadora se revela excesivamente optimista: el renacimiento político planeado por el regeneracionismo conservador murió antes de nacer; el radicalismo, convocado a la lucha por sus rivales para acicatear a los lánguidos dueños del poder, los reemplazó en él para armar con admirable diligencia una máquina electoral que se iba a revelar imbatible en su propio terreno.

El triunfo del radicalismo —un partido que en el pasado había recibido sin reticencias el apoyo de grupos de inmigrantes identificados como tales en algunas de sus intentonas revolucionarias— marcó una temporaria agudización de los conflictos y debates que parecían ya dejados definitivamente atrás. El nacionalismo se iba a revelar un elemento más importante en el ideario radical que en el conservador. El conservadorismo era heredero sin duda remoto de la tradición liberal-progresista; en su identificación con el país lo que la mantenía con ese gigantesco esfuerzo por transformarlo era un elemento central. La relación del radicalismo con esa etapa del pasado nacional era más ambigua: en la medida en que la Constitución era —según la reiterada fórmula— el programa del partido ahora dominante, la ruptura total con ella era impensable; al mismo tiempo esa etapa no podía sino ser vista como la que dio origen a una deformación del sistema institucional, contra la cual el radicalismo había combatido desde su origen. Análoga ambigüedad en cuanto a los aspectos secularizadores del progresismo: nacido tras la experiencia de la primera crisis atravesada por éste, las dificultades que la política secularizadora había provocado ofrecían una lección que el radicalismo iba a atesorar. El nacionalismo radical era entonces más indiferenciado que el conservador; era una adhesión a la nación más que a la corporización en el cuerpo nacional de una cierta experiencia política. Ese carácter iba a ser mantenido y acentuado en un marco que la democratización política ha ampliado irreversiblemente; deseoso de aunar voluntades para construir sólidas mayorías electorales, el radicalismo encuentra en la adhesión común a la nación un elemento de cohesión indispensable a sus heterogéneos reclutas. La contraposición entre esa más abarcadora solidaridad nacional y la solidaridad de clase que postula el socialismo debe ser tanto más explícitamente afirmada en cuanto esta última supone una tentación muy real para algunos de los seguidores reales y potenciales del radicalismo (en tanto que para las clientelas conservadoras lealtad nacional y deferencia a las clases altas aparecen como necesariamente solidarias). El nacionalismo aparece entonces como la ideología adecuada para un partido interclasista que no se ve a sí mismo como expresión de una alianza de clases, sino que —sin dejar de percibir en cada situación concreta los efectos políticos de cada una de sus tomas de posición en los conflictos que separan a los distintos sectores sociales— se rehúsa a cualquier toma de posición global frente a esos conflictos.

Sin duda ese nacionalismo, que se presenta como alternativa a lealtades de clase y no étnico-nacionales, no debe desembocar necesariamente en un retorno a la temática que contrapone sectores nativos y extranjeros. Al mismo tiempo no es sorprendente que el radicalismo haya transitado frecuentemente de una perspectiva a la otra, y esto por una razón fácil de comprender: al hacer del sufragio una base más real del poder político, la democratización agrega sustancia a la división entre nativos e inmigrantes; para un gran partido electoral la tendencia a concentrar sus atenciones sobre los primeros puede ser expresión de un sólido buen sentido antes que de la presencia de prepotentes prejuicios xenófobos. Esta consideración está sin duda presente en algunas justificaciones que da la prensa radical a la menor simpatía otorgada a ciertos movimientos de huelga. La de basureros es subversiva y antinacional por la ideología de quienes la han organizado, nada sorprendente en inmigrantes; la representación española —agente de un gobierno más conservador que el argentino— no comparte las alarmas frente a la ideología de los huelguistas y ve en su condición de extranjeros cuyos puestos podrían ser distribuidos entre valiosos elementos partidarios la razón real de la dureza del gobierno.

Del mismo modo los comerciantes al menudeo, entonces en su mayoría españoles, no podrían aspirar a que el gobierno radical se inhibiese
de denunciarlos como los responsables de dificultades de aprovisiona-
miento, ni de vincular su excesiva codicia con su origen ultramarino[47] :
el radicalismo no tiene mayores motivos para tutelar la susceptibilidad
de quienes no tienen verdadera fuerza económica y no han adquirido
ese fragmento de fuerza política que proporciona la franquicia electoral.

Pero el mero transcurso del tiempo va a arrebatar la efímera
vida que esas viejas disputas han readquirido en las primeras etapas de
una democratización política efímera. No sólo el número absoluto de
extranjeros va a disminuir; va a atenuarse también a lo largo de la tercera década del siglo su concentración en ciertos rubros de actividad,
que hace que en algunas de ellas todavía al comienzo de esa década la
presencia de ciudadanos sea muy reducida. Así el tema que ha acom-
pañado a un siglo de hondas transformaciones en la sociedad argentina se desvanece paulatinamente de la atención colectiva.

Quizá lo más notable de la trayectoria que el tema recorre antes
de ese final en progresiva sordina sean las diferencias en su formulación entre una primera etapa en la cual la inmigración masiva aún no
se ha desencadenado o es sólo incipiente y aquella en que ésta ha alcanzado su apogeo. Sólo en la primera encontramos una consideración directa y global del fenómeno inmigratorio, acompañada de una
tentativa de apreciar sus consecuencias también globales en el futuro
de la nación. En la segunda no sólo faltan esos planteos globales; aun
los parciales que se vinculan con la inmigración apenas merecen consideración independiente, y sirven sólo como introducción para
afrontar los más generales que la sociedad argentina en su conjunto
debe afrontar en medio de una vertiginosa modernización, que sin
duda tiene en la inmigración uno de sus estímulos importantes, pero
que no podría reducirse a ésta y sus consecuencias directas.

A esa dificultad diríamos cognoscitiva —la de aislar de un proceso complejo el aporte de uno de sus elementos básicos— se suma otra
quizá más importante: la voluntad deliberada de limitar los alcances
de cualquier enfoque crítico de la modernización y el proceso inmigratorio que la alimentó. A comienzos del siglo xx, cuando esas críticas arrecian en volumen e intensidad, van a ser en más de un caso expresión de una clase alta cada vez más nostálgica de un pasado en que
no se daban oposiciones sociales abiertas y explícitas, y dispuesta a
atribuir el afloramiento de éstas al aporte de ideas y experiencias de
lucha traído por los inmigrantes, pero al mismo tiempo demasiado
consciente del vínculo entre su pasada y futura prosperidad y la disponibilidad de una mano de obra constantemente ampliada por la
inmigración para plantearse seriamente la posibilidad de cambiar el

rumbo de la política inmigratoria. Van a ser alternativamente un aspecto de la dura crítica formulada en nombre de los sectores populares por anarquistas y socialistas, pero mientras unos y otros recogen la condena que contra las modalidades del proceso inmigratorio surge de tantos inmigrantes que han debido sufrirlas con extremo rigor, ni esos inmigrantes ni sus voceros podrían poner globalmente en tela de juicio un proceso que los ha transformado en actores del drama político-social argentino sin a la vez descalificarse como tales. A medida que sus efectos se acumulan, la inmigración adquiere las características de lo irrevocable; como tal no podría ser considerada problemáticamente sino en sus modalidades adjetivas; al mismo tiempo —al ocupar el centro mismo de las transformaciones que se agolpan en la vida argentina en el medio siglo anterior a la Primera Guerra Mundial— sigue ofreciendo el camino más obvio para adentrarse en una problemática que constantemente la excede.

NOTAS

[1] *Semanario de Agricultura*, 8 de setiembre de 1802, en: *Juan Hipólito Vieytes. Antecedentes económicos de la Revolución de Mayo*, ed. Félix Weinberg, Buenos Aires, 1956, págs. 152 y 157.

[2] "Memoria sobre el estado rural del Río de la Plata en 1801", en: *Escritos póstumos de don Félix de Azara*, Madrid, 1857, pág. 7.

[3] *Correo de Comercio*, 11 de agosto de 1810, en: *Manuel Belgrano, Escritos económicos*, ed. Gregorio Weinberg, Buenos Aires, 1954, pág. 180.

[4] Félix de Azara, ob. cit., págs. 23-24.

[5] "Sobre que las artes y los oficios en la América son el patrimonio exclusivo de los hombres libres", en: *Semanario de Agricultura*, 25 de marzo de 1806, *Vieytes*, ob. cit., pág. 406.

[6] B. Rivadavia a J. M. de Pueyrredón, 9 de setiembre de 1818, en: Sergio Bagú, *El plan económico del grupo rivadaviano*, Rosario, 1966, págs. 128-31.

[7] Domingo Faustino Sarmiento, *Facundo*, ed. Alberto Palcos, La Plata, 1938, págs. 11-12.

[8] "Investigaciones sobre el sistema colonial de los españoles de J. V. Lastarria", *El Progreso*, 27 de setiembre de 1844, en: D. F. Sarmiento, *Obras completas*, 2a. ed., vol. II, Buenos Aires, 1948, págs. 221-222.

[9] Sarmiento, *Facundo*, cit., pág. 12.

[10] Sarmiento, "Un viaje a Valparaíso" (*Mercurio* de 2, 3, 4, 6 y 7 de setiembre de 1841), en *O. C.*, vol. I, Buenos Aires, 1948, págs. 123 y 131.

[11] Sarmiento, *Facundo*, cit., págs. 36-37.

[12] "Ingleses son los habitantes de ambas riberas del Río Niágara y, sin embargo, allí donde las colonias inglesas se tocan con las poblaciones norteamericanas, el ojo percibe que son dos pueblos distintos." Sarmiento, *Viajes, O. C.*, vol. V, Buenos Aires, 1949, págs. 363-64.

[13] D. F. Sarmiento, *Educación popular, O. C.*, vol. XI, Buenos Aires, 1950, pág. 46.

[14] Sarmiento, *Viajes*, cit. *O. C.*, vol. V, pág. 397.

[15] Sarmiento, *Educación popular*, cit. *O. C.*, vol. XI, págs. 35-36. Análoga preocupación expresada por José María Rojas y Patrón en carta a J. M. de Rosas, s.f., pero de 1851, en Adolfo Saldías, *Papeles de Rozas*, vol. II, La Plata, 1907, pág. 238.

[16] Juan Bautista Alberdi, *Las Bases*, ed. Ricardo Rojas, Buenos Aires, 1915, pág. 193.

[17] Nicolás Avellaneda, *Escritos y discursos*, vol. VI, Buenos Aires, 1910, págs. 277-81.

[18] El caso Bald en Public Records Office (London), F. O. 6/300, passim; descripción general de la situación en Stuart a Clarendon, commercial 37, 18 de noviembre de 1869. Todavía en 1879, denuncias de frecuentes asesinatos de franceses en la campaña de Entre Ríos, en Valois comm. 84 (5/IV/1879) Archives du Quai d'Orsay, Buenos Ayres comm. vol. 11, págs. 39-44.

[19] José Hernández, *Martín Fierro*, I, III, versos 318-330.

[20] José Hernández, *Martín Fierro*, I, V, versos 847-864.

[21] Sobre la conspiración Bokard, estudio de D. Chianelli y H. Galmarini, en Actas del Congreso de Historia Argentina, Santa Fe, 1975.

[22] Pasaje reproducido en carta de J. M. de Rosas a J. M. Rojas y Patrón, 7 de febrero de 1869, en: Arturo Enrique Sampay, *Las ideas políticas de Juan Manuel de Rosas*, Buenos Aires, 1972, pág. 159.

[23] "Preocupaciones de razas", *El Nacional*, 2 de febrero de 1883, en: D. F. Sarmiento, *Condición del extranjero en América*, ed. Ricardo Rojas, Buenos Aires, 1928, pág. 216.

[24] Ver sobre todo "La nostalgia en América", *El Nacional*, 24 de enero de 1881, en: Sarmiento, *Condición*, cit., págs. 123-130.

[25] Loc. cit., nota 23.

[26] Trozos de esa alocución en "Los italianos en la República Argentina", en: Sarmiento, *Condición*, cit., págs. págs. 218-221.

[27] "Las escuelas italianas. Su inutilidad", en: *Condición*, cit., pág. 100.

[28] Eugenio Cambaceres, *En la sangre*, 4a. ed., Buenos Aires, 1924, pág. 5.

[29] José S. Alvarez (Fray Mocho), *Obras completas*, Buenos Aires, 1954, pág. 592.

[30] Fray Mocho, *O. C.*, cit., pág. 526.

[31] Fray Mocho, *O. C.*, cit., pág. 564.

[32] Fray Mocho, *O. C.*, cit., pág. 520.

[33] Fray Mocho, *O. C.*, cit., pág. 590.

[34] Fray Mocho, *O. C.*, cit., pág. 605.

[35] La transición ha sido señalada por David Viñas, *Literatura argentina y realidad política. De Sarmiento a Cortázar*, Buenos Aires, 1971, pág. 225.

[36] "El capital extranjero", *La Vanguardia*, 8 de febrero de 1910, en: Juan B. Justo, *Internacionalismo y patria*, Buenos Aires, 1933, pág. 239.

[37] "Capital extranjero", *La Vanguardia*, 2 de noviembre de 1895, en: Juan B. Justo, ob. cit., pág. 188.

[38] De nuevo la observación es de David Viñas, *Rebeliones populares argentinas. I. De los montoneros a los anarquistas*, Buenos Aires, 1971, págs. 212-13.

[39] "¿Restauración nacionalista?", *La Vanguardia*, 5 de febrero de 1910, en J. B. Justo, ob. cit., pág. 237.

[40] José María Ramos Mejía, *A martillo limpio*, Buenos Aires, 1959, págs. 282-285.

[41] *Obras de Ricardo Rojas, La historia en las escuelas*, Buenos Aires, 1930 (se trata de la reedición de los capítulos II a V de *La restauración nacionalista*, de 1909), págs. 222-23.

[42] Manuel Gálvez, *El diario de Gabriel Quiroga*, Buenos Aires, 1910, págs. 198 y sigs.

[43] Gálvez, ob. cit., pág. 225.

[44] Gálvez, ob. cit., págs. 157-167.

[45] Gálvez, ob. cit., págs. 82-87.

[46] Gálvez, ob. cit., pág. 233.

[47] Sobre la huelga municipal, David Rock, *Politics in Argentina, 1890-1930. The rise and fall of Radicalism*, London, 1975, págs. 132-34. Las quejas del Centro de Almaceneros, en su *Boletín* del 20 de abril de 1918, *apud.*, Rock, ob. cit., pág. 64.

1880: un nuevo clima de ideas

¿Mil ochocientos ochenta marca en el dominio de las ideas una tan clara línea divisoria como en el de la política? Nada menos evidente; aun así un uso no totalmente injustificado ve en esa fecha la del relevo de los hombres y las ideas que dominaron la etapa de organización nacional, por la nueva generación que esa fecha designa.

Si en cuanto a los hombres esto es verdad más que a medias, respecto de las ideas lo es sobre todo si se agrupa el rimero de las vigentes antes de esa línea divisoria bajo el signo de la ideología romántica acriollada que introdujo la generación de 1838, cuyos últimos ecos se apagarían en 1880: ella marcaría entonces la transición final del romanticismo al positivismo.

Esa caracterización sin duda deja de lado la presencia cuantitativamente significativa, antes y después de 1880, de un pensamiento espiritualista, cuyas manifestaciones Arturo Roig ha venido inventariando con ejemplar prolijidad. Ello no es quizá demasiado grave: ese pensamiento, pálida floración académica, nunca tuvo en la Argentina el eco que alcanzó por ejemplo en el Uruguay.

Más grave es en cambio que no haga justicia a la heterogeneidad de orientaciones y motivos que domina hasta 1880, a través de formulaciones —las de Sarmiento, Alberdi, Mitre o Hernández— en que la impronta personal es más significativa que la deuda común con el legado ideológico, pasablemente ecléctico, de 1838. Esto no es válido para la etapa que sigue: falta en ella la presencia dominante de personalidades igualmente vigorosas. Y ello nos lleva a considerar una dimensión esencial en la vida de las ideas: el modo concreto de inserción de la elaboración y debate ideológicos en la vida argentina.

Porque es evidente que la ausencia en la nueva etapa de personalidades de gravitación tan fuerte como las que dominaron la precedente no se debe tan sólo a que sus sucesores no supieron conservar la disposición a pensar con originalidad y novedad una visión del mundo a partir de los problemas concretos y acuciantes de la Argentina (aunque esa menor ambición intelectual es indiscutible, y en la aguda caracterización de Alejandro Korn es ella, más que la apertura a nuevas inspiraciones ideológicas, la que permite reconocer la frontera entre la etapa tributaria de la generación de 1838 y la dominada por la de 1880).[1] Pero si la originalidad del pensamiento individual resalta menos no es sólo porque los nuevos pensadores son en efecto menos originales, sino porque su pensamiento halla más difícil recortarse nítidamente sobre el trasfondo de un clima colectivo de ideas ahora más definido. Es que en las décadas transcurridas desde Caseros se han creado las condiciones para el surgimiento de una nueva opinión pública, dispuesta a definirse colectivamente no sólo frente a las obvias alternativas de la política facciosa, sino sobre los básicos dilemas político-ideológicos de la segunda mitad del siglo. No faltaron en la etapa anterior a 1880 formulaciones ideológicas maduras y sutiles; ellas sólo alcanzaron eco cuando lograban presentarse como formulación ideal de una lealtad facciosa basada en la rencorosa memoria de una colectividad tradicional antes que en la común adhesión a un credo político; así ocurrió con Mitre, con Sarmiento, con Hernández, y el aislamiento de Alberdi se debió, entre otras cosas, a que sólo intermitentemente y a desgano aceptó esa necesaria servidumbre (y en las ocasiones en que lo hizo reveló una vez más su casi sobrenatural ineptitud para entender los mecanismos efectivos de la política en el Plata).

El gran debate político-ideológico que sigue a 1880 (el que durante la entera década va a arreciar en torno a las reformas laicas) se va a dar en efecto al margen de la ya moribunda tradición de conflictos entre las facciones tradicionales, y no por eso dejará de estar dominado por el choque de macizas corrientes de opinión pública, antes que por la confrontación entre formulaciones identificables con figuras individuales. Que ello no se debe tan sólo a una baja en el temple creador de quienes piensan el problema lo revela, por ejemplo, el hecho de que las justificaciones que Sarmiento, Mitre o López dan para su apoyo a las reformas laicas ostentan diferencias que repiten las que han mantenido separadas sus trayectorias intelectuales en el pasado; aun así, ahora esas diferencias no son realmente importantes ni aun para ellos mismos, porque quienes en el pasado fueron creadores y definidores de una corriente de opinión aceptan ser voceros de un clima de opinión colectiva.

Esa dimensión coral en la vida de las ideas, antes ausente, aparece magnificada porque el debate laico atrae a la liza a la Iglesia, y ésta conserva la capacidad de incorporar a él, como espectadores apasionados, a vastos grupos habitualmente indiferentes a las confrontaciones ideológicas (aunque ha perdido, si alguna vez la tuvo en la Argentina, la tanto más temible de lanzarlos a la defensa armada de la fe recibida). Si no es necesariamente cierto, como alegan los defensores de las reformas, que la participación en el debate de compactas multitudes, expresada a través de petitorios que recogen firmas por millares, es el fruto fraudulento de un abuso de confianza perpetrado por el clero en daño de sus catecúmenas (que siendo mujeres, sugiere el ministro Wilde, no pueden desde luego entender qué están haciendo), es menos dudoso que esas movilizaciones se traducen en una ampliación efímera de las bases humanas y sociales de la opinión pública.

Los avances perdurables de éstas son, sin duda, más limitados, pero todavía muy reales, y se reflejan mejor en la organización de congresos basados en la comunidad de intereses intelectuales o profesionales o de orientación ideológica (desde el Congreso Pedagógico, en que las fuerzas laicas obtienen una victoria decisiva, hasta las asambleas católicas).

Esa ampliación de la opinión pública se acompaña de una opacidad creciente en el debate ideológico; lo que se expresa en un lenguaje que se ha emancipado por fin de la necesidad de rendir homenaje a los mitos facciosos antes dominantes, son a menudo posiciones que pagan su robusta simplicidad al precio de una trivialidad estridente y agresiva. Miguel Cané no es sin duda el único que atribuiría —en *De cepa criolla*, de 1884— esa creciente vulgaridad al peso que adquirió en la campaña laica "la guerrilla guaranga de los sueltistas", aunque sin duda era más específicamente suya la tendencia a ver en ella uno de los signos del avance general del "guarango democrático" contra los bastiones de un amenazado orden aristocrático, del que el alter ego de Cané, cuyas experiencias recoge *De cepa criolla*, era defensor alarmado.[2]

Pero esa explicación del cambio de tono del debate por la ampliación del público no es totalmente satisfactoria; ya antes de que se hiciese evidente la presencia de una nueva opinión pública que no podía sino transformar el debate de ideas, algunos miembros veteranos de la elite intelectual argentina mostraban impaciencia creciente frente a la cortesía rica en reticencias que desde 1838 se había practicado al considerar el lugar del catolicismo en la Argentina moderna. Juan María Gutiérrez, cuyas credenciales como miembro fundador de esa aristocracia del espíritu eran más inobjetables que las de Cané, no había creído derogar a su dignidad de *gentleman and scholar* cuando, en la década anterior, celebró el incendio del Salvador con un destemplado ataque a *las restauraciones religiosas*. Y luego de 1880 los padres fundadores sobrevivientes no iban a eludir, cada uno en su estilo, el nuevo combate, en el que Sarmiento no iba a poner más mesura que la habitual en él en esas ocasiones.

Es que el debate en torno a las reformas laicas no podría ser el episodio más significativo de la vida de las ideas en la etapa que se abre si no reflejase algo más que la ampliación de su base social; traduce también un temple nuevo, que no se manifiesta necesariamente en el enriquecimiento de los contenidos ideológicos vigentes, sino en la urgencia nueva con que gravitan nociones que están lejos de ser totalmente novedosas. La trivialidad del debate laico no se debe tan sólo a la presencia de un público nuevo y ansioso de escuchar una vez más la evocación de las etapas más penosas en la larga historia del pontificado. Se debe también a que entre los contendientes sólo los de parte católica parecen reconocer la trágica hondura del conflicto, en que se delibera el repudio de un pasado inmemorial y aun cercano. Entre los defensores de las reformas encontramos ya muy poco de la tendencia a presentar a sus adversarios como los voceros de un sobrecogedor misterio de iniquidad (que había dominado el despertar anticlerical a mediados de siglo y en el Plata había sobrevivido en la prédica truculenta de Francisco Bilbao); lo más frecuente ahora es que se nieguen a tomarlos en serio. Es reveladora la actitud que paladines de las reformas, como Wilde o Groussac, mantienen hacia el más implacable de sus adversarios ideológicos, Pedro Goyena: el afecto que le guardan, no por efusivo y sincero deja de tener algo de insultante. Goyena es sin duda un hombre de bondad infinita, un caballero intachable y un amigo encantador; si siguen percibiéndolo tan claramente como tal es porque ni por un instante conceden importancia alguna a su apocalíptica elocuencia de paladín de la fe.

La pobreza del debate se debe en parte entonces a que se libra contra una fuerza que aparece en retirada, luego de haber sufrido golpes que parecen decisivos a su prestigio. Ello gravita sin duda sobre los defensores de las posiciones católicas, pero son las consecuencias de esa circunstancia sobre los adversarios de ellas las que permiten explorar mejor el temple de ideas de la nueva época, ya que fueron los partidarios de las reformas los que dejaron en él la impronta más profunda.

Desde la perspectiva de los innovadores, el menosprecio de la posición adversaria tiene raíces a la vez locales y universales. Las primeras son más remotas y secretas; se vinculan a que sólo ahora esa corpulenta realidad que fue la colonia española y católica ha dejado de vivir en la memoria colectiva de la generación que domina la vida política y da su tono al debate de ideas. Por el momento señorea sin contrapeso alguno la imagen fuertemente negativa acuñada a partir de 1810 acerca de un pasado por definición execrable (y ello se refleja aún en la reticencia de los polemistas católicos, que si no se fatigan de señalar en el catolicismo una de las dimensiones esenciales de la nacionalidad, prefieren para ello no explayarse sobre las razones históricas). Hasta ahora, esta imagen fuertemente polémica había mantenido constante tensión con otra debida a la memoria familiar y a la colectiva de una sociedad tantos de cuyos miembros habían alcanzado a vivir en el marco de la colonia. Si Sarmiento, López y Mitre no habían ahorrado a la herencia española las críticas más virulentas, ellas escondían —a menudo mal— una íntima ambivalencia; Sarmiento no podía por ejemplo olvidar que una de las figuras por él más veneradas en su infancia era la de ese cura Castro, que había muerto con el nombre del bienamado Fernando en los labios.[3] Y supo integrar ese recuerdo, y la lealtad a él, con la adhesión razonada al nuevo orden republicano, en esos *Recuerdos de Provincia*, en que la dignidad histórica del pasado hispánico y católico era evocada de modo tanto más persuasivo porque no servía ningún propósito polémico contra el presente. Porque reconocía en ese pasado un macizo hecho de civilización, no había estado tentado de reducir los elementos que juzgaba negativos de su herencia al rimero de puerilidades que los hombres que no tenían de él experiencia viva descubrían ahora en ellos.

La lealtad a un pasado aún vivo no podía servir entonces —como había servido en Colombia o Chile a mediados del siglo— para equilibrar los estímulos de signo contrario cada vez más abundantes en el contexto mundial. Y éstos arrecian en efecto con fuerza creciente; su expresión más aguda la alcanzan en el conflicto entre la religión y la ciencia. Este se hace más difícil de eludir gracias a los avances del evolucionismo biológico y la constitución de la prehistoria como disciplina científica; ambos no sólo hacen estragos en los primeros tramos del relato bíblico, sino parecen socavar la base misma de la dialéctica cristiana de caída y redención. Sin duda, una interpretación menos pedantescamente literal del pecado de Adán terminará por disolver el conflicto, pero la reacción inmediata a esos avances científicos está quizá mejor representada por la denuncia de Menéndez y Pelayo contra esa fábula que los enemigos de la fe llaman prehistoria. Actitudes como ésta permiten entender mejor por qué los defensores de posiciones tradicionales afrontaban tan a menudo la desdeñosa indiferencia de sus adversarios mejor informados, pero sería erróneo atribuir la irreconciliabilidad del conflicto a una excesiva rigidez de la Iglesia o sus defensores. Por el contrario, ésta se manejó con cautela mayor que los defensores de posiciones análogas en el mundo protestante (una cautela que iba a abandonar en cambio frente a las tentativas de introducir criterios científicos nuevos en la exégesis bíblica). Son en cambio los adversarios de las posiciones católicas quienes martillan sobre la incompatibilidad entre éstas y las comprobaciones de las nuevas ciencias, en las que quieren ver la prueba definitiva de la incompatibilidad radical entre la herencia católica y el mundo moderno.

La fuerza del movimiento secularizador se apoya, en efecto, en la adhesión apasionada al avance de la modernidad, del que el logrado por el conocimiento científico es sólo un aspecto; por detrás de él es la transformación de las bases técnicas y económicas de la civilización la que evoca ese eco fervoroso. La noción de que esa transformación es el despliegue de una fuerza benévola ha sido hasta tal punto desmentida por los hechos que preferimos caritativamente olvidar cómo ella fue capaz de inspirar en hombres cercanos a nosotros en el tiempo una nueva fe secular en la salvación de la humanidad a través del

proceso histórico mismo; es esa fe la que les hace seguir los avances
del capitalismo industrial con la misma veneración con que medio
siglo después los seguidores de otra fe profana veían en el endica-
miento del Dnieper un signo seguro del ingreso de la entera humanidad en una etapa decisiva de su redención. Pero si olvidamos que Sarmiento contemplaba la nueva silueta de la costa del Retiro, en Buenos Aires (en que los monumentos erigidos por la piedad española
quedaban aplastados por los de la era del ferrocarril, y estos últimos
por esas letras descomunales que acompañaban por centenares de me-
tros el avance del viajero, proclamando en nombre del señor Bagley
las excelencias de la auténtica Hesperidina)⁴, con una aprobación
sonriente que refleja su adhesión efusiva a la marcha providencial de
la historia (que ha enseñado finalmente a los hombres a buscar su salvación en este mundo) seremos nosotros quienes habremos trivializa-
do el debate, porque nos rehusaremos a ver, tras del choque de ideas
a menudo indigentes y toscamente expresadas, el conflicto entre la
fe heredada y una fe rival, que si no tiene necesariamente sobre aquélla la superioridad que pretende deber a su supuesta base racional, parece en cambio más capaz de ganar adhesiones activas y eficaces.
    Es esa nueva fe la que consolida en su apoyo a una nueva opi-
nión pública; es su lenguaje apodíctico, más que la vulgaridad de algunos de sus argumentos, la que frena la adhesión de un Cané, que
apreciaba demasiado su escepticismo para abdicar de él en homenaje
a esas macizas seguridades. Y esa fe la comparten también quienes
aportan al nuevo combate su veteranía de medio siglo de acción política. Pero los que sólo en el ocaso de su carrera pública colocan en el
centro de su interés la lucha por la secularización están también in-
fluidos por una problemática que ha gravitado ya en etapas previas
de esa carrera. Por detrás del conflicto entre el legado cristiano y la
nueva fe mundana reconocen todavía como problema la tensión más
específica entre la herencia cultural de la Europa católica (y sus pro-
longaciones ultramarinas) y las exigencias de un orden más moderno
que se afirma primero en la Europa nórdica y protestante.
    El descubrimiento de que los países de tradición católica mar-
chan rezagados y que ese rezago tiene para los antes coloniales consecuencias potenciales tan peligrosas que amenazan su supervivencia
misma lo han hecho ya Sarmiento y Alberdi a mediados de siglo. Pero entonces el ámbito en que habían examinado ese rezago creciente
había sido más limitado; ellos preferían oponer los países de catolicismo ibérico y la Inglaterra de la Revolución Industrial. Era más
limitado también en otro aspecto: la segunda aparecía como superior
sobre todo en cuanto mejor adaptada para sobrevivir en el clima económico nuevo que, tras de imponerse en la Isla, avanzaba irrefrena-
blemente sobre el mundo; esa superioridad no argüía entonces la glo-

bal, de una versión de la civilización occidental moderna sobre otra.
Ello era así porque de la Europa católica había surgido la todavía primera potencia política del continente, que era a la vez la avanzada del movimiento ideológico y cultural europeo. Y precisamente
luego de la crisis de 1848, una Francia que no excluía su herencia católica de esa reconciliación general con todos sus pasados ensayada
bajo el Segundo Imperio, definió con signo católico —desde los lugares santos, hasta los Estados de la Iglesia y México— una política exterior que intentaba asegurar la gravitación a escala mundial a la que
aspiraba más tenazmente desde que su economía comenzaba a crecer
al ritmo de la cada vez más desenfrenada expansión del capitalismo a
escala mundial.

Esa Francia era el modelo que Alberdi proponía —sin siempre
nombrarlo— a una Argentina de nuevo extraviada en el laberinto de
sus luchas facciosas; aun quienes, como Sarmiento, hallaban abomi-
nable el Segundo Imperio, no podían dejar de admitir —así fuera a
través de su creciente alarma— el testimonio de esos éxitos. Pero a
ellos siguió el derrumbe de 1870-71, que puso fin a más de dos siglos
de predominio francés en el continente europeo. A la superioridad
económica anglosajona se sumaba la militar y política (en algunos
años más se advertiría que también la científica y cultural) de una
Alemania unificada bajo la hegemonía prusiana y protestante.

Ahora era toda la Europa católica la que la marcha del progreso
dejaba atrás. La noción de que la salud misma de la nación exigía la
erradicación de ese legado debilitante que era el del catolicismo, da
nueva fuerza al sentimiento anticlerical en los países latinos, y no deja de gravitar en el avance de popularidad que la política de secularización conoce en la Argentina en la década de 1880. Pero su influjo
es sin duda secundario; ofrece a lo sumo la dimensión política que
nunca ha estado ausente de las querellas teológicas cada vez que éstas
lograron colocarse en el centro de la atención colectiva.

El debate se da ante todo entre dos maneras de ver el mundo;
aunque el Estado apoya la que combate la Iglesia a través de medidas
que ensanchan su propia jurisdicción en perjuicio de la de ésta, al hacerlo invoca, más bien que la necesidad política de ampliar la esfera
de sus potestades, la de poner a éstas al servicio de un cierto ideal de
civilización. Hay sin duda buenas razones para que la dimensión propiamente política del conflicto reciba en la Argentina atención más
limitada aun que en otras partes, pese a los esfuerzos de los polemistas católicos por colocarla en el centro de la controversia. El Estado
central acababa de obtener una victoria abrumadora sobre enemigos
más serios que una Iglesia que nunca había intentado desafiar su supremacía: el conflicto en torno a la política secularizadora se tornó
a la vez posible y oportuno precisamente gracias a que esa victoria

había cerrado para siempre un debate más urgente sobre el ordenamiento interno del país.

Posible porque el Estado parecía ahora invulnerable a las módicas represalias que cabía esperar de parte católica; oportuno porque contribuía a colmar el gran vacío que la muerte de la política tal como se había practicado hasta 1880 dejaba en la vida colectiva. La brusca clausura de horizontes que suponía el reemplazo de ese viril deporte por la ordenada administración del Estado era compensada por la apertura de ese nuevo terreno de batalla. Y el terreno no podía estar mejor elegido por esos *homines novi* cuya brusca exaltación al poder y sus aledaños no dejaba de causar escandalizada sorpresa: en la polémica laica iban a encontrar un terreno común con las más ilustres víctimas de su encumbramiento. Sarmiento, Mitre o López podían expresar las más desdeñosas reservas frente al advenedizo roquismo; su incorporación a la campaña laica los aclimataba en el nuevo terreno de la vida pública argentina, y consagraba —cualesquiera fuesen las cautelas y las protestas con que acompañasen su entrada en ella— su integración subordinada en el nuevo orden.

El debate *de omni re scibili* en que desemboca la polémica del laicismo, aunque no pone fin a la tradición de discusión propiamente política, contribuye a arrojarla a los márgenes de la vida pública. Por otra parte no le reconoce ya lugar legítimo en ella el coro de los ufanos triunfadores de 1880. Léase el admirable discurso del general Roca al asumir la presidencia en octubre de 1880; ese conciso y elocuente himno a los avances del poder central promete del futuro nuevos avances de esa fuerza bienhechora, que eliminarán para siempre el peligro de la anarquía. Ese triunfo no es sin duda vacío, pero los bienes que de él espera Roca no los anticipa en la esfera de la política.

Frente a esas robustas seguridades que hacen innecesario todo debate, las recusaciones no tendrán —hasta que el fin de la prosperidad convierta a un efímero puritanismo político a vastas masas antes más indulgentes— eco significativo; la indiferencia del público nuevo —y la de los más entre los veteranos espectadores del debate político— inspira quizá en parte la desesperada amargura de más de uno de esos análisis críticos. Pero ésta proviene sobre todo de la persuasión de que el observador no contempla ya un país en vertiginoso cambio: el nuevo orden argentino ha cuajado ya, y no parece que la más acerada de las críticas sea capaz de socavar su insolente salud.

En ese contexto se entiende por qué el examen crítico del orden nuevo busca su público a través del libro o la revista académica; como acto político ese examen es reconocido como fútil por los más entre quienes lo emprenden; se justifica en cambio como empresa intelectual, cuyo público es el más circunscripto que esos medios alcanzan.

Esa crítica a medias privatizada revela, junto con una extrema diversidad en las motivaciones y los supuestos ideológicos de los que marcan su disidencia, una notable similitud en la definición de los rasgos que juzguen inaceptables en el nuevo orden. José Manuel Estrada en *Problemas Argentinos*, Vicente Fidel López en las digresiones de actualidad que incluye en el prólogo a su *Historia de la República Argentina* y Sarmiento en los artículos luego reunidos en *Condición del extranjero en América*, coinciden en efecto en denunciar en la excesiva autonomía ganada por el Estado frente a la entera sociedad el problema y el defecto central del orden roquista.

La alegación parece anticipar la que póstumamente acusará al roquismo de haber despojado a los sectores populares de toda representación política. Está sin embargo muy distante de ella: para López, para Estrada y aun para Sarmiento es más grave que haya despojado de influjo político a los sectores que no son populares. Para ellos el problema no es que la Argentina esté gobernada por una menuda oligarquía, sino que esta oligarquía no esté formada por quienes están en la cumbre de la sociedad nacional. Para Estrada, en la Argentina de 1880 "nadie permanece en el poder con tanta firmeza como los representantes del elemento democrático más enfermizo y bárbaro''; es el "incremento impreso por los ambiciosos al democratismo que le sirve de instrumento" el que condena en nombre de las "clases conservadoras".[5]

Ese diagnóstico de una peculiar hora argentina pierde sin duda algo de su precisión porque Estrada lo utiliza como un punto de partida que está ansioso de dejar atrás para enzarzarse en su habitual combate contra el liberalismo moderno, al que acusa de participar en el culto idolátrico del Estado, signo de la renacida gentilidad. Puesto que son los elementos democráticos del roquismo los que Estrada objeta sobre todo, concederá escasa atención a los de falsificación de la democracia, que parecen aun más peculiares de ese régimen. Estrada parece, por otra parte, advertir muy bien que su línea de razonamiento no puede convencer sino a los ya convencidos, y no concluye convocando a los argentinos a ninguna empresa de saneamiento político, sino recordando a los católicos su deber de apartarse desdeñosamente de un orden político basado en supuestos absolutamente inaceptables.

Pero si los remedios que Estrada propone son muy suyos, su diagnóstico coincide sustancialmente con el que adelanta Vicente Fidel López, quien por su parte parece haber destilado de las decepcionantes experiencias de una larga y poco afortunada carrera política una reinventada ideología *whig*, un coherente liberalismo oligárquico, cuyos modelos reconoce en Inglaterra, el Brasil imperial y Chile sólo al precio de negarse a advertir que aun esos dechados han comenzado a ser corroídos por los avances de la democracia.[6] El régimen roquista —al que no reconoce diferencia esencial con la situación anterior a 1880, no más hospitalaria a sus tenaces ambiciones —sobrevive muy maltrecho a esa comparación: en esos países admirables gobierna la opinión pública, y es tristemente evidente que ella no gobierna en la Argentina. Aquí gobiernan los representantes de las mayorías electorales, y López —como Estrada— no se interesa en averiguar si esa representatividad es real o fraudulenta, porque la una es para él tan inaceptable como la otra. Para volver las cosas a su quicio es necesario adoptar un régimen parlamentario. El dará el poder a una opinión pública formada no por el entero cuerpo de ciudadanos sino por aquellos cuya independencia y luces les permiten alcanzar en efecto una opinión con conocimiento de causa. ¿El principio de soberanía popular es compatible con ese ideal político? López no afronta el problema, pero el tenor general de su discurso sugiere que si no lo hace no es porque una devoción residual por ese principio lo disuada de ello; es más probable que lo halle del todo irrelevante.

Sarmiento coincidirá con ese diagnóstico, que expresará en términos aun más incisivos. Para él el Estado roquista no es una institución a la cual nadie que tenga algo que perder confiaría decisiones capaces de influir sobre el futuro de su patrimonio. No podría serlo, apoyado como está en máquinas electorales que movilizan a "la hez de la sociedad", hace imposible que las provincias sean gobernadas y representadas por "representantes de su riqueza y saber"; en lugar de éstos ha encaramado a "aspirantes que principian la vida, bajo los escozores de la pobreza, buscando abrirse camino como y por donde se pueda". Es necesario, concluye Sarmiento, siempre dispuesto a llamar a las cosas por su nombre, que las "clases propietarias" vuelvan a asegurar su legítimo influjo sobre el Estado, para devolverlo a un rumbo menos cínicamente aventurero.[7]

Pero si el diagnóstico exaspera el motivo antidemocrático, la solución que Sarmiento propone es la aplicación más sincera y auténtica de las instituciones democráticas. Su intervención no se da mediante un análisis que dirige a sus pares en el debate intelectual a través del libro o la revista, sino a través de una campaña de agitación en la prensa cotidiana: la que emprende en favor de la nacionalización de los residentes extranjeros. Por lo menos en la Capital los extranjeros constituyen el núcleo de una nueva clase media cuya invasión de las listas electorales sería capaz de equilibrar el predominio en ellas de esos grupos plebeyos al cabo limitados, incorporados a la máquina roquista, y el político de esa minoría aun más reducida de las clases medias y altas que ha colonizado el Estado para vivir parasitariamente de él. Para Sarmiento las ampliadas clases propietarias sólo podrán conquistar un influjo político necesario, a la vez que a ellas mismas,

a la entera colectividad, si están dispuestas a correr el doble albur de
la política y de la democracia.

Se ve cómo todas estas críticas, que los vencedores de la hora
descontaban como inspiradas por la nostalgia del pasado, apuntan al
futuro. Hoy tendemos a ver en el roquismo la suprema encarnación
de la alberdiana república posible; sus críticos advertían mejor que
nosotros que —precisamente porque era eso— había colocado ya en el
orden del día los problemas de la república verdadera. Advertían que
se acercaba la hora en que los dilemas que Tocqueville había plantea-
do medio siglo antes se anunciarían en el horizonte argentino. Esos
exámenes sin complacencia de la república posible llevan así inexorablemente a formular la pregunta central de la etapa siguiente: si es de
veras posible la república verdadera, la que debe ser capaz de armonizar libertad e igualdad, y poner a ambas en la base de una fórmula
política eficaz y duradera.

Sólo Sarmiento se atreve a apostar por la afirmativa, y sus artículos, que parecen fragmentos de un arbitrario soliloquio, anticipan
en efecto mejor el camino que buscará la república posible para hacerse verdadera que los más compuestos argumentos de Estrada o López. Pero aun Sarmiento, al volverse hacia el futuro, no conserva nada de la fe con que dibujaba en *Facundo* el que seguiría a la ruina del
rosismo; si en 1845 la Argentina por él diseñada se le aparecía como
el cumplimiento de una promesa inscripta en la marcha misma de la
historia, el futuro que ahora invoca es el resultado no muy probable
de una apuesta desesperada.

El temple de esas críticas explica que quienes comenzaban a gozar los frutos de su victoria se negaran de antemano a atender sus argumentos; más que el desafío político que ellas suponían era el pesimismo que las alimentaba el que los indisponía a escucharlas. Pero ya
se ha visto que, más allá del orden roquista, esas críticas exploran el
horizonte democrático que ese orden anuncia, y es significativo que
ese pesimismo se haga aun más radical, al abordar esa perspectiva más
amplia. Ellas advierten muy bien que en 1880 la Argentina había
concluido esa navegación que había dejado como herencia un país
hecho de nuevo hasta los cimientos; advierten también que, pese a la
estabilidad alcanzada con el roquismo, había a la vez emprendido
otra. Y los primeros pilotos de esa nueva navegación no encuentran
en sí mismos nada de la optimista seguridad de los que medio siglo
antes habían trazado el derrotero de la que acababa de cerrarse.

NOTAS

[1] Alejandro Korn, "Influencias filosóficas en la evolución nacional", en *Obras*, tomo III, La Plata, 1940, pág. 219.

[2] "De cepa criolla", en Miguel Cané, *Prosa Ligera*, Buenos Aires, 1919, sobre todo págs. 119-20 y 124.

[3] D. F. Sarmiento, *Recuerdos de Provincia*, ed. Ricardo Rojas, Buenos Aires, 1934, pág. 177.

[4] D. F. Sarmiento, "La expedición a Tucumán", en *Obras Completas*, vol. 42, Buenos Aires, 1948, pág. 19.

[5] José Manuel Estrada, "Problemas argentinos", en *Obras Completas*, vol. XI, Buenos Aires, 1904, págs. 4-5.

[6] Vicente Fidel López, *Historia de la República Argentina*, Buenos Aires, 1912, tomo I, págs. 38 y sigs.

[7] D. F. Sarmiento, "Siempre la confusión de lenguas" (entre otros artículos que abordan el punto) en *Condición del extranjero en América*, ed. Ricardo Rojas, Buenos Aires, 1928, págs. 325-28.

Canción de otoño en primavera:
previsiones sobre la crisis de la agricultura
cerealera argentina
(1894-1930)

Uno de los rasgos más notables de la imagen retrospectiva de la etapa de la historia económica argentina dominada por la expansión de exportaciones es el tono sombrío con que se describe un período de crecimiento económico cuyo ritmo no encontró frecuentes paralelos en otras áreas y otras épocas. El lector estará tentado de ver aquí una consecuencia del desempeño tan decepcionante de la economía argentina en tiempos más recientes: cualesquiera sean sus otros logros, no puede decirse que la etapa de economía exportadora haya preparado adecuadamente a la Argentina para afrontar los complejos desafíos de las que iban a seguir a la Depresión.

Esa explicación no es sin embargo la justa: como se verá en las páginas que siguen, ese tono sombrío es anunciado por anticipaciones pesimistas acerca del rumbo final de esa etapa de rápido crecimiento que pueden advertirse ya a partir de 1894. En ese año Estanislao Zeballos, entonces representante argentino en Washington, publicó un informe sobre *La concurrencia universal y la agricultura en ambas Américas*[1], que arrojó las primeras dudas sobre la capacidad de la agricultura exportadora argentina para defender por sí sola su posición en el mercado mundial, y propuso la adopción de complejas medidas protectoras para asegurar su futuro.

Era en verdad una nota nueva: once años antes, el mismo Zeballos había ofrecido en *La región del trigo*[2] una visión más panorámica del presente y futuro de la agricultura argentina, transida por la admiración ante los cambios que su expansión había introducido ya. El cuadro aparece dominado por la figura simbólica de una dama, rosarina como el mismo Zeballos, doña Eulogia Llanos, que hasta su edad madura había llevado una vida de simplicidad más que romana, en feliz ignorancia del mundo y sus mudanzas. Estas comienzan a agolparse: Rosario se ve inundado de tráficos y extranjeros, el hijo mayor de doña Eulogia debe transferir al nuevo ferrocarril a Córdoba tierras muy valiosas de su estancia, el menor ve destruida por la ruinosa concurrencia de ese mismo ferrocarril su empresa de transporte por carretas, y aun doña Eulogia, que fabricaba su pan y su jabón con la patricia sencillez de una matrona romana, pero al modo de Rosario los vendía al público, vio desvanecerse su clientela, atraída por los especiosos atractivos del pan de panadería y el jabón importado. Colérica y desesperada, doña Eulogia Llanos descendió del lugar de honor entre los espartanos adornos de su sala, para arrojarlo en el pozo, el retrato del presidente Mitre, a quien juzgaba responsable de la destrucción de ese mundo en que había vivido feliz hasta entonces.

Diez años después, Zeballos vuelve a su rincón nativo, y le cuesta reconocerlo, transformado como está en una ciudad nueva y esplendorosa. Sólo el salón de doña Eulogia conserva su simplicidad primigenia, pero ella misma es una mujer nueva, que celebra sin vanas nostalgias su condición de rica propietaria de inmuebles urbanos; sus hijos son comerciantes prósperos en la nueva colonia agrícola de Candelaria; el mayor, luego de vender lo que quedaba de su estancia a un precio increíblemente alto; el retrato del general Mitre, que no ha sufrido consecuencias irreparables por su permanencia en el pozo, ha sido restaurado al lugar de honor. Doña Eulogia, junto con su ciudad, su provincia y su Argentina, marcha hacia un futuro de prosperidad y grandeza constantemente crecientes.

Es ésta, nos asegura Zeballos, una historia verdadera; es a la vez una historia ejemplar, que anticipa la redención de toda una nación por la agricultura. Lo más notable de ella no es quizá el optimismo sistemático de las proyecciones económicas por ella implicadas, sino la convicción de que ese ascenso a un nivel de prosperidad antes inconcebible es el signo exterior de algo más complejo y valioso: la elevación de la Argentina a un nivel más alto de civilización, inimaginable ni aun como posibilidad en el pasado y sólo confusamente anticipado en el presente.

Consecuencia de ello es que se vea en la agricultura cerealera algo más que un modo de explotación alternativo a la ganadería, y ese punto de vista estaba fuertemente arraigado en las tradiciones ideológicas argentinas cuando Zeballos publicó su *Región del trigo*. Desde fines del siglo XVIII los observadores que se atenían a una perspectiva estrechamente económica en su análisis de las posibilidades de desarrollo de la región pampeana fueron menos numerosos y menos escuchados que los que las vinculaban con los rasgos de civilización que juzgaban deseable introducir en la región mediante ese desarrollo. Así el obispo San Alberto, que denuncia para su diócesis cordobesa la ausencia de esa mínima densidad de población rural imprescindible para sostener una vida civilizada, y el ilustrado Vieytes, que lamenta las consecuencias sociales y morales de la especialización ganadera, se ubican en la corriente central de una tradición de ideas frente a la cual los argumentos en que don Félix de Azara explicita las razones económicas que hacen inevitable —y por lo tanto deseable— esa especialización, no alcanzan a fundar una corriente rival.[3]

Definida en la tardía colonia, esa corriente de crítica cultural —antes que económica— del predominio ganadero va a consolidarse junto con éste. Es el agravarse de la crisis política posrevolucionaria el que le agrega fuerza persuasiva: en opinión de los enemigos de Rosas, su régimen es el precio que la nación debe pagar por haber permitido la perpetuación de las condiciones de atraso, aislamiento y penuria impuestas a las poblaciones rurales por el estilo de explotación ganadera en triunfal avance en las pampas. Luego de la caída de Rosas, ese punto de vista no iba a ser abandonado, aunque una vez en el poder algunos de sus enemigos y herederos encontraron menos urgente corregir esos males inveterados, y todavía en 1868 iba a encontrar su formulación más madura en el discurso que Sarmiento, presidente electo, pronuncia en el oasis cerealero del oeste bonaerense que es Chivilcoy[4], en que promete crear en seis años otros cien centros rurales como el que lo hospeda, desde donde una nueva civilización ha de abolir la heredada barbarie rural.

Cuando la agricultura cerealera comenzó finalmente a cubrir las pampas, esa visión escatológica de lo que su avance debía significar para la Argentina había perdido muy poco de su fuerza, y subtiende las febriles anticipaciones de Zeballos acerca del futuro de su provincia y del país. Desde entonces iba a sobrevivir sobre todo como el recuerdo de un noble sueño que no logró hacerse realidad. A medida que el ritmo de expansión agrícola se aceleraba, su contexto social se alejaba progresivamente del proyectado por quienes habían esperado de la agricultura la redención de la sociedad argentina, y las profecías de futura grandeza abrieron gradualmente paso a exámenes más desencantados del presente y el futuro; pero así fuese a través de la nostalgia de una promesa nunca cumplida, los supuestos compartidos por tantos argentinos ilustres desde la tardía colonia seguirían coloreando desde entonces muchos de los análisis de las insuficiencias de la agricultura argentina.

Esa nostalgia no debía luchar como en el pasado —cuando a la crítica de las consecuencias sociales y culturales del predominio ganadero Azara, Mitre o José Hernández habían replicado con el argumento que subrayaba la perfecta adecuación del pastoreo a una área de tierra abundante pero escasa en población y capitales— con una perspectiva opuesta, fundada en consideraciones económicas. A partir de ahora, por el contrario, un argumento fundado en consideraciones de ese orden (a saber, la necesidad de preparar a la economía rural argentina para un futuro en que no podría ya contar como carta de triunfo con la abundancia y baratura de la tierra), invita a conclusiones muy cercanas a las que desde más antiguo habían propuesto quienes buscaron hacer de la reforma de las relaciones sociales en las pampas el punto de partida para definir un estilo de convivencia nacional más armonioso y menos injusto. Tan cercanas en verdad, que no siempre se advertía que los objetivos buscados en uno y otro caso eran diferentes, y que los remedios sugeridos teniendo en vista la necesaria adaptación de la agricultura argentina al fin de la etapa de incorporación de nuevas tierras no eran necesariamente los más adecuados para satisfacer las complejas exigencias implícitas en esa más antigua aspiración a la reforma social.

Esas aspiraciones iban en efecto más allá de la mera prosperidad: giraban en torno de la creación de una sociedad rural dominada por una clase de productores independientes y prósperos, libre de excesivas desigualdades y emancipada del peso del tradicionalismo campesino. Y cuando, luego de 1890, se hizo penosamente evidente que la sociedad que estaba emergiendo como consecuencia de la gran expansión de la agricultura cerealera en las pampas estaba muy lejos de ese ambicioso modelo, en todos esos inesperados rasgos negativos los observadores creían descubrir otras tantas consecuencias nefastas del acceso limitado de los cultivadores a la propiedad de la tierra: era esta la causa última de la frustración de ese proyecto de regeneración nacional por la agricultura.

Sin duda, desde el comienzo del proceso colonizador, las unidades familiares explotadas por cultivadores propietarios habían sido menos dominantes de lo que el modelo había requerido, y ya en la crisis de 1874 perdieron terreno frente a las cultivadas por arrendatarios, pero fue sobre todo a partir de la entrada del cereal argentino en el mercado mundial —en la última década del siglo xix— cuando estos últimos pasaron a constituirse en los protagonistas de la expansión de la agricultura pampeana. Y, mientras esta transformación al parecer irreversible se consolidaba, el consenso que deploraba esos avances no perdía nada de su vigor.

Todo esto tiene a primera vista algo de sorprendente: ésos eran en la Argentina tiempos de tensos conflictos sociales y de vigorosas tomas de posición en favor o en contra del orden establecido. Nada de ello en cuanto a la agricultura cerealera: aquí los males del latifundio son universalmente denunciados, y la falta de un régimen de la tierra más igualitario y (según hipótesis también universalmente compartida) por eso mismo más productivo, ofrece tema a frecuentes lamentaciones.

En el momento mismo en que esa expansión cerealera alcanzaba su límite geográfico, el doctor Miguel Angel Cárcano ofrecía, en su *Evolución histórica del régimen de la tierra pública*, un balance de la que a su juicio había sido la más importante oportunidad perdida en la historia argentina, y —sin entregarse sin embargo al pesimismo— subrayaba la urgencia de afrontar el problema del régimen de la tierra, corrigiendo el efecto de la pasada inactividad, antes de que fuese demasiado tarde. Prologando el libro del prometedor vástago de uno de los prohombres del régimen conservador, otro de los *senior statesmen* de éste, el doctor Eleodoro Lobos, subrayaba lo obvio al señalar que "las tendencias extremas y conservadoras en la política argentina coinciden en estos días en la misma aspiración".[5]

El acuerdo de unas y otras no proviene, como ocurre a menudo, de la tardía adopción por parte de las conservadoras de exigencias primero tenidas por extremas. Por el contrario, la insatisfacción ante un régimen de la tierra dominado por la gran propiedad y la gran explotación es —se ha indicado ya— uno de los motivos más tradicionales en el legado ideológico sobre el cual construyó el conservadorismo argentino su credo político.

Si todo esto es cierto, también es cierto que si la Argentina tiene una clase dominante ésta no puede ser sino la terrateniente, y no deja de ser notable que ese proyecto de construcción de una nueva sociedad basada en la división de la propiedad rural haya podido dominar tan largamente sin afrontar oposición seria. Lo que es aun más notable: los no muchos integrantes de esa clase que vencieron el desapego ante la actividad intelectual para participar en el debate sobre esos problemas, se apresuraron casi siempre a unir sus voces al coro primero jubiloso y luego melancólico que cantaba las glorias de la democracia rural. Pero esto mismo sugiere quizá que —aunque esa fe casi religiosa en los efectos redentores de la difusión de las unidades familiares de explotación agrícola no podía sino tener algún efecto en las concretas medidas administrativas y legislativas adoptadas por el Estado— ese efecto iba a ser más ambiguo de lo que haría esperar la condena a menudo severa del orden de cosas existente que es su corolario más habitual.

Los escritos de Roberto Campolieti —publicados a lo largo de tres décadas, desde 1897 hasta 1929— ofrecen un inventario convenientemente completo de los temas que los críticos de ese orden de cosas vinieron explorando a partir de 1890; en ellos el agrónomo italiano vuelve a recorrer un curso de ideas que no se transforma sustancialmente, pese a superficiales adaptaciones a términos de referencia intelectuales que se modificaban con el paso del tiempo.

El núcleo del argumento lo proporciona la constante conciencia de la vulnerabilidad a largo plazo de una agricultura extensiva, cuya baja productividad era compensada por el bajo precio de la tierra en comparación con el vigente en zonas productivas rivales, y los peligros implícitos en la valorización de la tierra que el éxito inicial de esa agricultura debía provocar. Pero si la alarma de Campolieti ante esos desarrollos era fundada, no se acompañaba de una imagen clara y coherente de la dimensión económica de las alternativas que va a proponer para ese desarrollo que —según teme— ha de conducir a la agricultura argentina de triunfo en triunfo hasta un pavoroso derrumbe final.

La definición del problema sugiere ya que sólo la adopción de una agricultura más intensiva permitirá eludir ese destino amenazante; pero Campolieti no parece dispuesto a explorar seriamente qué precondiciones son necesarias para que se den efectivamente las cuantiosas inversiones requeridas para esa urgente transformación: lo que ofrece son en cambio homilías contra los terratenientes, que deberían abandonar su deplorable inclinación por el consumo superfluo y ahorrar así los capitales necesarios para la modernización de la agricultura. Esas exhortaciones no carecen de interés, en cuanto reflejan las transformaciones en el clima ideológico, que si antes de 1914 inspiraba sobre todo ataques al rentista de la tierra, ocioso y derrochador, en 1929 sugería dirigirlos contra el más vasto grupo de consumidores urbanos de productos importados, haciéndose eco de los argumentos proteccionistas entonces en boga.

Pero si las soluciones que Campolieti propone son hasta el fin vagas y se basan mas bien en una perspectiva de moralista que en una comprensión precisa de los mecanismos económicos que sus propuestas se orientan a poner en movimiento, su imagen de las causas básicas de la crisis agraria gana en claridad a lo largo del tiempo; en el prólogo a *La organización de la agricultura argentina (ensayo de política agraria)*[6] apunta a "la valorización de la tierra que tuvo lugar de 1903 a 1910", y la persistencia luego de ella de un estilo de explotación agrícola madurado en la etapa de tierra barata que esa valorización había clausurado para siempre.

El descubrimiento era válido, pero también bastante obvio, y sin duda los expertos vinculados al Ministerio de Agricultura (creado en 1895) participaron plenamente en él; si no lo subrayaron tan explícitamente como Campolieti era quizá porque se sentían menos atraídos por las exploraciones analítico-especulativas sobre las condiciones generales de la agricultura pampeana, a las que preferían más pedestres exámenes de las vigentes en tal o cual área productiva de Buenos Aires, Santa Fe o Córdoba (no parecen en efecto haber apreciado en mucho esa vena dominante en su colega italiano, de quien el *Boletín del Ministerio de Agricultura* sólo publica artículos sobre temas en extremo circunscriptos; éste, por su parte, no dejó de deplorar el carácter excesivamente empírico y no bastante sistemático de los esfuerzos de aquéllos).

No es imposible sin embargo descubrir —tras de los estudios monográficos sobre un cultivo, una región o un problema que los técnicos del Ministerio iban a producir en abundancia durante las primeras dos décadas que siguieron a su creación— una visión general de los problemas básicos de la agricultura cerealera argentina. O más bien un conjunto de visiones sólo parcialmente divergentes, que diferían menos en el inventario de los problemas que en la estimación de su gravedad y de los vínculos que los ligaban.

Entre estos agrónomos el más influyente —y no sólo por el más alto nivel de su posición burocrática— era Emilio Lahitte; era también el menos pesimista acerca del futuro de la agricultura pampeana y el menos dispuesto a formular condenas tajantes contra el régimen de la tierra dominante en las Pampas (y de hecho contra cualquier otro rasgo básico de las relaciones sociales definidas en relación con la producción y comercio del grano).

Sería tentador vincular esa moderación de Lahitte como crítico social con su éxito en el nuevo *establishment* tecnoburocrático. Pero el hecho es que, por lo menos en sus primeros escritos, sólo expresó su resistencia a descubrir nada intrínsecamente patológico en el orden rural vigente a través de las más cautelosas reticencias. Y su cautela era comprensible: el ministro a quien dirigía sus informes, el doctor Wenceslao Escalante, había ya expresado en términos inequívocos su condena por ese orden, y el régimen de la tierra que sobre todo lo definía, si bien para concluir en tono apropiadamente melancólico que su modificación sería necesariamente gradual. En 1901 el macizo estudio de las condiciones vigentes en la agricultura argentina, emprendido por el Ministerio, iba a estar dominado por ese mismo temple de desaprobación melancólica, claramente presente por ejemplo en la sección dedicada a la provincia de Buenos Aires, debida a la pluma de Carlos Girola.

Para Lahitte, por el contrario, si innegablemente la agricultura pampeana afrontaba problemas reales, éstos no afectaban sus rasgos básicos. No por cierto el régimen de la tierra: en 1905 señalaría que "económicamente [. . .] esta repartición de la tierra no ha de ser tan fundamentalmente desequilibrada como se ha dado a entender"[7], puesto que no constituía un obstáculo para la formidable expansión entonces en pleno curso. Sería sin duda deseable que el arrendatario comprase la tierra que cultiva; esto es sin embargo posible en el marco existente, aunque con dificultades crecientes que Lahitte propone atenuar mediante mejoras que disminuyan los costos de producción, transporte y comercialización del cereal.

Esos cambios eran a su juicio menos disruptivos y costosos de lo que muchos observadores suponían: a la vez, las inversiones necesarias para lograr un aumento considerable en los volúmenes de producción serían en cambio muy cuantiosas; haría falta, en efecto, nuevos "medios de transporte terrestres y fluviales, obras de irrigación, construcción y ensanche de puertos *con todos sus anexos*".

Como se ve, el optimismo de Lahitte no suponía una beata aceptación del statu quo: desembocaba, por el contrario, en la propuesta de un programa de obras públicas tan ambicioso como costoso, y de un no menos oneroso retorno a la inmigración subsidiada para aliviar los problemas de mano de obra; de él se esperaba que hiciese posible un retorno a la colonización (en el sentido que la palabra había adquirido en la Argentina, a saber, la división de las grandes propiedades en lotes que se venderían a candidatos a titulares de explotaciones familiares), cuya consecuencia sería la gradual pérdida de importancia del arrendamiento y la aparcería en la pampa cerealera.

En este aspecto, Lahitte no se aparta demasiado de los críticos del orden vigente en ella, para quienes sólo una transformación radical del régimen de la tierra podría asegurar una prosperidad sólida. Hay, sin embargo, por lo menos dos aspectos de su análisis que atenúan su ímpetu crítico. El primero es su identificación casi total con el interés terrateniente, que tiene su expresión más obvia en el hecho de que las costosas reformas propuestas por Lahitte corren a cargo del Estado Federal, cuyos recursos derivan sobre todo de impuestos a la importación y al consumo que golpean a los terratenientes con menos intensidad que a otros grupos sociales, y la tiene menos obvia pero no menos clara en el hecho de que esas mejoras —destinadas como están a aumentar la ganancia de la empresa agrícola— no pueden sino dar nuevo impulso a la valorización de la tierra.

El segundo no es menos significativo que el primero, aunque a la vez atenúa su alcance: es que evidentemente Lahitte no considera que los problemas a los cuales sus propuestas intentan responder presenten verdadera urgencia. Sólo cinco meses después de elevar su extenso informe sobre el régimen de la tierra, en uno más breve sobre las perspectivas de la cosecha 1905-6, deja resueltamente de lado los temas que acaba de explorar con tanto detalle. Si se apresura a reconocer que en la Argentina "la anormalidad parece ser una condición normal de la producción agrícola"[8], la observación no le inspira ninguna alarma, sino una suerte de perplejo orgullo: ése es a su juicio el precio que debe pagarse por el ritmo vertiginoso del progreso agrícola. La próxima cosecha promete ser la más grande en la breve historia de la agricultura exportadora argentina, y es necesario asegurarse de que no falte la fuerza de trabajo cuando las circunstancias la requieran. He aquí todo cuanto Lahitte tiene que decir para alertar a sus lectores sobre los problemas concretos afrontados por la economía cerealera.

La convicción de que los problemas más básicos de esa economía carecían de la urgencia que otros les asignaban explica sin duda que algunas de sus propuestas de reforma presenten fallas que no hubieran escapado a su mente penetrante, si las hubiera formulado con mente menos distraída. ¿Cómo un tan excelente conocedor de las realidades de la zona cerealera pudo, por ejemplo, proponer seriamente una detención en el avance sobre tierras nuevas, a fin de concentrar recursos y capitales en el aumento de productividad en las ya explotadas? Era demasiado obvio que, mientras esas tierras nuevas estuviesen efectivamente disponibles, ningún gobierno argentino sería capaz de reunir la competencia técnica y la autoridad político-administrativa necesarias para imponer semejante moratoria.

Todo esto sugiere que si planear reformas radicales no era el fuerte de Lahitte, ello se debía a que no ponía su corazón en esta tarea. Pero precisamente por eso es significativo que no haya renunciado a participar en ella: al hacerlo sin duda venía a satisfacer la expectativa pública, que veía en la crítica del orden vigente en la agricultura uno de los deberes primordiales de los nuevos expertos agrícolas. En el ejercicio de esa función crítica —se ha indicado ya— su instintiva moderación lo alejaba de colegas que preferían un tono más destemplado; aun aquí, sin embargo, divergencias y afinidades alcanzan un complejo equilibrio, y termina por hacerse evidente que Lahitte ofrece la versión menos innovadora de un consenso frente al cual pudo parecer ubicado en cautelosa disidencia.

Es útil comparar sus planteos con los que Florencio T. Molinas hace suyos en 1904. Este sigue una línea de pensamiento paralela a la de Lahitte, pero al desenvolverla prefiere subrayar puntos reveladoramente distintos. Como Lahitte, propone el retorno a la colonización y ofrece una animada defensa del "empresario de colonización", muy criticado en el pasado como un mero especulador. Ahora que prácticamente ha desaparecido del paisaje social de la pampa cerealera, se advierte hasta qué punto esas críticas eran injustas: por su interés mismo, el empresario es

"...útil para el agricultor porque está interesado en [su] adelanto [. . .] dependiendo por completo [su] prosperidad del resultado de los cultivos, le incumbe ayudar con sus recursos y sus consejos al agricultor".

Este halagüeño retrato contrasta con el de los terratenientes rentistas:

"Estos propietarios que se limitan a percibir sus rentas al fin de año constituyen una clase que enriquece el orden natural de las cosas con una completa actitud pasiva de su parte [. . .] disfruta de aquella supervalía de la tierra creada por la colectividad que la fecunda."[9]

La adulación al empresario de colonización prepara el terreno para la severa advertencia a la clase terrateniente: para sobrevivir debe transformarse de rentista en empresaria, ofreciendo crédito y asistencia técnica a los agricultores entre quienes habrán comenzado por dividir su tierra, vendiéndosela también a crédito.

Para Molinas es necesario además introducir medidas que obliguen a los terratenientes a asumir un papel más activo en la agricultura pampeana. El impuesto a la tierra debe ser aumentado drásticamente, para imponer su explotación más plena, y por obvias razones de equidad fiscal: tal como están las cosas, la contribución territorial de una parcela familiar es más baja que el monto de los impuestos indirectos pagados al cabo del año por una familia de agricultores por yerba, arroz y azúcar, e igualmente más baja que las patentes anuales de carros y otros vehículos necesarios para una explotación familiar.

Se advierte cómo Molinas está más dispuesto que Lahitte a arrojar sobre la clase terrateniente el peso de la modernización que juzga necesaria. Pero si sus proyectos de reforma son menos respetuosos del interés terrateniente que los de su colega, no por eso parece juzgarlos más urgentes que éste: en 1910, en *La colonización argentina y las industrias agropecuarias*[10], lo vemos adecuarse sin esfuerzo al clima triunfalista característico del Centenario; sin duda sigue reconociendo que la agricultura argentina no está en la vanguardia del avance tecnológico, pero —ahora sostiene— hay razones económicas muy sólidas para esa situación aparentemente insatisfactoria. Si sigue siendo cierto que los arrendatarios abundan más que los propietarios entre los titulares de explotaciones crealeras, es también verdad que sus ganancias les permitirían comprar sus tierras si así lo deseasen. Aunque no puede negarse que esos prósperos arrendatarios sólo tienen acceso al crédito de comerciantes que les imponen tasas de interés mucho más altas que la bancaria, la situación es menos injusta de lo que aparece a un observador superficial, ya que adelantar dinero y mercancías sobre la garantía de futuras cosechas es una especulación extremadamente arriesgada. Sin duda no faltan razones de queja y alarma, pero ellas se vinculan más bien con el primitivismo de los sistemas de depósito, transporte y crédito que con el régimen de la tierra, y, por otra parte, la expansión del movimiento cooperativo, que ha comenzado ya muy auspiciosamente, ofrece la mejor promesa de eliminarlas.

La conversión de Molinas, de entusiasta proponente de reformas radicales en cauteloso defensor del orden vigente, refleja sin embargo algo más que una adaptación a un nuevo clima nacional, en que los impulsos contradictorios de la euforia y la resignación se suman para frenar cualquier veleidad de cambios profundos; se relaciona de modo quizá más decisivo con las transformaciones en la situación misma que analiza y critica. En 1904 el retorno a la colonización como instrumento por excelencia de la expansión de la agricultura cerealera pampeana podía aun ser considerado una alternativa viable, y no sólo por los apologistas del contexto social en que esa expansión se daba; aun más defendible era la noción de que la compra de tierra era una posibilidad que no excedía los recursos de los arrendatarios exitosos. Así, Karl Kaerger, el muy competente experto agrícola al servicio de Alemania, describía la aparcería y el arrendamiento como etapas sucesivas en la inserción de colonos inmigrantes en la agricultura pampeana, destinada a culminar con la adquisición de una unidad de explotación familiar.[11] Y —aun tomada cuenta de la inspiración por lo menos parcialmente apologética de Lahitte— no hay motivos para dudar de su veracidad cuando asegura que buena parte de la nueva inmigración de aparceros era fruto de la iniciativa de colonos arrendatarios, que tomaban de este modo a su cargo parcelas más grandes que las que hubieran podido explotar directamente, para aumentar así sus posibilidades de alcanzar ganancias suficientes para abrirles el acceso a la tierra (si bien otros testimonios contemporáneos aseguran que su objetivo era más frecuentemente acumular recursos para retornar como modestos propietarios o rentistas a su tierra de origen).

Pero si aún en 1904 un observador honrado podía sostener que el acceso a la propiedad de la tierra estaba abierto por lo menos a los más tenaces y afortunados entre los arrendatarios, para 1910 esa posibilidad parece haber desaparecido casi por completo. Parece adivinarse en esos años cruciales la súbita definición y consolidación de los grupos sociales activos en la agricultura del cereal. Hasta entonces el área del cereal era descripta como una franja pionera, donde los agentes a cargo de las distintas funciones económicas no se identificaban permanentemente con ellas, ansiosos como estaban por abandonarlas junto con ese marco tan primitivo; si el fracaso los expulsaba de él, del éxito se apreciaba sobre todo la oportunidad que ofrecía de abandonarlo en favor de otros más amables.

Esa imagen reflejaba cada vez menos fielmente una realidad en constante transformación: ya en 1904, sin duda, no pocos de los jefes de explotaciones pertenecían a una segunda generación de agricultores que veían en el austero paisaje físico y social de la pampa cerealera el marco natural para sus vidas. Pero también aquí el cambio decisivo fue aportado por la valorización de la tierra, globalmente evocada por Campolieti. Gracias a Roberto Cortés Conde ahora podemos seguir con mayor precisión —y entender mejor— el proceso; su admirable *El progreso argentino*[12] muestra cómo la valorización acompaña las últimas etapas de avance de una frontera agrícola a punto de cerrarse. El grandioso avance sobre tierras nuevas, comenzado en la década de 1870 y acelerado en la última del siglo xix, está ahora agotándose. Las consecuencias se hacen aun más duras para los agricultores porque en las áreas de más reciente expansión surgen finalmente propietarios que —cumpliendo los votos de los técnicos del Ministerio de Agricultura— se deciden a ser algo más que meros rentistas: en el oeste de Buenos Aires y el sudoeste de Córdoba los cultivos combinados integran y subordinan la agricultura del cereal a la nueva estancia de ganado fino, y una de las consecuencias es que —mientras en las zonas de más antiguo poblamiento el alza del valor

de la tierra la pone fuera del alcance de los más entre sus cultivadores— en las zonas de frontera los lotes familiares están más frecuentemente disponibles en arrendamiento o aparcería que para compra.

Si la cercana clausura de la frontera se traducía en una acelerada valorización era sobre todo porque —mientras ella anunciaba omi-
nosamente el fin de la expansión en la oferta de tierras— la demanda
no cesaba de crecer, alimentada tanto por las masas de nuevos inmigrantes, acrecidas entre otras razones por la baratura cada vez mayor
del transporte oceánico, como por las nuevas generaciones de colonos
de las zonas de anterior poblamiento, que estaban alcanzando la edad
adulta. La relación se hacía así más desfavorable para el colono, que
debía pagar el precio de la valorización en forma de rentas cada vez
más elevadas, mientras también afrontaba las consecuencias del primitivismo de los sistemas de almacenamiento, transporte y crédito,
que por su parte no habían sufrido modificaciones sustanciales. Sin
duda, el colono estaba dispuesto a recurrir al arma que tantas veces
aseguró la supervivencia de la explotación campesina en tiempos de
adversidad, transformándose en explotador despiadado y desesperado
de la mano de obra familiar. Pero la eficacia de ese recurso era limitada, porque la economía de la pampa cerealera no es campesina y el
colono necesitaba dinero o crédito no sólo para cubrir buena parte
de sus necesidades de consumo sino para semilla, alquiler de maqui-
naria agrícola y pago de trabajadores estacionales. Porque mientras
sobraban los candidatos a colonos, la mano de obra estacional era
escasa y cara; estaba integrada por trabajadores temporarios de las
ciudades y pueblos litorales y de las provincias del interior y —ya en
el siglo xx — de migrantes estacionales de ultramar (y por barato que
fuese el transporte atlántico, los jornales debían mantenerse suficientemente altos para inducirlos a la larga travesía).

La anunciada crisis de la agricultura argentina parece entonces
tornarse inminente y es comprensible que la discusión de las condiciones vigentes en ella adquiera tonos más discordantes; que los escritos de intención apologética se diferencien ahora en algo más que
matices de los de orientación crítica. Un ejemplo sobresaliente de los
primeros lo ofrece *The land we live on*[13], un breve folleto publicado
en 1914 por el futuro Sir Herbert Gibson, también conocido como
Heriberto Gibson, un experto agrícola angloargentino bien conocido
y justamente respetado, y muy apreciado y utilizado como tal tanto
por el gobierno argentino como por el de Gran Bretaña.

En opinión de Gibson, el estado de la agricultura argentina justificaba todas las alarmas, pero no debido al régimen de la tierra sino
a las insuficiencias tanto de los arrendatarios (tan faltos de capital
como de competencia) cuanto de los terratenientes (quienes, con-
tando con los recursos, se abstienen de dotar a sus tierras de las co-

modidades capaces de atraer mejores arrendatarios). Las culpas de unos y otros bastan para explicar por qué la tierra cultivada por arrendatarios es tanto menos productiva en la Argentina que en Inglaterra, donde una economía agrícola que se cuenta entre las más avanzadas del mundo florece sobre la base del arrendamiento.

Si no puede entonces decirse que Gibson ignore los problemas de la agricultura argentina, su esfuerzo se dirige menos a sugerir soluciones para ellos que a alertar contra las que otros observadores proponen. La noción de que el aumento del impuesto a la tierra obligaría a los terratenientes a hacerlas más productivas es tan errónea como peligrosa: su corolario lógico es la nacionalización de la tierra, que no ofrecería ninguna ventaja real para el arrendatario. A las críticas contra los sistemas de comercialización y crédito responde mediante una entusiasta defensa del pulpero, víctima, a su juicio, de una opinión pública influida por injustificados prejuicios étnicos (si se lo describe como un pulpo parasitario es porque es casi siempre gallego; si fuera inglés se lo presentaría como un *empire builder*); por fundado que fuese el argumento dejaba de lado el hecho notorio de que el calumniado pulpero había perdido toda independencia y no era ya sino un agente totalmente controlado por una u otra de las compañías exportadoras de cereales, cuyo modus operandi Gibson se abstiene de analizar.

A cambio de críticas y reformas Gibson ofrece entonces exhortaciones: los arrendatarios debieran ejercitar mayor frugalidad y diligencia, los terratenientes debieran persuadirse de que su práctica de arrendar la tierra en plazos tan cortos como lo tolere el mercado, y sin mejoras, no sólo los priva de los potenciales provechos de una explotación más productiva, sino destruye gradualmente su patrimonio, ya que fuerza a los arrendatarios, como condición de supervivencia económica, a adoptar prácticas agrícolas que destruyen la fertilidad de la tierra.

Lo que comienza como una denuncia de las condiciones vigentes en la agricultura pampeana termina así en una defensa oblicua del statu quo; si la oscilación entre una actitud y otra no es nueva, ya que era posible detectarla en Lahitte y aun en Molinas, es la inminencia de la crisis y la conciencia de ella lo que exaspera en el breve texto de Gibson la contradicción entre ambas. Aun más claramente se descubre ella en el impetuoso análisis debido a un ex ministro de Agricultura, Damián M. Torino.[14] Torino es aun más elocuente que Escalante o Lobos para denunciar el latifundio (esa herencia negra de las edades oscuras del pasado argentino) y su influjo nefasto sobre la economía y la sociedad, pero aunque promete discutir modos de eliminarlo en un capítulo posterior, por alguna razón prescinde de cumplir esa promesa.

Como era esperable, Juan B. Justo, el fundador del Partido Socialista en la Argentina, se mostró más dispuesto a ofrecer remedio
drástico a un mal que diagnosticó en términos no muy distantes de
los preferidos por sus colegas conservadores. Como ha notado con
justeza Aníbal Arcondo[15], las opiniones de Justo sobre la cuestión
agraria no parecen deber nada al intento de Kautsky de aplicar a su
análisis las categorías elaboradas por el marxismo para el análisis del
capitalismo industrial. Pero no se sigue de ello que haya sido más influido por las ideas de Henry George; esa versión cimarrona de las
ideas de Ricardo, elaborada en las soledades de California, no pareció
ejercer nunca atracción sobre él y no la supone su preferencia por un
más alto impuesto a la tierra, que por otra parte no lo aparta del consenso de la crítica conservadora contra el orden rural vigente.

Lo diferencia sin embargo de ésta su actitud global frente a esa
clase: los reformadores de inspiración conservadora se proponían re-
dimirla de sus vicios originarios, obligándola para sobrevivir a transformarse en una clase empresaria. Para Justo sería ocioso esperar esa
transformación: la clase terrateniente argentina, que ha constituido
su patrimonio de tierras mediante el despojo del patrimonio fiscal y
las ha valorizado mediante un despojo menos abierto pero no menos
evidente del resto de la sociedad (a través del uso del crédito de los
bancos del Estado y el envilecimiento monetario), es una clase pará-
sita que no tiene ni la vocación ni la aptitud requeridas para asumir el
papel empresario que los reformadores le asignan. Si el remedio que
propone no es distinto del preferido por los reformadores de orientación conservadora, Justo espera de él no la regeneración sino la
marginación de la clase terrateniente, incapaz de tomar a su cargo la
necesaria implantación de una vigorosa agricultura capitalista en la
zona del cereal. Los altos impuestos no sólo someterían a esa clase
a una prueba que a juicio de Justo no puede superar, al requerir un
aumento de productividad de la tierra para que la empresa agrícola
permanezca viable, sino que —de modo más inmediato— provocarían
una baja en el precio de la tierra que la pondría de nuevo al alcance
de esos agricultores emprendedores y ambiciosos a quienes debiera
corresponder un papel protagónico en la plena implantación del capitalismo agrario que está en los votos del jefe socialista.[16]

El análisis que ofrece Justo, si sigue haciendo del terrateniente
el gran responsable de la inminente crisis de la agricultura, lo margina
en el momento de buscar soluciones para ella y, en la medida en que
lo hace, lo aleja del foco de la atención. Contemporáneamente con su
análisis, otros menos hostiles a los propietarios-rentistas alcanzan el
mismo resultado, al sugerir que los problemas de la agricultura cerealera tienen menos que ver con el régimen de la tierra que con los mecanismos de transporte, comercialización y crédito; se ha visto ya có-

mo tanto Lahitte como Molinas habían tomado en cuenta esta posibilidad alternativa, y el interés en ésta iba a crecer todavía junto con la atención prestada a la situación de la agricultura en los Estados Unidos.

Ella es uno de los signos de la popularidad alcanzada por la noción de que la Argentina comenzaba a lograr algún éxito en la conquista del objetivo propuesto por Sarmiento y se estaba convirtiendo en una réplica austral de ese país-modelo, aunque su éxito se reflejaba, por el momento, sobre todo en su capacidad de reproducir los problemas cada vez más agudos que en él se planteaban.

Aunque el arrendamiento no era desde luego desconocido en las cuencas cerealeras de los Estados Unidos, los arrendatarios no tenían allí gravitación numérica suficiente para constituir un grupo social de perfil definido y separado de los agricultores propietarios: los conflictos sociales que entonces arreciaban mostraban a unos y otros unidos en oposición a las compañías de comercialización de granos y los ferrocarriles. La introducción del paralelo norteamericano invitaba entonces a desplazar la atención de los problemas vinculados con el régimen de la tierra a los que derivaban del surgimiento —en la última década del siglo xix —de compañías exportadoras que monopolizaban el comercio del cereal, o de los altos fletes y el deficiente servicio que se achacaban a los ferrocarriles, o todavía de la ausencia de un sistema formal de crédito accesible a los agricultores.

Todas estas alternativas son exploradas en lenguaje destemplado por Gert T. Holm, en un folleto publicado en inglés en 1914.[17] El núcleo de su argumentación aparece anticipado en los estridentes subtítulos (*"The truth about our agricultural prosperity / Is it a myth? / 500.000.000 pesos annual wastage / The farmers' hopeless handicap / Which is to be, ruin or reform? / Elevators, an absolute economic necessity / Urgent government action imperative"*).

Para Holm, la causa última del estancamiento que amenaza a la agricultura argentina es un sistema de comercialización, transporte y crédito cuyas insuficiencias son cuidadosamente mantenidas para conservar sometido al agricultor a la siniestra alianza de ferrocarriles y compañías exportadoras, cuyo agente es el comerciante local, que ofrece la única fuente de crédito de veras disponible para el colono. Debido a esas insuficiencias, éste no puede prescindir de ese crédito insoportablemente oneroso ni aun en años de cosechas excepcionales. Es errado, en efecto, suponer que una ampliación del crédito agrícola extendido por los bancos oficiales mejorará la situación: sólo hará posible la expansión del aberrante sistema crediticio ya vigente. Del mismo modo, reformas de la legislación mercantil como la introducción de los *warrants* y la prenda agraria no abrirán al agricultor acceso al crédito bancario; si no lo tiene no es por ninguna deficiencia legislativa, es porque no tiene nada que ofrecer en garantía sino una cosecha destinada a perder valor por las primitivas condiciones de almacenamiento. Sólo la construcción de una red de silos locales y elevadores terminales conservará para el colono el valor de su cosecha y le permitirá así acceso al crédito bancario.

De otra manera todavía lo emancipará de su servidumbre frente a las compañías exportadoras, en cuanto le permitirá participar más activamente en los aspectos especulativos del comercio de granos, hasta ahora explotados unilateralmente por esas compañías en su propio beneficio y en perjuicio del productor. En efecto, la protección al valor de la cosecha ofrecida por los silos le hará menos necesario venderla apenas recogida, no sólo porque al asegurarle crédito menos oneroso le permitirá llegar al fin del ciclo agrícola en situación más desahogada, sino —de modo más directo— porque lo protegerá contra las pérdidas derivadas de su almacenamiento a la intemperie. Por otra parte, esa red sería mucho menos costosa de lo que quisieran hacer creer los que explotan en su provecho el primitivismo vigente en el manejo de la cosecha y que —además de condenar a los agricultores a creciente penuria— imponen a la economía nacional un costo exorbitante (en un momento de entusiasmo, Holm llega a asegurar que con sólo atender a esa urgente modernización de los sistemas de almacenamiento se duplicarían las exportaciones agrícolas argentinas).

Los argumentos de Holm o de Justo no introducen por cierto elementos radicalmente nuevos en el debate sobre los problemas de la agricultura; nueva es, en cambio, la apasionada urgencia con que los plantean. Ella se vincula, sin duda, con otra innovación decisiva: en 1912 —un año de buenas cosechas, luego de varias extremadamente desfavorables, pero también de precios muy insatisfactorios— una huelga de arrendatarios comenzada en la zona maicera de Santa Fe se extendió por las cuencas agrícolas de Buenos Aires, Córdoba y La Pampa; por fin, luego de décadas de profecías optimistas o agoreras sobre el futuro de la agricultura del cereal en la Argentina, ese futuro parecía comenzar; el movimiento inaugurado por el Grito de Alcorta parecía abrir, o por lo menos anunciar, la crisis que, según los observadores menos optimistas, era el desenlace fatal de un avance agrícola que sólo pudo asegurar su ritmo frenético a fuerza de exasperar sus contradicciones.

Pero si el movimiento de los arrendatarios vindicaba a quienes desde hacía décadas señalaban las razones por las cuales el vertiginoso avance agrícola era un avance hacia la crisis, a la vez anunciaba el fin de la larga época durante la cual el diseño de la configuración social que habría finalmente de implantarse en las tierras del grano había podido debatirse desde fuera y desde lo alto, mientras los distintos participantes en la economía agrícola, presencias fugaces en un paisaje social todavía indiferenciado, no tenían ni la vocación ni los medios para terciar en ese debate.

Se ha visto ya que esta noción —que sólo excluía de esa condición marginal a los terratenientes— estaba ya haciéndose inactual antes de 1912; fue, sin embargo, la tormenta social desencadenada en ese año la que reveló clamorosamente su inexactitud y tornó problemático el papel que habían reivindicado para sí los expertos agrícolas, incorporados o no a la burocracia técnica: la determinación del perfil definitivo de la sociedad agraria en las pampas no podría ya en ningún caso ser el fruto de la implantación de los proyectos de ingeniería social a los que esos expertos eran tan aficionados, sino el tema de las luchas desencadenadas entre los grupos sociales que habían alcanzado ya a consolidarse en el área.

Así, cuando su ministro le solicita sugerir cursos de acción en respuesta a los problemas revelados por el conflicto, Lahitte se rehúsa de modo apenas cortés a tomar ese camino. El momento de hacerlo era antes de que el conflicto estallase, y sus informes de la década anterior —asegura de modo no del todo veraz— habían descripto las condiciones que llevaron a él con una tan profética justeza que marcaban sin posibles ambigüedades, para cualquier lector avisado, el contenido de las reformas que hubieran podido evitarlo. Ahora es demasiado tarde para eso: es preciso dejar a las partes en conflicto la tarea de definir, a través de los acuerdos que finalmente alcancen, el nuevo régimen de la tierra en la pampa del cereal.[18]

Es una posición cercana a la asumida por Juan B. Justo desde el momento mismo en que el conflicto se desencadena; lo que motiva a Justo a adoptarla es, desde luego, la convicción —que es parte de su fe socialista— de que el cambio social sólo puede alcanzarse a través de la acción de los grupos sociales desfavorecidos por el orden vigente, que tiene por corolario la esperanza de que será la movilización de los agricultores la que, por fin, ha de imponer las reformas radicales que él mismo ha propugnado por largos años y con muy poco éxito. Pero esa esperanza no va a cumplirse: los cambios introducidos serán aun menos radicales que los propuestos por los más moderados fautores de reforma en las décadas anteriores a Alcorta.

Las dos novedades que el movimiento de Alcorta ha introducido —el surgimiento de presiones desde dentro de la sociedad del área cerealera como motores de cambio y el carácter inesperadamente limitado de ese cambio— sólo se hacen comprensibles en un contexto político que acaba, por su parte, de sufrir una transformación profunda: es, desde luego, la provocada por la introducción de la Ley Sáenz Peña, que al transformar el régimen electoral modifica radicalmente la relación entre el Estado y las fuerzas y grupos sociales.

Los reflejos de esta situación nueva son evidentes en la trayectoria misma del movimiento lanzado en Alcorta. Ya en ese momento el gobierno de Santa Fe está en manos de la Unión Cívica Radical, que debe su triunfo a su justa comprensión de las exigencias y oportunidades nuevas creadas para las fuerzas políticas por la implantación del sufragio efectivo. El nuevo gobierno provincial está dispuesto a ofrecer apoyo y orientación a los arrendatarios; el ministro de Gobierno, J. Daniel Infante, que sólo ha abandonado en fecha relativamente reciente la militancia anarquista por la radical, une a esa investidura —que le otorga control de la policía— la de asesor legal de los comités de huelga; esta feliz circunstancia hace sin duda más fácil entender el éxito tan rápido que iba a coronar en casi todos los distritos cerealeros santafesinos los esfuerzos de los organizadores del movimiento, que en provincias aun gobernadas por administraciones conservadoras (o en territorios sometidos a la federal) iban a afrontar obstáculos más duros.

Este apoyo político condiciona a la vez el curso futuro del movimiento. No sólo le impone un apoliticismo que oculta mal una alianza de hecho con las administraciones radicales (y que se traduce en un esfuerzo sistemático por marginar del movimiento el influjo del Partido Socialista, que, sin constituirse en rival electoral serio del radical a nivel nacional, de todos modos amenaza hacer más lento el avance de éste hacia el control total del Congreso) sino que fija todavía para sus programas de cambio en el régimen de la tierra límites destinados a hacerlos compatibles con los compromisos implícitos que el radicalismo mantiene con otros sectores de la sociedad argentina.

Esa situación, renovada a la vez por la maduración de la sociedad en la pampa agrícola y la modificación de las bases mismas del orden político nacional, no sólo se refleja en nuevos modos de acción por parte de los distintos sectores de intereses vinculados con la agricultura, y de los titulares del poder político; incita, a la vez, a contemplar los problemas agrarios desde una perspectiva nueva.

Ella se refleja nítidamente en el folleto sobre *El problema agrario*[19], publicado por Infante en 1914, que revela una de las claves del triunfo político del radicalismo: mientras los radicales se negaban altivamente a reconocer la posibilidad de divisiones internas a la sociedad argentina, y con ello justificaban su vocación de representarla acabadamente en el plano político, los asistía una visión prodigiosamente precisa y justa de esas divisiones y articulaciones, que les sugería los modos más eficaces de utilizarlas para acrecer sus fortunas electorales y políticas. Infante lleva una perspectiva análoga a su examen de las posibilidades que se abrían a los arrendatarios; tras de comenzar de modo bastante poco innovador comparando las culpas de terratenientes, ferrocarriles y compañías exportadoras, cambia súbitamente de rumbo, para concluir que el problema no era quién era más culpable, sino quién se presentaba como un enemigo más formidable; era esta consideración la que justificaba la elección del interés terrateniente como el adversario. Cualquier alternativa hubiese significado abrir una batalla conjunta contra "los ferrocarriles, los acarreadores, los bolseros y los gobiernos [. . .] cuatro luchas y de qué género y con qué enemigos".

La perspectiva que Infante propone de modo tan sucinto sugiere que —si la moderación de objetivos fue el precio del éxito del movimiento rural— las razones para ello no eran tan sólo políticas. En efecto, esos temibles intereses que los arrendatarios se rehusaron a definir como enemigos parecen además haber hallado motivos para favorecer el éxito de la protesta; hubiese sido de otro modo impensable que los comerciantes locales —para entonces agentes sin autonomía ninguna de las compañías exportadoras— diesen tan frecuentemente hospitalidad a los comités de huelguistas, y aun en más de un caso se constituyesen en secretarios de éstos.[20]

Como ha señalado también Arcondo, su actitud era comprensible[21]; era ya evidente para quienes participaban en la economía cerealera que la crisis largamente anunciada se acercaba al punto de ruptura, y que la cadena amenazaba quebrarse por el eslabón que era a la vez el más esencial y el más débil: el agricultor mismo. El momento se acercaba en que el alza de la renta, unida a los otros costos, amenazaría la supervivencia misma de esa empresa sin capital ni empresario que tenía a su cargo producir lo que el ferrocarril transportaba y los exportadores traficaban. Para los observadores de afuera, ésa sería la oportunidad de introducir las reformas profundas que reconstruirían la agricultura argentina del cereal sobre bases menos precarias; vista desde dentro de la zona del cereal, la ocasión exige más modestamente un reajuste que permita al sistema productivo vigente seguir funcionando: el gobierno y los arrendatarios prefieren transferir a los terratenientes el costo de ese reajuste, y los otros intereses dominantes en tal economía colaboran discretamente en ese desenlace.

Los arreglos que ponen fin al movimiento de protesta no sólo traen consigo una reducción de la renta, sino dejan en herencia una organización nacional de arrendatarios —la Federación Agraria Argentina— que hace suya la alianza no escrita con el gobierno radical anticipada en Santa Fe desde 1912, y apoya la introducción de normas legales que tutelan la situación del agricultor en tierra ajena. Estas son de nuevo muy moderadas: en década y media la fijación de plazos mínimos de arrendamiento, la obligación del terrateniente de compensar al arrendatario por las mejoras introducidas, dentro de precisos límites, y poco más. Esa moderación no priva a la Federación Agraria del apoyo sólido, ya que no entusiasta, del grupo al que representa; los esfuerzos del Partido Socialista por organizar su propia base entre los agricultores sólo alcanzan eco muy limitado. Sigue siendo al parecer válida la maliciosa observación de Gibson, que dos años después de Alcorta observaba que, mientras las críticas al régimen de la tierra y proyectos como el georgista, de impuesto único, eran capaces de suscitar el interés apasionado de la opinión pública urbana, tropezaban en la campaña con una unánime indiferencia.

Pero también entre los orientadores de la opinión pública nacional ese interés parece ahora perder intensidad. No es sólo el problema del régimen de la tierra el que apasiona menos; es toda la problemática vinculada con el futuro de la Argentina rural la que se aleja paulatinamente del foco de la atención colectiva. Y se entiende por qué: los retoques impuestos al régimen de la tierra han permitido eludir la crisis catastrófica anunciada por los factores de reformas, pero a la vez han consolidado en sus rasgos esenciales ese orden cuyas insuficiencias la crisis hubiese proporcionado ocasión para corregir; gracias a esos retoques se asegura la perduración en sus rasgos básicos del orden rural que se había gestado a ciegas, a lo largo de décadas de expansión frenética, en la pampa del cereal.

Así la agricultura argentina ha esquivado ya —es de temer que para siempre— la oportunidad de constituirse en el núcleo de una nueva civilización —tal como había sido tenazmente anunciado a lo largo de un siglo, a partir del tardío setecientos— o de un orden económico más sólido y dinámico, según el sueño más modesto, pero —ahora se veía— también él demasiado ambicioso de los críticos de esa agricultura desde el tardío ochocientos.

Nadie entre los contemporáneos captó mejor que Alejandro Bunge[22] los datos básicos de esa ambigua hora argentina que va de la Primera Guerra a la crisis mundial, y es revelador cómo también para ese observador sagaz y preciso, si el estancamiento agrícola está en el punto de partida de la mayor parte de los problemas que la economía nacional afronta, la solución no podría venir de la agricultura; aun en su sobria, desencantada visión de futuro, ésta ha sido despojada de cualquier lugar central.

He aquí sin duda el punto extremo en la disipación del viejo sueño de redención nacional por el renacimiento —en las agrestes soledades de la pampa— de una Argentina limpia de sus manchas originarias y capaz por lo tanto de plasmar una nueva economía y una nueva sociedad, ese sueño que subtendía el florecer de una corriente de análisis de las realidades agrarias cuyo incisivo espíritu crítico la hace menos paradójica compañera de una etapa de eufórico crecimiento desde que se advierte que todavía lo inspira en parte la esperanza de que su promesa no permanecerá incumplida.

NOTAS

1 Estanislao S. Zeballos: *La concurrencia universal y la agricultura en ambas Américas, informe presentado al Excmo. Sr. Ministro de Relaciones Exteriores de la República Argentina, Dr. D. Eduardo Costa,* Washington, 1894.

2 Estanislao S. Zeballos: *Descripción amena de la República Argentina.* Tomo II, *La región del trigo,* Buenos Aires, 1883, págs. 14-22 y 38-40.

3 *Cartas pastorales del Ilustrísimo y reverendísimo Sr. D. Fr. Joseph de San Alberto,* Madrid, 1793, pág. 3; Félix de Azara: *Memoria sobre el estado rural del Río de la Plata y otros informes,* Buenos Aires, 1943, págs. 16-17.

4 "Chivilcoy programa. Discurso pronunciado (. . .) el 3 de octubre de 1868", en Domingo F. Sarmiento: *Obras Completas,* 2ª ed., vol. XXI, Buenos Aires, 1951.

5 En Miguel Angel Cárcano: *Evolución histórica del régimen de la tierra pública, 1810-1916,* 3ª ed., Buenos Aires, 1972, pág. XXXI.

6 Ing. Agr. Roberto Campolieti: *La organización de la agricultura argentina (ensayo de política agraria),* Buenos Aires, s. f. pero 1929, pág. 7.

7 Emilio Lahitte: "La propiedad rural. Ventas. Hipotecas. Colonización. Latifundio", en *Boletín del Ministerio de Agricultura,* III, 1º de junio de 1905, págs. 72-104.

8 Emilio Lahitte (nota fechada 2 de noviembre de 1905), en *Boletín del Ministerio de Agricultura,* IV, 1º de diciembre de 1905, págs. 70 y sigs.

9 Florencio T. Molinas: "Informe agrícola sobre la provincia de Santa Fe y colonización interprovincial", en *Boletín del Ministerio de Agricultura,* II, 1º de diciembre de 1904, págs. 35-45.

10 Florencio T. Molinas: *La colonización argentina y las industrias agropecuarias,* Buenos Aires, 1910.

11 Karl Kaerger: *Landwirtschaft u. Kolonisation im Spanischen Amerika,* Leipzig, 1901, v. I., págs. 106-107.

12 Roberto Cortés Conde: *El progreso argentino. 1880-1914,* Buenos Aires, 1979.

13 Herbert Gibson: *The land we live on,* Buenos Aires, 1914. El pasaje comentado, "In defence of the *pulpero*", págs. 25-28.

[14] Damián M. Torino: *El problema del inmigrante y el programa agrario en la Argentina*, Buenos Aires, 1912, págs. 96-97.

[15] Aníbal Arcondo: "El conflicto agrario de 1912. Ensayo de interpretación", en *Desarrollo Económico*, Buenos Aires, vol. XX, Nº 79, oct.-dic. de 1980, págs. 351-381 y 478.

[16] Juan B. Justo: *La cuestión agraria. Con un apéndice sobre la renta del suelo.* Buenos Aires, 1917.

[17] Gert T. Holm: *Agriculture in Argentina.* Buenos Aires, noviembre de 1914, pág. 12.

[18] Es la posición que asumió ya Lahitte en el momento mismo del conflicto. Ver sobre esto Arcondo, loc. cit., pág. 356.

[19] J. Daniel Infante: *El problema agrario*, Rosario, s. f.

[20] Los ejemplos abundan en Plácido Grela: *El grito de Alcorta: historia de la rebelión campesina de 1912*, Rosario, 1958, aunque el autor se abstiene de sacar conclusiones a partir de una situación tan generalizada.

[21] Arcondo, loc. cit., págs. 363 y 375-76.

[22] Alejandro E. Bunge: *La economía argentina.* Vol. I. *La conciencia nacional y el problema económico*, Buenos Aires, 1928. De particular relevancia es el capítulo 7, "Nuestra posición en la economía internacional".

Nueva narrativa y ciencias sociales hispanoamericanas en la década del sesenta

Antes de preguntarnos cuáles son las relaciones entre la imagen de Latinoamérica que subtiende las obras literarias lanzadas a vasta celebridad en los años centrados en la década del sesenta, y la de la realidad latinoamericana que las ciencias sociales hacen suya en torno a esa década, parece necesario formular una pregunta previa, a saber: si es posible acotar ese conjunto de obras de acuerdo con criterios menos extrínsecos que el éxito alcanzado por todas ellas en esos años. Y aun si el criterio que ese éxito proporciona, tan discutible como es, alcanza a cumplir con claridad su función de reunir cierto grupo de obras y dejar fuera otras.

Ni aun esto último es evidente, porque el éxito de la literatura latinoamericana en la década del sesenta es en rigor una suma algebraica de tres éxitos en tres teatros distintos. Mientras en Europa se da la aceptación de ciertos autores latinoamericanos como integrantes de pleno derecho de la *Weltliteratur* contemporánea, en Estados Unidos se asiste a un triunfo más amplio en cuanto al ámbito de público afectado, pero más restringido en cuanto la función de testimonio de una realidad exótica y, en parte por razones prácticas inmediatas, inquietante, desempeña un papel más importante, y en la misma América Latina se produce una ampliación a veces vertiginosa del público lector (en algunos países, como los del Cono Sur, ello es favorecido por la inflación, que al disuadir del ahorro y poner los bienes de consumo durables fuera del alcance de la mayor parte del público, estimulaba la adquisición de los de consumo perecedero, entre ellos la amena literatura; aun en ellos era significativo que la latinoamericana se beneficiara más que en previas ocasiones de la expansión de un público que tenía tan abierta como en el pasado la alternativa europea o estadounidense).

En cada uno de esos teatros variaba, junto con las causas del éxito alcanzado, el censo de los autores juzgados como revelaciones de una nueva literatura latinoamericana. Si en Europa, Borges o Carpentier son vistos por muchos como integrantes de la promoción que parecía relegar al pasado a Neruda, Ciro Alegría o Miguel Angel Asturias, en Latinoamérica se tenía presente que, aun sin haber alcanzado una muchedumbre de lectores, habían ganado un lugar en la constelación literaria del subcontinente cuando éstos eran aún desconocidos.

Por fortuna, esas diferencias tienen relevancia menor para el tema que nos interesa de lo que podría parecer a primera vista: si en América Latina, Borges o Carpentier son vistos como escritores de la primera posguerra, la mayor parte de sus lectores aprendieron a leerlos como autores actuales bien entrada la segunda; ese público súbitamente ampliado representa un fenómeno distinto del que mantiene firme fidelidad a los ya citados Neruda o Asturias.

A esas dificultades objetivas —menos decisivas de lo que podía temerse— se agrega otra subjetiva, pero no más fácilmente eliminable. Quien se propone examinar el nexo entre la visión de Latinoamérica implícita en ese conjunto de obras literarias y la propuesta por entonces por las ciencias sociales, es a la vez uno en la muchedumbre de lectores atraídos a esas obras por razones hedonísticas: ese contacto dicta preferencias y propone todo un paisaje literario que depende de una perspectiva al cabo personal. Si ésta fuese la de la media del público latinoamericano, ese elemento subjetivo quedaría neutralizado como elemento distorsionante. Pero no sé de ninguna tentativa de fijar esa media, y por lo tanto sólo cabe aquí confesar las afinidades y diferencias que dominan el panorama de las ya no tan recientes letras hispanoamericanas implícito en lo que sigue. El está dominado por *Cien años de soledad*, al que sigue en lugar muy eminente *El siglo de las luces* y poco más atrás *Tres tristes tigres*. Esta lista no refleja tan sólo preferencias personales, sino una cierta noción de lo que hizo la peculiaridad de la narrativa de ese momento; si no incluyo a Rulfo, Onetti o Donoso es porque me parecen responder a una inspiración radicalmente diferente, más sombría y austera (creo que ello es confirmable por la curva de su fortuna entre el público latinoamericano, que no conoce ni las súbitas expansiones ni los altibajos que presenta la de los primeros)... Esta lista, como otras muchas que hubiesen podido trazarse, tiene en su núcleo a obras representativas de lo que se dio en llamar "realismo mágico"; es, al parecer, éste el que dio un tono peculiar a una promoción por otra parte heterogénea.

Al convenir en ello habremos convenido (no sé si sobre bases bastante convincentes) que aunque el inventario de obras en examen puede variar, existe un rasgo dominante que, sin colorearlas a todas por igual, les confiere una unidad más intrínseca que la que les viene por haberse hecho simultáneamente famosas en tres mundos.

Así desbrozado el campo, se revelan de inmediato otras dificultades más intrínsecas de la tarea aquí emprendida. Está desde luego la definición de los dos términos que se trata de comparar, esas visiones de Latinoamérica que —es de temer— no son más claras ni unívocas en el campo científico-social que en el literario. Pero está también la búsqueda del nexo concreto entre unas y otras: un ejercicio de comparación entre dos destilados de ideas, el uno obtenido de obras literarias y el otro de trabajos de ciencias sociales, tendría en efecto interés muy limitado: lo que le da sentido es la integración de las primeras y los segundos en una etapa crítica del desarrollo de la autoconciencia latinoamericana; las articulaciones a través de las cuales esa integración se produce requieren entonces también ellas ser exploradas.

Ahora bien, estas articulaciones están lejos de ser sencillas. Es indudable que el éxito de la literatura latinoamericana en torno a la década del sesenta se vincula con la convicción —compartida tanto en el subcontinente como fuera de él— de que su tormentosa historia había entrado en una etapa resolutiva. Ello da una eficacia nueva a motivos nada nuevos en la conciencia latinoamericana, como el que postula una unidad de raíz y destino para la región, y por otra parte contribuye a extender —dentro y fuera de Latinoamérica— una curiosidad nueva por las peculiaridades de una fracción del planeta que —se espera— está a punto de ingresar como interlocutora de pleno derecho en la historia universal. Esa década incluye la definición socialista de la revolución cubana, pero también la muerte del Che, y su legado más importante para Latinoamérica continental va a ser la invención de un nuevo estilo de autoritarismo militar, surgido por primera vez en Brasil a partir de 1964. En medio de las peripecias de esos años trágicos, ni científicos sociales ni escritores hallan fácil establecer una relación sin ambigüedades entre su obra específica y su condición de participantes —que casi nunca se resignan a ser sólo espectadores— en esa marcha de rumbo cada vez más incierto.

Esas ambigüedades no tienen, sin embargo, las mismas características y consecuencias en el campo literario y en el de las ciencias sociales. Para ir primero a lo más evidente, pero también más superficial, mientras en aquél la ambigüedad fue causa de fuerza, en éste creó más rápidamente perplejidades y divisiones.

En efecto, cuando la irrupción de la nueva literatura latinoamericana se da en el contexto nuevo creado por la revolución cubana y la agudización de conflictos político-sociales que le sigue, y la mayor parte de sus corifeos otorgan más o menos clamorosa adhesión a la nueva Cuba, no parecen sin embargo ser afectados con particular severidad por los rigores que las duras alternativas de esos años de hierro imponían a la común humanidad.

Son conocidos los esfuerzos de los escritores cubanos por recordar a sus colegas del continente ciertos principios que parecían sin embargo elementales de disciplina política en esa etapa de confrontaciones abiertas. Si esos esfuerzos cada vez más estridentes eran tan a menudo infructuosos, ello se debía, entre otras cosas, a que se les oponía la, al parecer, inagotable buena voluntad del adversario hacia los literatos que se identificaban con la causa de la revolución: desde Nueva York a Lima, los bastiones de ese adversario se empavesaban para celebrar a un Pablo Neruda que se apresuraba a proclamar, con acentos más desafiantes que nunca, su lealtad a sus convicciones de siempre, para ver su voz ahogada por los aplausos de los enemigos mortales de esas ideas; si a Nicanor Parra se le reprochaba haber asistido a un té literario de Mrs. Nixon, el hecho de que esa dama tan escasamente literaria juzgó oportuno invitarlo no es quizás el aspecto menos significativo del episodio.

Esa situación tenía a la vez aspectos positivos, que la misma Cuba que buscaba reaccionar contra los negativos había aprendido también a utilizar sabiamente: piénsese en el papel que tuvo por entonces *Casa de las Américas* y sus premios; a través de ellos la isla acosada, cuya revolución ganaba en el continente tan vastas simpatías, pero tan pocos apoyos inmediatamente eficaces, defendía y ampliaba su lugar en una comunidad de cultura de la que sus enemigos se habían jurado expulsarla.

La comparativa tolerancia hacia el literato y el intelectual no era en esos años revueltos característica tan sólo de las Américas; por entonces la Unión Soviética otorgaba la Orden de Octubre a un Aragon que acababa de acusarla de transformar a Checoslovaquia en una Biafra del espíritu. Puede por una parte sentirse alguna nostalgia por la represión permisiva entonces practicada, sobre todo cuando se la compara con la menos permisiva que vino luego; puede también verse en las ventajas que ella otorgaba una versión moderna de la *Narrenfreiheit*, de la irresponsable libertad del bufón. Cualquiera que fuese el juicio que la situación mereciera, ella permitía a la nueva literatura hispanoamericana identificarse con la fresca excitación de ese que aparecía como un nuevo comienzo, sin sufrir las consecuencias potencialmente más peligrosas de esa identificación. No sólo sus obras se exhibían en los escaparates desde Caracas a Buenos Aires y desde Santiago de Chile a Bogotá; la situación toleraba aun una confrontación de lealtades político-ideológicas que aseguraba a esos autores una constante presencia pública. El hecho de que las relaciones entre ellos y la nueva Cuba y su promesa revolucionaria, relaciones primero sin nubes y luego en más de un caso agitadas por la tormenta, estuviesen siempre presentes en la atención colectiva, así fuese a través de observadores malévolos en busca de elementos de conflictos, subrayaba de nuevo que —aun para sus enemigos— sus opiniones tenían una significación que se debía sin duda a la que su obra había adquirido en el panorama de las letras hispanoamericanas.

También en esto, es sabido, las cosas han cambiado al cerrarse la década. No es necesario evocar aquí las etapas de ese cambio, quizás inevitable. Baste señalar que la revolución cubana comenzó a repetir la trayectoria de otras que, tras de una primera etapa abierta a la innovación artística, que les parece una extensión a ese campo de la lección de audacia renovadora por ellas propuesta, celebran su consolidación reorientándose hacia ideales mucho menos aventureros; ese había sido el itinerario de la revolución francesa y la rusa, y ahora el drama parecía repetirse en las Antillas. Pero en Cuba el cambio tenía una dimensión adicional, marcado por el distanciamiento —no necesariamente hostil— entre una nación ya menos acosada, que en la medida en que se abrían brechas en el bloque antes casi unánimemente enemigo que habían sido los Estados del continente, debía adoptar frente a ellos una política más matizada, y un grupo de vanguardia literaria que en las horas fervorosas de 1960 se había creído una vanguardia política, que estaba perdiendo la condición de vínculo privilegiado que la ausencia de otros le había concedido durante lo más duro del cerco a la nueva Cuba.

Esa historia complicada marca, sin embargo, sólo una dimensión de la relación entre esa vanguardia literaria y su tiempo; ésta veía en la revolución cubana una promesa para el continente, y de esa esperanza se nutría; hacia 1970 ella había sufrido ya desmentidos crueles, a la espera de los aun más duros que traerían los años sucesivos. Navegando esas aguas cada vez más agitadas y amargas, ese grupo elabora una literatura que alude sólo muy escasamente a la dramática coyuntura de la que surge (y refleja por otra parte muy mal ese dramatismo), y que sin embargo es reconocida como pertinente a ella no sólo por quienes la crean, sino por el público cada vez más vasto que ella encuentra en Latinoamérica. Y ni uno ni otro se equivocan: la relación entre esa literatura y el contexto al que debe en parte su éxito no parece ser superficial.

Para exponer nuestro argumento brevemente y sin los necesarios matices, diríamos que esa literatura se apoya en la renuncia a una cierta imagen de la realidad hispanoamericana que la ve como histórica, es decir, como realidad que es creación colectiva a través de un proceso temporal cuyos resultados son acumulativos. Sin duda esa imagen nunca había dominado del todo la creación literaria hispanoamericana, y ello no sólo porque no todas las formas literarias se prestan para expresarla: las predestinadas para hacerlo son la épica y la novela, y el solo hecho de que ellas conviven con otras revela que hay contenidos irreductibles a esa imagen que pugnan por expresarse literariamente.

Pero aun en el campo más restringido ofrecido por la narrativa, el avance de la visión histórica es lento e incompleto. Lo detiene primero la afirmación de la esfera privada durante la segunda mitad del siglo XIX, que hace que una novela como *María*, si tiene un contexto histórico digno de ser explorado, se centre en materia ajena a esa perspectiva (y que el más ambicioso intento narrativo de Martí, pese a que en él no faltan peripecias que nos devuelven a las preocupaciones histórico-políticas en él dominantes, tenga un núcleo análogo).

Pero ocurre que aun la narrativa que se ocupa de la dimensión

pública de la vida hispanoamericana o —más frecuentemente— la que
contempla peripecias de la esfera privada desde una perspectiva pública, no asiste a un triunfo sin contrastres de esa perspectiva histórica.
Ello tiene que ver con la imagen de la historia hispanoamericana que
la subtiende: ella no es totalmente historia porque la entrada de Hispanoamérica en la historia es un proceso en curso, y por lo tanto incompleto. Este señalamiento no es nuevo: hace décadas se observó ya
que la geografía, más que la historia, ofrecía tema a la narrativa hispanoamericana; el naciente y todavía grácil modo de existencia histórico corre el riesgo de ser devorado por otro no histórico, dominado por el imperio intemporal del medio geográfico. Y los ejemplos de
elaboración narrativa de esa visión hispanoamericana no faltan; el
más ilustre es, desde luego, *La vorágine*. Pero no es sólo el imperativo
geográfico el que traba el pleno ingreso en la existencia histórica; la
geografía es cómplice y protectora de un duro orden hispanoamericano constantemente igual a sí mismo, que sólo la historia más reciente
(en rigor, la historia en curso) se ha atrevido a desafiar.

Es esta última perspectiva la que hace la peculiaridad de cierta
etapa de la narrativa hispanoamericana. La disolución en la naturaleza, como tentación o amenaza, le es en verdad menos peculiar, ya
que está muy viva en una cultura europea en crisis (es significativo,
por ejemplo, que Evelyn Waugh haya colocado en la Guayana, en su
A Handful Of Dust, una peripecia, en parte comparable a la de *Los
pasos perdidos*). A esa perspectiva se opone, sin embargo, la que *Doña Bárbara* ejemplifica admirablemente: el conflicto entre naturaleza
e historia se inserta aquí en un proceso histórico que comienza, la
victoria de Santos Luzardo sobre esa encarnación femenina de la salvaje comarca sabanera es, a la vez que el símbolo, el punto de partida
de la victoria sobre ese salvajismo allí tan antiguo como el mundo, y
que parecía destinado a durar tanto como él.

Aunque no se oculta la amenazadora firmeza de los condiciona-
les legados por la naturaleza y el pasado, no serán ellos mismos,sino
la historia que contra ellos avanza, el tema de la narrativa social de las
décadas del treinta y el cuarenta; esa perspectiva dominada por un
avance en curso no siempre está explícita; ella señala que aun los cua-
dros marcados por un predominio cerrado de las herencias negativas estén dominados, más que por la congoja, por una voluntad de denuncia.

Pero a medida que la evocación se hace más precisa, esa batalla
entre el futuro y el pasado-naturaleza se hace más ambigua. El orden
de petrificada injusticia e inmutable crueldad, que parece tan antiguo
como el mundo, puede no ser el fruto de la naturaleza americana sino
de la violencia contra ella ejercida; frente a ella el artista se identifica
a la vez con el futuro y con esa naturaleza mancillada, cuya complicidad solicita. Esta visión grandiosa de pasado y futuro americanos ha-

lla su expresión más acabada en el *Canto general*. Sus efectos sobre la narrativa suelen agregarle sutileza restándole algo de su contundente coherencia; así se advierte, por ejemplo, en algunas obras de las menos logradas de José María Arguedas frente a la robusta seguridad de avance de Icaza o aun del menos esquemático Ciro Alegría.

Es esta imagen histórica que nunca logra superar del todo su fragilidad de origen la que la nueva narrativa deja de lado. Sin duda, las incitaciones a abandonarla no provienen todas de la crisis de una cierta manera de ver a Hispanoamérica. La literatura que expresaba una imagen histórica de la realidad hispanoamericana se identificaba con una concepción de la narrativa cada vez más ajena al gusto dominante. Pero la transformación de éste, por aceptación siempre tardía de nuevas técnicas narrativas primero impopulares, no hace sino reflejar la búsqueda de un nuevo modo de narrar que quiere ser a la vez un nuevo modo de explorar la realidad y de traducirla con fidelidad que se espera creciente; las transformaciones de la técnica buscan así justificarse en las de la visión del mundo; a través de un gusto que deja resueltamente atrás la tradición naturalista, es la crisis de la cultura europea la que confluye con la de una determinada visión de Hispanoamérica para favorecer la eclosión de una literatura hispanoamericana que no ve ya el subcontinente como una realidad histórica, disparada del pasado al futuro.

Frente a esa visión histórica en proceso de agotamiento se abren en verdad varias alternativas. Está, desde luego, la que se apoya en un proceso temporal no acumulativo, en que el fin se encuentra con el principio; es —se sabe— la que domina *Cien años de soledad*. Elementos captados por otra parte en toda su riqueza de contenido histórico-culturales son traspuestos a un clima de fábula, a través de una memoria que los incorpora sin residuos a un orden fantástico. Es esa memoria el único legado de ese pasado pululante de vida, legado él mismo ilusorio, porque al absorberlos, esa memoria que es a la vez fantasía, los marca de irrealidad; al cumplirse en la última página la profecía inicial, el ciclo centenario parece a la vez cerrado y cancelado.

Hay otra alternativa, que se rehúsa a la historia permaneciendo más acá de ella, en la peripecia inmediata que contempla con mirada a la vez lúcida y estuporosa, para la cual cada instante adquiere una intensidad que es casi una eternidad. Es la hazaña de Carpentier en *El siglo de las luces*; la precisión con que reconstruye el marco material de la vida cotidiana en las Antillas al filo del ochocientos no tiene nada de ejercicio arqueológico-erudito; la evocación alcanza la deslumbradora evidencia lograda por Góngora y la buida perfección de una naturaleza muerta del seiscientos; Carpentier ha ganado una misteriosa profundidad naufragando con deleite en esas brillantes superficies de las cosas.

Pero queda también el camino de lo mítico-arquetípico, a través del cual una efímera peripecia nos pone en contacto con una realidad esencial e intemporalmente válida. Es el de *Tres tristes tigres*, evidente más que en los personajes de nombres transparentemente simbólicos, en la figura de la que cantaba boleros, primer motor inmóvil de ese mundo novelesco, esa pura vitalidad indiferenciada y generosa, a la vez figura de maciza inmediatez y arquetipo venusino.

Esas maneras de ver son, más aun que distintas, irreductibles a cualquier perspectiva histórica; ello se revela cuando —en un clima hispanoamericano ya profundamente cambiado— surgen intentos de integrar unas y otras, a través de las novelas de dictadores. En *El otoño del patriarca* el mundo de *Cien años de soledad*, en que una memoria que es a la vez fantasía desdibuja los límites de lo vivido y lo imaginado, se revela irrecuperable, pese a que el autor intenta devolverlo a la vida mediante el recurso ahora desmesurado, a motivos fantásticos o simplemente *hénaurmes*, como el vaciamiento del mar o el banquete antropofágico, que es la respuesta a una tentativa de disidencia. En *El recurso del método* la fuerza evocativa de Carpentier logra interesarnos en una sutil exploración de la transición del gusto dominado por los ideales del *beaux-arts* al del *art-déco*; no creo que logre persuadir a nadie de que ella ocupa el primer plano en el mundo de un dictador hispanoamericano, por letrado que fuese. Y la irrupción de fuerzas históricas, cuya fe política obliga al autor a tratar con un respeto que hace imposible reducir su huella a la que dejan en la historia del gusto, tiene efectos tan discordantes como la superposición de una fotografía a una de las figuras de un cuadro del seiscientos.

Esas visiones irreductibles a la historia no están marcadas en absoluto por esa desesperanza que parecería la compañera lógica del abandono de una visión histórica que espera del futuro a la vez la clave y la vindicación del pasado y del presente. Si no se puede afirmar que sean optimistas (en la medida en que no son históricas, esa dimensión les es ajena), están evidentemente atravesadas de una desbordante alegría vital.

Ella se expresa en un brío narrativo que parece traducir la felicidad de estar en el mundo, y que separa radicalmente la introducción de técnicas narrativas audaces del espíritu que domina en la narrativa europea contemporánea de vocación también innovadora. Lo que el lector de Robbe Grillet o Nathalie Sarraute obtiene de su experiencia es la satisfacción de haber participado en una austera empresa de exploración de la realidad; el lector de García Márquez o Carpentier (o aun de Cabrera Infante, que logra integrar entre sus asuntos fundamentales el *taedium vitae*, sin provocar nada de ese tedio que narraciones transidas de ese ánimo suelen inspirar con mortal eficacia) advierte que ha sido llamado a divertirse con el autor. En este aspecto esa narrativa latinoamericana parece cumplir por fin la promesa del surrealismo: el arte, empresa de conocimiento, es a la vez empresa lúdica, colocada bajo el signo del gozo.

Esa empresa toma a la vez sus temas de una realidad hispanoamericana vista en el pasado más problemáticamente: invita a gozar de la varia riqueza de un mundo visto hasta la víspera en tonos más sombríos y amenazantes. Volvemos aquí a la paradoja ya señalada: esta literatura nada militante y a la vez nada escapista, que parece evocar lo que fue el calvario hispanoamericano como si las fatalidades que parecían gobernarlo hubiesen perdido por entero su potencia, esa literatura es reconocida como la más afín al espíritu de una masa de lectores de ánimo cada vez más militante.

Esta paradoja quizá no lo sea: había en el ánimo con que esa masa se abría a un futuro que creía ya tocar con las manos algo de la desmesura y la ciega confianza en un mundo cuyos viejos venenos iban ya a perder su vieja potencia, que estaba también en las obras en que se reconocía. Para encontrar paralelo a esa hora de efímera esperanza hispanoamericana creo que es preciso retroceder un siglo y medio, hasta la hora inaugural de la lucha de independencia; también entonces se creía vivir un futuro ya tangible en que Hispanoamérica sacudiría todas juntas las fatalidades que habían pesado sobre su entera historia. Y, del mismo modo que en Caracas, Bogotá o Santiago de Chile, esos años que siguieron a 1810 iban a ser, para quienes los contemplasen retrospectivamente a través del paisaje de cadalsos interpuesto por la restauración realista, los de la Patria Boba, podríamos decir que en esa narrativa, en que una realidad horrenda es tan gozosa y animadamente evocada, sobrevive hasta nosotros el testimonio de lo que fue la Revolución Boba. Los lectores de García Márquez eran los que hallaban fácil creer que un hacendado riograndense, formado en la escuela política de las luchas entre facciones gauchas y en la no menos ambigua del populismo, era el inesperado Lenin que su país necesitaba para llevar a la victoria su necesaria revolución, o que las clases propietarias chilenas se disponían a sorber con deleite, hasta completar la dosis, la revolución sabiamente disuelta en jarabes de sabor muy tradicional que iba a prescribirles el doctor Allende. O bien denunciaban esas peligrosas ilusiones contraponiendo a propuestas que juzgaban excesivamente tímidas la de la toma del poder desde el llano y por la fuerza, de la que se prometían victoria rápida y segura. O todavía afirmaban a la vez todos esos opuestos (pero esa fe exasperada e impaciente en tantas esperanzas irreconciliables que dominó la más tardía de esas experiencias exaltantes, la argentina, creo que marcaba la última, patética defensa de una ilusión moribunda).

No es necesario recordar qué sangrientos horrores fueron en efecto necesarios para destruir finalmente ilusiones demasiado gratas para que no fuese difícil renunciar a ellas; el realismo mágico aparece entonces como el eco de una hora hispanoamericana cuya magia esos horrores han disipado para siempre.

De este modo, los autores de la nueva narrativa habían navegado con felicidad los rápidos de una historia febrilmente convulsionada; los científicos sociales habían hallado esa navegación menos fácil.

Las razones para esa diferencia son tantas, y se dan a tan diversos niveles, que se teme no ofrecer un inventario completo de ellas. Hay una —si así puede decirse— profesional: los escritores viven casi en economía de mercado; dependen de un público disperso del que sólo puede aislarlos una extrema y abierta represión; el lazo con ese público no incita, por otra parte, ni aun a los más prevenidos a asignarles una lealtad política o institucional precisa. Los científicos sociales son típicamente funcionarios o empleados; el margen para sanciones profesionales a sus actitudes políticas es mucho más amplio. Sin duda, ya en esa década encuentran complemento o alternativa profesional en los lazos con instituciones norteamericanas, caracterizadas por una mucho mayor tolerancia, pero ello mismo autoriza a sospechar de su vocación política; el ejemplo más clamoroso de ello se alcanzó en la polémica en torno al estudio de marginalidad en Chile y la Argentina; los investigadores que agrupó, más decididos que nadie en proclamar el carácter revolucionario de su inspiración, fueron dotados por la fundación Ford con una generosidad que muchos de sus colegas hallaron irritante; su condena fue acuciosamente solicitada —y finalmente obtenida— de la nueva Roma antillana.

En un nivel menos superficial gravitaba, por otra parte, la imagen que el científico social se hacía de su profesión, de su papel específico en la sociedad; esta imagen estaba sufriendo vertiginosa transición. El científico social aspiraba, en efecto, a ser científico; si esta aspiración no era nueva, sí lo era el descubrimiento de que esa vocación no se identificaba con la del pensador prometeico, solitario intérprete y guía de la conciencia colectiva. En el pasado, desde Francisco Bulnes a Carlos Octavio Bunge u Oliveira Vianna, habían sido muchos los que habían reclamado para sus personalísimas, caprichosas ocurrencias, el respaldo impersonal de la ciencia positiva. Ahora parecía advertirse mejor que para ganar ese respaldo era preciso aceptar una disciplina metodológicamente incompatible con los libres vuelos creadores a los que esos embarazosos precursores habían sido tan aficionados.

Pero esa metodología llegaba del Norte, de un contexto distinto del latinoamericano, y resumía un estilo de indagación apoyado en supuestos diferentes de los que sus catecúmenos latinoamericanos tenían por suyo. Estos lo sabían muy bien, y los más avisados no confiaban ni por un instante en las protestas de neutralidad ideológica tan profusamente adelantadas por sus mentores. Confiaban más bien en sí mismos, y en su capacidad de trasponer esa lección de método a una clave conceptual e ideológica distinta. Pero esa tarea necesaria era todo menos fácil, y más de un cultor de las ciencias sociales, incapaz de alcanzar el veterano aplomo con que Raúl Prebisch escoge con serena confianza lo que juzga útil de un acervo de ideas que no son las suyas, o la nativa agilidad intelectual de un Fernando Henrique Cardoso, parecía debatirse entre un ideal metodológico y una orientación ideológica a los que quería mantenerse simultáneamente leal y que hallaba imposible integrar.

La misma conciencia escindida se daba en cuanto a la función del científico social en la sociedad. La de orientación que se habían asignado los pensadores era reivindicada por sus herederos y críticos con energía aun mayor. Estos parecían tener una imagen a la vez muy literal y nada limitadora de la eficacia práctica inmediata de sus conclusiones; si se permite evocar de nuevo el debate sobre el estudio de marginalidad, uno de sus aspectos más notables es que todos los participantes en él parecían coincidir en la convicción de que las lecciones que él brindaría serían capaces de asegurar a la fracción que las asimilase una ventaja decisiva en la ingente lucha político-social en curso a escala continental. Ahora bien, es indudable que —más que los aportes al cabo limitados de ese proyecto en particular— era la fe literal en esa dimensión práctica de la investigación social la que explicaba la unanimidad alcanzada en torno a esa extravagante noción.

Esa eficacia práctica era la del encargado de trazar el camino hacia el futuro, y no necesariamente la de quien se ocupaba, a través de la lucha, de remover los obstáculos en ese camino. Entre Celso Furtado, que a comienzos de la década del sesenta comenzaba una promisoria y bien pronto frustrada carrera pública como timonel de la economía brasileña, y Camilo Torres, que iba luego a afrontar un fracaso práctico definido en términos muy distintos, no podía dudarse que las preferencias instintivas de quienes cultivan tareas al cabo sedentarias, debía orientarse hacia el primero. Pero al mismo tiempo muchos de éstos no dejaban de percibir que la alternativa a ellos más afín se tornaba cada vez más ilusoria; si así estaban las cosas, la lógica propia de una concepción de la ciencia social que subrayaba su vocación práctica inmediata parecía empujar a la disolución de la actividad científica en la lucha política y aun —llevando el argumento a sus últimas consecuencias— a la militar.

Ese camino lógico no iba a ser, sin embargo, muy seguido, y no fueron, en cambio, escasos los que buscaron eludir el ingrato dilema mediante la combinación de un lenguaje implacablemente revolucionario y una práctica profesional de corte mucho más convencional. Y tampoco faltó para ellos —en los Estados Unidos más que en los países latinoamericanos— un público dispuesto a asistir con infatigable cortesía a las manifestaciones de esa actitud autocontradictoria; viven aún en la memoria las giras triunfales de algunas de esas personalidades vigorosamente escindidas por los Faculty Clubes y centros latinoamericanos de ese país, que introdujeron en la soñolienta oratoria posprandial allí practicada la vibrante novedad de los llamados a la violencia redentora. Pero, por populares que fuesen esos ejercicios de una militancia esencialmente exhortatoria, quienes los practicaban no podían ocultar del todo a sí mismos su debilidad intrínseca.

Y a medida que la década acumulaba fracasos y tragedias, las perplejidades debían extenderse de la problemática relación entre actividad teórica y práctica, a la primera de esas esferas considerada en sí misma, desde que la irrelevancia de lo que en ella se había construido era subrayada por un curso de hechos que minuciosamente desmentía los supuestos y las conclusiones que lo enmarcaban.

Esa crisis de la nueva ciencia social era, en rigor, la de todo un esfuerzo de interpretación de la realidad latinoamericana, en el que esa nueva ciencia se revelaba como una etapa más solidaria con las anteriores de lo que sus cultores habían advertido. Ese esfuerzo había comenzado por crear la noción misma de América Latina (la de América española, tan vivaz durante la etapa de lucha por la Independencia, se había desdibujado considerablemente desde mediados del siglo, cuando el esfuerzo principal se orientó por un tiempo a crear una conciencia nacional para el territorio encerrado, por motivos a veces anecdóticos, dentro de los límites de cada uno de los nuevos estados). El descubrimiento de América Latina en el área que el término designaba significó, sobre todo, el redescubrimiento de las comunes fatalidades heredadas de una herencia común. Así, en Sarmiento el paso de la perspectiva argentina a la latinoamericana refleja su progresiva desesperanza en el futuro de su propio país, y los escritos de los pensadores sobre Latinoamérica van pronto a recorrer el diapasón que va de la mansa quejumbre a la encolerizada denuncia retrospectiva, expresadas ambas en un lenguaje marcado por el uso arbitrario del vocabulario de las nuevas ciencias; todo ello se encuentra, por ejemplo, en el implacable alud de lugares comunes que Carlos Octavio Bunge desencadenó sobre los lectores de *Nuestra América* y, a la vez, en las observaciones menos coherentes pero tanto más originales, y a ratos inspiradas, de Francisco Bulnes en *El porvenir de las naciones latinoamericanas*. Ya cuando se publicaron ambos libros comenzaba a cultivarse, por otra parte, una literatura cautamente celebratoria, de la que el ejemplo más distinguido lo ofrecieron los libros de Francisco García Calderón.

Ambas corrientes, sin embargo, eran incapaces —aunque por razones distintas— de ganar la atención colectiva para una problemática específicamente latinoamericana; la primera, si inventariaba con negra satisfacción los infinitos males de América Latina, buscaba solución para ellos en un contexto menos local; la segunda tendía a construir una curiosa problemática sin problemas.

Al mismo tiempo, comienza a reconocerse una dimensión en la que se admite la presencia de un auténtico problema: es la creciente amenaza externa que pesa sobre América Latina, que incita, a la vez, a una toma de conciencia menos unilateralmente condenatoria de una peculiaridad que se hace preciso defender. Pero esa amenaza es, precisamente, externa: por el momento se la descubre casi exclusivamente en el plano político y aun militar: Carlos Zumeta, el venezolano que es uno de los primeros en dar el alerta, preconiza la paz armada para afrontar ese peligro nuevo; en la Argentina el fundador del Partido Socialista, Juan B. Justo, aconseja a sus compatriotas visitar los stands de tiro para ser capaces de imitar, cuando sea necesario, el estilo de resistencia de los boers sudafricanos. Esa amenaza externa no es vista como una extensión de la que nace de los lazos económicos desiguales entre el subcontinente y sus metrópolis económicas, y ello no se debe a ninguna miopía sino que refleja con justeza la situación efectivamente dominante en ese momento.

Será en la década del veinte cuando ambos temas confluyan y se integren de modo menos adjetivo en la problemática latinoamericana. La etapa que va de la agitación social que es eco de la Primera Guerra Mundial y la Revolución Rusa a la gran crisis hegemónica de 1929, en que se dan a la vez los avances de la hegemonía de los Estados Unidos y los primeros experimentos de ampliación de la base social del Estado desde México al Cono Sur, es también la del nacimiento de una nueva conciencia latinoamericana, que encuentra su expresión sin duda más alta en Mariátegui y su herencia política más característica —más bien que en el comunismo al que Mariátegui se adscribe, pero que se rehúsa a tomar inspiración en su pensamiento— en su rival aprista. Pero si la tradición ideológica que alcanza su primera versión en el aprismo sobrevivió sin esfuerzo a las necrologías que sus adversarios le iban a prodigar durante cinco décadas, su influencia iba a debilitarse en el clima de ideas cada vez más dominante entre 1933 y 1945, cuando la crisis económica y política mundial desplazó a los problemas latinoamericanos del centro de la atracción colectiva.

Salvo el interludio de 1939-1941 (inspirado él mismo, como es sabido, en peripecias que no se dieron en América Latina) el comunismo abandonó progresivamente su interés por el tema del imperialismo (cuando había sido la teoría del imperialismo la que había utilizado sobre todo para entender en su especificidad la realidad la-

tinoamericana); el aprismo mantuvo por su parte una mayor circunspección en esas revisiones: ello le era posible porque —habiendo postulado la perduración de las relaciones imperiales como condicionante no eliminable en un futuro previsible— podía adaptarse más fácilmente a la nueva coyuntura, con sólo subrayar más los elementos de
adaptación a ese condicionante en las políticas que proponía para su
preconizado "Estado antiimperialista".

El abandono de un tema capital, integrado a la problemática latinoamericana en la década del veinte, no podía sino dar mayor fuerza a otro que en esa década había venido a articularse con él, pero era
en rigor más antiguo, y que ahora se expresaba en términos rigurosa o
aproximativamente marxistas bajo el tópico del feudalismo. Era precisamente la articulación entre ese tópico y el del imperialismo la que
había renovado la visión del primero en Mariátegui; destruida esa articulación, la exploración del feudalismo se hacía a menudo en un espíritu más cercano de lo que parecía a primera vista del que había
dominado las más antiguas condenas del atraso latinoamericano, para
proponer contra ellas la adopción de un orden socioeconómico calcado de Europa o los Estados Unidos.

Cada una de esas etapas pasadas, como se ve, abrió, pero a la vez
clausuró, perspectivas; todas ellas dejan una herencia de motivos y temas cuya eficacia ha de descubrirse cuando, ya avanzada la segunda
posguerra, llegue el momento de examinar la situación latinoamericana en el orden que emerge de la tormenta. A esa herencia de ideas ya
difusas, en las que pocos reconocen aún el legado preciso de ciertos
pensadores y políticos, se agrega un elemento nuevo que —como todos los que en el pasado se agregaron a esa herencia ideológica cada
vez más diversa— aspira a constituirse en el núcleo central de ella. El
viene dado por una nueva mirada al nexo externo, a través de las formulaciones de la CEPAL y la subsunción de la problemática latinoamericana en la de las áreas marginales.

Esta concisa —y me temo que, sin embargo, demasiado prolija—
prehistoria de las ciencias sociales que aspiran a adquirir plena respetabilidad en la Latinoamérica de las décadas de 1950 y 1960 es, a la
vez —como se ve— un inventario de la temática que va a preocuparlas.
Junto con su metodología es esa temática previa —y la visión latinoamericana que la subsume— la afectada por la crisis precoz de esas
nuevas disciplinas.

Esa visión latinoamericana se diseña en un avance paralelo al
que encontramos en la narrativa: va también ella, de postular una realidad sometida a fatalidades naturales ilevantables, a afirmar una progresiva cancelación de esas fatalidades que marca el ingreso de Latinoamérica en la historia. Esa perspectiva histórica, que ve en Latinoamérica el desplegarse de un proceso de efectos acumulativos dispara

do del pasado al futuro, subyace a la versión que tuvo su primera expresión en el aprismo y que sobrevive en buena medida en la redefinida en el marco del pensamiento de la CEPAL, pero subyace también en la alternativa más decididamente revolucionaria que expresa Mariátegui. Este puede, en efecto, no poner su fe en la línea de avance histórico en la que la deposita el aprismo y otras versiones reformistas; no deja de ver el avance hacia el futuro desde una perspectiva claramente histórica, en la que la revolución debe ser, a la vez que una línea de ruptura, una resultante de transformaciones acumuladas en la etapa prerrevolucionaria: su apuesta en favor de la revolución no se apoya tan sólo en el inventario de carencias en la realidad latinoamericana que sólo podrían suplirse por esa vía; se justifica sobre todo en el inventario de fuerzas sociales orientadas hacia esa salida.

Al señalar todo esto no se trata de reivindicar visiones latinoamericanas, por otra parte entre sí contradictorias; se trata más bien de mostrar cómo también en este aspecto las nuevas ciencias sociales (a través de esquemas a menudo de importación reciente, como la secuencia de tradicional y moderno, que tenía un obvio aire de familia con la de feudal y capitalista) heredaba y continuaba una tradición que, por otra parte, estimaba en poco.

Era precisamente esa tradición la impugnada por el curso del ciclo de conflictos abierto por la revolución cubana. Se ha visto ya cómo él fue vivido de modo distinto por escritores y científicos sociales; y si esa experiencia empujó a unos y otros a admitir la caducidad de una visión histórica de Latinoamérica lentamente elaborada durante las décadas previas, el temple del espíritu con que unos y otros llegaron a esa admisión iba a ser muy diferente. La crisis de la imagen histórica de Latinoamérica se expresa aun más claramente en la obra de André Gunder Frank que en una cierta narrativa a ella contemporánea. Esta obra alcanzó un éxito tan vasto que, retrospectivamente, parece literalmente increíble, tanto más porque —si para entender el de esa narrativa sirve recordar sus excelencias, que sin duda le hubiesen asegurado audiencia considerable aun en un clima menos afín— para explicar el de los escritos de Frank ese argumento de peso no es válido: ni como obras de investigación ni como ejercicios de análisis tienen mucho que las distinga. Su éxito sólo puede ser entonces el de una obra que vino a decir lo que en un momento preciso muchos querían oír, y para oírlo estaban dispuestos a disimular tosquedades de argumentación y sorprendentes ignorancias.

¿Qué es lo que Frank nos hace oír? Que América Latina nació en la dependencia de una metrópoli capitalista, en el siglo xv, y que las metamorfosis que siguieron sólo transformaron las modalidades de una situación inmodificable dentro de ese marco. El diagnóstico y pronóstico no parecen, a primera vista, muy distintos de los de Mariátegui, pese a un vocabulario parcialmente diferente. Apenas se examinan las cosas con mayor cuidado se advierte, sin embargo, que la diferencia es radical, y que Frank se halla más cerca de los que denunciaron o deploraron las fatalidades históricas que dominan y dominarán a Latinoamérica. Sin duda postula contra ellas una alternativa revolucionaria, pero esa postulación viene a proclamarla más bien necesaria que posible: se limita a aseverar que sólo una revolución que destruyese lo existente hasta sus raíces podría cancelar esas fatalidades; no explora cómo ella podría surgir de una realidad tan monolíticamente solidaria consigo misma y tan monótonamente deplorable. Cuando se advierte esto, se advierte también que el uso de términos tomados del marxismo para contextos históricos para los cuales no fueron pensados (que hace florecer capitalismos e imperialismos en los lugares y momentos más inesperados) no se debe tan sólo a un cierto diletantismo ideológico, sino a la necesidad de expresar en ese vocabulario prestado una manera de ver la realidad diferente hasta la raíz.

Desde la perspectiva de la que Frank es vocero, la crisis de las ciencias sociales latinoamericanas aparece entonces como consecuencia de la pérdida de fe en una visión histórica de Latinoamérica, lentamente madurada y súbitamente agostada por el vendaval de los años sesenta. Esa pérdida se da bajo el signo de la desesperación, mientras en la narrativa del realismo mágico se había dado bajo el de la esperanza. La despedida de la historia era en ésta feliz, porque lo que la cerraba era la inminente madurez de los tiempos; en aquélla desdichada, porque se daba ya en la nostalgia de una revolución a la vez necesaria e imposible, capaz de dar sola retrospectivamente sentido a ese telar de monótonas desdichas e iniquidades. Sería aun más absurdo denunciar el pesimismo de la primera visión que —sin intención censoria— hemos llamado la bobería de la segunda. Una y otra reflejan demasiado bien momentos precisos de una de las más convulsionadas etapas de la historia latinoamericana; sólo cabe, sin embargo, una mínima profecía: mientras la obra narrativa que ella inspiró ha de sobrevivir al margen de ese contexto, es de temer que la que declara y consuma la crisis de las ciencias sociales latinoamericanas (o más bien —como es cada vez más evidente— de una etapa de ellas) ha de valer sobre todo en cuanto expresión y testimonio de la coyuntura en que surge.

Estilos nacionales de institucionalización de la cultura e impacto de la represión: Argentina y Chile

En los años durísimos que se quisiera creer que han pasado, eran muy numerosos, como sabemos, los argentinos que contribuían con su talento y experiencia a enriquecer la vida cultural y científica mexicanas, y ofrecían esa contribución invocando con tan imperiosa insistencia el alto ejemplo ofrecido por su tierra de origen, que no dejaba de provocar en sus huéspedes una cierta exasperación, expresada a menudo de modo mexicanamente discreto y cortés en la pregunta de por qué un país en que talentos y destrezas estaban tan generosamente distribuidos se encontraba en situación que hacía, al parecer, urgente escapar de él. Pronto descubrían esos huéspedes, sin embargo, que su sutil insidia era incapaz de hacer mella en el muro erigido por la ufanía de sus interlocutores, aun más sólida que la brasileña, porque no necesitaba apoyarse en ninguna ilusión acerca del futuro: la réplica era frecuentemente una confesión de que éstos, pese a su excepcional sagacidad, eran incapaces de resolver ese enigma. Es precisamente ese enigma el que quisiera afrontar aquí, en lo que quizá no sea sino un esfuerzo desesperado por salvar esa misma ufanía, si es cierto que, como quiere Pierre Bourdieu, la autocrítica se ha transformado hoy en uno de los modos más eficaces de darse importancia.

Habiendo entrado en ese camino, parecía lógico avanzar en él examinando el problema desde una perspectiva comparativa y, puesto que ella parecía imponerse, el término de comparación se imponía de modo igualmente imperioso: es naturalmente nuestro vecino trasandino, no sólo porque Chile sufrió un proceso de represión política y cultural paralelo al argentino, sino todavía porque el empleo de Chile como término de comparación es una estrategia para el análisis de problemas argentinos que tiene una larga tradición; ya durante su primer gobierno, Rosas justificó su preferencia por el federalismo a partir del hecho (a su juicio tan deplorable como irremovible) de que la sociedad argentina, a diferencia de la chilena, era democrática y no ofrecía por ello base adecuada al centralismo político[1]. Y desde entonces el modelo alternati-

vo que ofrecía Chile iba a ser evocado una y otra vez, primero para
alcanzar a través de la comparación un inventario de las insuficiencias
argentinas, pero, a partir de 1880, más a menudo para celebrar que el
progreso argentino hubiese dejado atrás al del país que sólo pocas décadas antes había parecido ofrecer un modelo inalcanzable.

Aun para el tema específico que aquí se querrá examinar dispone-
mos de un antecedente viejo casi de un siglo: durante la presidencia de
don Luis Sáenz Peña, como primera etapa de un viaje que lo llevaría
hasta los Estados Unidos, Paul Groussac visitó en 1893 Santiago y
Valparaíso, y dejó estampadas sus impresiones en el primer capítulo de
Del Plata al Niágara. Ellas se apoyan en una imagen precisa, si no
original, de la sociedad chilena, que no se dejará de poner a contribución más adelante; a la vez trasunta una reacción inmediata a lo que el
viajero ha visto en aulas universitarias, museos y academias, ilumina-
da por la comparación contrastante con lo que recordaba de ámbitos
similares en Buenos Aires. Hay que agregar que Groussac, que en su
tierra adoptiva se constituyó en *Magister Argentinae* haciendo del sar-
casmo su favorito recurso pedagógico, una vez traspuestos los Andes
comienza a descubrir en el país del Plata excelencias útiles para con-
trastarlas con análoga acritud a la deplorable ausencia de ellas en la
que visitaba; con hipocresía sin duda inconsciente, proclama esta tarea
un deber odioso pero ineludible ("Cuánto cuesta cumplir con el deber
de amar la verdad por sobre todo, y, al decirla, herir acaso corazones
leales que se quisiera acariciar"[2]).

En cuanto a la vida cultural chilena, esa verdad dolorosa que
Groussac va a develar es menos negativa de lo que la confesión preliminar de su carácter ofensivo haría suponer. Para resumir el tema que
nos ofrecerá a través de infinitas variaciones, mientras en la Argentina
descubre una exuberancia de talentos, derrochados individual y colectivamente (por la indolencia de quienes están dotados de ellos, y por la
insuficiencia o indiferencia de las instituciones creadas para estimular-
los), Chile ha aprendido a administrar sabiamente los que le ofrece
una cicatera índole nacional, y logra así asegurar para su vida cultural
un tono más correcto que inspirado, pero aun así altamente honorable.

Sin duda, este diagnóstico general pierde en parte relieve porque
Groussac no se resigna a limitar su poco benévolo examen a los rasgos
de la vida cultural chilena que se vinculan con ese que a su juicio la
define: así, si la presentación satírica del cerro de Santa Lucía, cuyas
decoraciones ofrecen una alucinante corporización del ideal estético
de Vicuña Mackenna, es una página eficaz, la promesa de que en ese

objeto de la admiración de los santiaguinos rastreará las claves del estilo cultural que luego buscará definir queda necesariamente incumplida; precisamente Vicuña Mackenna, improvisador inagotable y desordenado y exitoso intelectual y hombre público, ofrece un útil momento de que no todas las figuras dominantes de la vida chilena se ajustan a un estilo marcado por una fría y sobria corrección.

El relieve así perdido es en parte recuperado mediante una arbitrariedad de juicio que no ha de ejercerse imparcialmente: quien se queja del eclecticismo pedestremente imitativo de la arquitectura pública y privada santiaguina prefiere ignorar la presencia de rasgos análogos en su ahora preferido término de comparación porteño. Y la presentación de Bello como un mero Boileau venezolano, deplorable inspirador de toda una literatura de la que el estro está ausente, resultaría quizás algo menos chocante si no se descubriese luego que quien la formula tiene a Martín García Merou por el dechado del hombre de letras argentino.

Esas páginas inspiradas por la arbitrariedad y la malevolencia se apoyan con todo en una intuición que no se intentará refutar, porque en ella se apoya también la exploración que aquí abordaremos: ella sugiere que Chile y la Argentina han desarrollado a lo largo de su historia estilos culturales radicalmente distintos, y que esas diferencias se vinculan con otras que afectan más generalmente el modo de institucionalizar la vida pública en ambos países, para concluir desde la perspectiva de hoy que esos divergentes estilos culturales ofrecen una clave particularmente esclarecedora para entender el distinto impacto que alcanzaron, sobre ese ámbito, regímenes que tenían en común una extrema desconfianza frente a las potencialidades subversivas de cualquier desarrollo cultural e ideológico no sometido a severo control, y una tendencia a evitar toda moderación en la prevención de peligros reales o sólo imaginados.

Antes de examinar la validez de esta línea de examen, convendría, parece, preguntarse si esas postuladas diferencias en el impacto de la etapa recién cerrada en la Argentina y todavía no clausurada en Chile tienen alguna base en la realidad. Al cabo, en Chile, un régimen que ofreció al mundo en su momento inaugural el espectáculo de la agonía del poeta nacional en su casa saqueada por los agentes del nuevo poder, conservó luego ímpetu suficiente para llevar adelante una tarea de represión ideológica y cultural, y demolición institucional, cuyos efectos duraderos sería peligroso ignorar. Aun así, ese Chile asistió a una ruptura institucional tanto más traumática porque cortaba una tradición larga de casi siglo y medio en que la continuidad se había mantenido (es cierto que por lo menos en dos crisis históricas —la guerra civil de 1891 y su desenlace, y la instauración y liquidación del primer ibañismo— a través de artilugios formales que en todo caso revelaban el alto valor que los chilenos coincidían en reconocerle); esa continuidad seguía siendo en otros niveles más valorada que del otro lado de los Andes, si no por los nuevos dueños del poder, por grupos y fuerzas que, en medio de la brutal redefinición política· en curso, conservaban aún demasiado influjo para que esa valoración pudiese ser del todo ignorada.

Las consecuencias de ello son múltiples: puede rastreárselas, por ejemplo, en la lista de publicaciones de las prensas de la Universidad de Chile: no sólo su ritmo de publicación, si no deja de reflejar el golpe de 1973, no responde a él con uno de esos hiatos provocados por una prolongada caída en la atonía, que reflejan en la más breve y accidentada historia de su equivalente de Buenos Aires la huella de situaciones análogas, y aquí menos excepcionales. Es quizás aun más significativo que la continuidad se expresa también en no pocas de esas publicaciones, que constituyen la culminación editorial de proyectos que fueron concebidos antes de esa fecha de ruptura que es 1973 (en el marco de una universidad que, como por otra parte es oportuno recordar, había estado lejos de identificarse con el proyecto político de la Unidad Popular).

Para permanecer en el campo de la historia, un libro como el que don Julio Heise escribió en defensa e ilustración de la República Parlamentaria (y que publicó la editorial del Estado)[3], considerado en su hora ejemplo de oposición alusiva al régimen militar, lleva en más de un pasaje la huella de haber sido redactado con vistas a cumplir ese papel polémico frente al gobierno de la izquierda; otra obra menos dispuesta a ofrecer moralejas para el presente, pero por otra parte nada orientada a brindar apoyo a las visiones históricas favorecidas por ambos gobiernos —y con particular énfasis en el caso del militar, que tuvo la audacia de colocar su acción bajo la égida de la figura de Portales— es la excelente *Historia de Chile*[4] dirigida por Sergio Villalobos; la obra trasunta una larga y cuidadosa preparación, que sugiere que también ella maduró y alcanzó a publicarse como resultado de un proceso que ni aun la más brutal catástrofe institucional de la historia chilena logró interrumpir.

Estos ejemplos, que no son excepcionales en Chile, tienen pocos paralelos en la Argentina. Pero de nuevo sería erróneo deducir de ellos necesariamente una mayor sensibilidad de los dueños del poder ante las exigencias institucionales que la vida de la cultura plantea (así en cuanto a la *Historia de Chile* la frecuencia con que los paquetes de distribución se extraviaban en el correo llegó en cuanto al volumen tercero —que precisamente incluía el período portaliano— a niveles particularmente sugestivos). Se trata más bien de que quienes participan activamente en esa vida cultural tienen una conciencia más clara de esos requisitos de su tarea de lo que es habitual del otro lado de los Andes, y están dispuestos a proceder en consecuencia.

Un ejemplo de ello puede rastrearse a través de las peripecias vividas a través de estos años terribles por una publicación chilena de merecido prestigio académico, la revista *Estudios Internacionales*, creada en el ámbito del Instituto de Estudios Internacionales de la Universidad de Chile. Lo primero que se advierte examinando su colección desde 1972 a 1978 es la extrema dificultad de encontrar un reflejo de esas peripecias, que se adivinan intensas en la publicación misma. El número de abril-junio de 1973 (último preparado antes de la caída de la Unidad Popular) incluye artículos de Aníbal Pinto, Osvaldo Sunkel, y los extranjeros Félix Peña (argentino), James Blyth (norteamericano) y John Fogarty (australiano); en él es evidente la preocupación, si no de eludir el tema chileno, sí de evitar un embanderamiento difícilmente soslayable en esas horas consideradas por muchos como de vísperas de guerra civil. El número siguiente, ya publicado después de la caída, no la refleja en absoluto; sólo en el subsiguiente encontramos en la sección de Documentos el texto del discurso pronunciado en las Naciones Unidas por el ministro de Relaciones Exteriores de Chile, almirante Ismael Huerta, y un estudio de Francisco Orrego Vicuña titulado "Algunos problemas de derecho internacional planteados por la nacionalización de la industria de cobre en Chile", que, aunque no se aparta de un tono objetivo, no refleja ninguna especial comprensión por los problemas creados al gobierno de Unidad Popular como consecuencia de una medida que, como se recordará, contó en su momento con el apoyo de todos los alineamientos políticos chilenos. En abril-junio de 1974 el tema dominante es por fin la crisis chilena; el número 26 incluye en efecto un artículo sobre ella de Helio Jaguaribe y otro de Ignacio Palma Vicuña ("Aportes para un análisis de la crisis chilena") seguidos de comentarios de Benjamín Prado, Ricardo Valenzuela y Jaime Castillo; incluye también un estudio de Paul Sigmund sobre "El bloqueo invisible y la caída de Allende", que prefiere ver en esa caída el resultado de erradas decisiones del gobierno de Unidad Popular, pero, tras proponer esa tesis sin duda inobjetable para los nuevos dueños del poder, cree necesario explicar por qué tan pocos entre sus colegas en ciencias políticas están de acuerdo con ella, y señala que es "nuestro justificado horror ante los excesos del golpe militar de setiembre" el que "nos ha impedido captar la magnitud del fracaso" de la experiencia a la que puso fin.

La posibilidad de esa toma de distancia crítica, a menos de un año de acontecimientos en efecto horrendos, y cuando los responsables de ellos se felicitaban de sus resultados y se manifestaban dispuestos a perseverar, cada vez que fuese necesario, en las tácticas brutales entonces inauguradas, sorprende legítimamente a cualquier lector. La sorpresa se disipa apenas se lee con mayor atención la contraportada de la revista: se advierte entonces que la impresión de continuidad cuidadosamente mantenida es ilusoria. Desde su número 25, de enero-marzo de 1974, la revista ha dejado de ser publicada por el Centro de Estudios Internacionales de la Universidad de Chile; por un afortunado accidente, ya desde antes del derrocamiento del gobierno constitucional se venía imprimiendo en Buenos Aires (en ese momento todavía gobernada por otro régimen constitucional, que sin duda estaba entrando en criminosa agonía, pero tenía problemas más urgentes de qué ocuparse que el representado por una publicación independiente, pero nada militante, de estudios internacionales) y ello la pone fuera del alcance de los recursos más discretamente eficaces con que contaba el gobierno chileno ante publicaciones indeseables. Por un año aparecerá en Buenos Aires sin ningún respaldo institucional; el número de enero-marzo de 1975 la declara "publicada bajo el patrocinio del *Foro Latinoamericano*", y bajo esos auspicios seguirá apareciendo, siempre en Buenos Aires, hasta que el primer número del volumen XI proclame a comienzos de 1978 la vuelta a su afiliación originaria; la publica desde entonces el Instituto de Estudios Internacionales de la Universidad de Chile, y corona esa vuelta al hogar perdido la traslación de las tareas de imprenta a los talleres de la Editorial Universitaria, cuya huella inconfundible se reconoce desde entonces en la aérea y ventilada tipografía de las páginas de la revista. Ha terminado así sin ruido la peregrinación en el desierto comenzada cinco años antes con la misma pudorosa discreción, y de esa intermitencia en la continuidad institucional no queda más que una leve memoria sólo recuperable por algún lector tenaz en la búsqueda de sus casi escondidas huellas.

Pero si esa continuidad no es mucho más que una ilusión sabiamente mantenida gracias al diestro uso de la reticencia, lo que no es ilusorio es la terca voluntad colectiva de mantener por lo menos su apariencia; una voluntad a cuyo servicio se une solidariamente un grupo de estudiosos identificados desde el origen con la revista, pero cuyas afinidades en otros campos están lejos de ser totales. Si es difícil rastrear en la revista las huellas de la crisis de 1973, sería del todo imposible adivinar a través de ella que esa crisis no fue la primera vivida por el Centro que la editaba y el grupo formado en torno de él. Desde 1968 comenzaron a llegar allí los ecos de la gran remezón universitaria de esa fecha, y poco después de instalado Allende en la presidencia, la agitación se hizo en el Centro tan intensa que su fundador Claudio Véliz se alejó de su dirección (y también de Chile), comenzando una suerte de auto-exilio académico en Australia. Esa peripecia no lo preparó para asistir con ánimo benévolo a la experiencia socialista, y sí en cambio para abrir un crédito de confianza quizá demasiado prolongado al régimen militar que la clausuró; por entonces sus cartas al *Times* declarando falsas algunas acusaciones contra el régimen que en efecto lo eran, pero prescindiendo de comentar otras que no lo eran, y las modalidades de su breve presencia en Santiago, en circunstancias cuyas dimensiones trágicas se obstinaba en no querer reconocer del todo, no dejaron de afectar en el plano personal sus vínculos con otros integrantes del grupo con quienes éstos habían ido mucho más allá de lo meramente profesional.

Nada de eso se refleja por cierto en *Estudios Internacionales*. Claudio Véliz figura en el comité de redacción en octubre-diciembre de 1972, junto con Felipe Herrera (reciente y frustrado candidato promovido por Unidad Popular para el rectorado de la Universidad de Chile), José Piñera, Darcy Ribeiro y Luciano Tomassini. El mismo consejo se mantendrá luego de la caída de Unidad Popular y hasta 1975 (desde el número 23, primero posterior a ella, acompaña a esa lista la mención de Véliz como fundador y de Tomassini como director). En 1975 se incluirá un consejo de redacción de quince miembros, entre los cuales se hallan los chilenos del comité originario, con la excepción de Felipe Herrera y el agregado de Francisco Orrego Vicuña: el contingente extranjero incluye entre otras a figuras representativas de los grandes centros latinoamericanos de investigaciones en ciencias sociales (Helio Jaguaribe y Cándido Mendes; José Matos Mar; Víctor Urquidi); en el número que marca el retorno a la afiliación chilena originaria, a la mención de esos redactores se agrega la de Francisco Orrego Vicuña como director (no es claro si del Instituto o también de la revista).

Esta historia, no sé si con final feliz, o aun si con final, tiene en todo caso el mérito de acotar con mayor precisión, a través de un contraste particularmente revelador, el rasgo cuyas raíces históricas se trata aquí de rastrear. Porque —repitámoslo— ella difícilmente hubiera encontrado paralelo en la Argentina. No es que falten aquí ejemplos en que la supervivencia académica, individual o de grupo, se conquista a través de un esfuerzo tenaz, pero los héroes de esas empresas tienen habitualmente características muy distintas de los que integran el grupo animador de *Estudios Internacionales*: los caracteriza un sincero desinterés por los grandes debates ideológicos de nuestro tiempo, excepto como fuente de posibles percances en la carrera de un académico, que se refleja en el esfuerzo por mantenerse al margen de ellos, o abordarlos sólo cuando el clima colectivo lo hace imprescindible, y aun entonces a través de tomas de posición lo suficientemente anodinas para que no hayan de transformarse, en un clima distinto, en motivo de peligrosas represalias. La consecuencia es, nada sorprendentemente, que aunque el valor científico de quienes han aprendido a cultivar con éxito este penoso arte de sobrevivir no sea siempre tan escaso como suelen sugerir quienes han quedado en el camino, víctimas de sus propias imprudencias, el cultivo de ese arte les prohíbe de antemano participar de modo eficaz en los esfuerzos por afrontar la problemática de cada una de esas duras etapas que se han prometido atravesar sin daño para esa carrera.

Al señalar esa diferencia no se busca aquí fundar una preferencia moral entre una actitud y otra; sí, en cambio, señalar cómo en esa experiencia argentina el conflicto se da entre la búsqueda de la continuidad en la carrera individual y la lealtad a preferencias científicas, culturales o ideológico-políticas que, en una ocasión u otra, pondrían a aquélla en grave riesgo. Al lado de los reclamos del instinto de supervivencia individual, y los de lealtades a partir de las cuales se definen sin duda solidaridades colectivas, pero cuya raíz se encuentra también en una opción individual, apenas queda espacio para esa alternativa que toda la tradición histórica chilena impide allí ignorar, que se vincula con una experiencia de acción colectiva que ha encontrado un marco institucional definido, y reclama con igual imperio la lealtad de quienes encuadran su actividad dentro de él.

Es toda la historia de Chile republicano, y no sólo la de sus instituciones de cultura, la que subtiende esta actitud. Lo que la separa en este aspecto de la experiencia argentina se revela ya, en la etapa inmediatamente posterior a la Emancipación, en las afinidades y diferencias entre el estado portaliano y el rosista. Las primeras son inocultables: uno y otro tienen a su frente a hombres que unen a una destreza política no limitada por escrúpulos humanitarios una imagen definida y madura de los problemas centrales que afrontan sus respectivos países; con ese bagaje, uno y otro dirigente se proponen imponer la clausura definitiva de una etapa de febril experimentación ideológica y política, no para retornar al pasado, sino para crear las condiciones necesarias para el surgimiento de un orden capaz de encuadrar en un marco estable los ya ineliminables rasgos nuevos dejados en herencia por la crisis de emancipación; uno y otro hacen de un autoritarismo muy poco tolerante y un misoneísmo estrepitosamente proclamado y sólo selectivamente practicado, las notas definitorias de sus respectivos regímenes.

Pero mientras el Estado portaliano, que no ahorra prisiones, deportaciones o cesantías de desafectos, se transforma en la escuela política de la América española, y ofrece un oasis de regularidad institucional en el caótico subcontinente, bajo la égida de la constitución de 1833 (que por cierto hace posibles, pero no prescribe, los rasgos autoritarios del estilo político vigente), el rosista se constituye en un ejemplo negativo, ya antes que la práctica del terror lo rodee de un aura siniestra: ya el retorno de Rosas al poder con atribuciones dictatoriales, en 1835, se acompaña de episodios que reflejan, si no la voluntad de socavar el prestigio de quienes ocupan las posiciones más eminentes en la estructura política, judicial o eclesiástica, sí la de dejarles sólo un lugar humillantemente subordinado en un orden político cuya cohesión no deberá nada al común acatamiento a la autoridad impersonal de las instituciones en cuya cumbre se encuentran, y todo a la solidaridad facciosa que Rosas se propone inculcar con minuciosa pedagogía, ya que le ofrece un admirable instrumento para concentrar el poder en sus manos. Pero si el rosismo utiliza la debilidad y el desprestigio de las instituciones del Estado para sus fines políticos, es más dudoso que la haya venido a crear, y los rasgos que en esta etapa alcanzan a la vez su punta extrema y una clara funcionalidad política se mantendrán luego atenuados cuando esa funcionalidad sea ya menos evidente.

Aun después de la caída de Rosas la Argentina opone a la parquedad de los homenajes a los gobernantes durante su gestión, característica de los usos políticos chilenos, un exuberante culto de la personalidad, que sin duda comienza por parecer tan sólo contrapartida del avance inesperadamente contrastado de la institucionalización del poder, que se había esperado consecuencia casi automática de su constitucionalización: que a comienzos de la década de 1860 la calle principal de Córdoba lleve todavía el nombre del más poderoso caudillo nacional se entiende mejor cuando se recuerda que en el curso de esa década se dio el tránsito contrastado y laborioso entre la hegemonía del general Urquiza y la del general Mitre, cuyas vicisitudes se reflejaron en varios cambios en la titularidad de la disputada arteria. Pero el avance de la estabilidad institucional no será seguido sino a distancia y de modo muy incompleto por su despersonalización: en la década siguiente el coronel Mansilla escribirá sus cartas sobre la frontera india al presidente Sarmiento desde el fuerte al que acaba de dar el nombre de su corresponsal, y en la sucesiva esas iniciativas de subordinado obsequioso palidecerán al lado de la frenética conquista de la toponimia argentina por el séquito político y militar del general Roca.

   ¿Era sólo la tardía e incompleta maduración del orden institucional argentino la que permitía reconocer, aun medio siglo más tarde, las huellas de las diferencias que hacia 1835 habían separado al Estado portaliano del rosista? Ya para esa fecha ha madurado en la Argentina una explicación sobre una clave opuesta y más halagadora: no es primordialmente la inmadurez del proceso de institucionalización política argentino la que perpetúa esa divergencia, sino la vitalidad, el dinamismo incomparablemente mayores de la sociedad argentina, que encuentra finalmente estrecho cualquier marco institucional. Es lo que Sarmiento cree descubrir ya en 1855, en su primer contacto prolongado con ese Buenos Aires que antes ha presentado como congelado en su progreso por la tiranía rosista: el espectáculo que ella le ofrece, exhibiendo insolentemente la prosperidad de sus minorías y la para Sarmiento más significativa de sus masas populares, ensanchándose y construyendo para un futuro que permanece institucionalmente indefinido, sin que esa indefinición alarme a una ciudad segura de su destino, lo convence de que la insistencia en los requisitos institucionales del progreso, que es la lección atesorada a partir del ejemplo del Chile portaliano, es irrelevante a las circunstancias argentinas.

   He aquí ya esbozados los fundamentos del juego de contraposiciones a partir del cual Groussac iba cuatro décadas más tarde a analizar la peculiaridad del estilo cultural chileno contrastándolo con el argentino: el corolario de que, si Chile es sabio al cultivar metódicamente, creando para ello un estable marco institucional, esa honorable medianía a la que sólo le está permitido aspirar, la exuberante vitalidad que también en este aspecto es el rasgo diferencial argentino permite a su vida cultural avanzar sin esos subsidios, derrochando talentos y recursos que no necesita administrar tan parsimoniosamente como es preciso hacerlo en la tierra, también en esto avara, que se encuentra más allá de los Andes.

Pero si esta explicación que contrapone el dinamismo y la estaticidad, la abundancia y la escasez, y que encuentra su causa última en la diferencia del marco geográfico, quiere ir más allá de la mera metáfora (y de la pulida injuria que denuncia en la mediocridad el rasgo definitorio de la inteligencia chilena), debe establecer entre el rasgo natural y el cultural un nexo explicativo, que encuentra de inmediato en las peculiaridades de la sociedad chilena; aquí Groussac, seis décadas largas después de Rosas, las define a partir del indisputado predominio de la aristocracia, que sobrevive mejor que en el Plata gracias al menor dinamismo económico —y en consecuencia social— del país trasandino; es ese predominio de una aristocracia poco amiga de innovaciones incontroladas el que se refleja a su vez en un estilo cultural poco dado a las aventuras de ideas o a las audaces exploraciones artísticas.

Esta línea de indagación, que nos llevaría demasiado lejos (o más probablemente a ninguna parte), no va a ser seguida aquí. Más que especular sobre las claves que los rasgos básicos (por otra parte parejamente mal conocidos) de la sociedad argentina y la chilena ofrecen para las diferencias en el ritmo y el alcance de la institucionalización en una y otra área, nos interesa acotar con mayor precisión esas diferencias mismas, para apreciar de inmediato su impacto en la vida de la cultura.

Si la incompleta institucionalización se acompaña, en la Argentina, de una expansión exuberante de las fuerzas sociales, el resultado será que éstas se encauzarán mal en el marco institucional que a pesar de todo se está erigiendo, y tenderán a marginarse de él. La consecuencia será a su vez que esas instituciones participarán muy poco en el dinamismo de una sociedad en vertiginoso cambio; la indiferencia con que ésta contempla una institucionalización a la que permanece ajena permite que ella se acompañe de un precoz anquilosamiento. Es lo que señala ya con admirable sagacidad en 1870 un colaborador del *Río de la Plata* de José Hernández, que firma *Quevedo*, al ofrecer su comentario sobre la supuesta corrupción sistemática del poder judicial de la provincia de Buenos Aires:

"Bajo un régimen despótico como el de Rosas, el robo y la inmoralidad se atribuía a un círculo muy reducido de personas bien conocidas del pueblo; hoy, bajo la égida de gobiernos liberales, a favor del ruido que ocasiona la política y el gran movimiento mercantil, un enjambre de sanguijuelas ávidas de fortuna han estado por muchos años chupando la sangre del robusto cuerpo social, sin que éste, a causa de su misma exuberancia de vida, se apercibiera de la presencia de los parásitos"[5].

Las tensiones producidas por el contraste entre un cambio social vertiginoso y un marco institucional que corre riesgo de anquilosarse en el momento mismo en que se lo erige, tienden a acentuarse con el tiempo hasta hacerse insoportables; cada vez que ello ocurra, la relación de mutua indiferencia dejará paso a un brusco reajuste, alcanzado por medios que no siempre excluyen el conflicto violento.

Hasta aquí la presentación descarnadamente esquemática de un conjunto de rasgos diferenciales entre el marco institucional en que la vida de la cultura, como la de otras actividades públicas, se desenvuelve en la Argentina y Chile: esos rasgos tienen validez sólo hipotética, y la tentativa de entender en el marco por ellos ofrecido las diferencias entre las experiencias sufridas por ambos países en la etapa represiva hoy cerrada o en menguante, puede entre otras cosas contribuir a poner a prueba esa validez misma. Esa comparación de experiencias la centraremos en la Universidad, no sólo porque el carácter público de lo que en ella acontece ofrece para su examen ventajas que se tornan particularmente significativas en situaciones en que la publicidad de los actos del Estado se encuentra excepcionalmente restringida, ni tampoco primordialmente porque su historia más prolongada se presta mejor para abordar los problemas que aquí nos interesan que la de otras instituciones más recientemente creadas por el Estado para estimular y encuadrar actividades científicas y culturales, sino sobre todo porque ese mismo carácter público hace de ella un terreno de elección para explorar los nexos entre las modalidades de una tradición cultural específica y las actitudes más generales de la sociedad que la enmarca.

Y la Universidad ofrece un ejemplo particularmente convincente de la divergencia de estilos ya apuntada. La de Chile, creada en 1842 como continuación después de un largo eclipse de la colonial de San Felipe y Santiago, retuvo sus estatutos originarios hasta 1931. Éstos eran comparables a los que recibió la de Buenos Aires en su más temprana fecha de fundación: la integraban firmemente en la estructura del Estado, con muy poco espacio para su desenvolvimiento autónomo, y a la vez le asignaban funciones de dirección y orientación que alcanzaban al nivel primario y sobre todo secundario (de acuerdo en uno y otro aspecto con el modelo francés, que había inspirado a ambas). Esa estructura singularmente arcaica sobrevivió sin aparente esfuerzo al sacudimiento que desde México hasta Lima y La Habana significó el movimiento de reforma universitaria, lanzado desde la Argentina; cuando fue finalmente reemplazada en 1931 (por un régimen ibañista ya en menguante, que sin duda buscaba con ello hacerse menos impopular en el ámbito universitario, pero no respondía a presiones reformistas demasiado poderosas surgidas de él), no lo fue por ninguna de las fórmulas de coparticipación del gobierno entre estamentos que el llamado reformismo prohijaba, sino por una que recortaba el ámbito de la institución a la enseñanza universitaria y transfería atribuciones numerosas al cuerpo de profesores. Era ése el sistema de gobierno que sobreviviría hasta que, ya antes de que se hiciese sentir en Chile la influencia de la tormenta mundial de 1968, la de la ya entablada crisis general del sistema político chileno, destinada a culminar cinco años más tarde, y de la cual la universitaria aparece retrospectivamente como uno de los claros signos anunciadores, introdujo a la Universidad de Chile en una atípica, pero también breve, etapa de febril experimentación institucional.

¿Es necesario recordar que la trayectoria de la Universidad de Buenos Aires fue muy distinta? No se trata tan sólo de los frecuentes cambios institucionales, que reflejan los de la provincia, hasta que —como consecuencia de la derrota de ésta en la guerra civil de 1880— la Universidad pasa a depender del gobierno federal. Se trata sobre todo de que ella sufre también esa tendencia al anquilosamiento que el colaborador del *Río de la Plata* denunciaba en 1870 en la administración de justicia, y que ésta es contrarrestada desde muy pronto por desafíos que —cuenten o no con apoyos poderosos dentro de la Universidad misma— gozan de un crédito de benevolencia de la sociedad, dispuesta de antemano a creer que esos remezones algo violentos ofrecen un instrumento eficaz para devolver algún dinamismo a una institución que parece carecer de estímulos interiores para conservarlo.

En 1871 un estudiante de derecho, reprobado en un examen, se suicidaba; la respuesta fue una agitación de alumnos y una minoría de profesores de esa facultad, cuyas demandas fueron de inmediato acogidas por el rector Juan María Gutiérrez y el gabinete provincial: muy significativamente, el primero agregaba a la creación de mesas examinadoras pluripersonales la de que algunos de sus miembros fuesen abogados ajenos al cuerpo docente de la facultad; la desconfianza en la capacidad de autorregulación de la institución universitaria alcanzaba, como se ve, a quien ocupaba la más alta jerarquía dentro de ella. La agitación no termina allí; mientras asambleas estudiantiles de derecho solicitan reformas más abarcadoras, en la facultad de Medicina (en ese momento separada de la Universidad) ella va a estallar al año siguiente: el promotor es un alumno de primer año, José María Ramos Mejía, que publica en *La Prensa* una serie de artículos de acerba denuncia contra las insuficiencias culturales del cuerpo docente, cuyo nivel "no corresponde siquiera al grado de cultura de la sociedad en que vive"; cuando la facultad decide sancionar a su precoz crítico rehusándose a inscribirlo en el segundo año, la campaña periodística se extiende a otros órganos; las autoridades de la Facultad así impugnadas solicitan asesoramiento del fiscal de Estado, que declara que carecen de facultades para imponer sanciones disciplinarias a estudiantes por su conducta fuera del establecimiento; si se sienten agraviadas por Ramos Mejía, el camino que les queda abierto es iniciarle querella ante los estrados judiciales: muy comprensiblemente, éstas no se sienten tentadas de hacerlo.

Este segundo episodio refleja con claridad cruel la falta de solidaridad de la sociedad en su conjunto (y su agente político del Estado) con la universidad como institución y la elite que la gobierna. Al cabo, la Argentina de la década de 1870 no se caracteriza en general por una actitud permisiva hacia los desafíos a las jerarquías sociales o institucionales: al presidente Avellaneda reprocha sin duda Sarmiento no haber advertido del todo que la Argentina sólo puede gobernarse haciendo uso abundante de ese instrumento providencial que es el estado de sitio, pero basta examinar su estilo de gobierno para advertir que el reproche de su predecesor es por lo menos exagerado. Si las autoridades de la Facultad de Medicina no son mejor protegidas de la reiterativa insolencia de un alumno principiante, de la que casi toda la prensa porteña termina por hacerse cómplice, no es entonces porque se juzgue que la insolencia es en principio tolerable, sino porque no se cree que esas autoridades en particular merezcan ser defendidas: por el contrario, para que su presencia al frente de la Universidad no tenga efectos irreparables, es necesaria una constante vigilancia ejercida desde fuera, a través de instrumentos regulares, como esos examinadores ajenos al cuerpo que Gutiérrez propone, o menos regulares, como esas ruidosas disidencias internas a la Universidad misma, demasiado débiles para imprimirle el ritmo de renovación necesario, pero capaces de suscitar u orientar la acción correctiva de la opinión pública, y a través de ella la del Estado.

La insatisfacción frente a una Universidad en cuya capacidad de adaptación espontánea a las cambiantes exigencias de una cultura en avance y una sociedad dinámica es imposible confiar, encuentra de nuevo expresión elocuente en las discusiones parlamentarias en torno del proyecto sobre régimen legal de las universidades nacionales, presentado en 1885 por el ex presidente Avellaneda, en ese momento rector de la de Buenos Aires. Las resistencias a ampliar el área de autonomía de la Universidad no se deben tan sólo al ministro de Justicia, Instrucción Pública y Culto, Eduardo Wilde, que defiende la designación de profesores por el Ejecutivo y denuncia en su selección por concurso una recaída en los bárbaros usos de las universidades medievales; más significativo que esa defensa de sus atribuciones por un régimen que dedica sus más tenaces esfuerzos a ampliarlas a toda clase de impensados campos, es el consenso parlamentario sobre la imposibilidad de dejar el gobierno de las casas de estudio a los profesores, que atenderían sus propios intereses con total indiferencia a los de la ciencia. El resultado de los debates es que las estipulaciones de la ley, que fijan un mínimo de un tercio a la representación de los catedráticos en las academias que gobernarán las distintas facultades, son reemplazadas por otras en que se asegura a esas academias una mayoría formada por graduados que se renuevan por cooptación. El propósito es aventar el "mezquino espíritu de círculo"; el resultado es sin duda el opuesto, ya que los académicos, si no reflejan el que se teme domine en el cuerpo de profesores, bien pronto consolidan el propio, en espléndido aislamiento tanto de la universidad como de la sociedad.

En esa historia marcada por breves invasiones renovadoras separadas por etapas de ensimismamiento y estagnación, el nuevo ordenamiento institucional abre una de estas últimas, que será particularmente larga y tendrá su correlato institucional en la ocupación de la silla rectoral, durante dos décadas, por el doctor Basavilbaso. En 1906, cuando éste finalmente la abandona, la Universidad ha entrado ya en una nueva crisis que, aunque retiene los rasgos básicos de las anteriores, innova sobre ellas en un aspecto esencial.

El hecho nuevo es la capacidad del movimiento de protesta de volcar a las calles a muchedumbres de estudiantes que sencillamente la institución no había albergado en número comparable treinta años antes. La transformación de la Universidad en un más vasto centro de posibles agitaciones, más capaz por eso mismo de transmitirlas a la entera sociedad, no modifica sin embargo en lo esencial la actitud del poder político frente a esas agitaciones mismas. Como en 1873, el cuerpo gobernante de la Facultad de Derecho debe afrontar sólo el embate de la acción estudiantil, provocada por su intransigencia ante los pedidos de reforma del régimen de exámenes finales. El Consejo Superior Universitario lo desautoriza, en una reunión a la que se han presentado varios diputados nacionales como mensajeros de los estudiantes en protesta; el ministro de Instrucción Pública, señalando sin ningún espíritu de censura la amplitud que esa protesta ha alcanzado, propone como moraleja que la reforma universitaria es ya una necesidad impostergable. Ante esa reacción decepcionante, la Academia depone su intransigencia frente a las demasiado bien avaladas exigencias estudiantiles. Con ello no cesa sin embargo la huelga, que parece contar con el apoyo de las oposiciones políticas, pero también con el del presidente de la República; el general Roca, en efecto, tras responder con un elocuente silencio a la invitación a condenar el movimiento, que le dirigieron en tono conminatorio las autoridades de la Facultad, lo quiebra para manifestar su plena solidaridad con las intenciones reformadoras de su ministro.

De nuevo, como treinta años antes, un régimen consagrado con decisión a la defensa del orden establecido, en fecha en poco posterior a la implantación de la "ley de residencia" y un par de años anterior a la eficaz represión del alzamiento de la oposición radical, que muestran con cuánta seriedad sigue tomando a su cargo esa tarea, confirma con sus hechos y sus palabras que para defender el orden vigente en la Universidad no cree del caso aplicar el celo y la energía derrochados frente a desafíos que afectan a otros sectores del aparato institucional, o al equilibrio social. Y no oculta por qué no lo cree: es sencillamente que a su juicio ese orden universitario no merece ser defendido.

Pero si esa actitud no parece innovar sobre la madurada en las décadas anteriores, se aplica sobre un contexto transformado, que a la vez no deja de modificarla. La benevolencia del general Roca hacia los levantiscos estudiantes se debe en parte a que ha descubierto ya que esos estudiantes tienen una gravitación política que ha dejado de ser insignificante, y acaba de utilizar la agitación estudiantil contra la negociación de conversión de la deuda llevada adelante por Carlos Pellegrini para frustrar la ambición presidencial de quien ha sido hasta ese momento su más íntimo aliado. A la vez, la continuidad con el pasado se refleja en la total falta de recato en la búsqueda de dividendos políticos a través de la manipulación de la protesta universitaria; si se la practica tan abiertamente es porque un sólido consenso sigue juzgando que la estabilidad y continuidad institucional de la Universidad no es un bien que merezca ser tutelado, y está dispuesto a juzgar con benevolencia a un político que —así sea por motivos interesados— arroja su influencia en favor de las presiones (que para ser eficaces necesitan ser descorteses) orientadas a imponer a una institución irremediablemente anquilosada los cambios que se han hecho impostergables.

Esa perspectiva conservará su vigencia cuando los conflictos universitarios pasen a confluir con los que seguirán a la transferencia del poder político a la oposición radical, en un marco de democracia ampliada. Pero aunque el presidente Yrigoyen, al ofrecer al reformismo de 1918 su apoyo discreto pero decisivo, no innova sobre el arte político del general Roca, de nuevo la continuidad, en un contexto político que sólo ahora está completando su redefinición, no podría ser total.

En primer lugar, la reforma crea, al lado de la estructura institucional de la Universidad como organismo docente, una estructura paralela de ésta como organismo político, y los integrantes de la comunidad universitaria deben aprender a desempeñar papeles diferentes, y a primera vista contradictorios, en una y otra esfera. En sus deliciosas *Memorias de un provinciano*, Carlos Mastronardi nos ha dejado un testimonio lleno de estudiado candor de lo que podía significar esa situación desconcertante:

> "Eran los tiempos de la Reforma Universitaria, cuyos principios ya habían sido llevados a la práctica; pese a ello, las reiteradas huelgas estudiantiles demostraban que 'los representantes de la reacción' aún se mantenían activos. Con un grupo de estudiantes en huelga, estuve cierta noche en el bufete del profesor Mario Sáenz, quien se presentó a nosotros acompañado de su colega Jorge Eduardo Coll. Recuerdo que en esa ocasión se discutió la estrategia a seguir y que ambos catedráticos deploraron que los alumnos de Derecho no hubiesen extendido la huelga a la Facultad de Medicina. Estimaban que el éxito del movimiento dependía de su magnitud. Como hasta entonces no había conocido sino apacibles profesores de provincia, y como imaginaba, obstinado en mi candor, que los maestros son imperturbables hombres de gabinete, esas palabras me sorprendieron. Una vez más me lamenté inexperto"[6].

Pero el surgimiento de un complejo sistema de alianzas, y hostilidades exquisitamente políticas, que ignoran a menudo las fronteras estamentarias, no es la novedad más significativa aportada por la tormenta de 1918. Si la crisis universitaria tiene consecuencias más serias que las antes atravesadas, ello se debe sobre todo a que las víctimas predestinadas de esos cambios, que no hallan en el ámbito universitario aliados eficaces, los buscan cada vez más fuera de la institución. Desde 1918 hasta las vísperas mismas del derrocamiento del gobierno constitucional en 1930, una oposición conservadora que hace de la Facultad de Derecho de Buenos Aires su fortaleza contra las autoridades centrales de la Universidad reformada, mientras invoca en su favor la lealtad a un modelo de Universidad definido por la continuidad institucional y su espléndido aislamiento de las agitaciones de la ciudad, estrecha abiertamente sus lazos con fuerzas políticas opositoras al radicalismo mayoritario y, quebrando una tradición todavía poderosa, va más allá para buscarlos también con el ejército, a través de un ciclo de conferencias inaugurado por el general Justo, ministro de Guerra del presidente Alvear. La culminación de este episodio en un descomunal escándalo estudiantil quizá no haya disgustado a los organizadores, en cuanto mostraba con la deseada claridad quiénes eran en el seno de la Universidad los amigos con quienes podría contar la institución armada, y quiénes los irreconciliables adversarios a quienes estaría siempre en el interés de éstas privar de gravitación universitaria.

De este modo la apelación a fuerzas externas a la Universidad, que había sido hasta entonces táctica exclusiva de quienes desesperaban de poder renovarla desde dentro con sus propias fuerzas, se transforma en el marco de un conflicto político-social cada vez más generalizado en recurso también favorito de quienes quisieran ver a la Universidad tomar el camino de la restauración.

Pero no fue sólo esa imbricación —cada vez más universalmente buscada— entre el conflicto universitario y el que se daba en la arena política nacional la que vino a conferir a la crisis de 1918 una hondura mayor que a las precedentes: ella abarcaba por añadidura dimensiones nuevas, por cuanto desde el filo del nuevo siglo la Universidad había comenzado a desempeñar un papel menos marginal en la vida cultural e ideológica de la nación. Como consecuencia de ello, entre los problemas nacidos de la perezosa circulación de las elites que siempre había caracterizado a la institución, el de la igualmente perezosa renovación de las ideas está ahora más presente a los ojos de quienes no comienzan sólo ahora a contemplar con impaciencia la marcha de la Universidad. Nótese que esa frustrada aspiración a la renovación cultural no necesita apoyarse en ninguna definición política igualmente innovadora; aun así, el hecho de que la agitación en su favor se integre con otras institucionales y políticas la politiza irremediablemente.

Así el reformismo, que en Córdoba se inscribe en el marco del conflicto con las posiciones católico-tradicionales allí dominantes desde antiguo (conflicto que por su naturaleza misma tiene desde su origen una dimensión política ineliminable), en Buenos Aires se define en este aspecto como una reacción antipositivista, que viene a integrarse en un solo haz reivindicatorio con otras políticas e institucionales. De allí proviene que no sólo a los ojos de los participantes en el conflicto universitario, sino de los sectores conservadores de opinión pública, esa integración parezca reflejar una afinidad de inspiraciones que el puro análisis de las ideas sería incapaz de descubrir entre posiciones políticas que van de la democracia radical hasta el socialismo revolucionario, y una reacción antipositivista cuyas potencialidades reaccionarias sólo paulatinamente van a ser descubiertas, pero que están presentes ya en su origen.

De este modo uno de los aspectos esenciales de la vida más íntima de la Universidad —el ritmo y orientación del proceso de renovación cultural que debiera darse dentro de ella— quedaba también él incluido en el área de contacto a menudo conflictiva entre la Universidad y la sociedad, y ello aun cuando ese proceso mismo no incluía elementos que lo hiciesen merecedor de la atención vigilante que desde esa sociedad ahora se le prodigaba.

A partir de aquí no hay ya aspecto de la actividad universitaria que no encierre en potencia una controversia cuya vocación será desbordar el ámbito universitario para expandirse a la sociedad entera, y ese recíproco desbordamiento se constituye en el dato básico de una situación que sólo se modificará en el futuro para tornarse más aguda y extrema. Las razones para esa adugización que ya no ha de cesar son numerosas, y por otra parte se alimentan recíprocamente.

La primera es el agravamiento de la crisis político-social a partir de 1930, que —unido al mayor peso que una Universidad de más numeroso alumnado ha adquirido en la sociedad— hace que desde ésta el prejuicio favorable al movimiento y al cambio, que había dominado antes frente a una institución que parecía encontrar difícil eludir espontáneamente el anquilosamiento y la inercia, se haga cada vez menos unánime: devolver a la Universidad la quietud un poco soñolienta que la había caracterizado en etapas que quizá habían sido juzgadas con excesiva severidad comienza a ser desde entonces ambición común a regímenes políticos en otros aspectos tan distintos como el presidido por el general Justo, el del decenio peronista, el de la Revolución Argentina y los que sucesivamente.encararon el problema universitario a partir de la memorable Misión Ivanissevich.

Las razones para esa coincidencia son fácilmente comprensibles: todos esos esfuerzos coinciden en el propósito de impedir el desencadenamiento de tormentas que, surgidas en la Universidad, se teme capaces de expandirse fuera de ella. Esas etapas de estricto control se introducen cuando por otra parte la Universidad ha aprendido a no separar los objetivos de cambio cultural o científico de los político-institucionales: no es sorprendente entonces que el quietismo que se trata de imponer en este último plano se extienda también a aquéllos, y que el anquilosamiento institucional que esos esfuerzos tratan de restaurar tenga ahora como explícito corolario un militante misoneísmo en el terreno cultural y científico.

La confluencia de quietismo cultural con quietismo político-ideológico tiene como respuesta necesaria la consolidación de otra alianza —que sería difícil de justificar a partir de cualquier afinidad más intrínseca— entre las tendencias renovadoras que en distintos planos eran contenidas por esa política represiva; esa alianza alcanzó su más alta intimidad y eficacia al abrirse el interregno entre los dos peronismos, en 1955. Sólo en este contexto puede entenderse la lealtad inquebrantable que un cuerpo de profesores en su mayoría poco interesado en militancias políticas o ideológicas otorgó durante casi una década a la gestión de Rolando García en la Facultad de Ciencias Exactas, que la mantuvo en la primera línea de fuego en medio de una creciente politización de la vida universitaria. No se trataba tan sólo de que este admirable caudillo universitario de la era del cientificismo se esforzaba con sorprendente éxito por dar a su base profesoral lo que ésta quería, creando una institución a la altura del mundo y de los tiempos; se trataba también de que esa base advertía muy bien que los rivales que le proponían una Universidad más ceñida a sus funciones supuestamente específicas no tenían ni la vocación ni la capacidad para reemplazarlo en esa tarea; una vida político-ideológica caracterizada por una suerte de agitación perpetua parecía ser el precio que era necesario pagar por una Universidad dispuesta a salir de su larga parálisis cultural.

Necesario pero también imposiblemente elevado, en cuanto esa agitación política no revuelve ya, como en la década de 1920, motivos tan audaces en su extremismo como irrelevantes a los conflictos concretos que definen la vida política del momento; en un país que parece encaminarse a la guerra civil, la serenidad poco profética con que aún en 1955 el general Lonardi y el general Aramburu devolvieron un lugar legítimo en el campo universitario a esos ejercicios de audacia, que sin duda juzgaban tan inofensivos como en su momento el general Roca y el doctor Yrigoyen, parecía cada vez más incomprensible.

Esa alarma parecía más justificada por los cambios en el clima nacional que por las actitudes de un movimiento estudiantil cuyo compromiso ideológico no venía de ayer y que no parecía más próximo que en el pasado a sucumbir a las tentaciones de la acción revolucionaria. No iba a entregarse a ellas ni aun en respuesta a la intervención universitaria dispuesta por el régimen militar instalado en 1966, que vino a privarlo de esa modesta cuota en los beneficios de un orden establecido del que abominaba, representada por su participación en el gobierno universitario; y sólo lo haría en el marco de la clamorosa crisis final de ese régimen, y de una mucho más vasta movilización juvenil en la cual el papel del movimiento universitario estuvo aun entonces lejos de ser protagónico.

Hasta ahora hemos examinado la progresiva crisis de la universidad a partir de estímulos que llegaban de la sociedad; de la sociedad argentina en su conjunto, y de esa sociedad que es la universidad misma, cuyos rasgos básicos no podían dejar de ser radicalmente afectados por su incontenible crecimiento numérico. Hay otro estímulo que viene del interior mismo de la vida cultural e ideológica argentina, y cuya significación sería imposible exagerar: es el del fin del largo consenso ideológico que ha subtendido la experiencia histórica nacional desde su comienzo mismo; ese consenso ha logrado incorporar triunfalmente elementos heterogéneos y contradictorios, a partir de su primera formulación bajo el signo de la tímida renovación ilustrada en su versión hispana, y a lo largo de un siglo y medio las tensiones entre todos esos elementos no lograron quebrarlo.

La ruptura no iba a venir por cierto de la introducción a comienzos del siglo de ideologías de signo revolucionario que se identificaban orgullosamente con la clase obrera; los mismos que impusieron contra ellas una legislación represiva muy poco contemporizadora formaban en el público que aplaudía a las grandes figuras del socialismo latino, en sus triunfales giras oratorias a Buenos Aires; los portavoces locales de esas corrientes, por otra parte, se veían a sí mismos como los herederos legítimos, y no los impugnadores, de una vocación nacional que la clase dirigente había comenzado a su juicio a traicionar; como ha señalado muy finamente Oscar Terán, hasta que en su destierro

mexicano Aníbal Ponce adoptó una perspectiva genéricamente popu-
lista para contemplar el proceso histórico hispanoamericano, la que le
había inspirado su férrea identificación con la causa del proletariado
se había expresado en puntos de vista difíciles de distinguir de los de,
por ejemplo, Miguel Cané[7].

La primera quiebra de ese consenso vendrá en cambio de la presencia de un proyecto de cultura alternativa que bajo signo católico fue
propuesto desde la década de 1880, pero que sólo iba a aflorar
maduramente en la de 1930. Las razones para esa tardía maduración
son complejas, pero la más importante es sin duda que en la primera
fecha el proyecto no es más que eso, y la orgullosa consigna *Instaurare
omnia in Christo* no consigue ocultar que quienes la agitan no sabrían
cómo comenzar a hacerla verdad en el mundo de las ideas y la cultura;
así, un José Manuel Estrada que proclama en tono cada vez más desafiante su total recusación del mundo moderno, sigue esgrimiendo en la
polémica político-institucional la autoridad de Ahrens, sin que lo pre-
ocupe que éste se proclame inspirado en la filosofía de Krause... Para
1930 hace ya décadas que León XIII ha proclamado cómo debe enca-
rarse la construcción de una cultura alternativa, y los instrumentos
para apropiársela están al alcance de la mano.

Pero en verdad lo que comienza en esta última fecha es algo más
que la articulación, a niveles ideológicos hasta entonces resguardados
de esos y otros desafíos, de las reticencias que el catolicismo político
había mantenido desde su origen frente a la orientación dominante en
este aspecto en la Argentina. Es también una primera respuesta al
agotamiento de ese formidable avance que en la vulgata política argentina se hacía comenzar en 1852, pero que los más sagaces entre los que
se identificaban con él —y en primer lugar Mitre— sabían que venía
de más atrás: era ese agotamiento, más que el desafío en verdad poco
temible que en el plano de las ideas representaba esa disidencia de
signo católico, lo que hizo de ésta el comienzo del fin de ese largo
consenso; su eficacia en este aspecto vino pronto a sumarse a la del
revisionismo histórico, empresa ideológicamente menos ambiciosa,
pero capaz de hacer sentir su influjo más allá del círculo relativamente
estrecho que se define primordialmente a partir de su identificación
exclusiva con el catolicismo.

Aun esa más difusa y por eso más abarcadora disidencia ideológica sólo lograría consumar la destrucción del consenso que impugnaba
luego de la caída del primer peronismo, y de la agudización del conflicto a la vez político, social e ideológico en América Latina que

siguió a la revolución cubana. Durante la primera etapa peronista, en efecto, frente a una oposición que se abroquelaba en su identificación con ese consenso tradicional tan amenazado, el régimen (tan innovador en otros aspectos como poco tentado por la innovación en el cultural e ideológico) exasperó aun más el eclecticismo que había dotado a ese consenso de la capacidad de sobrevivir y consolidarse a lo largo de siglo y medio. Sin duda, con ello la coherencia de las posiciones en torno de las cuales ese consenso se daba, desde el comienzo muy débil, desapareció casi totalmente: el integralismo católico, que se buscaba ahora integrar en él, era por definición refractario a esa tentativa, y los resultados de un esfuerzo de síntesis condenado de antemano se reflejan, por ejemplo, en un texto como el de *La comunidad organizada*, firmado por el general Perón, pero al parecer escrito en parte considerable por el P. Hernán Benítez.

Cualquiera que sea el mérito de ese ejercicio de manipulación de ideas (y no faltan quienes, contemplándolo con los ojos de la fe, han hallado modo de reconocérselo muy considerable), refleja todavía la voluntad de mantener en ese plano un consenso que el peronismo no parecía por entonces advertir del todo hasta qué punto estaba socavando en el político. Luego de la caída del primer gobierno peronista, tanto el jefe del movimiento como los protagonistas de la etapa cerrada en 1955 iban a revisar sólo lenta y gradualmente esa actitud, pero a la vez esa caída vino a proveer de un séquito potencial, integrado por los sectores políticos y sociales a los que ella había arrojado a una muy dura intemperie, a las ideologías de ruptura con el consenso heredado que iban a proliferar desde entonces.

No se va a seguir aquí su eclosión, en la que confluyó un catolicismo político de inquebrantable vocación extremista, peor ahora al parecer dispuesto a probar suerte en el extremo opuesto del espectro político (anticipando esa evolución colectiva, el P. Benítez, confesor de Eva Perón y proveedor de textos filosóficos para su marido, iba a resurgir a la escena pública bajo el signo de la Revolución Cubana), y una izquierda a la cual el espectáculo inesperado de esa revolución incitaba a unir a su lenguaje revolucionario las acciones correspondientes. Tampoco se examinarán los avances que en una década hicieron de esa disidencia el núcleo de un incipiente e inmediatamente frustrado nuevo consenso en el cual pareció reconciliarse por un momento un país fatigado de sus divisiones, y que en 1973 celebraba su reencuentro consigo mismo encuadrándose tras los mismos símbolos que habían hasta la víspera ofrecido un reflejo cruel de sus desgarramientos (desde la efigie de Juan Manuel de Rosas hasta los orgullosos estribillos en que la nueva izquierda peronista evocaba las sangrientas hazañas de sus "formaciones especiales"). Baste señalar que, apenas disipada esa ilusión necesariamente fugaz, ella vino a dejar en herencia la subsunción del debate ideológico-cultural en un debate político que adoptaba el lenguaje, y pronto no sólo el lenguaje, de la guerra civil, en el cual los defensores de la nueva disidencia, que se resignaban mal a ver frustrada su ambición de trocarla en núcleo de un nuevo consenso, afrontaban la feroz contraofensiva de los herederos de la primera y menos afortunada versión disidente.

Lo que ello significó para la específica historia que se trata de rastrear aquí puede apreciarse en el hecho de que, de todas las renovaciones universitarias, la que se frustró en 1973 es la que menos claramente alcanzó a perfilar una imagen de la Universidad renovada que estaba en sus ambiciones; ello no se debía quizá tan sólo, como sugerían los críticos de esa experiencia, a que los principales responsables de ella carecían de toda idea precisa sobre el punto, sino más aún a que advertían en cambio muy bien que el influjo que habían ganado en la Universidad era una de las pocas bazas con que aún contaban para un mortal juego político del que el entero país era a la vez el teatro y el premio, y en el cual no alcanzaron en cambio a advertir a tiempo hasta qué punto las reglas habían sido de antemano fijadas en su contra.

Hemos seguido, hasta el momento mismo en que le tocaría emprender el descenso a los infiernos, la trayectoria de la Universidad de Buenos Aires, para tratar de rastrear a lo largo de ella los avances de la actitud que habíamos buscado primero perfilar a través del contraste con la que hallábamos mejor representada en Chile. Comenzando por una situación en que una sociedad excepcionalmente dinámica, y orgullosa de este rasgo, contempla con prejuicio benévolo y, cuando es necesario, apoya a los que dentro de la Universidad misma buscan (con medios que ignoran todo respeto a la continuidad institucional) quebrar su inercia para incorporarla más plenamente a ese proceso de avance, atravesando otra en que la Universidad misma se torna más espontáneamente dinámica y conflictiva, y sus conflictos se imbrican con los de una sociedad que cree estar coronando su proyecto histórico al alcanzar la democratización política, y todavía otra en que ese movimiento ascendente que se prolongó por siglo y medio se agota, y junto con él entra en crisis el consenso —tan sólido como rico en inconsecuencias y contradicciones— que lo acompañó, hemos visto entonces cómo todas esas situaciones tan diversas tienen en común un rasgo negativo pero esencial para lo que aquí nos interesa: cada una de ellas fomentó la consolidación de lealtades culturales, ideológicas o políticas que cruzaban las fronteras de la institución, e hizo difícil el arraigo de las institucionales, que desde el comienzo mismo de la experiencia histórica de la Universidad de Buenos Aires habían sido notoriamente débiles en ella.

Cabe todavía preguntar después de esta breve exploración de una historia relativamente larga, qué valor conservan las claves buscadas para ella hace casi un siglo por Groussac en los rasgos más generales de la experiencia histórica argentina, luego de que su influjo, así se lo reconozca decisivo en aquel momento, ha sido mediado por las complejas vicisitudes que a lo largo de nueve décadas redefinen varias veces la relación entre sociedad y Universidad. Si contemplamos el punto de llegada de esta exploración según la perspectiva sugerida por Groussac para el de partida, veremos surgir una conclusión evidente: la sociedad argentina ha perdido esa potencia de crecimiento vegetativo que imprimió sus rasgos peculiares a nuestra experiencia histórica. Como consecuencia de ello ciertos rasgos que fueron funcionales en ese marco han dejado de serlo; entre ellos se cuenta la relativa indiferencia a los imperativos de la institucionalización, legítima cuando ésta amenazaba disminuir el ritmo del avance al fijarle cauces más rígidos, y su ausencia podía por otra parte ser suplida gracias a la sobreabundancia de recursos que precisamente ese vertiginoso avance estaba creando.

He aquí una conclusión que no parece justificar ningún pronóstico optimista: hace ya medio siglo que la experiencia histórica argentina se ha venido organizando sobre la obstinada esperanza de revertir una inflexión en su rumbo que se quisiera creer es sólo un temporario accidente en el camino: una izquierda siempre dispuesta a anunciar los porvenires que cantan, un populismo y una derecha que embellecen cada día en el recuerdo la imagen de sus respectivos paraísos perdidos (que se proclamen capaces de recuperar, si se los deja hacer) son parte de la larga lista de cómplices de una ilusión colectiva que se alimenta sobre todo de la desesperada —y tan comprensible— negativa a renunciar a ella por parte de una colectividad nacional que tiene tan pocas otras razones para hallar tolerable el destino que le ha tocado. La conclusión de que ha llegado para la Argentina la hora de imitar en la organización de su vida cultural la parsimonia y mesura que Chile aprendió en la escuela de una naturaleza avara, que esos episodios en que todo un acervo tradicional se quema en alegre fogata, como en

1973, sólo para despertar un eco de menos simbólicas hogueras inquisitoriales, como luego de 1975, marcan el punto de llegada de un camino que ya no conduce a ninguna parte; esas conclusiones tienen muy poco que pueda hacerlas atractivas, lo que no significa necesariamente que sean erradas.

NOTAS

[1] El argumento es invocado, por ejemplo, en carta de Rosas a Quiroga, de Buenos Aires, 28 de febrero de 1832, reproducida en Enrique M. Barba, *Correspondencia entre Rosas, Quiroga y López*, Buenos Aires, 1958, p. 71.
[2] Paul Groussac, *Del Plata al Niágara*, segunda edición, Buenos Aires, 1925, pp. 30-31.
[3] Julio Heise, *Historia de Chile. El período parlamentario 1861-1925*. Santiago de Chile, Editorial Gabriela Mistral, 1975.
[4] Sergio Villalobos, *Historia de Chile*, Santiago de Chile, Editorial Universitaria, 1974-75.
[5] "La escoba del Dr. Gómez", remitido firmado "Quevedo", en *Río de la Plata*, Buenos Aires, 19-11-1870.
[6] Carlos Mastronardi, *Memorias de un provinciano*, Buenos Aires, 1967, pp. 181-2.
[7] Oscar Terán, *Aníbal Ponce: ¿El marxismo sin nación?*, México, 1983, en particular pp. 44-46.

El presente transforma el pasado: el impacto del reciente terror en la imagen de la historia argentina

Una experiencia que, como la vivida por la Argentina en la última década, hace del terror una de las dimensiones básicas de la vida colectiva, redefine necesariamente el horizonte en que se desenvuelve la experiencia de cada argentino: su relación con su país, su ciudad, la calle en que vive no puede ser la misma después que por años ha visto en ellos los lugares en que acecha la muerte.

¿Es ésta una descripción exagerada de lo vivido en esta etapa por la sociedad argentina en su conjunto? Retrospectivamente podría parecer que sí: con un número de víctimas del orden de una cada tres mil habitantes, escalonadas a lo largo de por lo menos cinco años, las matanzas que dieron siniestra celebridad al Proceso de Reorganización Nacional no podrían compararse por ejemplo con las que en España acompañaron, luego de cerrada la guerra civil, la instauración de la que se llamó Paz de Franco, y que —al segar la vida de aproximadamente uno de cada cien españoles— dejaron, ellas sí, huellas perceptibles en las curvas de población.

Semejante conclusión dejaría sin embargo de lado aspectos esenciales de lo ocurrido. Ignoraría por ejemplo que esas matanzas, como los movimientos de violenta metodología y vocación revolucionaria a los que pretendieron dar respuesta, afectaron de modo muy desigual al país sobre el cual vinieron a desencadenarse: no sólo sus efectos se concentraron en algunas grandes ciudades, sino dentro de ellas no respetaron estratos sociales habitualmente mejor protegidos de la brutalidad oficial u oficiosa: si bien aun en esta ocasión la mayor parte de las víctimas provenía de los sectores populares, las reclutadas en niveles más altos figuraban en proporción decididamente mayor que en la población en su conjunto.

Dentro de estas últimas eran desde luego los individuos cuya trayectoria personal o profesional los hacía suponer más vulnerables al atractivo de las perspectivas ideológicas que habían inspirado aquellos movimientos los que inspiraban más viva preocupación a los represores. Sin duda aun ellos afrontaban riesgos estadísticamente menores que los peones patagónicos durante las matanzas de 1921, pero aun así mucho más serios que los que un integrante de las clases respetables podía razonablemente temer como consecuencia de sus audacias ideológico-políticas, sobre la base de la experiencia atesorada bajo la égida de los regímenes rutinariamente represivos intermitentemente vigentes a partir de 1930: lo bastante serios para dejar una marca indeleble en su manera de ver el curso de la experiencia histórica argentina, y su propia inserción en ella. Y precisamente esos individuos y grupos habían tenido participación desproporcionada a su número en la reorientación cada vez más acentuada que, también a partir de 1930, se había dado en la visión dominante de esa experiencia histórica; en el casi medio siglo que separaba el derrumbe del orden democrático consumado en aquella fecha y la instauración del terror, la tendencia a buscar en el pasado una de las dimensiones definitorias del presente, y en las visiones del pasado instrumentos eficaces para los combates del presente, tuvo tiempo de hacerse segunda naturaleza, tanto en ellos como en los cada vez más vastos sectores de opinión que seguían de modo más pasivo esa misma reorientación en curso; no es por lo tanto sorprendente que las primeras tentativas de incorporar la inédita experiencia aportada por el terror en esa iluminación recíproca de pasado y presente hayan partido de un sector que venía ya participando activamente en el esfuerzo de redefinición retrospectiva de la experiencia histórica argentina, y que por añadidura sentía con particular intensidad el impacto de ese terror.

Esa nueva visión histórica había sólo recientemente adquirido perfiles nítidos; sólo en las vísperas mismas del terror, en efecto, vino a completarse una mutación que había avanzado hasta entonces de modo menos rectilíneo, y a costa de no pocos desgarramientos interiores; sólo entonces se hizo casi unánime el repudio de un modo de ver la trayectoria histórica argentina que hasta 1930 había contado con un consenso aun más unánime en su favor.

Ese consenso se había alcanzado en torno a nociones menos precisamente definidas de lo que sus enemigos iban a sostener; es con todo innegable que —como éstos denunciaban— tenía por núcleo la identificación con el formidable proceso expansivo que a partir de la segunda mitad del siglo XVIII tuvo su motor principal en la economía agroexportadora, y desde mediados del siguiente encontró su marco político-institucional en un constitucionalismo que se fija por tarea la instauración gradual de un orden democrático en un marco liberal. En ese consenso participaban incluso quienes no dejaban de advertir (y aun tendían a exagerar) los sufrimientos que esos cambios, tan beneficiosos a las clases propietarias, habían impuesto a las populares, y estaban por otra parte lejos de tener por válidas las soluciones sociopolíticas triunfantes: así Juan B. Justo, fundador del partido socialista, podía justificar su aquiescencia frente a transformaciones que hallaba en más de un aspecto execrables porque veía en la brutal afirmación del orden capitalista, consumada a través de esos horrores, la prehistoria bárbara pero necesaria de la futura civilización socialista.

Apoyada en esa confianza, aun una izquierda más extrema que la inspirada por Justo hallaría manera de compatibilizar su desafío radical del orden vigente con su participación sin reticencia en el consenso ideológico-cultural con que se identificaban también los sectores dominantes. No fue entonces su desafío el que quebró ese consenso, sino la paulatina proliferación de versiones disidentes que comenzaron a ganar predicamento desde que, a partir de 1930, el fin de la estabilidad institucional vino a sumarse al del siglo y medio de vertiginosa expansión, en la que la visión histórica dominante hasta 1930 había reconocido el destino manifiesto de la Argentina, que habría de continuarse indefinidamente en el futuro.

Menos coherentes que el consenso al que venían a oponerse, esas formulaciones incluían casi siempre algunas notas comunes: a la condena de la vocación democrática y la de la apertura económica e ideológica a los centros mundiales dominantes, que habían caracterizado la experiencia que acababa de cerrarse, agregaban casi siempre la reivindicación de la figura de Rosas, objeto hasta la víspera de un repudio cada vez más rutinario pero casi unánime. En Rosas celebraban la encarnación de una alternativa preferible a la que había orientado la vida nacional a partir de su derrocamiento en 1852, en la que admiraban, si no todavía el repudio del nexo con los centros dominantes creado por el triunfo de la economía agro-exportadora (eso iba a venir más tarde), la defensa intransigente de la independencia política, aun en ese marco tan poco propicio, y el rechazo de la democracia como objetivo y su admisión sólo como mal necesario, cuyos efectos negativos debían ser paliados mediante el férreo encuadramiento de las masas en un régimen de concordia social consolidado bajo la égida de un caudillo identificado con las clases propietarias.

Había mucho en las propuestas programáticas del peronismo que sugería que ése era también su programa, pero en una sociedad más compleja y movilizada ese programa sucumbió a la intensificación de los conflictos sociales que se había prometido encauzar; para algunos de los adherentes que iba a reclutar luego de su caída entre los grupos intelectuales, esa caída misma confirmaba que, al margen de sus propósitos originarios, el peronismo había logrado, en un marco de autoritarismo personalista y plebiscitario, una democratización más plena que la que había sido promesa incumplida del constitucionalismo liberal.

Si bien no todos esos nuevos reclutas hacían beneficiario al rosismo de una análoga revalorización positiva, todos rechazaban ahora la versión demoníaca que de éste había compartido el anterior consenso, y eran también unánimes en asignar ese papel demoníaco a los padres fundadores del orden constitucional, y en particular a Mitre, cuya proteica perversidad invocaban como clave esencial para penetrar ese misterio de iniquidad que era la historia de la Argentina post-rosista. Sin duda, como eco argentino de los movimientos de 1968, que exasperaron la desconfianza frente a cualquier tentativa de institucionalizar lo conquistado por la espontaneidad revolucionaria de las masas, vino a debilitarse aun más el atractivo de Rosas como principal héroe positivo, pero a la vez a hacerse más intenso el rechazo de la experiencia liberal-constitucional, que de acuerdo con la visión tradicional había tenido precisamente por tarea institucionalizar la "democracia inorgánica" surgida de la experiencia revolucionaria de las masas rioplatenses.

Sin duda es razonable suponer que, ya antes de que en 1976 se instaurase el terror militar, algunas experiencias desazonantes habrían empezado a socavar la fe en esa visión histórica tan simple como estimulante; pero, mientras la vertiginosa crisis del segundo peronismo distraía necesariamente la atención de las dimensiones retrospectivas de la experiencia argentina, las peculiaridades de un contexto político que presentaba desconcertante parecido con el de una monarquía absoluta lo tornaban por otra parte inhospitalario para cualquier esfuerzo de sinceramiento, tanto frente al pasado como al presente; no es sorprendente entonces que, cuando el terror vino finalmente a desencadenarse, esas verosímiles dudas y reticencias no hubiesen aún hallado modo de articularse en una toma de distancia frente a la visión histórica con la que se habían identificado apasionadamente las vastas movilizaciones que encontraron en ese terror su desastroso desenlace.

Cuando ese terror amainó lo suficiente para que fuese posible salir de la mudez, lo primero que iba a oírse no era tampoco ningún testimonio de exploraciones nuevas en busca de nuevas claves para el presente en el pasado, sino algo más elemental, más simple y también más desconcertante para todos. Una figura de primera fila de nuestra vanguardia teatral y literaria, Griselda Gambaro, que desde 1977 había preferido como tantos otros alejarse del país a la espera de mejores tiempos, al estrenar en Buenos Aires *La mala sangre* devolvía a la escena porteña la versión de la etapa rosista popularizada en el marco del anterior consenso que ya para entonces todos daban por muerto: su obra ubicaba en efecto en un país sin nombre el conflicto entre un padre cuya doméstica tiranía se autorizaba en la del gobernante que la ejercía sobre la ciudad del modo más caprichoso y sangriento; desde más allá de las ventanas cerradas, una voz sarcástica invadía la escena pregonando melones maduros, que eran las cabezas cortadas de las víctimas del déspota a quien buscaba emular en el ámbito doméstico ese cruel *pater familias*.

Esa evocación era al parecer un ejercicio de memoria automática, tan inesperado para la autora como para el público. Aquélla declaraba no entender por qué algunos se obstinaban en reconocer a Rosas en su tirano genérico, y a su hija Manuelita en la víctima de un padre que la condenaba como a aquélla a perpetua soltería; nada había estado más lejos de sus intenciones que ofrecer una reconstrucción histórica teatralizada de un régimen que planteaba a cualquier juicio histórico problemas demasiado complejos para admitir ese tratamiento. Con ello venía a ofrecer una coartada a un público que se precipitaba a ver la obra, en la que desde luego reconocía, estilizada sobre líneas tomadas en préstamo de la imagen tradicional del terror rosista, las de esa otra experiencia de terror que aún no se había cerrado del todo, pero —del mismo modo que la autora— se resistía a asumir las consecuencias de ese recurso instintivo a una clave metafórica que se suponía expulsada de la memoria colectiva por el repudio creciente que sobre ella se había acumulado a lo largo de medio siglo.

Ya bajo un gobierno civil, esas mismas imágenes de terror iban a campear de nuevo en un film que alcanzó entre un público infinitamente más vasto un éxito aun más clamoroso que el obtenido en las tablas por *La mala sangre*. Sin duda María Luisa Bemberg buscaba equilibrar la inmediata fuerza persuasiva de la reconstrucción cinematográfica del terror rosista, por ella lograda en *Camila*, mediante la introducción de extensos pasajes discursivos que argüían que la culpa era de la clase política en su conjunto, sin excluir el sector exiliado por las persecuciones rosistas; y por otra parte, en *Camila*, como en *La mala sangre*, la tiranía interesaba menos como hecho político que como una proyección a la sociedad de la opresión patriarcal; aun más decididamente que en la obra teatral, Rosas no era aquí condenado en nombre del constitucionalismo liberal, sino por su indiferencia a las reivindicaciones del feminismo.

Ello no impedía que para el vasto público de *Camila* esas cautelas y sutilezas pesaran menos que la imagen de las bandas de asesinos rosistas cruzando al galope las calles en sombra de una ciudad en que podían elegir sus víctimas a capricho, como recientemente otras bandas lo habían hecho desde automóviles anónimos anunciados por el ulular de las sirenas; y aun la inflexión que el feminismo introducía en el alegato antirrosista no hacía sino reforzar la analogía entre el pasado reciente y ese intemporal paradigma que con sorpresa había vuelto a descubrirse en la etapa que hasta medio siglo antes había sido usual llamar la Tiranía.

La fuerza readquirida por esa imagen tradicional del rosismo provenía de que era la única atesorada en la memoria colectiva capaz de ofrecer una versión metafórica pero inmediatamente reconocible de una experiencia que evocaba sentimientos demasiado intensos para tolerar una presentación más directa. Demasiado intensos también para que pudiesen mantenerse en su diapasón originario por mucho tiempo; y el éxito mismo de *Camila*, debido en buena parte a la eficacia con que cumplía su función catártica, vino a contribuir a la disipación del temple de ánimo colectivo que había inspirado esa inesperada resurrección de una cierta imagen del rosismo, antes de que ella alcanzara siquiera a atenuar la maciza condena de la visión global de la historia argentina construida sobre su base.

Así lo confirmaba que, pocos meses después del éxito de *Camila*, una serie televisiva que evocaba la experiencia de las clases populares en el Buenos Aires del fin de siglo adornara el cuarto del héroe positivo con dos retratos: el del fundador del partido hoy en el gobierno y el del victimario de Camila O'Gorman. Sería excesivo concluir de ello que la figura de Rosas estaba de nuevo rodeada ya en 1984 de una firme devoción colectiva (la serie misma fue recibida con demasiada universal indiferencia para extraer a partir de ella cualquier conclusión sobre los sentimientos de un público al que no alcanzó a interesar); es sin embargo indiscutible que la instalación de Rosas en un lugar de honor en el panteón de los héroes no provocó protesta alguna en una opinión pública en la cual otras innovaciones temáticas en los medios de comunicación masiva, que también acompañaron la transición al gobierno civil, eran objeto de agria controversia.

Ello parece sugerir que la transición a la democracia vino a consolidar aun más la vigencia de esa imagen revisada del pasado nacional que comenzó a emerger hace medio siglo, y que hoy se está constituyendo en el núcleo de una nueva historia oficial adoptada en lo sustan-

cial por nuestros dos grandes partidos. Esta conclusión no pierde necesariamente su fuerza porque sea preciso admitir a la vez que esa historia oficial recoge con mayor entusiasmo los motivos celebratorios que
los denunciatorios de la que ayer fue versión disidente, y prefiere
celebrar la concordia de las vastas mayorías nacionales en torno a
objetivos también irreprochablemente nacionales antes que explayarse
en la denuncia de quienes buscaron frustrarlos: al cabo la función de
ofrecer caución ideológica a un régimen en etapa fundacional es demasiado diferente de la de socavar la legitimidad del orden de cosas
vigente para que la transición de una función a otra no afecte en alguna
medida esa visión histórica misma.

Pero basta examinar con alguna mayor detención la imagen de la
experiencia histórica argentina que subtiende más de una presentación
cinematográfica reciente de la crisis en cuyo provisional desenlace el
terror vino a insertarse, para advertir que el cambio es más profundo de
lo que esa redefinición de funciones alcanza a justificar, y que en él la
huella del terror está tan presente como en *La mala sangre* o *Camila*.

Lo primero se descubre en un rasgo evidente aun para el observador más superficial: el pasado ha sido vaciado de esos hechos centrales
en torno a los cuales las versiones historiográficas opuestas habían
coincidido en estructurarlo, y con ello de toda configuración precisa.
No se trata tan sólo de que a veces se haga necesario expurgar la
memoria colectiva de recuerdos que amenazan la firmeza de líneas de
esa nueva historia oficial; ese recurso poco honrado, ya utilizado antes
que por ésta por la primera historia oficial y su alternativa revisionista,
busca precisamente el efecto opuesto (así, cuando las intervenciones
parlamentarias de Lisandro de la Torre incluidas en *Asesinato en el
Senado de la Nación*, que reiteran hasta el cansancio los nombres de
los ministros de Hacienda y Agricultura, omiten el del gerente del
Banco Central, el propósito evidente es impedir que la concesión a las
complejidades de la realidad que hubiera significado la mención del de
Raúl Prebisch inspirara algunas inoportunas perplejidades en el público convocado a participar en el ritual ya rutinario de execración de la
Década Infame). No son los sacrificios de la precisión al valor ejemplar en la reconstrucción del pasado los que hacen la peculiaridad de la
nueva historia oficial; más definitorio es que en ella sea la Década
Infame la más temprana etapa histórica que presenta rasgos definidos
(y también la más tardía, si no se incluye la del terror, que resulta aún
difícil ver como parte del pasado).

La cancelación de cualquier precisa memoria del que había sido reconocido hasta la víspera como el núcleo del drama histórico argentino, constituido por el enfrentamiento, a lo largo de todo el siglo XIX, de dos corrientes irreconciliables, es un rasgo que puede rastrearse, por ejemplo, comparando en la obra cinematográfica de Solanas su reciente *Exilio de Gardel* con *La hora de los hornos*, cuya primera parte incluía una visión retrospectiva a la que no podría acusarse de falta de nitidez en el uso del contraste, ni de reticencia para mencionar los nombres de aquellas figuras que expulsaba a las tinieblas exteriores. Hoy su film sobre el exilio logra no mencionar ni el de Rivadavia, ni los sucesivos de Alberdi, ni el de Rosas, ni el de Perón; sólo el de San Martín, a quien la universal veneración ha colocado en un plano más excelso que el de la mera historia, viene a sumarse al por otra parte apócrifo de Gardel para dotar de arraigo retrospectivo a la experiencia del exilio de la última década.

Análogamente, *La historia oficial* elude, contra lo que el título mismo parece anunciar, la búsqueda en el pasado de claves privilegiadas para entender la historia en curso. Ese título no alude en efecto a la visión del pasado denunciada bajo ese rótulo por todos los que —en ejercicio tan popular hasta la víspera— se habían lanzado a la exploración de esas claves, que gustaban de imaginar ocultadas por una secular conspiración de silencio. Sin duda el desafío del estudiante a la cautelosa versión de la historia nacional a la que se atiene la protagonista en sus clases de secundario, y la reacción que él suscita, tienen un lugar significativo en la intriga, en cuanto marcan una etapa en el progreso de esa protagonista hacia una lucidez que teme tendrá para ella consecuencias devastadoras, pero no agregan ninguna importante dimensión retrospectiva a su decisión de conquistar y asumir todas las consecuencias de una verdad que le ha sido escamoteada, y que para ella se refiere exclusivamente al presente.

Es revelador que al elegir el tema en torno del cual ha de lanzarse el desafío, los argumentistas hayan eludido meticulosamente los que en las últimas décadas desencadenaron debates que proyectaban al pasado las batallas de un presente atormentado: prefirieron en cambio poner en boca del estudiante contestatario la versión que aseguraba que Moreno y Castelli habían muerto asesinados por el ala moderada de la revolución, que así había decapitado a la de vocación jacobina. Esa versión, del todo olvidada en el último medio siglo, nunca había sido tomada demasiado en serio, ni aun por José Ingenieros, uno de los pocos que se habían hecho eco de ella; tampoco ha de serlo por una protagonista ahora capaz de apreciar, gracias a su recién ganada lucidez, lo que tiene de valioso la actitud crítica que encuentra expresión inmadura en esas acusaciones tan apasionadas como arbitrarias, y —mientras asigna a ese ejercicio de denuncia una nota cercana a la máxima— exhorta a su autor a buscar en los documentos la única caución válida para sus intuiciones históricas.

Se advierte aquí cómo, mientras en cuanto al presente el film urge a emprender las más devastadoras exploraciones inspiradas por esa actitud crítica, para el pasado ofrece sólo una genérica invitación a adoptarla sin renunciar a la ponderación y equilibrio necesarios en una indagación histórica digna de ese nombre, que al parecer ya no ofrece como premio esa develación de las claves para entender el presente que los apasionados debates retrospectivos tan favorecidos hasta la víspera habían buscado desentrañar. Esta exhortación no impide desde luego que en el film todo el territorio de la historia permanezca en una penumbra propicia para la consolidación de la imagen homogéneamente positiva que la nueva historia oficial por otra parte propone; una imagen que presenta a la entera experiencia histórica argentina como un correlato colectivo de esas trayectorias individuales signadas por la monolítica felicidad de la que dan testimonio las fotografías de humildes celebraciones en que sobrevive para la abuela del film la imagen de su familia desaparecida.

Esa imagen macizamente positiva complementa la que ve en el terror reciente una irrupción de elementos extraños a un mundo en que el mal sólo puede venir de fuera. Esa versión del pasado reciente sólo en parte debe su vigor al de la condena retrospectiva que una opinión pública casi unánime ha infligido a los responsables de ese episodio aberrante; como su contrapartida perfectamente simétrica, con la que se identifica la minoría solidaria con esos responsables, que por su parte asigna el papel de elemento extraño a los movimientos guerrilleros de los años previos a 1976, al atribuir el origen del mal a la invasión de la sociedad argentina por una entidad que le es radicalmente ajena, busca ante todo reafirmar la global inocencia de esa sociedad golpeada por un destino misteriosamente cruel; si ayer se afirmaba contra toda evidencia que los argentinos éramos derechos y humanos, hoy María Elena Walsh, en la segunda parte de *La República perdida*, cierra, con la apasionada afirmación de que lo mejor que tenemos es el pueblo, una serie de imágenes que parecen tolerar, y aun a ratos solicitar, una interpretación distinta.

Se advierte ahora mejor por qué en *La historia oficial* la exhortación a emprender una lúcida exploración del pasado con el auxilio de la crítica histórica queda inexorablemente en el aire: la versión paradisíaca de la experiencia histórica argentina en que ahora se quiere apasionadamente creer sería incompatible con cualquier concesión menos abstracta a las exigencias del sentido crítico. Y se advierte también por qué propuestas interpretativas que como ésta han sido elaboradas (y en parte, hay que creer, sinceramente compartidas) por integrantes de nuestras elites intelectuales para contribuir al encuadramiento de un público de masas en el ámbito de la frágil concordia que nace, no podrían ofrecer cierre satisfactorio a la exploración paralela que esas elites llevaron adelante sobre todo para sí mismas.

Esta última exploración era por su naturaleza misma más libre de recorrer un itinerario menos descarnado y lineal que el reflejado en las obras que buscaron proponer sus propias versiones del presente y pasado nacionales a un público idealmente lo bastante amplio para que su aquiescencia bastase para hacer de esas versiones las dominantes. Hay una razón obvia para esto: no pesan sobre ella los condicionamientos que inevitablemente debe acatar cualquier proyecto que aspire a reunir la suma de esfuerzos y recursos que asegurarían el acceso a aquel público. Hay otra no menos obvia: mientras una empresa orientada a esclarecer a un público con cuyo interés por la problemática que se busca explorar no puede contar de antemano no podría permitirse complejidades excesivas, ni aun menos ambigüedades, que amenazarían exceder el margen de paciencia de sus destinatarios, el diálogo interno a la elite estará por su parte más dispuesto a ver en la complejidad un mérito y no un vicio, y a incorporar perplejidades confesadas y no resueltas; por ello mismo se hace menos fácil aquí escoger de entre una masa por otra parte más abultada de testimonios necesariamente más heterogéneos los que mejor encarnan la orientación dominante en la búsqueda de un nuevo modo de integrar presente y pasado nacionales, que tome en cuenta las vicisitudes particularmente horrendas a través de las cuales se ha alcanzado este presente.

Complica aun más las cosas que los resultados de esa búsqueda se volcasen en obras que, para alcanzar al público al que estaban destinadas, y del que las separaba la barrera de una censura manejada con criterios imprevisibles, debían envolverse en una tupida red de alusiones que eran a la vez elusiones, precisamente cuando se reconocía como empresa del más alto mérito literario la presentación a la vez alusiva y elusiva de temas que, si referían al mundo de existencia sólo hipotética en que los hombres viven y mueren (cosa que no era de ningún modo evidente), sólo lo hacían por la mediación de la compleja urdimbre de representaciones en que se organiza el legado literario que cada autor construye para sí en el acto soberano en el cual inventa a sus precursores.

Esa conjunción de un momento en la historia del gusto con el más atroz de la crisis argentina dio su fruto más característico en *Respiración artificial*[1]. No es exagerado, pero sí paradójico, calificar de clamoroso el éxito de esta novela de Roberto Piglia, que no logró agotar en largos años su primera edición. Es que, del mismo modo que *Camila* (y a su modo ese más auténtico *best-seller* que fue *Flores robadas en los jardines de Quilmes*[2]), *Respiración artificial* logró encontrar lectores que en la historia allí narrada reconocieron la suya propia, y si esos lectores eran menos numerosos que el público de aquellas dos obras, no eran por eso menos capaces de crear un clima de opinión.

La intriga de *Respiración artificial* busca el homólogo del presente en la época en que también lo encontraron Gambaro y Bemberg, pero la semejanza termina allí. La ambición de Piglia aparece suficientemente declarada en la cita de T.S. Eliot que abre la primera parte de su novela: *"We had the experience but missed the meaning, an approach to the meaning restores the experience";* más que claves para entender el desenlace particularmente atroz de la crisis argentina, lo que se busca aquí es el sentido de la experiencia de vivir ese desenlace, tal como ella es sufrida por un integrante de un grupo que se ve a sí mismo como vanguardia intelectual, quien al emprender su búsqueda de ese sentido se dirige a un *"we"* integrado por sus pares (el hecho mismo de que el autor de esa cita definitoria sea sólo identificado por sus iniciales sugiere con suficiente claridad cuál es el público que tiene en mente para su libro).

Con ese propósito en vista, Piglia va a explorar, antes que dos etapas de crisis que desembocan en el terror, la situación del intelectual en una y otra; la homología no se da entre Rosas y la dirección colectiva que administró el terror a partir de 1976; la que subtiende su narración es la proclamada en un momento de ella por un exiliado que en Caracas reconoce en su sino el de la generación de 1837, y en efecto los paralelos abundan entre ese Enrique Osorio, suicida en Copiapó en la víspera misma de la caída de Rosas, de quien ni aun él mismo parece estar seguro si ha sido enemigo o agente, y el no menos ambiguo Marcelo Maggi, quizá antiguo preso político, quizá condenado por estafa, que luego de tan azarosas como enigmáticas navegaciones ha encontrado un puerto en Concordia de Entre Ríos y allí se consagra obstinadamente a la tarea imposible de aclarar el enigma del suicida de 1850, hasta que —se nos sugiere— entra a engrosar el censo de los desaparecidos.

Algo más que un destino común une a la generación de la que Piglia se ha constituido en vocero y la de 1837; hay en el modo en que *Respiración artificial* se aproxima a la crisis que ha desviado brutalmente el destino de una generación una continuidad más estrecha con el adoptado por esos remotos precursores de lo que la modernidad de sus exploraciones formales permitiría anticipar. Ello es así sobre todo en relación con el fundador del grupo: en Echeverría encontrábamos ya una conciencia de los aspectos problemáticos del enraizamiento de su generación —tanto en el terreno de las letras hispánicas como en el de la sociedad argentina— que adquiere intensidad casi obsesiva; por dolorosas que sean las exploraciones en que esa obsesión se obstina, no puede negarse que ofrecen a la vez gratificación a un cierto egocentrismo colectivo que en ellas campea.

Éste subtiende también el más eficaz de los textos literarios de Echeverría: *El Matadero*, como es sabido, ofrece la crónica de la muerte infligida a un joven integrante de las clases ilustradas por el personal de ese establecimiento en una frustrada tentativa de violación ritual en que se expresa su celo rosista; esa anécdota es desde luego algo más que una anécdota, y el sacrificio de ese redentor anticipa el de toda una generación, que Echeverría habrá de evocar con melancólico orgullo en la dedicatoria de la *Ojeada retrospectiva*, de 1846.

Hay todavía algo más: la anécdota de *El Matadero* ofrece por primera vez una figura precisa para la que ha de ser obsesión intermitente de los intelectuales argentinos, al sugerir qué celadas pueden estar aún preparadas para ellos bajo la superficie de una realidad a menudo apacible hasta la insulsez. Una figura más marcada por el optimismo ochocentista de lo que la anécdota sombría sugiere; en un siglo más duro, el *Poema conjetural* que Borges compone en 1942 presenta una peripecia análoga como algo más que una celada: el degüello llega allí a Francisco Narciso de Laprida como la revelación del "destino sudamericano" contra el cual había buscado vano refugio en las filas de la ilustración europea. La inmolación del intelectual, que en Echeverría era a la vez un imperdonable escándalo y una prenda de redención futura, aparece ahora casi como la reafirmación plena del orden natural, cuya maciza coherencia ha sido por un momento quebrada por esa presencia discordante. Sin duda sería ilegítimo leer en

Poema conjetural las moralejas justificatorias del exterminio de esos contrabandistas de nociones exóticas que habrían sido los intelectuales argentinos, que se podían oír tan frecuentemente en 1942; entre ellas y las que propuso Echeverría combinando la denuncia y la esperanza, el poema se rehúsa en cambio a optar; si tiene una dimensión profética, ésta no puede ser otra que la develación de una desolada verdad.

Respiración artificial ha de explorar exhaustivamente las variaciones del tema ya abordado con los recursos de la concisión y el silencio en los versos de 1942: a los motivos ya frecuentados por Echeverría (los planteados por la definición y el perfil de una cultura y una literatura nacionales para una nación marginal) se agregan ahora los sugeridos por una crisis general de civilización que no podría verse ya, como un siglo antes, como el feliz anuncio del nacimiento de un mundo nuevo. Este intrincado entrelazamiento de temas y motivos es abordado a través de variaciones que sobre todo en la segunda parte parecen esforzarse por agotar todas las posibles claves interpretativas y rutas de abordaje; allí encontraremos tanto una nueva exploración de ese camino real de la razón occidental que conduce de Descartes a Hitler, como una reconstrucción de la vida cultural porteña a fines de la década del treinta, en que no todas las discrepancias con la realidad parecen deberse al evidente sesgo paródico que Piglia ha decidido imprimirle. La vertiginosa variedad de perspectivas que ese tratamiento hace accesibles al lector es acentuada por la de los medios indirectos utilizados para comunicarlas, que incluyen tanto esos diálogos sobre temas que parecerían requerir tratamiento más sistemático que el propio de una nerviosa conversación entre intelectuales (y en efecto han venido a recibirlo en recientes ensayos de Piglia), en los que se continúa una tradición cultivada con más ahínco que fortuna por nuestros novelistas, desde Gálvez y Mallea hasta Cortázar, cuanto apólogos como el que narra el encuentro de Hitler y Kafka en un café de Praga.

Esa abundancia de temas y motivos, y la abigarrada versatilidad en su tratamiento que también campea en la segunda parte, contrastan con la obsesión casi monotemática de la primera en torno al misterioso paralelismo entre presente y pasado, hasta un extremo que sugiere que ya no se busca tan sólo develar el sentido de la experiencia de vivir el terror de esa hora argentina, y que por el contrario se ha encontrado un objetivo nuevo en la exploración hacia todos los horizontes de las raíces locales y planetarias de la marginalidad del intelectual argentino; así lo sugiere también la ausencia de cualquier exploración digna de ese nombre sobre los nexos entre esta marginalidad y aquel terror.

En consecuencia, pese a que en más de uno de los recodos de esa exploración nada rectilínea que avanza en la segunda parte parece vislumbrarse por un instante un enfoque que promete aproximarnos así sea alusivamente al sentido de la experiencia del terror, tales enfoques, condenados a ser sacrificados de inmediato a las exigencias de la carta de ruta que gobierna esta sección del libro, cumplen mejor su función orientadora cuando se los utiliza para iluminar las peripecias ya pasablemente misteriosas de las que se ocupa la primera.

Entre esos enfoques el más sugestivo es sin duda el que constituye el último mensaje del desaparecido de Concordia: "¿Cómo podríamos soportar el presente, el horror del presente, si no supiéramos que se trata de un presente histórico?". Sumergir al presente en el torrente de la historia es lo que intenta la primera parte, que para lograrlo debe ir más allá de ese egocentrismo colectivo que domina tanto las discusiones del cenáculo de Concordia como la evocación del destino de Enrique Osorio, el suicida de Copiapó, para trasladar su atención de la experiencia de sufrir el impacto de la historia, tal como toca vivirla a los intelectuales argentinos, a esa historia misma.

Si Enrique Osorio y Marcelo Maggi, el suicida y el desaparecido, ofrecen la imagen paradigmática de esos intelectuales marginales, otro personaje encarna en la primera parte una trayectoria individual del todo solidaria con la de la historia. Se trata de Luciano Osorio, nieto del suicida de Copiapó, hijo póstumo de un caballero porteño muerto en duelo en 1879, y heredero de la fortuna territorial que ese beneficiario de la alegre liquidación de las tierras públicas había acumulado invirtiendo en ello el oro que Enrique Osorio había cosechado en la hora más temprana y febril de la bonanza californiana. Al llegar a la cincuentena, Luciano Osorio es figura dirigente en las filas conservadoras, cuando en un acto público de su partido un excéntrico asistente le aloja una bala en la columna vertebral, que lo confina desde entonces a una silla de ruedas; cuando se integra en la acción novelesca hace cerca de medio siglo que vive en cada vez más íntima simbiosis con la metálica sustancia de ésta.

Luciano Osorio no parece haber hecho nada particularmente notable, más allá de administrar sus tierras esquivando la ruina, y de ganar en las filas conservadoras la posición más expectable que influyente reservada a cualquier gran terrateniente que condescendiese a militar activamente en ellas sin aportar especiales dotes políticas a la empresa. La invalidez que pone fin a su carrera política inspira sin duda en él una amargura que halla expresión en una sarcástica lucidez, y un apartamiento cada vez más decidido del rumbo impreso a la historia argentina a partir de la restauración conservadora, que lo lleva finalmente a juzgar la situación instaurada en 1976 en los mismos términos que esos intelectuales que se consideran sus víctimas designadas; pero no es del todo verosímil que sea sólo esa invalidez de Luciano Osorio la que impide que su disidencia cada vez más cerrada encuentre canales más eficaces que unas cuantas frases incisivas en conversaciones y cartas privadas, y unas cuantas firmas al pie de manifiestos perfectamente inocuos.

He aquí un personaje que no se esperaría fuese a abrumar con su maciza presencia la de esas sombras apenas corpóreas que son Enrique Osorio y Marcelo Maggi. Pero es esto precisamente lo que ocurre: la figura de este hacendado y político del montón es construida utilizando tan convincentemente la manera monumental que el lector se sorprende compartiendo la sobrecogida admiración que ella parece inspirar al autor. Esa reverencia va, antes que a Luciano Osorio, a la historia que en él se encarna: la continuidad entre la ambigua figura secundaria de la generación de 1837, su hijo el abnegado militante mitrista que en algunos momentos de distracción acumuló un inmenso botín territorial, y su nieto postrado pero no vencido es la de la historia argentina en marcha, y la protesta de Luciano Osorio, más fútil aun que la de los intelectuales cuya marginalidad condena a la esterilidad política, cuando no a engrosar el censo de víctimas de la historia, tiene a pesar de todo un peso del que carece la de éstos, porque está consustanciada con esa experiencia histórica misma.

La historia argentina que subtiende *Respiración artificial* se concentra entonces en un solo momento, que no cabría llamar positivo, ya que sus dimensiones negativas son constantemente subrayadas, pero que aparece innegablemente como el único sustantivo. Si este período es el mismo elegido como objeto de su devoción por esa primera versión de la "historia oficial" recusada cada vez más eficazmente a partir de 1930, la imagen que de él sugiere más que traza la novela de Piglia, al hacer de su heredero la única figura de peso en el elenco de personajes, tiene muy poco en común con la impecablemente virtuosa propuesta por esa historia oficial; ello hace tanto más notable que, por razones no explicitadas y que hay que suponer radicalmente distintas, ese período sea visto con una reverencia menos bobamente admirativa pero no menos sobrecogida que la que impregnaba aquella versión del pasado nacional.

Consecuencia de ello es que el "horror del presente" no pueda ya ser visto como la maduración de algo que se escondía en potencia en todo el curso de la historia argentina, sino como la culminación de un proceso degenerativo cuyo comienzo coincide simbólicamente con el confinamiento en la invalidez de Luciano Osorio. La experiencia histórica argentina queda así absuelta, si no de todo crimen, sí por lo menos de la responsabilidad por un presente atroz; esta conclusión, alcanzada al cabo de un itinerario intelectual infinitamente más rico que el de la nueva historia oficial en estado naciente, ofrece a la vez confirmación y complemento a las de ésta.

La negativa a ver en el reciente terror la revelación de un secreto exitosamente ocultado por siglos en las entrañas de la historia argentina no requiere necesariamente adoptar la ceguera voluntaria que frente a los nexos múltiples entre ese terror y la trayectoria histórica que encontró en él provisional desenlace caracteriza a esa nueva historia oficial; puede en cambio sacar la conclusión que parece solicitar el hecho de que el terror fue vivido por perpetradores, espectadores y víctimas como una experiencia radicalmente nueva: todos ellos advertían muy bien que, cualesquiera fuesen sus raíces en el pasado, él venía a aportar una innovación nada superficial a la textura de la vida nacional; por lo tanto, si era absurdo postular, con la nueva historia oficial, que ese terror era el resultado de la intrusión de un elemento radicalmente extraño a esa experiencia, no lo era asignarle un estatuto comparable al de otras innovaciones que tampoco hubieran podido introducirse si no hubiesen hallado en la sociedad elementos dispuestos a acogerlas e imponerlas, pero que aun así, más bien que revelar los rasgos fundamentales y hasta entonces ocultos de la experiencia histórica argentina, imponían a esa experiencia una inflexión nueva.

Pero si la diferencia entre una actitud y otra es la que va de la deliberada ofuscación a la lucidez, ello no impide que esa lucidez traiga también consigo la disolución de las visiones globales de la historia nacional que tanto la primera historia oficial como la revisionista habían buscado diseñar con trazos vigorosos; a la vez, mientras en la nueva historia oficial esa disolución instaura una tibia penumbra en que se adivinan los contornos de una comunidad armoniosamente integrada en una misma fe nacional, en la visión histórica que domina la novela de Piglia ella hace posible concentrar toda la luz sobre un momento específico y aun un protagonista privilegiado de esa experiencia histórica, una suerte de príncipe colectivo dotado, si no de las virtudes republicanas que en él descubría y veneraba la primera historia oficial, de una dosis superlativa de *virtu* maquiavélica, también ella más postulada que demostrada.

En la novela de Piglia pero no sólo en ella. El mismo "horror del presente" inspiró a David Viñas una obra tan alejada como podría imaginarse de las inspiraciones literarias que dominan *Respiración artificial*; destinada a publicarse en el exilio, no está tampoco influida por los estímulos prácticos que favorecían la adopción de un lenguaje alusivo; pese a que aquí también la acción sólo se nos hace accesible a través de versiones que son las de quienes las impulsan y las sufren, lo que se nos ofrece no es un mosaico de textos abiertos a infinitas combinaciones; con recursos expresivos que sólo parecen renovados porque exasperan hasta sus más extremas posibilidades los de su obra previa, Viñas se propone aquí como siempre abrir acceso a una realidad que está más allá de los textos.

Ello hace más notable que la articulación entre el "horror del presente" y la experiencia histórica argentina se dé en *Cuerpo a cuerpo*[3] sobre líneas esencialmente coincidentes con las de *Respiración artificial*. En su libro del exilio, Viñas lleva hasta las vísperas mismas del presente la exploración novelesca del proceso histórico argentino abierta un cuarto de siglo antes en *Cayó sobre su rostro*;[4] en ella campeaba un conjunto de temas definidos a partir de una visión histórica mucho más sólidamente estructurada que la que subtiende las búsquedas de Piglia; lo que Viñas ha venido explorando (la afirmación del estado nacional en el territorio como empresa militar y de conquista, y a la vez como correlato político de la conquista privada de ese territorio; en un segundo momento la individualización de un Otro que requiere ser marginado y en el límite exterminado, como correlato ideológico igualmente necesario de esa empresa) sigue el desplegarse en el tiempo de las tendencias cuyo triunfo total constituye "el horror del presente". Es por eso mismo tanto más significativo que —aquí como en la novela de Piglia— no se llegue hasta proponer esa conclusión al parecer inescapable que reconoce en ese presente horrible el necesario punto de llegada de la historia argentina.

La figura central de la novela de Viñas es, por vías más complejas aunque menos exaltadas, un heredero tan legítimo de la experiencia histórica argentina como el Luciano Osorio de Piglia: su inventor ha complicado su genealogía familiar e ideológica hasta asegurarse de que ninguno de los legados de esa etapa compleja que fue la de creación de la Argentina moderna le es del todo ajeno. El crisol que lo ha formado no es, como en el personaje de Piglia, el de la clase terrateniente ya consolidada, sino el de las instituciones cuya consolidación acompañó e hizo posible la de esa clase: el Colegio Militar fundado por Sarmiento y el ejército de nuevo tipo creado por Ricchieri con el beneplácito de Roca. Si en la trayectoria del general Alejandro C. Mendiburu los aspectos sombríos son elaborados en más rico y abundante detalle que en la de Luciano Osorio, las razones que hacen de él una figura de excepción son menos misteriosas que en el héroe de Piglia.

En efecto, Viñas ha volcado sobre su personaje dotes y talentos con generosidad balzaciana: el general Mendiburu no tiene rival entre sus pares cuando se trata de conversar con De Gaulle en impecable francés, deslizándose en elegante *badinage* sobre temas tan diversos como la actividad literaria y política de Malraux, las virtudes modestas pero sólidas del champagne argentino y la valiente batalla que la señorita Brigitte Bardot venía ofreciendo a los avances del tiempo; su preferida literatura de cabecera (alejandrinos de Claudel como lectura amena; los *Grundrisse* —y a esta altura parece innecesario agregar que en el original— cuando su paladar requiere algo más sustancioso) no es tampoco la más popular en nuestro cuerpo de oficiales. Y al lado de todo esto un auténtico valiente, heredero de una tradición militar más antigua que la de Roca y Ricchieri, dispuesto a crear y afrontar situaciones de peligro y a jugar audazmente el todo por el todo; pese al ámbito más modesto en que le tocó desenvolverse, todo sugiere que el general Mendiburu tiene en común con César y Federico el Grande algo más que el eclecticismo en materias sexuales que encuentra también amplia ocasión de desplegarse en la narración de Viñas.

Este personaje trazado de nuevo a la manera monumental, sin duda no desprovisto de rasgos repulsivos pero no por eso menos imponente, no está destinado sin embargo a ser el protagonista de la transición que consuma el ingreso de la Argentina en "el horror del presente"; es apenas una víctima más de un proceso que, lejos de dominar, no alcanza ni siquiera a entender. Con dos hijos bajo fundada sospecha de participación en movimientos clandestinos, el general Mendiburu entrega al cautiverio a su favorita Mariana, en la seguridad de que un castigo que incluirá sin duda algunos golpes pero no más que eso le hará reconquistar la sensatez. Pero esa seguridad, nacida de la experiencia acumulada en esa historia que sin duda juzga ya suficientemente feroz que fue la de la Argentina aun antes de su caída en el infierno, ofrece una guía mortalmente engañosa, y cuando el general Mendiburu lo descubre y trata de usar su influencia para salvar a su hija, descubre también que esa influencia ya no existe; falta poco para que él mismo enriquezca el censo de víctimas de los nuevos amos, esos hombres mezquinos en quienes la grandeza sin duda contaminada de Mendiburu sólo puede suscitar una rencorosa imcomprensión, y su versatilidad intelectual una igualmente rencorosa desconfianza.

Aquí termina sin duda la semejanza con la visión histórica de Piglia; en otros aspectos, la de Viñas, codificada mucho antes de la instauración del terror, se revela más invulnerable al impacto de éste que las que como aquélla maduraron al estímulo del despertar ideológico-político que inspiró las vastas movilizaciones a las que ese terror vino a ofrecer respuesta.

Hay una dimensión de la experiencia histórica argentina frente a la cual una redefinición debe parecer particularmente urgente a intelectuales que se definen ante todo por su condición de tales, pues es la que los toca más de cerca. Viñas no ha de concentrarse en ella con la insistencia casi obsesiva que caracterizaba a *Respiración artificial*; aun así es posible detectar en *Cuerpo a cuerpo* una toma de posición implícita pero inequívoca (que puede leerse en transparencia, por ejemplo, en las reiterativas interpelaciones del periodista Yantorno a una innominada dama de nuestras clases altas, cuya figura estiliza más de uno de los rasgos de la de Victoria Ocampo, de acuerdo con pautas de caracterización y análisis que dominaron ya los ensayos críticos de su inventor). También aquí Viñas parece escasamente atraído por un cambio de perspectiva que se refleja mejor, por ejemplo, en el número de *Les Temps Modernes* preparado por el propio Viñas y César Fernández Moreno, en que Victoria Ocampo ofrece tema para un extenso artículo[5] cuyos autores, tras evocar la identificación apasionada de la fundadora de *Sur* con las reivindicaciones feministas y su simpatía por movimientos de liberación nacional como el de la India, concluyen melancólicamente que esa mujer ejemplar no logró con todo superar sus limitaciones de clase tan completamente como esos inesperados admiradores lo hubiesen deseado.

Pero no iba a ser la de Victoria Ocampo, sino desde luego la de Borges la figura pivotal en la reorganización de la tradición literaria y cultural argentina que iba a acompañar y sobrevivir al terror. El mismo número de *Les Temps Modernes* le dedicaba dos artículos; en el de Noé Jitrik[6] no era lo más notable el entusiasmo sin reticencias con que se celebraba la libertad interior, la insobornable integridad, la constante vocación desmitificadora —invulnerable al atractivo de las verdades convencionales de una época que las creaba y descartaba con ritmo frenético— de quien era entonces casi el poeta laureado del régimen militar. Más significativo aun es el hecho de que Borges se ha constituido en un central término de referencia, aun más allá de la esfera literaria y cultural; Jitrik nos asegura que cada uno de los puntos de inflexión de su trayectoria personal ha estado marcado, con misteriosa regularidad, por un encuentro con Borges, caminante ciego por las calles de su ciudad. Lo que hace memorables esos encuentros no es desde luego el modesto milagro que su reiteración supone, sino la presencia a la que abren acceso.

Esa presencia gravita de modo igualmente obsesivo sobre las conversaciones literarias que llenan la segunda parte de *Respiración artificial*, cuyo avance circular retorna una vez y otra a esa figura cuya centralidad no puede ser recusada. Aquí la celebración se acompaña sin duda de reticencia, y Borges comienza por ser glorificado y descalificado a la vez como el mayor escritor argentino del siglo XIX; la caracterización es de inmediato corregida para eliminar de ella cualquier intención limitativa: Borges ha venido a enterrar el siglo XIX, si bien para advertirlo es preciso no perder de vista que "la verdad de Borges está en su ficción"; el conformismo que campea en la visión borgeana de la literatura argentina, solidario con el conservadorismo cada vez más exasperado que se complace en proclamar, es sólo convincente para quienes se detienen en la superficie de textos que parecen no admitir tergiversaciones; la elevación de Borges a la condición de poeta laureado de un régimen ferozmente restaurador podría entonces ser vista como el éxito supremo de un ejercicio de ironía sistemática que ha cobrado en los miembros de la Junta Militar a sus víctimas más conspicuas. Pero hay otro Borges al parecer más verdadero en quien pueden reconocerse los derrotados y víctimas de ese régimen, un Borges que ha ofrecido en Pierre Menard un cruel retrato paródico de ese Groussac a quien declaraba admirar, y —mientras proclamaba su devoción por la señora Carmen Gándara— sembraba su obra de homenajes clandestinos a Hernández y a Arlt.

El interés puesto en creer en esa duplicidad irónica, y la importancia decisiva que a ella se asigna, recuerdan actitudes análogas desplegadas sólo unos cuantos años antes dentro de sectores no totalmente distintos de nuestra intelectualidad hacia la figura de Perón, y se vinculan ahora, como se habían vinculado entonces, con el reconocimiento en ambas figuras de un poder legitimante al que no se quiere renunciar. A primera vista las razones por las cuales ese poder es reconocido a Borges son menos misteriosas que las fuentes del prestigio que rodea la figura de Luciano Osorio: simplemente Borges es el primer escritor argentino. Pero lo era ya diez años antes, cuando esa eminencia puramente literaria era reconocida a lo sumo por algunos como una circunstancia atenuante (y por otros quizá más numerosos como agravante, y por otros más sencillamente ignorada como irrelevante). En esos diez años su obra no se ha modificado; se ha derrumbado en cambio una visión global de la literatura argentina, y se ha admitido implícitamente que la que ha de reemplazarla ha de ordenar su universo en torno a un centro que es Borges.

¿Por qué Borges? De nuevo, la mera excelencia no es razón suficiente; más que ella, es la tranquila posesión de la herencia de la vieja Argentina la que se refleja en los rasgos que celebran Piglia y Jitrik: la ambigüedad irónica que Borges cultivó cada vez más ahincadamente desde que ese antiguo guerrillero de nuestra vanguardia literaria emprendió su avance hacia el lugar central de nuestras letras tiene menos que ver con las travesuras surrealistas —de las que recibe a ratos inspiración formal— que con el arte de vivir de un caballero porteño de la vieja escuela, que iba a revelarse capaz de atravesar la peor de las crisis argentinas sin perder la compostura irónica, la modesta cortesía ni la disponibilidad para las reorientaciones necesarias, virtudes todas que encontrarían su premio cuando la ruina del régimen bajo cuyos auspicios su figura alcanzó por fin celebridad de multitudes, lejos de arrastrarlo consigo, ofreciese el punto de partida para su final apoteosis.

Para resumir, la imagen de la experiencia histórica nacional madurada por estas figuras representativas de dos generaciones literarias argentinas deja de lado el motivo central en la visión primero disidente y luego dominante propuesta por el revisionismo a partir de 1930, que había sido construida en torno al conflicto entre dos modos puntualmente opuestos de entender la Argentina y actuar en ella, y avanza en este aspecto mucho más allá que la nueva historia oficial, que por su parte se limita a reformular la perspectiva revisionista para celebrar sobre todo la armoniosa coherencia de lo que para el revisionismo había sido un polo positivo en conflicto irreconciliable con un opuesto definido como pura negatividad, pero que, expulsados casi totalmente del campo de visión tanto ese otro polo como el conflicto entre ambos, absorbe la totalidad del campo histórico bajo el signo de una concordia sin fisuras. Pero, si el dualismo que caracterizó a la visión revisionista es aquí resueltamente dejado de lado, y no simplemente preterido, se conserva mejor que en la nueva historia oficial la conciencia del carácter problemático de la experiencia histórica argentina, que había inspirado las exploraciones del revisionismo: lo que éste interpretó como conflicto entre dos opuestos es visto ahora como insanable ambigüedad, presente no sólo en el curso total de la historia nacional, sino en cada una de las experiencias acumuladas a lo largo de él (o quizá tan sólo como insoluble ambivalencia en la reacción que aquél y éstas evocan tanto en Viñas como en Piglia).

¿Pero esta manera de entender la experiencia histórica argentina es en efecto legado del terror? La respuesta afirmativa, que intuitivamente parece obvia, se hace más problemática cuando se recuerda que ni Piglia ni Viñas intentaron siquiera presentar ese terror como un momento clarificador de esa experiencia histórica: en Piglia él aparece como el fruto de una involución patológica, pero inaugura algo radicalmente nuevo aun respecto de ésta; en Viñas, que se niega a reconocer la presencia de ningún cambio decisivo en nuestro rumbo histórico desde sus comienzos, el hiato que supone el ingreso en el terror se perfila aun más descarnadamente.

Por otra parte, como se advierte mejor hoy que cuando ese terror no había cesado de hacer estragos, la etapa dominada por él fue también la resolutiva de una larga época de nuestra historia, que estuvo marcada en efecto por conflictos insanables, o más bien por las ramificadas consecuencias de un solo conflicto: el que nació de la negativa de las víctimas de la democratización de nuestras instituciones a aceptar la legitimidad de los desplazamientos políticos que esa democratización trajo consigo; desde entonces la ecuación política argentina pareció rígidamente definida por el enfrentamiento entre dos alineamientos hostiles que se negaban recíprocamente legitimidad, basándose para ello en criterios que, lejos de ser comunes a ambos, eran incompatibles.

Abierto en 1930, cuando un gobierno surgido de la más arrolladora victoria electoral —alcanzada durante la breve experiencia democrática inaugurada en 1912— se transformó en espectador impotente de las devastaciones infligidas a nuestra economía por la crisis mundial, ese conflicto iba a ubicarse en el núcleo mismo de la problemática política en esa extraña Argentina que, dejando atrás más de medio siglo de expansión febril, debía hallar modo de seguir avanzando en una nueva y menos auspiciosa navegación por mares desconocidos. A lo largo de décadas, las reiteradas tentativas de resolverlo sólo iban a agravarlo: fruto inesperado de uno de esos intentos fue precisamente el peronismo, que sólo logró socavar el predominio electoral del partido contra el cual la Argentina había sido gobernada a partir de 1930, al precio de oponerle otro alineamiento electoral aun más poderoso que, en un marco social de aristas más definidas que en 1912, era por eso mismo potencialmente más peligroso; y es sabido cómo a partir de su derrocamiento en 1955, con el auspicio de las mismas instituciones en cuya matriz se había gestado, la Argentina no pudo ya ser gobernada ni con el peronismo ni sin él.

Sería arriesgado concluir que esa dimensión política de una crisis en otros aspectos hoy más aguda que nunca ha sido cancelada para siempre; es con todo innegable que la ecuación política argentina se ha transformado radicalmente desde ese día de 1983 en que el peronismo sufrió su primera derrota electoral en elecciones nacionales plenamente competitivas en las cuatro décadas de su trayectoria. Como es obvio, la situación así creada no podría ya ser tan rígidamente definida como hasta la víspera a partir de una polarización sin mediaciones posibles entre dos alineamientos rivales que no compartían ni siquiera los criterios con que se denegaban recíprocamente toda legitimidad.

Las primeras consecuencias de esta mutación, cuyo impacto a largo plazo es imposible medir del todo, son ya evidentes en cuanto a la nueva historia oficial en gestación: nacida de la necesidad de salvar la inocencia de una nación duramente golpeada, lo que hace de ella algo más que la expresión efímera de una coyuntura que se está lentamente desvaneciendo, es la coexistencia de dos movimientos políticos con vocación electoral mayoritaria, que parecen ambos haberse finalmente resignado a reconocer como única fuente de legitimidad el veredicto del electorado. Es esta situación sin precedentes en la historia argentina la que perpetúa la necesidad de una versión de la historia que cubra casi todo el pasado bajo un espeso manto de silencio, ahora para mejor asegurar su compatibilidad con esas dos versiones, por su parte perfectamente incompatibles entre sí, atesoradas por las memorias facciosas de dos movimientos políticos cuya rivalidad, que se esfuerzan por olvidar y por hacer olvidar, llena los últimos cuarenta años de nuestra historia, y que por añadidura definen de modo radicalmente diferente sus vínculos con la historia previa.

Pero esa misma mutación afecta quizá de modo menos negativo los esfuerzos que no se orientan a expurgar al pasado de memorias peligrosas para la frágil concordia que está naciendo, sino tratan de ver la historia desde un presente que ya no es el de 1976, pero tampoco podría ser el de 1973. La gravitación de un conflicto que ha dejado de parecer irremovible no impone ya como clave intuitivamente evidente para entender el pasado la prolongación hacia él de ese conflicto del que hasta 1983 había parecido imposible evadirse. Por añadidura, la desaparición de ese rasgo hasta ayer dominante se refleja en un panorama del presente necesariamente mucho menos nítido que hasta la víspera; si hasta ayer resultaba difícil ver el pasado con rasgos distintos de un presente abrumador, hoy es la imposibilidad de descubrir ningún perfil definido éste para la que invita en cambio a volverse al pasado para buscar en él el nacimiento de ciertas líneas de avance cuya prolongación en el tiempo permita adivinar lo que la observación directa no alcanza a percibir en cuanto a este presente ahora sin duda menos desesperante, pero también más enigmático que hasta ayer. La actitud en que se emprende esa vuelta hacia el pasado, para buscar en la etapa fundacional de la Argentina moderna el origen de las contradicciones que amenazaron luego destruirla, es entonces cabalmente la opuesta de la que caracterizó al revisionismo: las analogías deliberadamente anacrónicas entre pasado y presente, que éste subraya, se apoyaban en efecto en una confianza quizá infundada, pero muy sólida, en la clarividencia de la mirada que dirigía a la problemática contemporánea, que lo llevaba a buscar en el pasado más bien que claves nuevas para entender el presente, adicionales argumentos para legitimar puntos de vista previos a esa exploración retrospectiva.

Ése fue ya el itinerario adivinatoriamente propuesto tanto por Viñas como por Piglia; es también el de una producción brotada después del diluvio, y que quiere ubicarse —a diferencia de las anteriores— en una zona ambigua entre la creación literaria, cuyos recursos utiliza con versátil virtuosismo, y el *new journalism*, en cuyas huellas se lanza a la conquista del gran público. *La novela de Perón*, de Tomás Eloy Martínez[7], adopta esta nueva perspectiva para explorar, más bien que la historia de Perón y su movimiento, las raíces de esa historia en la historia argentina; se advierte aquí aun más claramente cómo es la posibilidad de ver desde una perspectiva póstuma esa etapa argentina cuyos desgarramientos vino a acentuar y agravar la eclosión del peronismo, la que hace también posible advertir mejor los vínculos que la unen a esa otra etapa previa que fue la de construcción tanto de la sociedad como del estado en que iba a anidar por igual ese conflicto por tantas décadas insoluble.

El punto de partida para la exploración retrospectiva que emprende Martínez lo ofrece la confrontación que el 20 de junio de 1973 acompañó el retorno definitivo de Perón a la Argentina: es el día de Ezeiza, cuando, ante una multitud que se contaba por millones, se consumó la fractura sangrienta de un peronismo que comenzaba por fin a pagar el precio de las contradicciones que hasta entonces tanto lo habían ayudado a conquistar su incomparable arraigo en la sociedad argentina, y a conservarlo en medio de todas las adversidades.

Es sabido que la versión ofrecida por Tomás Eloy Martínez de lo ocurrido en Ezeiza no fue recibida con unánime beneplácito (ni podría serlo, puesto que, antes que cualquier interpretación, es esa misma jornada, que ofrece en cifra todos los elementos de un pasado con el cual quienes lo han vivido hallan difícil reconciliarse, la que inspira un rechazo al parecer invencible). La decisión de partir de ella —vale decir, del inicio de la crisis resolutiva del peronismo— para iniciar su exploración retrospectiva ha sido en cambio mucho menos objetada; tampoco parece haberlo sido demasiado la mirada inesperadamente distraída que en el curso de esa exploración se deja caer sobre la etapa inaugurada por esa fecha fundacional en la historia del movimiento peronista que fue el 17 de octubre de 1945, ella misma expulsada aquí por otra parte a los más extremos confines de la memoria. Por detrás de esa etapa, que es aquella en que el peronismo surge con el perfil que le asegurará tan larga gravitación en la vida argentina, Martínez parece ansioso por alcanzar aquella previa en que Perón llegó a ser como en efecto fue. ¿El motivo es, para decirlo usando sus propios términos, que nos ha querido dar "no el Perón de la historia sino el de la intimidad"? Se diría más bien que si esa retirada —o avance— hacia la intimidad oblitera el contexto histórico ofrecido por la experiencia peronista, nos remite a la vez a otro contexto histórico en el cual (y, se diría, por el cual) esa intimidad fue conformada.

Así, mientras la etapa pública de la vida de Perón es desglosada casi por entero de esa dimensión pública, y por lo tanto de un contexto histórico dominado por ella, y la de su exilio traspuesta a la perspectiva, alucinada a ratos hasta el delirio, de su protagonista, la exploración de los tramos previos se encuadra en una reconstrucción minuciosa y sutil del clima histórico en que ellos avanzaron. Resultado de ello es que en el Perón que nos da Martínez se reconozca —aun más plenamente que en el imaginario Mendiburu de Viñas— un producto de la escuela militar fundada por Sarmiento y el ejército recreado por Roca y Ricchieri; la oposición entre una sociedad de rasgos apenas esbozados, encuadrada en un estado de perfiles mucho más nítidos, característica de la etapa más madura en la formación de la Argentina moderna, encuentra un eco magnificado en la trayectoria de quien ha crecido en una familia que es apenas una familia, hijo de un padre impulsado a alejarse cada vez más, geográfica y socialmente, de su origen en la gente decente tradicional, en perpetua fuga frente a los avances en la consolidación del orden social en que ha nacido.

Fue esa Argentina la que hizo de Perón casi un genízaro, que

encontró en el ejército su familia, y formó la suya cuando el mentor
que desde él había decidido guiar su carrera le indicó que había llegado el momento de hacerlo, y con la mujer que éste le había elegido. Y
esa elección misma es aquí caracterizada también ella a partir de su
contexto histórico: el de la apertura a la democracia, que hace que el
parentesco con un ínfimo agente electoral del radicalismo gobernante
sea uno de los atractivos de la novia que le ha sido destinada, pero
también el de un ejército que no ha cosechado aún las ventajas luego
derivadas de su largo predominio político, y cuyos oficiales han tomado aún tan poca distancia del resto de la burocracia que una maestra
elemental ofrece la pareja adecuada para un oficial joven y ambicioso.
Y todavía el de una sociedad que, estancada en la cima de la prosperidad exportadora, la utiliza para expandir y consolidar una improvisada
clase media, cuyo culto de la respetabilidad, que consumará la ruptura
con un pasado popular demasiado cercano, encuentra su reflejo en el
lúgubre departamento en que Juan Perón y Aurelia Tizón comienzan su
vida de casados.

Más que esos aciertos en la reconstrucción de una trayectoria
biográfica que es a la vez la de un clima histórico, lo que se quiere
subrayar aquí es la voluntad de sumergir la primera en el segundo, que
hace que la dimensión histórica de *La novela de Perón*, claramente
menor desde el momento en que su héroe se ubica en el centro de la
escena histórica, sea mucho más central hasta que él alcanza esa decisiva curva de su destino; Tomás Eloy Martínez procede en esto como
si también para él los aportes esenciales de la experiencia histórica
argentina fuese preciso buscarlos en la etapa formativa de la Argentina
moderna.

No parece demasiado atrevido concluir entonces que nos hallamos ante el primer esbozo de una nueva imagen de la experiencia
histórica argentina, que adquiere nitidez creciente a medida que el
terror se aleja hacia el pasado: lo que parece menos claro es que sea la
experiencia del terror la que haya inspirado sobre todo esa redefinición
en curso en la imagen del pasado nacional. ¿Es esto sorprendente?
Pero la noción de que los acontecimientos extraordinarios y terribles
son particularmente fecundos en lecciones históricas es tributaria de
una concepción de la historia que quisiera creerla dotada de la satisfactoria plenitud de sentido de un buen melodrama: si la historia puede
ofrecer metáforas que hagan tolerable la evocación de un terror todavía demasiado cercano, ella tiene muy poco que enseñar acerca del
terror, aparte del hecho obvio de que se lo ha visto desencadenarse en

más de una encrucijada en la vida de una nación, y el terror tiene también muy poco que enseñar acerca de la historia, de nuevo más allá de recordarnos lo que preferiríamos olvidar: a saber, que sigue ofreciéndose como una de las posibilidades abiertas a su avance.

NOTAS

[1] Ricardo Piglia, *Respiración artificial,* Buenos Aires, Pomaire, 1980.

[2] Jorge Asís, *Flores robadas en los jardines de Quilmes,* Buenos Aires, Losada, 1981.

[3] David Viñas, *Cuerpo a cuerpo,* México, Siglo XXI, 1979.

[4] David Viñas, *Cayó sobre su rostro,* Buenos Aires, Ediciones Doble Pe, 1955.

[5] Fabián Escher, Julia Thomas, *"Notes sur Victoria Ocampo et* Sur*",* en *Les Temps Modernes,* núm. 420-421, julio-agosto 1981, pp. 265-280.

[6] Noé Jitrik, *"Sentiments complexes sur Borges",* en *ibid,* pp. 195-223.

[7] Tomás Eloy Martínez, *La novela de Perón,* Buenos Aires, Legasa, 1985.

Índice

Composición de originales
Gea 21

Esta edición de 3.000 ejemplares
se terminó de imprimir en
Indugraf S.A.,
Sánchez de Loria 2251, Bs. As.,
en el mes de junio de 1998.